Guanxi,
Power and the Way
of Reciprocity

翟学伟 —— 著

关系、权力与『报』的运作

北京大学出版社
PEKING UNIVERSITY PRESS

图书在版编目（CIP）数据

关系、权力与"报"的运作 / 翟学伟著. —— 北京：北京大学出版社，2025.9. —— ISBN 978-7-301-36459-8
Ⅰ. D668
中国国家版本馆 CIP 数据核字第 2025VR3644 号

书　　　名	关系、权力与"报"的运作 GUANXI、QUANLI YU "BAO" DE YUNZUO
著作责任者	翟学伟 著
责 任 编 辑	董郑芳
标 准 书 号	ISBN 978-7-301-36459-8
出 版 发 行	北京大学出版社
地　　　址	北京市海淀区成府路 205 号　100871
网　　　址	http://www.pup.cn
新 浪 微 博	@北京大学出版社　　@未名社科 – 北大图书
微信公众号	北京大学出版社　　北大出版社社科图书
电 子 邮 箱	编辑部 ss@pup.cn　　总编室 zpup@pup.cn
电　　　话	邮购部 010-62752015　　发行部 010-62750672 编辑部 010-62753121
印 刷 者	北京中科印刷有限公司
经 销 者	新华书店
	730 毫米 ×1020 毫米　16 开本　26 印张　387 千字 2025 年 9 月第 1 版　2025 年 9 月第 1 次印刷
定　　　价	109.00 元（精装）

未经许可，不得以任何方式复制或抄袭本书之部分或全部内容。
版权所有，侵权必究
举报电话：010-62752024　电子邮箱：fd@pup.cn
图书如有印装质量问题，请与出版部联系，电话：010-62756370

自序

自《人伦、耻感与关系向度》一书出版以来,我的焦虑与日俱增。因为《人情、面子与权力的再生产》里的论文发表于2003年以前,其中绝大部分内容还是在20世纪90年代完成的,而《人伦、耻感与关系向度》中的论文则发表于2014年后,其间出现了约十年的空白期。这一空白时期其实并不表明我的研究发生了停滞或兴趣转移,其间的有些论文曾被收入《中国人的关系原理》一书。而此次对这十来年成果的重新筛选、添加、整合,并以《关系、权力与"报"的运作》为名出版,是为了更加集中、有效地反映我这方面的研究情况,因为如果目前市面上只有《人情、面子与权力的再生产》和《人伦、耻感与关系向度》,却没有本书,无疑缺少了我的"关系研究"的一个环节。

恰恰在这个环节,我对"人情、面子与权力的再生产"研究进行了深化,尤其在对一些本土理论的创新方面、在关系运作与社会资本运行的比较方面、在中国社会的微观运行与宏观社会结构的连接以及传统与现代社会的变与不变等方面进行了较为深入的思考和探讨。总之,寻求一个机会补齐这部分成果,是我一个未了的心愿。非常感谢北京大学出版社提供这次机会,让我如愿以偿。聚齐了这三本书,我的"关系研究"也就随之形成了一个阶梯——"人情与面子的研究""关系与权力的研究"和"儒家的社会学研究"。它们之间显然有一个比较明晰的递进关系，表明我在社会学本土化道路上是一步步向上攀登的。

三十多年学术研究上的跌跌撞撞与摸爬滚打，我有许多感慨，却无以言表，因为我自己尚无力总结"本土化""文化自觉"或"自主知识体系"究竟该如何实践和操作，更总结不出什么一二三四五来。既然自改革开放以来整个中国社会都在"摸着石头过河"，我自己在学术道路上不断摸索、试错也是情有可原的。有时我会设想，如果我从一开始就追随西方社会学、心理学或其他社会科学的理论与方法，我现在是做什么研究？如果我这三十多年下来，在这个研究上做几年，在那个研究上做几年，打一枪换一个地方，我现在该换到哪里去了？如果当年为了改变生活境况，急于上职称，我是否会力争当主编、编教材或发表一堆应景式的论文？事实上，自改革开放以来，伴随着社会科学的恢复和重建，上述研究方式是非常普遍的。可是，一切只因为我于20世纪80年代在南开大学社会学系读研究生期间，偶尔读到了一份油印本的海外华人学者关于社会与行为科学本土化的讲稿，彻底改变了我的学术命运。尽管我如今自定的学术道路同他们所倡导的本土化之间有意识地保持着距离，但在大方向上，这毕竟也是一条"不归路"。我至今也不能肯定，那次改变意味着什么，是好还是坏，是对还是错？

平心而论，我不勤奋，甚至有些慵懒，唯一能做到的是慢慢腾腾地守住自己的志业，借用西方人对做学问的一个比喻，有点像"穿山甲"。也就是说，当我选择了自己感兴趣的研究主题后，我大体能做到心无旁骛，直奔一个目标而去。当然，心烦意乱、羡慕他人快速"蹿红"之心多少也有一些，只可惜自己能耐不够，性格也不行。我不太关注社会热点、不跟风、不懂形势变化的意味，或者从根本上说不热心于其他人眼中的重大课题，但乐于把热点、风头和形势放在我的主题下进行思考。

自序

就此书为何确立这一主题而言,是因为我比较固执地认为,中国社会最重要,也最值得关注的议题就是"关系"和"权力"。这两个概念既是中国人的理论问题,也是中国人的实践问题,还是中国人将其理论应用于实践的问题。所以在我看来,整个真切的中国历史、文化、社会、政治、市场及其实践大都是围绕着这两个概念展开和运转的。我们有理由认为,中国社会还有其他许多重要的议题。但我的浅见是,其他重要议题是所有人类文明的问题,未必单是中国人的问题;当然,我们也有理由质疑,关系与权力的现象也未必只是中国人的现象,而是所有人类文明的现象。可我的观点是,由于其他社会还有凌驾于其上的宗教文化与相应的制度保证,所以关系与权力问题在其中很难大行其道。可在中国社会这边,由于其缺乏更高的制约,故关系与权力构成了中国人生存与发展的基本属性。我们可以说,中国人的现代化历程就是一个因受西方文明冲击而重塑中国的政治、社会、经济、文化及其社会心理的历程,因为关系与权力的顽强运作,此一历程不但有很长的路要走,而且面临融合,甚至发生变形的情况。

本书亦可视为《人情、面子与权力的再生产》一书的进一步扩张,即回到了"关系研究"本身,内容包括关系研究的视角,关系概念的辨析,关系的建构及运行法则,关系与权力、官僚体制之间的勾连,中国人的公平观、情爱、欲望以及上述所有在现代化中的变迁。编写完整本书后,我形成了这样一个基本判断:中国人的关系与权力在理论和实践上有一个基本的特征,即它们在时间和空间上都是无限延伸的。首先,血缘关系涉及遥远的祖先和无尽的后代,所谓"传宗接代""香火不断""子孙延绵",是没有尽头的;其次,地缘关系也可以逐步放大,直至天下,所谓"四海之内皆兄弟""祖国处处有亲人";最后,朋友关系是由人与人的亲密性或互惠性连接的,由于它超越了血缘和地缘的限制,实现了更多个体间的联系,便可以做到四通八达,所谓"人托人，接上天""多个朋友多条路""朋友遍天下"。

关系没有边界，会引致处于关系网络中的权力也无法被限定。权力是扩散的、广泛的、可转移的以及流通的。从纵向上看，权力要想在信得过的关系中交接，那就得有接班人，要有不间断的一代又一代，自然就成了千秋万代的事业，又如曾被网民热议的"权力世袭"问题显然不是个新问题，而是千百年来的老问题。再从横向上看，权力在中国还展现出无边无际的影响力，所谓"一手遮天""狐假虎威""一人得道，鸡犬升天"等，说的都是这个意思。又及，中国文化思想中"上善若水"之比喻，则令人想到水滴石穿和到处渗透的本领；"天人合一"也是一种贯通自然和社会的哲学思想，以示天与人两个范畴不设界限。凡是读过康有为《大同书》的人都会记得，他的"大同"理想就是"无界"；而孙中山推行的"天下为公"也正好印证了中国社会有无限宽广的"公道""公心""公平"及"大公无私"，却鲜少论及公共领域，因为后者需要同私人生活之间界限分明。更加奇特的是，中国人的情缘也不限于人世，而可以同神、妖、"狐"、"鬼"混在一起……所以，向往"无疆""无限""无穷""无尽""无极"，乐于"包容""打通""融通""贯通""变通""渗透"，实在是中国人之思想与中国现实社会的一种特质。有趣的是，这种特质在今天竟然因互联网的发展变得更加凸显了。互联网的出现是对西方文明的一个挑战，对中国文明恰恰是一个补充。互联网上的规范不易建立，就如同关系可以突破制度一样，二者有异曲同工之妙。这在无形中还告诉我们，大凡"关系"和"网络"，无论其表现形式有何不同，也无论是否涉及文化差异，其本质都很近似。这一共性从深处讲，也说明互联网的"无序"同关系、权力的"失范"殊途同归。关系和权力在真实和虚拟网络中各自畅通无阻的特点，导致的是线下和线上此消彼长的制衡关系。也就是说，现实中的关系和权力之运行有的时候会受到互联网上铺天盖地的舆论制约，反之，现实中权力与关系的无限延伸也可能抑制互联网上的众声喧哗，即所谓"道高一尺，魔高一丈"。但哪个是道，哪个是魔，我说不清楚。不管怎么样，一旦有了对手，改变中国人与中国社会的机会就出现了。

无疑，这些问题对于我们历史地和现实地认识中国人与中国社会是至关重要的。可是，不知为什么，我每次在写作的时候，都有一种一个人在战斗的感觉。当然，我国台湾、香港地区以及关注中国问题的西方的社会学、心理学及人类学乃至经济学界的学者也在讨论"关系"问题。前者已经提炼出了"关系本位""关系主义"和"儒家关系主义"等概念，后者有关于社会网络和社会资本概念等的研究。但我个人倾向认为，就前者而论，"关系"是中国人与中国社会的特征，不是儒家伦理的各种表述，更不是儒家思想在中国社会的直接反映。"关系"可以同儒家的"人伦"对接，但也可以同中国人所谓的"关系学"（指一套"搞关系"的技巧）对接。显然，关系实践历经中国人的经验，其套路是很势利，也很实利的。这点导致正统的儒学捍卫者在官场上也是"吃不开"的。在中国内地，关系的重要性无人不知、无人不晓，实证研究报告也不算少，可鲜少有见解的理论，此点正好同台湾、香港社会科学界形成了反差。而就后者更加期待的理论构建而论，国内的关系研究明显受到了"社会资本"概念的引导和冲击，似乎西方的社会资本理论变成了中国人研究关系的理论来源。虽说这两者有部分相关性，但根本上不是一码事。照搬西方理论到如此地步，使中国社会学无法形成自己的理论。

我的研究无形中面临"三面"（西化、国学、实证研究）夹击之态势。而守住我自己的立场、发出另一种声音，也未必是什么坏事，恰好可以反衬出本研究的价值所在。因为这类研究可以在一个广大的学术圈内和其他类型的研究构成对话关系，我们从中可以找到彼此的共同点、差异之处和研究重点及侧重的探讨方向。同时，撇清"关系"同儒家或社会资本的关系，还有助于我们清醒地意识到，"关系"并不是中国人与中国社会特有的现象，它多少是人性之使然。比如，制度设立本身是含有遏制关系之意的。这就意味着，凡是需要制度规范的地方原本都可能有关系运作的倾向。但在中国，制度与关系是共生的，它们相互协作，并肩作战，"完美地"达成了许多目标，所以不存在谁压住谁的问题。尤为值得研究的是，当它们运行于政治、社会、文化与经济领域时，不但不会产生经济学家所坚信的制度防范效能，反而可以互相包含、互相抬举、互相关照、互相表彰等，这是我们研究中国人与中国社会的关键以及由此可能建立理论的精华所在。显然，这样的思考不能限于对儒家经典的引述，也不能只重视实证研究，更不能生搬硬套西方理论，而是需要一系列相关的视角、概念、理论及方法上的建树，当然还需要大量的经验研究作为支撑。这就是我所理解的本土研究。所谓本土研究就是要求一个研究者不能被既有（西方）的概念、方法、理论及他人（特别是名人）的成果束缚住，也不能回归国学来寻求答案，而必须亲自投身于他的社会，独立地从事理论与经验的思考、探索和发现工作。

我三十多年的研究心得是，很多中国人与中国社会的现象原本就摆在我们面前，可一旦我们学习了一大堆专业上的视角、概念、方法、理论、工具后，这些明摆着的现象反而看不见了，或变得面目全非了。学者们有时拿着一整套"吓人"的理论和工具做出的研究，非但没有让我们接近真相，反而造成了曲解甚至远离了真相。这是第一层面的悲哀。此时，做学术变成了"玩"学术，它成了一种自组织内的游戏和修辞，在一个共同体内部用以区分人的等级。更为复杂的是，单靠操弄这些游戏和修辞之娴熟度来区分学术水平高低还远远不够，最终还得回到关系和权力问题上来一决雌雄。社会科学研究做到这个份上，是第二层面的悲哀。接下来，从中获取高位的大小学阀控制着学术界的资源，把大量的奖项、荣誉、经费、合作信息等装入自己囊中或派发给他们的"关系户"以及那些不惜一切代价同其攀上关系的人，这算是第三层面（最大）的悲哀。可见，对关系与权力的研究不但可以解释中国人与中国社会，一样可以解释研究者自己。既然关系"无疆"，那么谁又能逃脱得掉呢？逃脱不掉，绝大多数中国人自然会以关系为生存第一法则。

关系与权力如何受到约束，是社会运行需要解决的问题，而仅就学术上如何"突围"来说，有一种可能就是发表方式上的改变。比如，本书中的《中国与西方：两种不同的心理学传统》一文是我于2014年在中国台湾的《本土心理学研究》杂志上发表的一篇"靶子论文"。所谓"靶子论文"这一期刊栏目即对那些容易引发争议或值得探讨的论文进行公开批评与作者应答。其操作过程是，先由一个学者写出自己的一篇值得探讨的论文，然后邀请五六个相关的学者前来"打靶"，再由作者一一予以回应。我想，这样的栏目设计可以让学界同人丢掉彼此顾及的人情和面子，接受来自各方的批评，以实现百家争鸣；且这样的发表形式也可以在学界构成一种无形中的约束，即让学者写起论文来不以自己的学术地位、学术头衔或名气为傲，不能恣意妄为或胡诌八扯。由于各方都能端正研究态度，直抒己见，进而对学术之进步与繁荣大有裨益。当然，抛却了人情和面子，自然"火药味"也会较浓。我尚记得不少台湾心理学界的重要论文都在此栏目中被毫不客气地评价过，当然也有作者本人直截了当的回复。故我的这篇论文在回应时也有一些这样的味道。这是此刊风格造成的，希望不习惯于此的读者能够谅解。

翟学伟
2025年3月31日
于江苏镇江宝华山麓仙林翠谷

目录

第一编　学科立场与视角确立

跨文化、翻译与社会科学本土化
　　——兼论儒家的西方遭遇 / 003

人如何被预设：从关系取向对话西方
　　——重新理解中国人的问题 / 034

中国与西方：两种不同的心理学传统 / 043

再过二十年，我们重相会
　　——我的几点回应 / 085

第二编　关系的理论评述与重构

是关系，还是社会资本？/ 113

"差序格局"：贡献、局限与理论遗产 / 130

"关系"研究与理论重构 / 149

关系向度理论及其在互联网中的演变 / 188

第三编　关系运作及其动力

"报"的运作方位 / 221

关系与权力：从共同体到国家之路 / 242

中国人的"大公平观"及其运行模式
　　——兼同日本的"公私观"做比较 / 267

第四编　关系与社会变迁

狐媚与美眉
　　——虚拟世界的现代性转换 / 299

中国母子关系：母职的功效研究
　　——以《叶珍》家庭回忆录为例 / 344

日常意义的建构及其变迁 / 379

第一编 学科立场与视角确立

跨文化、翻译与社会科学本土化
——兼论儒家的西方遭遇

【导读】文化与语言差异导致了跨文化中的翻译活动。学术交流本指望通过语言转换实现对源语地文本之理解,却因母语构成特点不能得以忠实地再现。无论是利玛窦等西方传教士向西方世界翻译儒家经典,还是严复等中国知识分子向中文世界翻译介绍《天演论》或是经日文翻译一系列西方概念等,其翻译中的文化性适应与自我矫正造成了知识本土化的发生。所谓对等性翻译,应具备跨文化语义上的一致性。自然科学在其学术共同体中实现了这一点。可在人文与社会科学领域,由于翻译活动伴随创造性叛逆,因此源语地文化或文本中的原有立场、内在框架与基本假定都极易发生改变。

> 对翻译所提出的"信"的要求不可能消除语言所具有的根本区别。
>
> ——伽达默尔,《真理与方法》

一、引言:翻译与本土化的关联

费孝通在《开风气 育人才》一文中曾提及他当年在燕京大学学习社会学时发生的一件不可思议的事情。他回忆道:

> 吴老师给我上的第一堂课上留下了我至今难忘的印象。这个印象说出来,现在中国的大学生一定很难理解。我当时觉得真是件怪事,这位从哥伦比亚大学得了博士回来……在课堂上怎么会用中国的普通话来讲西洋社会思想?我当时认为是怪事的这个印象,在现在的大学生看来当时我会有这种印象才真是件怪事。这件事正好说明了这65年里我们的国家也发生了一个了不起的变化。这个变化不知耗尽了多少人的生命和心血,但只有在这个变化的大背景里才能领会65年前老师和学生的心态和他们在这65年中经历的苦乐。(费孝通,2021:350)

65年前在燕京大学讲台上有人用中国语言讲西方社会思想是一个值得纪念的大事,在中国的大学里吹响了中国学术改革的号角。这个人在当时的心情上必然已经立下了要建立一个"植根于中国土壤之中"的社会学,使中国的社会和人文科学"彻底中国化"的决心了。(费孝通,2021:350—351)

此文为1995年纪念吴文藻去世十周年而作,至今又过了三十年。也就是说,在社会学专业学习上,以中文来讲述西方相关课程已近百年。现如今,除非高校刻意设置双语教学或邀请西方学者来华访学讲演,中国大学常态化教学均为中文语境下的专业学习。那么以英文来上西方课程或以中文来上西方课程,又或者以原文阅读西方学科文献或以译文阅读西方学科文献,有何不同?这些引发我的思考点是:第一,原生于西方的学科专业知识,尤其是其学说、理论、概念和方法究竟应该用什么语言讲给非西方学习者听,不同语种表述的相同观点会得到相同的理解吗?第二,知识在两种不同语言之间传输是只涉及翻译的准确性(或信、达、雅)问题,还是涉及更深层次的文化、语境及认知的改变问题?第三,以上这些表现与社会科学本土化是什么关系,比如上述费氏的意思是只要用中文讲西方学术即本土化吗?

以上这三点,对于那些身处海外的中国学者而言,由于他们全然置身于西方学术交流氛围,故不在此讨论范围。但如果他们也要面向西方学术界讨论中国人、中国文化或中国社会,那么也有如何表达的问题。可他们之所以没有面临这一困境是由于研究中几乎不引中文文献,已在约定俗成中面向英文读者,故显得这样的讨论好像是理所当然的。回到中文学术界,那些以中文来撰写或讲述西方理论、概念与方法的学者,通常自视为普遍主义的传播者,虽然此时他们在用中文传播,但却坚称自己传播的知识均是普遍的,包括其理论、方法及那些已被分过类的内容等。可问题是,当一种号称具有普遍性的知识只能被一种特定语言表述时,这种知识之普遍性是如何可能的呢?或者说,那个在《创世纪》中因语言的多样性而被假定为建造不了的巴别塔,是如何被学者建成的?退一步讲,即使巴别塔最终还是能被建成,那么对这个塔而言其他地方的人是如何知道它是"塔"的?可能是大家无须交流,直接看塔;又或者是我们看塔的时候想问一问当地人这是什么,当得知"ta""tower""pagoda"的发音或字符时,"塔"的传译是否就完成了?显然,这里涉及的传播不只是一个字符及其发声,而是"塔"的文化意义。也就是说,即使"塔"的发声与字符实现了从源语文化向目的语文化的传播,此时目的语文化中不过多了一个外来语,直至该地人确实知晓了塔为何义时才实现了塔的文化交流。而接下来的问题还有当地人对此是否有兴趣,是否认为这符合当地的风俗习惯,乃至被同化或因文化融合也想建塔,或压根儿进行抵制。的确,以中国人熟知的佛教为例,塔的建造的确经历了一个本土化的过程。以上讨论尚是"物化"的模拟,如果文化之间传播的是观念,那问题会更加复杂。

可见,任何文化传播都不是实地考察中的旅行者对事物的独自观赏、凝视或沉思,而必须体现为文化交流与共享。当然,"文化沟通"是一个宽泛的概念,可以包括形状、图像、色彩、雕塑、技艺、数字、音符、曲目、舞蹈等,而其中最为复杂的则是语言。比较而言,图形、标记、音乐、美术和舞蹈等非文字性符号交流更具视听性和直觉性,也更易传播。这是许多人深感"越是民族的就越是世界的"的主要缘由。可一旦涉及语言,那么民族的往往只是民族的,却无法成为世界的,除非出现翻译。可翻译的问题是,当一种源语所想表达的思想观念不得不被换作另一种语言表述时,其意义能够被准确理解吗?关于这一点,翻译学、诠释学、跨文化传播界等都有很多讨论,更多的研究和实践均指向了"创造性叛逆"(creative infidelity)。如果说翻译活动表现为创造性和叛逆性之双重变奏,那么其文本变换所夹带的意义重组,不正是跨语际的"本土化"现象?借用伽达默尔(Gadamer,又译加达默尔)的一个观点,此种本土化发生不在于个人在阅读中如何正确地理解世界,而在于其间出现的"效果历史",即一个历史理解者从中产生自我矫正(加达默尔,1999:8—9)。而这点可以进一步引申出,"任何一种译文都不可能像原文那样容易理解。包含在所说的话中的精确含义——含义总是一种意向——仅仅在原文中才进入语言,而在所有替代性的说法中都会走样,因此,翻译者的任务绝不仅仅是把原文所说的照搬过来,而是把自身置入原文的意向中,这样才能把原文中所说的意思保存在翻译者的意向中"(加达默尔,1994:68)。据此,我们亦注意到伽氏本人的一个实例,即当中国译者向他提出想翻译其《真理与方法》时,他却指出了诠释学中的"不可翻译性",并导致译者自己也意识到:

> 要把加达默尔本人在写《真理与方法》时的意义内蕴全面而客观地表现出来,这是不可能的,任何翻译都带有翻译者的诠释学"境遇"和理解"视域",追求所谓的单一的真正的客观的意义乃是不可实现的幻想。(加达默尔,1999:13)

这里我们似乎意识到,学术文化传播看起来试图实现知识的普遍性,而真实状况是译者在语言与语境转换中因语种差异而不得不采取文化适应性策略。

这里需要注意的是,翻译中出现的本土化现象有别于近百年来中国学术界的本土化主张。社会与行为科学本土化原本是指本土学者对产自西方学术体系的学科视角、理论、概念、方法及工具等进行改造,使之与本土社会、文化相契合的过程。虽然这些学者对此方面之构想各有其时代背景、发起动机和标准等(翟学伟,2020),但其共同点都是付诸努力实践或积极促成的意愿。可本文这里所指的本土化则是消极的,含有不得不如此的意味。它是指无论研究者自己愿不愿意,因知识传播与共享之需要,在确定以什么语言表达或用何种语言翻译时所发生的知识本土化现象,尤其是指从本源语向译体语传输中发生的文化意涵上的损耗、添加及再创作过程。

二、翻译中的本土化如何发生？

不同地域的人们面对的生存环境、适应和选择及观念等差异，导致文化必须通过交流才能被理解。尽管从文化上去理解社会差异只是学术研究中多种方式之一，我们完全可以从地理、人格、性别、收入、组织、市场、行为方式、社会结构或信仰等方面去区分社会或群体类型，甚至只在数据上体现各自的差异，但文化差异本应是最为重要的差异，甚或是其他各种差异形成的基础。可颇为奇怪的现象是，在社会科学领域，许多学者不倾向从此着手进入研究或试图刻意掩盖这种差异，其动机在于这样做有利于维护一种理论、概念及方法之正统地位及可通约性（commensurability）。或者说，许多社会科学或社会学的研究者更愿意从经验上承认他们所研究的具体现象和问题的确存在文化差异，但如果将经验层面的差异回归到学理上去讨论，那么他们所启用的理论模式却是可以涵括这些差异的，亦可说，在他们看来，任何理论和方法上的普遍性都是毋庸置疑的。

本文不讨论积极本土化中对此的各种争论，仅其成果需要以何种语言发表，便限定了理论之通约性在很大程度上只是一种想象，甚至是假象。因为如果说任何文化意义的传达都必须以语言为前提，那么对我们在记忆、记录、理解、研究中所面对的客观世界，都需要回到一种特定的语言，所以德里达（Derrida）借他人之口说"如果上帝存在，那是因为它在书中存在"（德里达，2001：124）。这点便引出了三层含义：一是所谓观念、制度、社会行为乃至民间技艺等看似客观的存在，只是因为它们能够被记录保存。而所谓失传，则是文本的失传，或者说，因文本不在，它们便不在，因为没有文字记录，今人不知道它们曾经是否存在。比如，我们在考古中发现一堆棋子，可如果没有游戏传承，那它们只是实物，却无意义；再比如，中国"礼乐"文明中的"乐"，因一些文本提及，它好像存在过，却因无文字记载，至今不知道古人所指为何。二是任何文化传承中的任何记载都是由特定语言写成的。比如，甲骨文虽被发现，但如果不能破解，便无法知道殷人之信仰与社会生活，按医书的记载，甲骨只能入药。三是如果世界上不存在统一的语言，人们就不可能共享同一文化，只能在由各种语言所限定和设定的文化观念中生活。尽管中国文化区域也是十里不同音、百里不同俗，但秦始皇统一了六国文字及度量衡，即实现了文本文化沟通的相似性或统一性。可在由不同语言构成的文化中，一切取决于彼此可否理解，而非彼此是否同一。比如，基督教中的"Deus"或"God"，对等于中国文化中的什么神？这是一个难题。为此，西方人利玛窦（Matteo Ricci）选择了"天人之际"文化体系中的"上帝"作对等翻译。可遗憾的是，这恰恰是"不对等"的翻译，或者说，当西方传教士将"Deus"或"God"译成"上帝"时，基督教的中国化已经发生了。这是基督教内部对此翻译争论不休的根本原因（龚道运，2009）。

为了在具体层面讨论翻译中是如何产生知识本土化的，我这里打算以西风东渐，尤其是西方传教士的翻译活动来具体探讨有关问题。看起来，这一时期或特定事例的翻译情况会被看作中西翻译里的特殊事例。但如果我们了解这段历史，便可以知道它给中西两方的文化理解所带来的影响是根本性的，例如我们从一长串具有世界学术影响力的名家，诸如伏尔泰、卢梭、孟德斯鸠、孔德、奎纳、狄德罗、莱布尼兹、沃尔夫（Wolff）等那里，看到了他们对中国论述的源头（詹启华，2019：12；朱谦之，1985：198—248）。如今，这些文本仍在主导各方的文化认知，而我们对于西方社会科学的文本解读很大程度上也如出一辙。

传教士来华首先面临的是汉语学习，为了填平拼音文字和象形文字之间的鸿沟，传教士需要给汉字发音标注拉丁字母。这项工作始自1605年意大利天主教耶稣会士利玛窦著的《西字奇迹》，也促成今日标注所有中文字发音部分的基础,甚至连"利玛窦"的中文名字本身亦是"Matteo Ricci"的汉化(艾田蒲,2008:168)。这点在很大程度上说明一个跨文化使者的本土化已经从自己的名字开始了(比如另一个重要的文化经典德文翻译家"Richard Wilhelm",汉化的名字是"卫礼贤",美国公理会传教士"Arthur Henderson Smith"的汉化名是"明恩溥"等。当然这不是说外国人名的汉化是文化名人的专利,而是说绝大多数进入另一个文化的人都会给自己起一个本地名),当然更为夸张的是利玛窦为此还换上了汉服(夏伯嘉,2020:81)。明朝嘉靖年间,归属于罗马教廷耶稣会的传教士方济各·沙勿略(Francis Xavier)试图进入中国传教,未获成功,后因病客死澳门,那年利玛窦刚刚出生。30年后(1583),利玛窦成功地从澳门经肇庆进入中国内地,开启了自16世纪至18世纪间中西思想文化交流的大发展。

利玛窦的贡献不仅是促进了中西文化交流那么简单,更深层的意涵在于其所采取的"适应策略"。利玛窦为了不负传教使命,在刻苦学习汉语的同时也钻研儒家经典,又通过对中国人的信仰、观念、思维方式与日常礼俗等的了解,逐步意识到唯有在接纳儒家文化的前提下,才能让中国人接受基督教思想。职是之故,他不但频繁结交中国上层官员和学者,把包括徐光启在内的一些中国文化精英转化为天主教徒,而且还积极地把耶稣会士的"西僧"形象改为"西儒"形象,以实现在打压佛、道等宗教的同时,通过融合儒家话语来表达基督教的教义(李天纲,1998:21)。利玛窦的另一项学术工作是把中国文化中最重要的儒家经典介绍给西方。我们大致可以确认,最早把"四书"译成西文的人是罗明坚(Michele Ruggieri)和利玛窦,之后又出现了意大利传教士殷铎泽(Prospero Intorcetta)与葡萄牙传教士郭纳爵(Ignatius da Costa)、比利时传教士柏应理(Philippe Couplet)、比利时传教士卫方济(Francois Noël)等的译本,其间,不但先秦儒学受到重视,而且朱熹理学也一并得以被关注。这些传教士当时均属于利玛窦管辖下的耶稣会士，而翻译文本均为拉丁文译本（这点说明本文所谓的"西方"概念在宗教意义和语言意义上都是成立的）。在此之后，更加广泛的译介在各教会中出现，新教传教士在18—19世纪的翻译活动也在欧洲获得好评，比如德国同善会传教士卫礼贤便是其中的杰出翻译家。正是由于这些来华传教士的持续努力，中国人、中国社会与中国文化在西方人的观念中被塑造出来。美国学者莱特斯（Leits）指出：

> 在欧洲人心目中，儒家思想的明确形象（有利于中国整体的形象）之塑造，当归功于耶稣会教士在中国的传教工作。随着利玛窦于十六世纪首入中土，耶稣会即得以在中国时盛时衰地持续出现。十八世纪初期时，耶稣会教士已能把大量的见闻传送回西欧，诸如社会政治制度方面的记述，地理及植物的见解，还有哲学思想。对这些见闻的最典型的传送方式就是透过在东方的教士之书信，托寄回在欧洲的教士。这些书信结集出版后，成为十八世纪欧洲士人间大量流通的读物。书志编纂学者对这些书信集散布的状况加以研究，结果显示散布之广相当可观……（莱特斯，2010：289）

马克斯·韦伯（Max Weber）也坦言：西方社会学家对中国的了解基本上来自传教士，而且确信他们所描述的经验材料是可靠的（韦伯，2004：314）。而他自己所著《儒家与道教》中的许多见识也来自这些资料，并确认儒家思想应归入宗教社会学的研究，而非哲学研究。时至今日，儒家文本在西方图书馆的分类也属宗教类，而非哲学类。这点还进一步导致中国社会学家对儒家进行认识时不是去读儒家经典，而是绕到韦伯用德文写的（然后译成英文，再翻译成中文）《儒家与道教》去研究儒家。据此，我们大体可以判断，传教士看起来在从事文化交流活动，但其固有的认知框架深深地影响着他们对中国文化的理解和判断。正如德国学者叶格正（Henrik Jäger）所说：

> 当传教士们对儒家著述进行解释的时候，始终都伴随着两种基本的理解视域：一方面，他们必须在自身文化特征的视域之中对儒家著作进行整合和理解；另一方面，他们必须进行阐释，并向中国士人表明：他们是有能力在中国传统的意义上来理解这些经典的。（叶格正，2018）

当然，比较其他教士对儒家经典的解释，利玛窦对中国文化始终持有同理心和比较开放的态度。比如，其所著的《交友论》即在表明"友谊"含义是中西相通的。可在他去世后，这样的传播策略无论是他的接任者还是其他教会都是不能接受的，最终酝酿出了既影响到欧洲思想界又影响到中国历史走向的"中国礼仪之争"（Chinese Rites Controversy）。中国礼仪之争产生于基督教与中国这两边的最高首领罗马教皇与清朝康熙皇帝之间，其核心问题在于西方各教会从神学角度如何界定儒家与中国人的一些信仰习俗。比如，《新天主教百科全书》给此争论的定义包括：第一，士人祀孔；第二，家人祭祖；第三，中西文中间有关基督教上帝的语义和语源学的争议，史称"译名之争"（Term Question, or Term Issue）（李天纲，1998：15）。这种认知差异造成的最为激烈的争议即多明我会逼着耶稣会回答其所罗列的十六个问题，其指责也就是该会认定耶稣会已经"中国化了"，即放弃了基督教应该坚持的基本信仰框架和原则。比如其中的第四问是："祭祖宗求不求福？"这点是要求耶稣会士回答并证明中国人祭祖的意义只是思念先人，而不是向牌位求福，因为思念祖先是人之常情，但向牌位祈福就意味着把灵魂视为实有，属于"偶像崇拜"（李天纲，1998：220）。

对于这样的发问，本文的学术价值正在于讨论儒家是如何被西方学术框架定义的，因为随之引发的只是国内外学者所感兴趣的内容，产生的也是符合西方趣味的研究成果，而不是回到儒家自身的关怀与中国社会所面对的现实问题上来。为此，法国哲学家伏尔泰对此学术现象进行了嘲讽[1]，他说：

> 人们屡次谈论我们西方讲授神学的司铎们在世界的另一端指责中国政府为无神论者，这确实也是我们的疯狂行为和卖弄学问矛盾百出的言论发展到了极端的表现。在我们的大学里有人时而认为中国官府都是崇拜偶像的，时而又说他们根本不承认有神；而这些推论家有时候把他们推理的狂热发展到主张中国人同时既是无神论者又是偶像崇拜者。（伏尔泰，2010：356）

这样的争论还导致同时代德国重要哲学家沃尔夫做了一项另辟蹊径的工作，认为中国人即"不知道上帝存在的人也能够追求好的行为、避免恶的行为"（沃尔夫，2016：14）。据此他开始寻求儒家的另一种认知源头，终于发现柏拉图有一个著名论断，"一个幸福的国家，或者是在哲学家的领导下，或者是执行了哲学家制定的政策"，显然，中国是一个典范，故他写作了《在一个哲学王治理下人民的真正幸福》（沃尔夫，2010：338）。与其名噪一时的《中国人实践哲学讲演》一样，二者都表明不在启示宗教下的国度也是可以有德行的。

那么，我们能不能说沃尔夫这样做就摆脱了基督教的解释而真正理解了儒家思想呢？当然不能。仔细考察沃尔夫对儒家的研究，我们

---

[1] 但这并不意味着伏尔泰对中国文化的理解就更合理，相关讨论可参见艾田蒲，2008，《中国之欧洲：从罗马帝国到莱布尼兹（上）》，许钧、钱林森译，桂林：广西师范大学出版社，第136—139页。

发现他的儒家知识源自卫方济的四书译本《中国六经》，或者说沃尔夫的第一步是他刻意回避了其他耶稣会士的译本（沃尔夫，2010：11）。卫方济的译本有什么特别之处吗？此译本的出现理由从内部的动力上看，在于当时的基督教中已有了改革呼声，一些支持宗教改革的神学家试图从意大利的文艺复兴中获得知识来源，提倡人文主义化；从外部的动力上说，在于西方传教士需要在中国思想文化与基督教文化之间搭建桥梁，以利于说服中国皇帝归顺基督教。比如，利玛窦早就断言儒教就是"东方人文主义"，因此与基督教是"心同理同"（上海博物馆，2010：221）。而沃尔夫所开启的这种解释方式则是更加倾向回归古希腊哲学（沃尔夫，2010：39）。的确，卫方济的译本注释更多采取了亚里士多德式的解读，尤其看重《尼各马可伦理学》中的一些概念，导致沃尔夫从中看到一个与教会解释不一样的儒学。可他的这种理解在当时却被视为大逆不道。为此，他不但被戴上了无神论者的帽子，作品被封杀，而且遭到普鲁士腓特烈一世的驱逐。可即便如此，沃尔夫有能力回到中国文化中来理解儒家吗？还是没有，他只是在西方知识体系中进行了切换。

西方传教士在翻译上的局限性促使熟读儒家又精通西语的辜鸿铭跃跃欲试。他为此回到中国文化的立场上重新翻译了一些儒家经典。比如他在翻译《中庸》和《论语》时就添加了他对儒家经典的重新解释。但辜氏不能摆脱的问题意识还是关于儒家是否为宗教的讨论。比如他在《中国人的精神》一书中用了较大的篇幅论述相关话题，以区分西方宗教与中国宗教的差异（辜鸿铭，1996：40—49）。可以这么说，由于受到西方学术的牵引，儒家的宗教性问题贯穿于整个中国近代以来的学术讨论，以至于我们更加感兴趣的问题是偶像崇拜、此岸和彼岸、出世和入世、终极关怀、超越性、美育取代宗教、启蒙与救赎及宗教伦理等等。以上这些表明，中国儒家思想在翻译中已经被套入了西方的知识框架，或曰儒家思想被西化了。此点回到哲学体系方面，亦被胡适和冯友兰等所继续。

总之，翻译作为知识传播的必要手段，本具有本土化的特征。具体而言，儒家思想进入西方，经历了基督教化，或哲学化，终而演化成今日西方社会科学解释中国人与中国社会的基础。如果回顾中国社会科学研究的知识形态，情况也一样，即中国学者大多借助中文译本来认识西方知识，其意义损耗、重组与文化适应中的曲解与创造，使得其所获得的西方知识已经不再是原本意义上的西方知识了。

三、翻译中的适应策略

翻译活动有其自身的复杂性，比如翻译可以是日常会话翻译、同声传译、文学翻译或者学术翻译，亦有直译或意译之分。但就整个翻译现象而言，照布尔迪厄（Bourdieu）给出的比喻，它好比特洛伊木马（布尔迪厄，2005：3），被移进城门时以为是木马，没料到里面还装着其他意图。这就是说，人们在转译时貌似译出了原意，却在无形中损失了其意，或添加了些许自己的成见或理解。也可以说，译者自身所处文化中的特定语言表述方式，导致他不由自主地要在转译中生成一套符合译者在地文化的认知框架。伽达默尔指出：

> 在对某一文本进行翻译的时候，不管翻译者如何力图进入原作者的思想感情或是设身处地把自己想象为原作者，翻译都不可能纯粹是作者原始心理过程的重新唤起，而是对文本的再创造，而这种再创造乃受到对文本内容的理解所指导，这一点是完全清楚的。（加达默尔，1999：492）

由于任何语言在历史积淀和实践中均有自己的文法、习语、文脉及特定语境,因此一种本土没有的外来语很难凭空植入,而必须迁就目的地母语的表述特点。当然,这不意味着译者所处的认知框架本身固定不变。究竟是稳固还是易变,除了社会(包括生存环境)自身的演化外,更多的可能来自另一种文明输入后所引发的社会和文化改变,包括新生事物的兴起、交融、接纳、认同等。比如,新文化运动所倡导的白话文运动之所以成功,就是因为这样的改变没有脱离中国人的文字书写及日常表达,可其间所发生的由600多位文化界名人(包括刘半农、鲁迅、郭沫若、陶行知等知名学者)联合签名"汉语拉丁化"倡议书,却因试图凭空植入无疾而终。由此事例还可以延伸出,我们当下之所以理解大量外来语,原因不在于外来语本身可以长驱直入,而在于社会自身环境和条件的改变使得这些外来语变得可以被理解。

翻译的发生面临文体选择和重新理解,更宏大的目的还同时代背景相关联。比如,严复选译赫胥黎的《天演论》看起来只是采用一套古雅文言文来实现的,可这仅仅是出于他个人的偏爱,抑或白话文运动还没有开始吗?其实,更主要的原因是他想用如此高雅的古文来吸引那些守旧的士大夫的关注(史华兹,1996:85),又由于当时中国面临鸦片战争和甲午战争之后出现的衰败趋势,所以他在阅读西方大量社会科学著作后所形成的问题意识是"中国为什么落后"及西方富强的秘方是什么。这种动机使得严复认为将《天演论》介绍到中国可以唤醒沉睡已久的中国人。那么,作为翻译家的严复的知识储备是什么呢?虽然他那时已经整合了不少西方思潮,可其根基还是儒家思想。也就是说,由于严复发现斯宾塞的《群学肄言》(《社会学研究》)所论述的理论和他所熟知的《大学》中所阐述的格物致知观点一致,因此他在接受进化论思想的同时,体悟到了儒家的含义。他在翻译《群学肄言》时评论道:

> 斯宾塞氏自言，此书为旁及之作，意取喻俗，故其精微洁净，远不逮《会通哲学》诸书。不佞读此在光绪七、八之交，辄叹得未曾有，生平好为独往偏至之论，及此使悟其非。窃以为其书实兼《大学》《中庸》精义。而出之以翔实，以格致诚正为治平根本矣。（严复，1996：119）

可这部作品过于厚重，使严复想向中国士大夫们介绍一本简明扼要的进化论读本。正是出于以上缘由，严复在翻译此书中便有了自己的文化策略，即他有所取舍地甚至牵强附会地对赫胥黎之原著进行了改写（史华兹，1996：90—91），导致它在中文知识界产生了划时代的反响，却没有什么人去关心赫胥黎本人究竟说了什么。同样的翻译现象不但出现在中国，也出现于西方。比如：

> 19世纪来华传教士对中国宗教的印象和叙述、介绍，也反映了他们自己的宗教关怀。他们首先注意的是基督教最中心的论题，并将之加诸有关联的中国宗教中的一些现象之上。如传教士特别关注宇宙论，因为这其实涉及基督教的上帝创世论。如传教士也关注中国人对神的看法，因为这涉及基督教固守的一神论。再比如中国人的生死观，这一论题涉及基督教对肉体和灵魂二分、灵魂不朽的看法，基督教主张人因奉上帝可得拯救，得到永福和永生。（陈怀宇，2012：103）

为了更加有效地说明文本转译中所发生的文化改变，我们这里以传教士的具体翻译做进一步讨论。例如有学者对利玛窦的合作者及继任者龙华民（Niccolo Longobardi）的英译进行批评道：

> 龙华民的翻译指控固然严厉，更严厉的是他的修辞策略已经在

行"译者即知者"这种语言上诡谲的权力关系。据今人斯皮瓦克（Gayatri Chakravorty Spivak）之见，翻译所涉的语言有三重结构，即"修辞"、"逻辑"和游走于"修辞"边缘的某种力量：后者广涉时空与价值观等个人的意识形态，对逻辑构成负面的威胁，斯皮瓦克无以名之，姑称"静默"（silence）。所以她说"修辞之行也，每因内部有一静默的暴力使然。在能动者产生的过程中，修辞会在破坏逻辑之际，将此一暴力展现出来"。这里修辞的推动者之所以会是某种"暴力"，是因为我们可以将之"转"而——希望这里我不会说得太牵强——解为翻译的常情之一，亦即译者常会忘记笔底是"译"，不由自主地就以潜意识中的自身之意——这里不一定是"原作"之意——强反彼志，而且还借之"修改"原作，甚至"将错就错"，使原作与译作处于"竞争"或"敌对"的跨语际状态中。我还想补充一点：翻译果然就是这种语言的建构过程，或谓意义果然就是如此触动而来，那么再借用斯皮瓦克所借巴雷特（Michèle Barrett）的观念来讲，翻译其实是某种"政治"行为，绝对有意识形态上的基础。（李奭学，2019：88—89）

译者的修辞、逻辑和游走于修辞边缘的某种力量不是无足轻重的，而会成为思想文化交流的一个关键，因为它会给此概念所传到的社会产生不可预料的后果。我这里还是以"天"为例。"天"在中国文化中可以广泛地构成各种组合：天意、天道、天命、天人合一、天经地义、祭天敬祖、天地君亲师、天地良心和天下观、天安门、天坛以及"天有不测风云，人有旦夕祸福"等，也就是说，"天"在该文化语言系统中可以构成各式各样的组合，包括晚明以来的知识分子亦把利玛窦传播的知识称为"天学"，严复也把"进化论"译成"天演论"等。可如此复杂的与"天"相连接的各种含义在西方世界里对应什么呢？如果是指"天空"，则中国文化遭到严重贬损；如果是指"天国",则不再指向中国文化,而暗含了西方文化的关怀。此时不得已的办法就是直接写出用西文字母标注的发音,但这个办法对西方人来说还是一头雾水,于是怎样把"天"翻译成西方人可理解的意思,便成为外国人理解中国文化的关键。而仅就天等不等同于"Deus"就有如下的争议:

> 龙华民认为利玛窦的做法是在迎合儒家。单单是迎合儒家也不会有什么问题,问题是他认为儒家经典里的词语有它的特定涵义。"天"、"上帝",在程朱理学中有宗教意味,在中国人的思想中根深蒂固。还原成儒家、佛教、道教,就是异端。他一直反对会士们容忍中国教徒祀孔祭祖,更反对用《尚书》中的"上帝"和"天"对译"Deus"(音译"陡斯",拉丁文"神"的意思)。如果汉语的"天"和天主教的"Deus"混同,那么梵蒂冈教堂里的"上帝"就可能和北京天坛上空的"上帝"混同。后人评论:"龙华民盖为引起中国礼仪问题之第一人……"(李天纲,1998:25)

现在我要把这样一个问题引向哲学、人文与社会科学翻译的纵深处去讨论。比如,在中国新文化运动中,最为响亮的两个概念之一就是"民主"(另一个是"科学")。那么就中国语境与文字选择而论,如何翻译这个概念呢?有学者考证,率先选用中国的"民主"两字来翻译英文"democracy"的依然是传教士,但或许这样的译法在当时遭到质疑,受到了新文化知识分子的排斥。一切正如我前文提及的凭空植入现象,对"democracy"概念的翻译不得不回到直接启用。比如,李大钊在文中这样表述道:

> 现代生活的种种方面都带着Democracy的颜色,都沿着Democracy的轨辙。政治上有他,经济上也有他,社会上有他,

伦理上也有他；教育上有他，宗教上也有他，乃至文学上、艺术上，凡在人类生活中占一部分的东西，靡有不受他支配的。简单一句话，Democracy 就是现代唯一的权威，现在的时代就是 Democracy 的时代。（李大钊，1962：138）

以概念翻译而论，我认为这样一串排比不能让另一种文化里的人知道"民主"的含义，而只有好奇，因为对于中文读者，我们不知道作者所说的"democracy"怎么就与这么多方面有关，也不知道这一串字母如何读，所以后来这样的表述在陈独秀的《〈新青年〉罪案之答辩书》中又变成了：

> 追本溯源，本志同人本来无罪，只因为拥护那德莫克拉西（Democracy）和赛因斯（Science）两位先生，才犯了这几条滔天的大罪。（陈独秀，1990：72）

有了中文模拟英文发音，又在括号中标明英文单词，"德谟克拉西"（德莫克拉西）也就能被单独使用了。但必须注意的是，这里使用的是中国的语境，比如陈独秀对这个处处都发挥作用的"德谟克拉西"怀有阶级意识上的警惕。他对无此觉悟的学者批评道：

> 他们只有眼睛看见劳动阶级底特权不合乎德谟克拉西，他们却没眼睛看见戴著德谟克拉西假面的资产阶级底特权是怎样的。他们天天跪在资产阶级特权专政脚下歌功颂德，一听说劳动阶级专政，马上就抬出德莫克拉西来抵制，德谟克拉西到成了资产阶级护身符了。我敢说：若不经过阶级战争，若不经过劳动阶级占领权力阶级地位底时代，德谟克拉西必然永远是资产阶级底专有物，也就是资产阶级永远把持政权抵制劳动阶级底利器。（转引自

王人博，2020：425—426）

如果不是在一种特殊的年代和特殊的语境中，多少人能够明白陈独秀在说什么？尽管新文化运动者对这个复杂的西方概念做了拟人化的处理，把它们说成是"德""赛"两位先生，试图表达这两位西方先生远渡重洋来到中国，会告诉国人一些他们不懂的道理，但这两位先生究竟能说出一些什么道理，还取决于译者的选词策略。比如，对于德先生，严复译成"庶建"，毛泽东说成"平民主义""民主主义"和"庶民主义"，而陈独秀译成"民治主义"等，然后绕了一大圈（也许还受日文翻译的影响）最终还是回到了"民主"一词。可"民主"与"democracy"是一对对等性的翻译吗？颇为传奇的是，"democracy"当经中国之旅最终被译成"民主"后，中国学者很快将译成的中国字词连接到《尚书》，尤其是回到了《孟子》那里。即使有的学者不做这样的联想，中国学者及其实践者也大都对此获得了全新的本土认识：

> 传教士的西方背景最终证明了他们在中国的 Democracy 事业的失败，而从"庶民""平民""劳工""农民"到"劳动阶级""无产阶级"，从"平民主义"到"无产阶级狄克推多"，中国自己的民主话语最终定格在中国式的完成时态。……
>
> 打这以后，"庶民""平民"这些概念就极具象征意义地成了重构中国"民主—德谟克拉西"（Democracy）这一语境的有用工具。"庶民的胜利"的标题本身就是一个标志，象征着一个"庶民时代"的开始，一个"庶民"重新被发现的历史的到来，而"庶民的胜利"也就成了中国的民主概念自身的标识。（王人博，2020：426）

赛先生在中国的旅行也经历了在观念上奉行"科学主义"，甚至可以解决人生观问题（张君劢等，1998），在实践上则将中国传统技术一并归为科学理念所延伸出的应用部分，从而实现了先由中国古代技术推论至中国古代"科学"，再由"科学"概念本土化为"科技"概念。而我们并无惊讶地发现，这一转化一直影响着今天中国的科技史之争以及大学专业设置与青年学子求学的方向。

讨论至此，概念翻译所引发的一个复杂问题是，按照本文贯穿下来的逻辑，是否意味着源语文化的正确认识之不可能呢？其实我们这里忽略了可以被专门讨论的自然科学及应用科学翻译的特殊性。利玛窦当时对中国文人的吸引力不仅来自其努力寻求儒家与基督教文化的相似性，还来自其中所裹挟的西方科学，而其所掌握的数学或者天文学知识都触发了中国知识分子的兴趣（谢和耐，1991：87），进而导致我们在讨论文化观念和人文思想的跨文化传播之际不得不涉及科学术语的翻译，也就是说人文作品和科技作品的翻译所实现的对等性与理解难度，是不一样的。

> 如果当时由利玛窦所进行的欧洲哲学、文学和艺术在中国的传播遇到了阻碍且成果甚微的话，他将欧洲科学模式传入中国的活动则产生了持久的效果，由利玛窦和徐光启共同译著的《几何原本》至今仍被中国学生所采用，因为，那种由利玛窦带来的逻辑模式使中国的知识分子得出两个迄今仍旧有效的结论：
> > 自然科学和应用科学必须以一种严格按照逻辑原则建立起来的学科为基础，实践观察中也要经常运用数学方法。这些理论的引进，成为西方科学为推动中国科技进步作出的最重要的贡献。（上海博物馆，2010：115）

仔细考究翻译的文本种类可知，日常用语和文学翻译的基本单位主要是句子、段落和全文意涵的准确，而不必拘泥于字词。可包括自然科学在内的学术知识体系是由概念和命题搭建起来的,所以其翻译所涉及的最小单位是术语或者概念,然后由此构成一系列命题、理论甚至体系。在对后者的转译中,我们面临的问题不只是信达雅,还是一个族群由于对自己周遭的自然世界与人文世界总是会产生一些观念性的和知识性的思考,这样的思考如果要被介绍给另一个族群的人,而那里的人又没有类似的观念与文化,如何理解的问题。显然,对于自然科学及其派生的基础翻译讨论,需要借用"两种文化"的概念(斯诺,1994:4—10),也就是说,我这里的观点是,概念翻译方式可以按文化的层次被视为一个由从物质世界到精神世界的符号体系所构成的连续统,由此可以看到,在可翻译方面:语言指明的对象越是物化的、科技的,对等翻译的可能性就越高,而语言指明的对象越是观念化的、理念化的,对等翻译的可能性就越低;相应地,某一特定文化中一种事物或者观念越空白,其翻译就越倾向直译,并会造成理解上的困难;不同文化两边越是各有自己的观念系统,并出现交叉和重叠,便越难实现准确性理解,进而会产生误解和曲解。这时,我们似乎应该意识到,人文与社会科学上的概念翻译是会受到自身的语境及选用文字语义的干扰的,而自然科学或应用科学的传播之所以能避免这样的现象,是因为科学学术共同体为了实现其使用术语上的共享,大家都迫使自己进入对等意义上的符号使用。比如,对于几何学中的直角、三角形、点或线,虽然各种语言的书写和发音不同,但其指明的对象及含义都是明确的。而更为有效的方法是,为了确立符号指向上的对等性和准确性,他们不再翻译许多符号,而直接使用,比如阿拉伯数字与整个数学体系以及由此延伸到社会科学所使用的公式、表格、图标、字母等,都采取了不翻译的办法(戴维斯,2000:56—76)。我们由此还可以大致判断,大凡在社会科学领域中使用公式、图表的学者也是最倾向反对本土化的。而就利玛窦本人而言,他在此方面也的确实现了跨文化的对等翻译,比如我们今天使用的汉语地理概念"半球""赤道""南极""北极""地平线""经线""纬线""大西洋""地中海"等,其实是利玛窦翻译过来的(上海博物馆,2010:142)。

通过对以上翻译现象的归纳,我们发现,要想实现跨文化之中的对等翻译,应具备两个条件:一是所指客观事物对象的确定性(最好是唯一的)、可定义性或无争议性;二是虽然有些知识内涵复杂,但由于它在另一种文化中是空白,那么它在被其他文化者了解或学习时,为了不发生翻译上的曲解,会直接使用原本的发音或符号,进而导致受传者不得不在接受该符号的同时也学习到其背后的知识内容。这两点表明从日常生活用语到自然科学和应用科学再到哲学、人文与社会科学术语,翻译具有层次上的变化。可我们的翻译理论及实践常常会简化这些层次,把最困难的人文与社会科学方面的翻译当成了日常生活用语和自然科学术语的翻译,并误认为人文与社会科学之间的跨文化对等性可以通过双语词典或一些专业术语词典来实现。而这类工具书使译者很容易假定,上述形成于自然科学和应用科学转译中的两个条件在人文与社会科学中也一样成立,造成哲学、人文与社会科学中的翻译实践无形中已经走上了本土化的道路。

四、结语:消极本土化之意义

以上消极本土化的核心议题是语言的翻译,而没有涉及思维和心智。许多反对本土化者的疑问或许不在于人类有没有语言差异,而在于人类有没有相同的心智。这就回到了社会科学中一个被不断提及的基本理念:"一种心智,多种心态;普遍主义,考量分殊。(One mind, many mentalities; universalism without uniformity.)"这个观点是由理查德·施韦德(Richard Shweder)等心理学家提出,却被社会心理学家黄光国在讨论心理学本土化时反复强调（黄光国，2009：14）。按照施韦德等的解释：心智是指"人类认知过程中那些实践的或潜在的观念内容之和"（Shweder, et al., 1998: 865-937）。而黄光国一再击赏，也许是想说他自己所建构的人情和面子模型也具有"普遍主义，考量分殊"之特征（黄光国，2017：136）。可其中便出现了一个矛盾：这对由中国本土孕育出来的概念展现出的社会文化意义，究竟是受限于这两个中文词语的含义，还是不受本土语言之限而可以展现出人类社会共同之含义？对于此种观点，语言学里也有所呼应。乔治·斯坦纳（George Steiner）认为：

> 语言潜在的基本结构，对所有的人来说，都是普遍的和共同的。人类各种语言之间的差异性本质上是一个表面现象。翻译之所以可能，恰恰是因为遗传方面、历史方面以及社会方面这些根深蒂固的普遍性特征是存在的，所有从这个基本结构中派生的语法都能够被有效地放置在人类使用的每一种语言之中并被人们所理解，而无论其表面的形式何等独特或者怪异。从事翻译就是要穿透两种语言表面的分歧，把它们之间相似的东西、归根结底是共同的存在根源揭示并发挥出来。（刘禾，2014：17）

以上这种观点与"一种心智，多种心态"的提法如出一辙。显然，心态的多面性是可被接受的，因为它可被放入各个文化、民族、地区、群体及个人方面，还可被放在不同的历史情境中去描述，关键是"心智"究竟是否可以拥有同一性？巴别塔故事的出现，其实已经回答了这个问题，但对于一个古老的隐喻，还是需要在现代学术意义上加以讨论。先看一下施韦德等人对心智的定义，究竟是专指人类的，还是指高等动物的？如果这里的由认知发展出的"心智"是指高等动物所共有的智力，那么这类动物可以由"叫声"来相互沟通；如果这里的"心智"表示一种人类才具有的理性（逻各斯），那么如何展现这种理性呢？无论如何都必须建立于一种特定的语言基础之上，此即西方哲学从古希腊时开始讨论理性，现代却转向语言，并在本体论上详加阐述的原因。虽然从人的大脑构造及潜能上看，心智本身具有开放性，一旦和一种特定语言结合后，它一方面能得以迅速发展，另一方面也明显受到此种语言的牵引和限制。谢和耐（Jacques Gernet）在对语言与思想的比较中看到了这一点。他指出：

> 语言的结构和辞法似乎把中国和西方的思想导向了不同的方向，作为形成一个独立的广阔背景的文化和宗教传统发展之基础。这并不是说它们之间的任何联系都是不可能的，利玛窦成功地用一种其天资完全相反的语言翻译了十六世纪的经验哲学。同样，在他之前很久，佛经的译师们就成功地用汉文表达了印度心理学和玄学的精华。公元七世纪时的中国伟大印度学家和梵文学家玄奘与其时代最著名的印度大师们齐名。但具有深入理解外国思想形式之能力者从来都是少数，个别人的例证不会使人怀疑由基本对立的无可辩驳的特征提出质疑，我们的智慧并不比我们语言的文法更具有普遍性。（谢和耐，1991：356）

在学术实践中，谢氏这里的"个别人"是指谁？我想除了那些伟大的、智慧的并具有深邃理解力的思想大师外，更多的应是指那些具有双语能力之人，而对于绝大多数通过译本来获致其他文化的知识的人而言，我们只能在母语内认知外来文化。比如，对于下面这句话，笔者由于不了解西欧语言句法结构背后所承载的思维方式及哲学（谢和耐，1991：346—347），故即使我看懂了中文字句的意思，也不理解原作者为何要这样表达。

苏源熙指出，语言之间相互的可译性"只有当 is（是）这个系动词已经被剥夺其意义之后，才能得以保证。一旦系动词的存在被取消，那么对于本体论者而言也就没有剩下什么东西可以争论了"。（刘禾，2014：10）

这一句话至少在两个方面提示了我：一是对于一个以中文为母语的人而言，虽然我知道"being"（存有）是西方哲学中的一个核心问题，但语言上的限制却成了我跨越不过其心智及哲学的屏障；二是为何许多西方社会科学知识不但可译，而且被当成了具有普遍性的知识建构。至少对中国学者而言，因为我们可以忽略"存有"，而径直去把握其他文化的含义。那么，文本句法中没有"存有"者所理解的含义与文本句法中有"存有"者所表示的含义一样吗？只要我不懂西文，我就永远不会考虑这个问题，因为我以为我在母语中已准确理解了它们。

显然，语言构造及文本转译中的自我矫正所带来的学术后果还不仅是一个一个的概念、一种一种的思想流派及一部一部的作品，更重要的是由一系列文本所展现的学术立场和研究假设。比如，郝大维（David L. Hall）和安乐哲（Roger T. Ames）发现：

当前西方世界对孔子的理解，大部分都是未曾对那些最初把孔子哲学引入西方的翻译或理论假定获得充分意识的结果。这些假定与主流安格鲁-欧洲古典传统是有关联的。实际上，我们意在说明的就是，这些设定已经严重歪曲了孔子的思想。因此，我们"通过孔子而思"，必须从一开始就必然是对那些现在已经成为理解孔子思想先定前提的诠释范畴的不"思"。（郝大维、安乐哲，2005：9）

对于西方解读儒家思想中所发生的附会和曲解,这两位学者试图先重译儒家经典再做精准的诠释,但亦有学者指出,"当郝大维和安乐哲认为自己对孔子的解释比前人更为真切时,他们实际上也拜倒在安格鲁-欧洲哲学有关'可通约性'的范式面前"(詹启华:2019:28)。或许,我们此时还会想到如果没有所谓"通约",还能否建立文化交流或翻译理论所推崇的"会通"呢?将"会通"具体到翻译策略和技巧中即表达为"互文性"(intertextuality)。此类翻译者的一个典范当属卫礼贤。卫氏所采取的互文性策略,便是"中西合译"和"中西互释"。卫礼贤的翻译活动大约发生在20世纪的头三十年,这个时期,他在中国除了钻研儒家思想及其演变外,还接触到一批中国文化界的名流,比如康有为、胡适、徐志摩、罗振玉、王国维,甚至孔子第七十三代孙等,而且认识了辜鸿铭并熟悉了其华文经典译本。那么在此良好的条件下,他可以做到忠实于中华元典本意的德文翻译吗?经过对其翻译方法的梳理,我们还是发现其翻译依然建基于他自己对德语文化的启用。有学者指出:

> 研究表明,卫氏翻译中国经典(指《大学》《中庸》《论语》和《道德经》等)的一贯策略,是构建中国经典和西方文化中重要经典之间的互文性。他所依据的三大互文源头,分别是德国古典哲学、基督教神学和德国古典主义文学,其代表作品分别是《实践理性批判》、《圣经》和《浮士德》。卫氏力求通过构建中西经典之间的广泛互文性,在更高层面上开启东西方文明之间的对话。(徐若楠,2018)

对于一个能够把中国经典借助西方经典加以翻译的西方著名翻译家,评议者这里表达出的是由衷的敬佩,因为这样的翻译策略在德语世界获得了成功,可问题是由翻译、理解和诠释所生成的知识最终会面对谁。也就是说，德语世界里的读者所读到的儒家，是传教士作品中的儒家，而无须顾及遥远中国文化中的儒家。可一旦将由同样的做法构建的知识说给中国人听，会产生相同的效果吗？[1] 刘耘华说：

> 《中庸》云："诚者自诚也，而道自道也。"万物不能自成，俱受成于天主。惟天主则灵明自立而不受成于万物，故曰自成。天主凡所行为，皆由本性之欲而行其所欲行，绝无有引子先而能到之者，亦无有从于后而能践之者，故曰自道。（刘耘华，2005：298）

不可否认，面对由基督教解释的儒家，一些中国读者被说服，信仰了基督教。倘若面对这样一段话，中西方读者能被说服吗？

> 天主教理仅仅是以另一种不同名称出现的《易经》中的教义。这部著作结束于用《易经》之卦对圣母和天主形象进行象征主义的荒谬解释。圣母是地卦（坤）的象征。"坤"就是圣母，所以她怀抱圣婴，天主是她诞生的儿子。天主的象征是"震"（雷）。按照《易经》的说法，"震"为天卦"乾"之象征的长子。它替天行使其权力。所以他手捧三种遭雷击的天木（？）。三位一体神就相当于震、坎、艮。这三者均由坤母诞生。（谢和耐，1991：286）

---

[1] 详细的讨论可参见 K. 龙伯格，2011，《宋程理性在欧洲的传播》，载谢和耐、戴密微（编），《明清间耶稣会士入华与中西汇通》，耿昇译，北京：东方出版社，第346—374页。转引自刘耘华，2005，《诠释的圆环——明末清初传教士对儒家经典的解释及本土回应》，北京：北京大学出版社，第298页。

可为何我们认为上述解释荒诞，却不认为以基督教解释中国经典荒诞呢？其真正的原因在于西方宗教及西方社会文化的全球化，也就是说，如果中国人固守自己的认知和学术传统，我们不但会看不懂西方文明、误解西方文明，而且经常会在核心问题上发生冲突，这便是"中西礼仪之争"的时代背景。可一旦全世界多多少少主动或被动地卷入现代化的潮流，那么地域上的西方必然成为世界文化的"中心"，导致在那里形成的知识体系向全球发散，并用以解释世界其他各地的文化与社会现象。因此，向西方学习、模仿西方已然成为非西方国家构建自身现代知识的合法化来源，如汉语注音的字母化，标点符号的西化，语法分析的西化，等等。据此，西方社会科学在中国的应用便成为理所当然。但我们不要混淆，西方文明的引入在自然科学和技术方面无疑取得了实质性的发展，可在社会科学领域，其虽有许多贡献，但也有一些待进一步探讨的问题。比如，刘禾在探讨"自我"概念时提出如下设问：

> 由于各种原因，这种自我反思性批评几乎完全未能改变主流学术的学科实践：人们仍旧一如既往地依赖自我、人格、个人等范畴，去获得关于另一种文化（作为他们自身整体化自我意识的对立面）的"本真"认同的知识。以这种方式获得的知识只能是同义反复的：要么说非西方文化在自我、人格和个人的概念方面是有欠缺的；要么说他们的概念与西方相对应的概念有着本质的区别。我们的问题是，有关这种知识的先决条件是否在这些范畴本身被应用之前就已经存在了？或者这个前提是否真的那么重要？（刘禾，2014：12—13）

社会科学，从概念到理论与方法，均来自西方，关于其知识体系的构成，不可避免地发生了翻译上的选词策略与中国式的解读。虽然对于厘清既有知识体系中一些基本的概念，我们出版了大量的西文原著，也有许多自视完成西化的研究者，可吊诡的地方是，这些努力在其语言转换中不得不面对本土化。虽然我们不妨说，这点本身可以构成一种认识与探索中国人、中国文化与中国社会的重要的路径或方式，但这不是唯一，更不能产生普遍性知识，我们只有在积极意义上建构自己的研究视角、理论、概念及方法，才可能在学术交往中寻求到一条原创性的学术之路，并实现平等对话。

参考文献

艾田蒲，2008，《中国之欧洲：从罗马帝国到莱布尼茨（上）》，许钧、钱林森译，桂林：广西师范大学出版社。

布尔迪厄，皮埃尔，2005，《言语意味着什么——语言交换的经济》，褚思真、刘晖译，北京：商务印书馆。

陈独秀，1990，《〈新青年〉罪案之答辩书》，载胡明（编选）：《陈独秀选集》，天津：天津人民出版社。

陈怀宇，2012，《近代传教士论中国宗教》，上海：上海人民出版社。

戴维斯，赫斯，2000，《措辞与数学》，载麦克洛斯基等：《社会科学的措辞》，许宝强等译，北京：生活·读书·新知三联书店。

德里达，雅克，2001，《书写与差异》，张宁译，北京：生活·读书·新知三联书店。

费孝通，2021，《开风气 育人才》，载费孝通：《师承·补课·治学》，北京：生活·读书·新知三联书店。

伏尔泰，2010，《论中国》，王燕生译，载张允熠、陶武、张弛（编著）：《中国：欧洲的样板》，合肥：黄山书社。

龚道运，2009，《理雅格与基督教至高神译名之争》，载龚道运：《近世基督教和儒家的接触》，上海：上海人民出版社。

辜鸿铭，1996，《中国人的精神》，黄兴涛、宋小庆译，海口：海南出版社。

郝大维、安乐哲，2005，《通过孔子而思》，何金俐译，北京：北京大学出版社。

黄光国，2009，《儒家关系主义：哲学反思、理论建构与实证研究》，台北：心理出版社。

黄光国，2017，《儒家文化系统的主体辩证》，台北：五南图书公司。

加达默尔，汉斯－格奥尔格，1994，《哲学解释学》，夏镇平、宋建平译，上海：上海译文出版社。

加达默尔，汉斯－格奥尔格，1999，《真理与方法——哲学诠释学的基本特征》，洪汉鼎译，上海：上海译文出版社。

莱特斯，2010，《哲学家统治者——早期西方对儒家学者的印象》，载张允熠、陶武、张弛（编著）：《中国：欧洲的样板》，合肥：黄山书社。

李大钊，1962，《劳动教育问题》，载《李大钊选集》，北京：人民出版社。

李奭学，2019，《首译之功——明末耶稣会翻译文学论》，杭州：浙江大学出版社。

李天纲，1998，《中国礼仪之争：历史、文献和意义》，上海：上海古籍出版社。

刘禾，2014，《跨语际实践——文学、民族文化与被译介的现代性（修订译本）》，宋伟杰等译，北京：生活·读书·新知三联书店。

刘耘华，2005，《诠释的圆环——明末清初传教士对儒家经典的解释及本土回应》，北京：北京大学出版社。

上海博物馆编，2010，《利玛窦：行旅中国记》，北京：北京大学出版社。

史华兹，1996，《寻求富强：严复与西方》，叶凤美译，南京：江苏人民出版社。

斯诺，C.P.，1994，《两种文化》，纪树立译，北京：生活·读书·新知三联书店。

王人博，2020，《1840年以来的中国》，北京：九州出版社。

韦伯，马克斯，2004，《中国的宗教》，康乐、简惠美译，桂林：广西师范大学出版社。

沃尔夫，2010，《在一个哲学王治理下人民的真正幸福》，李丹译，载张允熠、陶武、张弛（编著）：《中国：欧洲的样板》，合肥：黄山书社。

沃尔夫，2016，《中国人实践哲学讲演》，李鹍译，华东师范大学出版社。

夏伯嘉，2020，《利玛窦：紫禁城里的耶稣会士》，向红艳、李春圆译，上海：上海古籍出版社。

谢和耐，1991，《中国和基督教》，上海：上海古籍出版社。

徐若楠，2018，《中西经典的会通：卫礼贤翻译思想研究〈前言〉》，上海：上海译文出版社。

严复,1996,《群学肄言〈译余赘语〉》,载刘梦溪(主编):《严复卷》,石家庄:河北教育出版社。

叶格正,2018,《以亚里斯多德解读〈四书〉——卫方济的汉学著作》,赵娟译,《华文文学》,第3期。

翟学伟,2020,《社会学本土化为何要"窄化":对周晓虹教授的几点回应》,《开放时代》,第5期。

詹启华,2019,《制造儒家:中国传统与全球文明》,徐思源译,北京:北京大学出版社。

张君劢等,1998,《科学与人生观》,沈阳:辽宁教育出版社。

朱谦之,1985,《中国哲学对于欧洲的影响》,福州:福建人民出版社。

Shweder, R. A., et al., 1998, "The cultural psychology of development: One mind, many mentalities," in Damon, W., et al. (eds.), *Handbook of Child Psychology*, 5th ed., Wiley, pp.865–937.

(原载《学术月刊》,2022,第5期。)

人如何被预设:从关系取向对话西方
——重新理解中国人的问题

【导读】如何研究人的问题,首先是从其假设开始的。对这一点,科学并不能给出真切的答案。社会科学的不同学科中都有各自关于人的假设。很大程度上,一个学科有怎样的关于人的假设,就会有怎样的相应理论。关于中国人的假设问题,需要面对两个问题,一是关系取向或关系本位的问题,二是其中的实体性问题。前人曾对这两个问题有过一些讨论。但中国人的研究还不能停留于关系本位,而应该有更深入的思考,也就是要分析实体性在关系取向中的意义是什么。比如,由实体个人进入互动与由关系证明个人,不是一种研究思路。这点可以表明关于中国人的假设及其理论推演的依据是什么。

一

在有关"人"的早先思考中,人性问题是学者思考的重点:善与恶、公与私、罪与耻、理性与非理性、本能与习得等,都曾被反复讨论并引发过各式各样的争论。但随着社会科学的强盛,许多关于人性的思考开始被搁置,或逐渐被学科化。比如,在管理学中,不同的管理理论中人性的假设开始同具体的管理措施相联系,即产生了经济人、社会人与自我实现的人等;在经济学中,人之理性的假设也被作为推演经济学公式的基本信条。在此过程中,许多学科对于人的假设,最想求助的是心理学研究。的确,早期的心理学中也出现过人的潜意识之假定。这一假定曾在整个学术界产生过非常广泛的影响,但很快被来势汹汹的行为主义心理学所淹没。而就现代心理学的发展情况来看,不要说潜意识,连意识研究领域也几乎较少提及,取而代之的是"认知"研究。

虽然人性的讨论本身不再受到重视,但在社会科学自身的发展中,人性的假设还是或隐或现地成为我们探讨许多社会现象和问题的出发点,只是我们不再去刻意言说罢了。比如在许多社会科学的理论当中,人性的假设在很大程度上还是主导着理论、方法论以及研究方法和研究结论的推演,甚至成为人的行为与社会运行的正当性背后的根据。上海交通大学国际与公共事务学院和《探索与争鸣》召开的以此为主题的会议,就是想讨论人的问题究竟在社会科学研究中处于何种地位。其中的深意在于,看起来社会科学是研究人的,社会科学的知识就是关于人的知识,但其实不然。随着各个学科的专业化,人的问题已经被分解了,分解到后来,人不见了。比如,我听说过这样一个事例。有一个人类学家去参加心理学家的会议,听来听去,大家都在讨论认知、神经、实验或量表数据等,他最后忍不住发问:"请问,你们说来说去,我怎么看不到人在哪里?"而对心理学家来说,人就是实验得来的这些数据，甚至在他们看来，人类学对人的研究算不算科学还是一个问号，或者说人类学属于人文，不属于科学。人类学与心理学都号称在研究人，却无法对话，更不可能相衔接，而成为两个老死不相往来（曾经有过积极的配合）的学科，这很值得深思。再比如，社会学也号称在研究人，但它研究的主要是组织化的人群，单就人群本身，也缺乏思考。至于个人，社会学只谈角色，闭口不谈角色背后的人。或许对社会学来说，人的问题不是社会学的问题，因为人只有有了角色，比如夫妻、领导、富人、农民工等，才是社会学的问题。再有一个比较特别的地方是，社会学几乎没有关于人的假设。相比较而言，其他学科似乎是因为有了自己的人性假说才发展起来的，比如经济学、政治学及管理学等，但整体性的社会学中除了泛谈人的交往性外，其他假设都难以成立。可见，我们别以为社会科学比哲学进步之处在于它们不再在人性层面谈人，而是回到了人世间，事实上它们已经很少谈人本身的问题了。

二

我自己对人的研究源自研究中国人之需要，即考察中国人的基本设定在哪里，以便能够建立一种理解中国人的视角和一些理论模式。讨论这样的设定之所以重要，是因为如果我们发现中西方人的各种假定大差不离，那么至少从逻辑上讲，我们所建立起来的中国人的研究只能是实证的、具体的、验证的、对策性的。正如同中国社会科学发展中所呈现的那样，几乎所有的研究都是西方理论加中国经验，前者是被中国学者信奉的理论，后者是由中国学者自己提供的检验证明。大家不认为其中有关于人的设定的差异，或者坚信在人的设定上没有差异。可如果我们在中国人研究上提出了自己的设定，那么便需要重新思考那些常被中国学者奉为圭臬的西方理论,进而有必要建立自己的理论来解释中国人与中国社会。

事实上,中国人研究已提出过自己的前提假定。其发端于跨文化研究与社会科学本土化的议题。由此,关于人的预设及价值与行为取向的讨论出现了三种主张:个人取向、集体取向和关系取向。前两者是西方一系列文化比较研究的基本结论,比如跨文化心理学、跨文化传播学、跨文化管理学、比较社会学等。其研究者认为,可以用个人价值取向与集体价值取向来区分西方人与东方人的思想与行为方式,尤其是可以明显区分美国人与中国人的文化类型或者行为方式。为此,他们设计出了一系列量表对不同国家和地区(中国、日本、韩国等)的人进行测量,并用结论进一步强化了这样的划分(侯东霞、任孝鹏、张凤,2016)。

但在华人内部的社会科学家看来,用集体主义来解释中国人的价值与行为取向,不是一个既定的结论,而是一个疑问。他们从本土社会与文化特征出发,提出中国人是关系取向,也叫关系本位或者关系主义。最早萌生这一观点的是胡适(对儒家思想的研究),而明确这一点的是梁漱溟,他在谈论中国文化的伦理本位时提出了关系的重要性,以说明中国人的交往原则是以对方为重。另一个影响力更为广泛的概念是由费孝通提出的,他在讨论中国人的乡土性特征时提出了"差序格局"的概念。此概念强调中国人总是倾向按照亲疏远近的方式推出自己的关系圈,同时这个概念的内在逻辑也契合儒家所谓的修身齐家治国平天下。但从内容上看,梁漱溟的观点是他人取向的,而费孝通的观点是自我主义的,可见同属于关系取向的两种解释框架并非一致,也会相互矛盾。如果我们认为关系取向是他人取向的一种表述,那么自我主义是否成立?如果我们同意中国人是自我主义的,那么这是否也属于一种个人主义?如果可以把关系主义提升到儒家思想的高度,比如"儒家关系主义"(黄光国,2009),那么这样的关系主义还是中国人社会生活中体现的关系取向,即儒家会同意拉关系、走后门吗?或者说中国人的关系取向只是儒家思想的实践吗?再者,关系取向的内部还有其他的表述,它们都有自己想强调的重点,比如情境中心、家族主义、社会取向、权威主义、人情与面子模式等。

中国人的社会科学研究,最难的地方就是回到高度抽象层次。我们很希望有一个关于研究中国人的预设,而不是止步于"关系"概念本身。一些坚守西方理论的人认为,关系问题其实不是中国人的问题,而是一些理论的基本问题,比如符号互动论、常人方法学、社会交换理论、社会资本与社会网络理论与方法、博弈论等,都是对于人的关系的研究。正因如此,所谓中国人的关系研究完全可以回归到这些理论当中去寻求解释。这一观点在中国学术界很有市场,归根结底,还是我上面说的大量学者认为西方理论加中国经验就可以了。那么,关于人的假设性讨论真的具有普遍性吗?

为了澄清其中的一些关键点,我们先来看一看"个人取向""个人中心"等概念是如何抽象的。在西方,个人价值与行为取向连接着个人主义,而个人主义本身也是一个复杂的概念,有它的发生与发展的历史,并同基督教思想、契约论、自由主义、实用主义、理性主义、共和主义、存在主义、人本主义等哲学流派有复杂的关联。而回到社会科学领域,西方学者围绕个体性(尤其在美国的文化中)的讨论方向是比较清楚的,所谓个体性表示独立、责任、权利、平等和自由等;集体主义的含义也比较清楚,合群、共享、有序、权威、等级等是它的基本内涵。后者很容易被看作中国人的基本特点。但问题似乎没有那么简单,内耗、窝里斗、自私自利、一盘散沙等也是中国人的特点,难道这些只是集体主义的内部特点?理由何在?儒家思想和社会主义都被冠以集体主义,在这里,两者似乎是有结合点的。这是一些学者在理论上认为中国人无论如何都具有集体主义的一个理由,甚至是儒家和社会主义融合的一个理由。但实际上,这两种学说对人的价值的认识存在本质上的差异。

可见,在关于人的价值与行为取向的预设上,我们尚没有理出头绪来。我们有大量的基础性工作还没有开展,但有些实证的研究结论就已经被认定了。究其原因,我个人以为是我们对于任何关于人的假定都能找到证明其正确的方式,这一点也让一些中国学者坚信西方哲学与社会科学理论之正确。然而,即使经验数据可以证明某一假定,也并不能说这个假定就是合理的、正确的。我们看看现在的社会学实证调查,哪种假设被推翻过?都可证明。可见,现在许多西方理论加中国经验式的研究,只不过说明了你站在任何预设立场上看,都可以看到你想看到的东西。由此,我们可以证明中国社会有个人主义的存在与表现吗?逻辑没有问题,但不符合社会现实。显然,根本的问题还是在于我们需要发现和提出一个有价值的假设,而不是想证明的东西竟然真的得以证明。在中国社会,用经验来证明西方理论正确并非难事。这是三十多年来中国高校讲授西方社会科学的种种设定而师生都欣然接受并视之为理所当然的原因。

三

大体上看,我个人对中国人的设定持关系主义的立场。我这样认为,不是立足于上面提及的几个关系取向的概念,而是认为中国人建构起来的看人、看社会、看世界的基本方法均带有关系性,其相应的思维特征是关联性的。作为一种思维方式,它主导了中国人的思想体系,比如儒家思想基本上是沿着关系的路径在走,诸如"仁""义""忠""孝"等就是一个个关系的概念。儒家的确强调人的价值,但这样的强调似乎称人文主义比较好,称人本主义不太合理,因为人本主义中有关于个体性的或者关怀个体的一些内容。而儒家的重点不是在个体上，而是在关系中。比如在父子之间，双方并非有一致的人本主义，而是通过阶梯或者叫人生阶段的关系演变来实现人之价值的提升。又如，人情、面子也是一种关系的概念，"走后门""混圈子""拉关系"等更是一种关系的概念。关系取向作为中国人的研究假定，表明了这样的社会视个体为无意义，唯有在关系中理解个人时，个人的一切含义才可以显现。

虽然西方理论中也有不少讨论"关系"与"交往"的内容，但它们倾向认为，要建立关系，应该先有两个以上的独立个体，然后进行交往，这一视角的讨论其实是一种实体性的讨论，也就是说，关系是由个人、群体或组织等一系列实体性概念建立起来的，有了这些实体，才有相应的关系。从符号互动论到之后发展的社会资本与社会网理论等，都是这样的思路。但关系取向的意思是关系优先，它一开始不假定先有一个实体性的关于"人"的概念，而是关系的达成才让人之所以为人。反过来说，如果我们用实体性来认识人的问题，我们就不太能理解中国人的价值及其行为取向，也不能理解中国人的家、亲、缘、自己人等概念，更不能理解为何不称一个人（作为行动者）为"我""你""他"，或直呼其名，而是要喊"孩子他妈"或"孩子他爸"。这类称呼想表达的是，是在关系中找到实体的，不是在实体中找到关系的。同理，在中国语境中，如果我们问"你知道此人是谁吗"，其含义一般也不是指此人姓什么叫什么、有多大年纪、做什么工作等，而是指此人有什么来头。换句话说，一个人是否重要，不是在年龄、性别、人格或职位中体现的，而是在关系中显现的。在中国人的商业、社会及政治生态中，一个人的成败往往是靠关系、背景或站队，而非靠他自己的性格、能力或价值立场来决定的。

在西方社会科学的一系列研究中，对自己、身体及对人的本质与存在的关注都具有实体性，对社群、组织成员的构成及相应的制度安排也是实体性的,但关系不是这样。所以我认为,关注关系中的人的价值与关注实体中的人的价值是不一样的。对于前者,人的价值是在实体中找到的。也就是说,西方社会理论中的自我和身体或者群体、社会等,均是在马克思批判黑格尔时所说的一种被抽象化了的个人意义上进行的推演,而马克思本人希望回到社会交往中去理解人的问题(马克思,1979:117—118)。但这一点几乎不被西方大多数学者所认可,这说明西方文化中的个人取向之顽固,它不会像中国文化所表现的那样在关系中讨论人的价值,或者说,西方的个人主义价值需要先肯定个人,许多社会科学理论都是从这里出发的。

可见,关键的问题不在于西方社会科学讨不讨论关系,而在于以什么样的视角和预设来讨论关系。在西方人看来,没有个人,关系则无从谈起;但在中国人看来,没有关系,人是没有意义的。进而言之,从中国人与中国社会的研究预设中,我们发现,关系的存在不是通过实体之间的互动或连接来说明的,而是通过价值关联被证明的。比如,"亲"是一种关系上的价值含义,而亲属则是一种实体性的含义。为此,中国人在价值关联上不但建立了人与人的各种关系,而且建立了人和天以及人与仙、鬼及祖先的关系。个人主义在价值上强调理性和自我,希望摆脱那些无法实体化的关联,因此个体主义连接着理性主义。史华兹在研究中国思想史的时候也意识到了这一点,他说:在祖先崇拜中发现的社会秩序,其强有力的典范作用也许深刻地影响了整个"精英文化圈中的"社会政治秩序和宇宙秩序中的宗教观;在家庭内部,亲属成员无论是在此岸世界还是在彼岸世界,都在一个角色关系网络中而被凝聚到一起;理想地讲,该网络是由宁静的、和谐的鬼神、仪式礼节支配的(史华兹,2004:30)。这就是我持有中国人是关系取向的这一观点的缘由。

显然,我所强调的关系取向不是只想守住前人所创建的一些概念,也不是只想局限于儒家思想,而是希望在此基础上从人的关系假定出发，提出研究中国人与中国社会的视角、解释框架与理论模式，说出西方社会科学未说出的那一部分。

参考文献

侯东霞、任孝鹏、张凤，2016，《基于客观指标的中国人集体主义量表》，《中国社会心理学评论》，第 2 期。

黄光国，2009，《儒家关系主义：哲学反思、理论建构与实证研究》，台北：心理出版社。

马克思，1979，《1844 年经济学哲学手稿》，刘丕坤译，北京：人民出版社。

史华兹，本杰明，2004，《古代中国的思想世界》，程钢译，南京：江苏人民出版社。

（原载《探索与争鸣》，2017，第 5 期。）

中国与西方：两种不同的心理学传统

【导读】中国有没有自己的心理学传统？对此，心理学界有不同的意见。而对某些西方心理学家而言，中国的《易经》及道家学说则对他们有过影响。总体上看，无论何种意见和主张，其中比较一致的观点是学者们都寄希望于用西方的现代心理学架构来认定中国心理学之有无。本文认为，与其用科学与非科学或不同西方流派来审视中国自己的心理学，不如将中西方心理学的发生轨迹视为两种平行的传统来比较。作为传统比较中国心理学不应该局限于对儒家或道家的思考，而需要对中国传统科技文化（包括思维特征、自然哲学及相关实践等）做整合性的研究。由此可以发现，西方心理学传统中的一元论、决定论、机械主义与操作主义等造就了今日的西方心理学，而中国传统中的神秘主义、整体论、无意志的宇宙有机论以及"象"之方法与实践等成就了中国的心理学。本文将此统称为践行主义心理学。西方心理学所奉行的科学主义席卷了整个心理学界，最终导致了中国这一心理学传统的消失。

中国是否有自己的心理学,这一问题困惑着很多热爱心理学的人以及正在从事心理学研究乃至于推动心理学本土化的学者。即使对于那些已经按部就班地或者心悦诚服地接受西方心理学的中国学者而言,这个阴影依然挥之不去。因为他们依然身处中国人的生活之中,面临科学与经验、法则与实践、书本与生活之落差或拷问;或者即使中国心理学家最终还是全盘接受了现代心理学理论与方法,单是出于对自己知识立场的辩护,也需要直面类似问题。在这篇论文中,我将以中西文化互为参照系,讨论中西文化脉络下各自心理学的观点及特点。具体而言,上述这一疑虑将分解为以下几个基本问题:首先,中国传统思想及其实践能否构成一套自己的心理学,抑或只能谨慎地被称为"心理学思想"?其次,这一思想或学术传统能在何种视野和框架下同西方心理学进行比较?最后,这样的研究及其比较意义何在,或对当代心理学的发展有什么价值?大家知道,对于这三个基本问题,已具备清晰而完整的发展脉络的,是本文中用以比较的西方心理学,或曰科学心理学。理由是国内外学者已提供了许多研究成果(墨菲、柯瓦奇,1980;舒尔茨,1981;波林,1982;高觉敷,1982),并取得了较为一致的看法,而相当艰巨的任务显然是在中国这边。或者说,正因为有了所谓西方心理学这一确定的学科发展史,中国心理学的线索或发展脉络才持续地处于一种难堪的或尴尬的境地,让此方面的研究者几乎放弃了对这一问题的探讨,仅将中国心理学史从19世纪中叶基督教会学校课程进入中国学堂或从20世纪20年代学习心理学专业的留学生归国建系算起(高觉敷,1986;342;杨鑫辉,2002;207)。为了纠正这类看法,本文在比较的意义上将重点放在中国传统方面。当然,我也深感这样的讨论其实是在启动一个浩大的学术工程,由于受篇幅的限制,这里所做的工作只能是引论性的初探。

一、不同主张及其问题

　　有关中国心理学自身的传统问题，现有的研究成果大致呈现为五种不同的观点。第一种观点是由中国老一辈心理学家潘菽、高觉敷、燕国材和杨鑫辉等提出并且被心理学界广泛接受的主张，即中国文化传统中没有心理学，但有心理学思想（潘菽，1986，1987；高觉敷，1986；杨鑫辉，1994；燕国材，1999）。这种主张承认现代心理学所具有的学科性质、标志（实验）和定义（标准），而根据这些性质、标志和定义，中国传统文化中显然没有这样的学科。由此，中国心理学史应该分为两大部分，一部分是西方心理学未进入中国前的古代心理学思想，一部分是西方心理学进入中国之后的近代发展情况。至于中国心理学史方面的专家学者为何依然要花大力气来整理和认识中国自己的思想部分，其目的只好被说成"古为今用"，为建立中国特色的心理学服务（潘菽，1987：439）。尽管我们尚未看到古代心理思想是如何为现代心理学服务的，但不论如何，至少心理学史论者假定这样的服务是可能的（杨鑫辉，2002：31—54）。第二种观点以中国心理学史论中的范畴论及李绍崑的多元论为代表。前者试图通过中国古代思想或编年史研究而获得所谓心理学范畴，来重新组织中国古代心理学体系（王国芳，1998；刘华，2000；彭彦琴，2001）。后者虽然自己没有给心理学下定义，但李绍崑在论述中则认为中国从古至今都有心理学。它成长的年代久远，思想流派繁复，乃至即便重点抽取几个有代表性的心理学来讨论，其中也有不少分支领域和方面（李绍崑，2007）。第三种观点来自华人心理学本土化催生的新的反思，即华人心理学家在追求建立中国本土心理学的过程中，因为"本土契合性"的宏愿而需要承续中国心理学的思想传统（杨国枢，1997：94）。比如，杨国枢（1993）研究了刘邵的《人物志》。可是一旦中国心理学者启动这一方式来回溯中国心理学思想，其所面临的问题将是如何突破西方心理学框架。为此，杨中芳（2010）决定从中国思想传统中选出一个至关重要的概念来进行研究，即其已维持十多年的"中庸"的心理学研究。而黄光国则坚持中国心理学应遵循"一种心智，多种心态"之原则。这一坚持的优势在于本土心理学需要让西方的科学哲学原则长驱直入，构成中国心理学之本土化的现代性特征（黄光国，2011：145）。第四种观点不在华人心理学界，它来自西方心理学大师对中国思想传统的借鉴。比如，在精神分析理论界，弗洛姆（Fromm）同日本的铃木大拙合著了《禅与心理分析》；而荣格（Jung）更加关注道家思想，他对《金花的秘密》《易经》等极为欣赏，有很重要的评论与研究（荣格，2005：197）；另外，人本主义心理学家马斯洛（Maslow）在《科学心理学》（1988）中则专门讨论了道家式的心理学方法。第五种观点虽不讨论中国是否有自己的心理学，但认为中国文化孕育出来的心理与行为有异于西方文化中的心理与行为，是可以用现代科学手段加以检验和证明的，以此可以判定西方心理学研究出来的被假定为普遍的结论并非皆为普遍。这一方面的最重要成果是尼斯贝特与彭凯平等（2006）的跨文化心理学研究。而在中国内部，还有一些学者用实验法来印证中医对身心的讨论（杨鑫辉，2002：5，76）。另外，东方或中国心理学在无法进入当前正统心理学的前提下，更多地体现在心理治疗和辅导方面，诸如道家、佛家等有关心论及其实践等都深刻地影响着心理治疗的发展，比如约翰逊和克尔兹（Johanson & Kurtz，2004）就专门把老子的《道德经》作为其心理治疗的指导，本土心理学还发展出了人文心理治疗（余安邦，2011；余德慧，2011）等。

上述五种不同的观点，虽各有自己的立场和道理，但不足之处也显而易见。其中被广泛接受的"心理学思想说"的最大问题是其自身面临两难困境。也就是说，如果同意中国传统中有心理学，那么这对一个接受了心理科学训练的学者是不能接受的，因为中国传统中无论哪种思想实在都不算是今天意义上的心理学，但为此就否认中国传统中有心理学，中国心理学家在认知和情感上也不甘心。因为翻开中国古代经典，其中已积累了太多的关于心性、情感、才智、谋略等方面的精辟见解。可是如何来消解这样的困境呢？一种取得共识的方法就是用现代心理学的框架、概念或分类来处理中国古籍文献。虽然各个学者阅读典籍时确立的取舍标准略有不同，但都一起构造了中国心理学宏大的思想体系（高觉敷，1986；杨鑫辉，1994；燕国材，1999；车文博，2009）。可对于范畴论或多元论而言，中国传统中可以有自己的心理学思想体系，中国传统中的心理学无须由西方的心理学定义，也无须考虑科学性，只要后人挖掘、整理中国心理思想，就可以得到中国的心理学。这一考察方式，显然增大了探讨中国心理学之有无的胆量。比如，前者提出了不同的范畴级别（王国芳，1998；刘华，2000；彭彦琴，2001）；后者一口气就列出了老子的道德心理学、孔子的发展心理学、墨子的社会心理学、董仲舒的感应心理学、慧能的顿悟心理学、朱熹的教育心理学、王阳明的合一心理学、孙中山的认知心理学、孙毓敏的戏剧心理学等（李绍崑，2007）。上述两种认识中国心理学的主张虽然有所差异，但却是表面上的，它们共同具有的致命问题就在于，这样的梳理方式无法让我们看到中国心理学思想的贡献率，也就是说所谓中国心理学思想就是被整理出来的历史通论、汇编与评述，至多也是用概念分类来统领这些资料。结果，中国心理学思想永远就是中国心理学思想，它同现代心理学分属于两个不相干的领域。这点对于提倡心理学本土化的学者来说似乎有些随意，他们一方面受过严格的西方心理学训练，另一方面又不满足于西方心理学对于中国人的心理与行为的解释，于是既然要挖掘中国心理学思想就得为心理学本土化做出贡献，而这个贡献更多是将中国心理学思想作为大文化脉络中的支脉，作为共同的文化根源，通过挖掘中的再诠释，发展出当代的中国心理学。比如，杨中芳等从事的中庸研究，无论被视作传统心理学或者思想观念等都对构建当代中国人的心理与行为具有重要影响。而这种比较内生性的研究取向在尼斯贝特等看来，可以不考虑脉络问题，只作为一种外部的检验性问题，即将中国传统思想作为假设，从实证层面证明中国人的心理与西方人的确存在差异（尼斯贝特等，2006），而更为经验性的研究可能则在中医研究中展开。以此思路探索下去，至少现有的西方心理学中那些被假定为普遍性的心理和行为原理需要改写。至于那些对东方传统怀有兴趣的西方心理学家，他们似乎发现有一种东方心理学，以同自己的心理学做区分。当他们不满于自己的心理学研究或试图超越自身的心理学时，包括中国思想在内的东方传统将成为其重要的思想来源。无论如何，基于上述五种不同的观点，一方面我们看出中国心理学之有无在中国心理学发展史上见仁见智，尚有必要继续讨论与深化；另一方面，其中隐含如何看待中国自己的心理学问题，意味着究竟是固守还是更改现有的心理学研究方向和范式乃至于创建新的心理学概念、方法、理论或体系（黄光国，2011；申荷永，2001）。

鉴于以上的讨论，我自己将不附和上述任何主张，只想平等地把中西方心理学议题分置两种不同的文化传统中来对待。有关这一方向的努力，从未被当作心理学家看待的中国文化大家及新儒学代表人物梁漱溟（1989a，1989b）、钱穆（2001）有过尝试性的议论。但由于受到时代、学科壁垒与讨论方法等方面的限制，这一方向的努力尚未引起中国心理学界的重视和接受，只在哲学或文化方面产生了影响。总体而言，中国心理学界的本土化论者对何为中国本身的心理学传统已有了新的认识和体悟（叶启政，2006），但较之于上述文化学者，依然倾向在儒家文化中解决问题（李美枝，2008，2010；黄光国，2009）。但我认为，要想在心理学学科内部、方法论及文化比较的视角下再论中国的心理学问题，首先要达成这样的共识：中国文化中的心理学体悟、论述与实践并非什么学科，也非某类思想，而是一种传统，而西方的心理科学，也有思想，却依然根植于自己的传统。以传统对待传统论，本文需要探讨中国心理学的传统是什么，而此时的西方心理学不过是本文开始寻踪的参照系。两种传统在各自的文化中，各有自己的偏重和特点。只是由于历史的机遇，西方的心理学发展借助其自然科学产生的强大实证精神而雄霸天下，而中国的心理学传统则在尚未壮大之际就被扼杀于摇篮之中了。

二、中国思想传统中的多元思考路径

以往学者们对于中国传统心理学认识上的最大局限，就在于过分关注各家各派的思想言论。似乎学者们以为，借用西方心理学的架构把中国古代各家言论分门别类地归总、统合在一起，就成了所谓的中国心理学思想体系。以这样的方式归结出来的中国心理学传统其实就像一个大箩筐，可以装下许许多多尚能分类或不能分类的相关论述。可即使我们因此获得了中国思想家关于心理方面的一大堆见解又意味着什么呢？什么意味也没有。它们要么是一段段被摘出的排列起来的只言片语，要么是没完没了的心理学分支性的叙述。但假如我们以"传统"的视角来重新审视这一做法，便可以发现这类研究方式非但无助于寻求到中国心理学的传统，反而无意间束缚了研究者的视野与洞见，因为那些五花八门的心性思想更多地出自中国两千多年来一个又一个知识分子（思想家），并被一次又一次地整理来整理去，白纸黑字，了无生机。而所谓传统应该是一种涌动于文化内部的生生不息的观念及实践。它们当然贯穿于各家思想言论之中，却也贯穿于命相、术数、风水、医疗乃至日常的默会知识之中。在这一点上，上述西方心理学研究者对东方心理学的认识比我们清醒得多。比如，荣格之所以关注《易经》，是因为他发现《易经》在心理学意义上能体现象征意义、情境性、共时性及占星术的特征（荣格，1987：250—251；

2000：207—210）。而马斯洛倡导的道家科学方法则在实验控制的心理学之外产生了一种被动的非干预性的方法等（马斯洛，1988：82—83）。可见，我们对于中国心理学传统的认识，最好不要偏重于各家各派言说了什么，而应该通过对中国传统文化及其科技思想史的基本把握来获得相应的认识。以传统的立场来把握中国心理学的好处在于，不但可用其同西方心理学做平行的比较，而且还可以从中获得一种既非儒家也非道家或佛家的趋于完整的中国心理学传统体系。

中国心理学传统虽门派林立、观点繁杂，但我这里重点想从儒家、法家与道家等开始小结，最终回到存异求同，以构成一个中国心理学传统的大概面貌。

首先来看儒家的"灵魂阶梯理论"。所谓"灵魂"一说在现代心理学中已无多大意义可言，但在传统意义上，或者在被哲学所包含的心理学意义上，古希腊与中国都有颇为相似的见解，见表1：

表1　"灵魂阶梯"的学说
亚里士多德与中国学者说法之比较

亚里士多德（公元前4世纪）		
植物	植物生魂	
动物	植物生魂 + 动物觉魂	
人	植物生魂 + 动物觉魂 + 灵魂	
荀卿（公元3世纪）		
水火	气	
植物	气 + 生	草木
动物	气 + 生 + 知	禽兽
人	气 + 生 + 知 + 义	
刘书（公元6世纪）		
植物	生	
动物	生 + 识	

续表

王逵（公元14世纪）		
天	气	雨露霜雪
地	气＋形	土石
植物	气＋形＋性	
动物	气＋形＋性＋情	
人	气＋性＋性＋情（＋义）	

资料来源：李约瑟，2006，《中国古代科学思想史》，陈立夫主译，南昌：江西人民出版社，第26—27页。

灵魂阶梯理论其实在说明一句中国民谚："人非草木，孰能无情。"可这一常理在西方心理学的阶梯中则依然偏于动物一级，并可以逐级还原为物质，而儒家心理学偏重人的一级，且无还原之意。比如，在儒家文化内部，当它想贬斥那些缺少人性心理的思想（比如墨子的兼爱思想）时，就会用"禽兽不如"来形容。由此比较，可以说西方心理学把人定位在动物（禽兽）、知性（感性、认知）的层面，尚有机会或有可能发展出实验的心理学，但儒家既然把人的心理活动定义在有情有义的层面，又如何进行实证呢？所以儒家心理学对人之心理研究一开始就走入了一个无法与实证主义相联系的范式。"情"和"义"在西方属于道德情操的概念，更多地同一个人的修养与信仰或曰"心灵"有紧密的联系。尽管在西方经验主义的影响下，心理学家依然可以通过实验情境和测量来获得道德上的结论（科尔伯格，2004：377—407），但其争议的空间则更大。而儒家的思考路径是从人性假设出发来获得一种规范主义。儒家比较坚持"人性本善"，其论证方式来自首先将人作为天地的中心，即"故人者，天地之心也，五行之端也"（《礼记·礼运》）。这句话非常重要，是下面理解中国心理学传统的关键。以天地来规定人心，推理的方向是以天地自然运行的法则来做道德根源性的假定，然后由此推出人的良心，即中国人先将天地运行的周而复始誉为"诚"，由此运行而生出人的善心。这点相当重要地反衬出，西方的精神分析理论和行为主义理论竟然把人看成"有缺陷的人和垂死挣扎的老鼠"（霍夫曼，1998：213）。在儒家文化中，每个人本来都有一颗仁心，但因环境和教化出现问题，有可能产生恶习，于是始终如一地濡化人的心灵，以服从礼而非刑，是儒家的心理学的根本。可在中国人的生活与政治实践中，通过这一学说来实现社会秩序的正常运行是不现实的，因为家规与国法片刻也不能缺少，此时严厉惩罚构成法家的核心。其理由是人性本恶的假定。因此，唯有强调对人的外控性，才可以规范人的行为，此点颇具行为主义心理学的味道，也被史华兹（Schwartz）称为法家的行为科学（史华兹，2004：321—359）。的确，法家为了模塑人的行为，对客观尺度怀有兴趣，而那些原本用于实物操作（青铜器、铁器、木器、建筑、雕刻等的制作）的方式方法，如标准、规矩、模范、准绳等，也都被用作对人的行为方式之规定性或强制性的比喻。以儒法互补的方式来规范人的行为，构成了一种心理与行为建构方面的双向性，即孟子所谓"徒善不足以为政，徒法不能以自行"（《孟子·离娄上》）。可见，儒法互补形成了对人之心理与行为的内在提升与外在约束。

儒、法是两种学说，虽然其基本观点有诸多不同，明显有内外控制取向之分，但其共通性在于关注对心理与行为的形塑，其差别在于礼法之争，故在中国文化体系中均属阳性。可是这种在总体上以提升人之道德规范性来对抗人的动物性的做法，在中国心理学传统中并不占主导地位，更为强大的理论应是由道家思想提出的对人之心理与行为的自然性回归。由此，相较儒法，道家的思想具有阴性的特点。阴性在中国文化传统中做幽暗、隐蔽、被动、静止等来讲。而道家的心理趣味则偏重向内、清静、消极、修行等方面。

要想讨论道家心理学，可以从"故人者，天地之心也，五行之端也"开始。这句话如果放在儒法的理论框架里来理解,可被解读为儒法所关注的重点在解决人自身的问题;可同样的话放在道家那里,意思则是人不过是万物的一种体现方式罢了。因此,与其研究人的情义,不如研究人与物同理的"道"。这样就可以打通人与万物的间隔,获得一种统一的对人的心理的认识。打通其间隔的概念是"气",人与物都是"气"的升降聚散与化合,是造化的结果。而这样的造化虽然形态各异,但其中都隐藏着"道"。道家所重视的"道"指的是整个宇宙演变的秩序,人也不例外,进而也不能将人分离出去构成主观认识客观的关系。所以,所谓对道的认识,既是对自己的认识,也是对万物的认识,正反都是认识了万物也就认识了自己。或者说,这种认识方式不是客观性或主观性的,而是"悟性"的,并构成人道必须遵循天道的理由。在这一点上,像儒法那样单纯地认识人道,就显得层次不够了,因为认识了人道不意味着认识了天道,而知道了天道则知道了人道。值得注意的是,道家虽然重视无所不在的道,但这不意味着它会对道做类似西方物理学方面的逻各斯探究。也就是说,道家对道重视,却并没有产生像西方哲学中的形而上学或自然科学中的物理学。道在道家那里是神秘主义的,但又不意味着不可证明,罗盘针的指向即它的验证,也成就了它的无法言说,即"道可道,非常道"(《道德经》)。由于道家思想凸显的是万物之间的联系性特征,因此它被看作无意志的自然有机论,即所谓自然而然与生生不息。这点同英国社会学家斯宾塞(Spencer)的社会有机论有所不同,因为后者的"有机"含义是为着一个目标去的。可道家的这种思考方式不设定世界有个造物主,也不用"理想国"蓝图来构造现实,更不似一架巨大的机器。既然世界没有造物主,又无理想国,更非一架巨大的机器,那么关联性、共相性便成为该学说的主要特征。

三、中国心理学传统的基本内涵

道家的这种无意志的自然有机论不但造就了道家的心理学传统,也意味着中国心理学传统的诞生。根据这一宇宙观的假定,我们可以从中发现三个基本原则:首先是人与天地万物将依循同一原则发生运动,即一致性原则;其次是"观人"与观天地、观万物之间没有多少差别,由此借助观天地万物,包括观察人的自然表征,如外貌、气色、神色等也可以实现观人心,即贯通性原则;最后就是被荣格(2000:208)注意到的共时性原则。这三个原则的根基在道家心理学,随后则同阴阳五行学说相融合。根据国内外学者的梳理,阴阳五行学说虽然同道家关系更加紧密,但并不限于道家(艾兰、汪涛、范毓周,1998)。许地山(2010:106)说:"在战国末年道家都信阴阳五行之说。'阴阳'这个名辞初见于《老子》,其次为《易·系辞传》、《荀子》、《庄子》、《韩非子》、《吕氏春秋》,凡战国末年所出底书没有不见这两字底。"也就是说,在以百家争鸣著称的春秋战国时代,虽然各家观点不同,但都受到阴阳五行观念的影响。

阴阳思想进入儒家主要发端于思孟学派之际(乐爱国,2002:37)。以阴阳来统合儒家思想含有的天尊地卑或以阴阳配仁义以及《礼记·中庸》把仁义礼智信等五常配五行的主张。时至汉朝,在董仲舒的思想中,阴阳五行与儒家思想几乎全部被打通了。这就是说,自此之后,阴阳五行是中国人最重要的思维方式,其重要性堪比欧几里得的《几何原本》对西方科学发展的影响。其实,以太极阴阳八卦图的特征来看,我认为它的最通俗表达就是中国人口头上常说的"动态平衡",或者说阴阳五行的理论就是"结构动态平衡"理论。在这里,"结构"是一种二元性的限定含义,意为万物之间,不是所有的现象联系都可以任意地、无界定地被放进此理论中来解释的。该理论首先假定宇宙万物的变化与运行都有其阴阳特征,所以当事物、现象被归入阴阳结构的阴阳属性之后才可以有机会获得解释。"动态"的意思是阴阳不是两种固定且相反的组合要素，因为它们都来自精气或者太一，是两个可以相互转化的要素。动态还体现为"五行"中的"行"之义。这表明不能将五行等同于西方哲学或科学意义上的"元素"。固然，从顺序上看五行，的确是先有元素才能"行"得起来，但如果一味将重点放在元素上，那么"行"的特征将被忽略，人们只会对元素的本质穷追不舍。比如在心理学中，我们要认识人格，先得划分人格类型，或寻求相对稳定的大五人格，有了这样的人格类型及其描述后，如何解释呢？可进入人格背后的特质论或遗传论，然后再在遗传论中讨论基因，或进入大脑皮层再到脑神经，直到神经元、触突等。这样追寻，还没有结束，因为关于神经元的传递中还存在什么元素，仍需要一层层追寻下去。可是回到中国传统，人们在理论上会既考虑五种要素的性质差异，又把其重点放在"行"上。这种理论认为，与其去无休止地层层进入元素的元素，还不如只考虑各种元素在运行的过程中所体现出来的规则，因为我们无论追寻到哪种层级的元素，显然它们都是在按照相同的规则运行着。可见，对无穷尽地寻求元素的兴趣与对元素之间关系的兴趣意味着两种不一样的思路。再者，基于对于事物之间关系的兴趣，会将探究的重点放在事物的动态特征方面。以"行"的角度来看，元素在静止或不变化的时候的特点是引而不发的。对于一个本质主义者来说，一个事物即使引而不发，也有其自身的元素特征、属性。可对于一个重视动态思维的人来说，唯有事物活动起来，其特征才会展现出来。以人格研究为例。借助量表测量人格完全不用考虑人的活动状态，一个体不过是在安静地完成一项填答与测试的任务，被试者此时把自己想选择的答案呈现给研究者就可以了。但用"行"的理论来衡量这种测试就很不真实。在"行"的视角中，若人不动起来，所有人的特点都是一样的，只有动起来时才各显差异。只是，面对众多的差异，若不合理排列，将无力辨识，这时就得回到五行的五元素的特点与关系中来认识彼此的特征及相生相克的原则。这种在动态中可能发展出来的方法，显然不同于被试的"报告式"，而是道家所谓的无干涉的"观"。"观"作为一种方法，有层次之分，即"观""明"与"玄览"（高觉敷，1986：111），通过这样一系列不同层次的观，万物之变都可以被有浅有深地规则性地把握。观作为方法出现，意味着对外部事物的观察，也同样意味着反观自我。在中国的身心论中，一个人对内心的体察则叫"内观"（有别于"内省法"）（刘力红，2002：15—16；无名氏，2009）。这在心理学上或许是一个未曾被探讨过的重要方法，或许依照西方心理学的标准，连内省法都不可靠，内观就更没有依据了。

可见，在中国这一边，人与天地万物都是在阴阳五行中展现其方方面面的。其中，阴阳结构的动态性原理就是太极阴阳八卦图，而五行的动态性原理则是指事物乃至各个人格之间发生的相生相克。根据这样的原理运行，结构各要素间总是趋于达成一种平衡，表达一种健康、良好的意味，也就是中国人强调的中和、和谐、中庸、中节或和合的状态。在这一点上，儒道殊途同归，差别只是前者偏重人与人之和，后者偏重人与自然之和，它们共同构成中国心理学理论的基础。根据这一理论，人们可以用平衡的状态来衡量人的心理问题，而所谓心理治疗，其实也就是将各种原因造成的不平衡状态恢复到平衡状态。对于这一点，道家似乎用力更多。道教是道家内部因受北方萨满教影响而发生的变异。这种变异的一个重要方面就是试图回到经验层面来实践道家的结构动态平衡理论。比如，假如人与天地之间遵循一致性原则，那么占卜问卦、占星术、解梦等就会得到发展，或者反过来讲，人们根据外部世界的表象变化也可以推测人生或生命的变动轨迹，再者就是道士们在求仙道路上也会寄希望于用自然物质的组合（炼丹术等）实现人体恢复平衡。由此一来，中国心理学传统便具有了神秘主义、经验主义和实验主义的色彩,可以同西方心理学的自然一元论、决定论、操作主义、机械主义(查普林、克拉威尔,1983:23)做比较。

在西方心理学传统中,自然一元论不是指道家以"道"或"气"来统合包含人在内的自然,而是指一种在人与自然主客分离基础上形成的人对自然世界的一种看法。根据查普林(Chaplin)、克拉威尔(Krawiec)的观点,自然一元论是指自然科学会把世界看成一个系谱(查普林、克拉威尔,1983:23)。这个系谱其实也就是一种还原论,认为心理的基础是生理,生理的基础是生物,生物的基础是物理和化学,进而认为心理学的研究基础就在于最终对脑神经系统内部物质的微观揭示。波塞尔(Poser)在讨论因果自然观时指出:

> 因果自然观以物理学为榜样,自从文艺复兴以来其作用非常之大,一段时间曾是衡量科学性的根本标准,甚至精神科学亦须按照这一看法行事,社会科学更应如此。从施莱尔马赫到狄尔泰,诠释学在其19世纪的发展过程中的一个重要标志,就是力图摆脱因果自然观的阴影。
>
> 通过寻找自然规律,我们在近代科学中获得了大量的知识,对自然有了更多的了解,人类亦获得了更大的行动可能。具体可见的便是当代的技术应用。另一方面,我们对寻求自然规律的前提更加清楚了:因果性亦是从目的的角度出发解释自然,并且认为自然本身带有其不可改变的目的性。对自然的目的性解释亦是对自然的"物化"解释,因为目的论导致了机械论。无穷无尽的自然变成了"物质",自然中的生物,甚至人也随着变成了机器。促使植物生长的不再是大地母亲的怀抱,而是人工化肥;医生治病一般不会马上做出诊断,而是让病人等到明天后天,等到化验结果出来再说。我们已经太习惯于用"规律"的眼光观察一切

了,因而在我们的眼中只有一般而没有特殊,只有普遍性而没有一次性,只有框框而没有瞬间,只有不变的"真理"而没有无常的历史。(波塞尔,2002:222)

由于决定论、机械主义与操作主义等共同作用,因此走实验心理学的道路是西方心理学的假设、方法论以及方法的基础。

回到中国心理学传统,依照李约瑟(Yoseph Needham)的看法,神秘主义并非没有科学的含义,反倒是理性主义可以脱离科学(李约瑟,2006:104—108)。比如,儒家思想在理性主义的意义上是成立的,却无法获得证明。可被称作神秘主义的学说看似具有现场的魔幻般的能力,但要想说服他人则自身需要具备科技知识,因为如果魔幻术(在中国叫"呼风唤雨")不借助科技,那就不单是当场露馅的问题,而是信念上的失败。于是,为了让一种教派具有极大的感召力,必须加入科技成分,尽管这类接近科技的方法并非屡试不爽、百发百中。但无论怎样,正由于道教的方术的确采用了这类方法,因此现代人回溯道教方术时,总认为其中有一定的科学成分。当然,较之于西方心理学中的实证主义,中国心理学传统中的经验主义和实验主义并不符合西方的科学原则,尤其不具有否证的原则。对于这一原则,许多学者认为,所谓科学研究不是演绎就是归纳,因为中国传统科学没有演绎,所以这些实践活动被看成归纳。其实,这样的表述很西化。在前文的阴阳五行框架中,中国人的知识显然不是通过演绎和归纳得到的,而为一种直觉式的"象"。由作为方法的"象"所构成的关联思维因为符合本文上述的三个原则,将肩负起中国心理学传统的验证问题。本文下面还会讨论。

四、心与脑：人文主义与科学主义

如果我们翻检汉字，便可以发现汉字结构中有很多关于"心"的部首或偏旁，比如念、想、爱、意、志、恐、性、情、惧、怕等，这说明了中国传统文化对"心理活动"描写的关注。可见，解读汉字的"心"是认识中国心理学传统的一个关键。它似乎表明，汉字"心"（而非脑）是一种有关心理学体系的核心概念，而其他由"心"或"忄"的部首或偏旁组成的非常多的关于描述人的各种欲望、情感及认知方面的字都环绕在它周围，二者构成了一种派生性的关系，亦表明人比动物高等之处就在于人有心理活动。中国人开始使用"心"字来表达心理活动的年代相当久远。它出现于甲骨文、金文之中。最早的汉字"心"被画成心脏的样子，后逐渐抽象化，《诗经》《左传》等著述中均有丰富的表达（杜正胜，1993）。可是，当文字作为思想的载体逐渐演化出不同思想家的学说时，我们看到"心"一方面受到中国所有思想家和实践者的重视，另一方面又并非总占据各种思想学说的中心地位[1]，其重要性往往被"道""气""性""情""命""理"等概念所取代。相对于这些更为重要且根本的概念，"心"的概念虽说在不同的学说中有不同的定义或不同的位置，但总体上看，它似乎位于生命的本体性概念与各式各样的具体知性概念之间。若往本体性的根源上走，比它更高的概念有"道""气""性""情""命""理"等，比如孟子提出"尽其心者，知其性也。知其性，则知天矣"（《孟子·尽心上》），致使今日中国学者在中西比较意义上提出"情本体"（李泽厚，2005）。若往

---

[1] "心"成为中国传统文化的中心大致源自佛教进入中国以及宋明一些思想家的努力，比如佛家"一切唯心"以及王阳明、陆九渊等的"心学"思想。我认为，这种对心的概念过分夸大的趋势非但没有给中国心理学的传统带来优势，反而导致这一变异性在面对西方心理学时不堪一击。

具体性下走,即发生喜怒哀乐思等。如孔子所谓,"七十而从心所欲不逾矩"(《论语·为政》)。孟子曰"耳目之官不思,而蔽于物。物交物,则引之而已矣。心之官则思,思则得之,不思则不得也"(《孟子·告子上》)。荀子也说,"形具而神生,好恶、喜怒、哀乐臧焉,夫是之谓天情。耳目鼻口形能,各有接而不相能也,夫是之谓天官。心居中虚,以治五官,夫是之谓天君"(《荀子·天论》)。中国古人把心比作君,是想比喻性地说明心对其他感觉器官具有操控力。但这绝不意味着心就是人之形神与躯体的最高统治者,既然君上面还有天道,同理,在心上面就还有天理,更有气和命。由此我的看法是,在中国传统心理学中,"心"是一个贯通人之形上与形下的中心枢纽,具有上通下达的统领性、调节性与控制性的本领。

以这一见解来看中国传统中的"心"的概念,钱穆(2001:70)称之为"理想心",梁漱溟(1984:18)称之为"生命",而我个人的见解是,它应该是中国文化中关于人的各种形神性活动的主宰性机关,即心的概念假定人的认知、情感和意向性活动等都受控于一个中央机关。这个中央机关不完全是先天性的,也涉及后天的营造及修炼的问题。心在中国心理学中不对应人体的任何一种哪怕是被假想的器官,比如心脏、大脑、五脏六腑或专职的思维器官[1];也不是一种对人体器官功能的误读。它不只是一个"抽象名词"(钱穆,2001:70),更不等同于西方心理学中的"意识"。当然,以心的假定来阐述种种心理的表现,之所以依然能在现实层面被大众普遍接受,部分是因为个体的身体感受。这个感受源自心脏的"中央性"特征,所以汉字"心"也表示"中""中间"或"正中"的意思。这样

---

[1] 所以也就不存在纠错的问题,尽管中国医学史上的李时珍、金正希、王清任等也发现了"灵机发于心"(《黄帝内经》)的说法是错误的,因为心理活动来自脑。

的被假定出来的协调与控制中心,在直观上也就更倾向于同心脏相联系。当"心"被假定为一种上通下达的控制性枢纽的时候,其重要性并不体现在客观性的大脑工作原理方面,而在心的活动方向和方位方面,比如梁漱溟明知"心以身为其物质基础","心的物质基础又特寄乎头脑",但他依然认为需要离开身与脑来说心。其理由是,"人身(脑在内)是客观世界一活物;说活物,谓其为什么活动之所寄,但凡是物都存于客观。然吾人之有心也,却从其存乎内者而言之,即所谓主观世界而已"。"在脊椎动物走上发达头脑一条路奋进无已,卒致突破了一切生物盘旋在个体存活、种族繁衍两大问题的那圈圈,而达到人类生命的特殊境地,此云特殊者非他,不过争取灵活自由的宇宙生命本性而今独赖人类来代表发挥,其他生物举不足言也。"(梁漱溟,1984:106—113)

钱穆(2001:82)也说:"中国人言心。非身上一器官,乃指此身器官相互配合而发生之作用言。此一作用,乃可超于各器官,或说超于身,超于物,而自有其作用。"既然"心"摆脱了躯体的限制,可以统领人的一切,犹如"精神纲领"或"灵魂",那么中国传统心理学认为,它有随心所欲的可能,有修养提升的可能,有不尽其责的可能,有被腐蚀或堕落的可能。于是,中国传统心理学对此展开了各种探索与操作,诸如儒家在入世上的"仁爱之心";道家在回归自然上的"清静收心""清心寡欲";法家在赏罚方面的"收买人心";墨家在义利上的"功利之心";等等。这里需要思索的问题是,我们不能因为在科学方法上,"心"的假设不成立,就认为由此演绎出来的一系列言论与实践不成立,比如将"收买人心"说成"收买人脑"。这一说法如同"人性",都是假定的问题。如果"心"即物理意义上的大脑,那么心理学就不会再去讨论精神方面的塑造、污染或净化的问题,而当"心"被中国文化假定为一种人之言行的主宰时,那么它便走向了模塑(正心)或修炼(养心),乃至"思无邪",也走向了另一种对人心的实战性解读、理解与操控（攻心术）。只是这一方法不是沿着科学方向行进的，而是沿着历史主义或审美主义的路线，如玄学（Metaphysics）行进的。

对于西方心理学而言，心理学之"心理"是对希腊文"psyche"一词的沿用，其比较早期的观点主要是研究"mind"的分类、分解与活动，尤其是17世纪法国哲学家笛卡儿提出的身心二元论主导着人文与社会科学的发展。可"mind"争议空间很大（赖尔，1988；罗素，2009），其带有不严谨性、不确定性或非物理性的特征。随着科学心理学的兴起，为了避开人文的、哲学的或思辨性的讨论，心理学家干脆撇清了心理学中的心理研究与心灵、精神、思想探索的关系，开始了对人脑及其工作原理的研究。正如美国哲学家塞尔（Searle）所说："全部心理现象，不论是有意识的或无意识的、视觉的或听觉的，不论是痛觉、触痒觉或思想，乃至我们全部心理生活，都是由在脑中进行的过程产生的。"（塞尔，2006：10）如果心理学试图对脑进行研究，那么将确立几个研究方面的特征。这就是：生理或生化实验成为理所当然的方法；神经生理成为讨论心理活动的基础；还原论、决定论及因果关系等自然科学方法论受到强调。为了说明这几点，我可以继续以塞尔的有关痛觉的例子来说明（因为这个例子可以用来代表西方心理学的主导性研究和观点）：

> 痛觉信号由感觉神经末梢传送到脊椎至少要通过两类神经纤维：一类是专门用于传递刺痛觉的△A纤维；一类是专门用于传递灼痛和疼痛觉的C纤维。在脊髓中，这些感觉信号，经过一个被称为利骚厄道的区域，最后到达脊髓神经元。当这些感觉信号上升到脊柱时，它们通过两条彼此分开的通路进入脑：刺痛觉通路和灼痛觉通路。这两条通路都要经过丘脑，但刺痛觉随后局限于大脑的躯体感觉皮质中，而灼痛觉通路不仅把灼痛信号输入到

躯体感觉皮质中去,而且最后将它们输入到下丘脑和脑底部的其他区域中去。由于存在这种区别,对我们来说确定一种刺痛觉比确定一种灼痛觉要容易一些——例如,我们可以相当精确地指出某人正在用大头针刺我皮肤的某个部位——而灼痛觉和疼痛觉可能会更令人痛苦,因为这些痛苦信号激活了神经系统中更多的区域。这种实际的痛觉既来自对脑底部区域特别是对丘脑的刺激,又来自对大脑躯体感觉皮质的刺激。(塞尔,2006:11)

于是,塞尔得出了这样的结论:"我想指出的是,一般来说,痛觉是如此,心理现象也是如此。我们可以大致地说,有关我们心理生活的一切活动,我们全部的思想和感情,包括我们现在讨论的作为脑的组成部分的全部中枢神经系统的活动,都是由脑的内部过程产生的。就心理状态的产生而言,决定性的过程发生在头脑内部,而不在外部或周围神经的刺激。"(塞尔,2006:10—11)那么,如何来说明生理层面导致心理层面(反过来的因果关系也可以成立)的发生呢?这很容易被分为微观与宏观两个层面,前者在神经方面描述,后者在意识方面描述,虽然这样的描述被分割为物理主义与心理主义两套概念体系,但发现其活动规则应该具有一致性(塞尔,2006:18)。比如,一个人情绪紊乱应该同其大脑中缺少一定的化学物质有因果关系,而向人体内输入含这类化学物质的药物,情绪紊乱症状就有所改善。当然更加复杂的问题在于,虽然可以确定两种不同层面的因果关系,但这不意味着生理如何影响心理可以得到解释,其中或许存在一个中间地带的工作原理,正是在这一层意义上,认知研究和人工智能研究得以发展。

但是在中国这一边,假定中国心理学传统中存在一种"心",那么这种心就既非物理主义的也非心理主义的,而是一种包含性的、不做划分的从灵魂到心理再到生理的想象(对应的英文译成了

"heart-mind")(安乐哲，1999：32）。这样一种想象之所以被假定为"真"，来自我们生活经验中的另一种心理现象，即"心痛"或"伤心"。依照西方心理学所谓一切心理活动都是脑的内部活动的过程一说，关于这样的"痛"，本应该到脑中去寻找答案或者就是"头"痛，即借助生理心理实验探讨因为什么样的刺激、通过什么样的通路、到达脑的什么位置，最后找到此人为何会有此种"痛"。如果依然必须将这种"痛"说成是脑中什么神经部位出现问题的话，那么对于从外部刺激开始最终直至脑部位置，都需要给出一个科学性的说明，或者给出一种类似精神病学的解释。又，神经科和精神科是两个不同的专业领域。如果"心痛"的说法被科学心理学定义为一种文学式的描写，那么心理学就不能承认有这样的"痛"。可在中国心理学传统意义上，这样的痛很多：希望破灭、失去亲人、遭受意外重大打击、上当受骗、心爱物件遗失等，都可以导致心痛。心痛与知觉上的痛的差异是，它缺少物理上的刺激，没有针刺、硬物打击或者烧伤之类，一切都源于自己定义为严重的事件刺激了自己的"心"，故此"痛"从头至尾都贯穿着心理上的感受（这样的感受很难分割为感觉或知觉等）。当然，这种没有物理刺激的痛的真实性也是毋庸置疑的。比如，心痛的人会变得沉默、难过、悲伤、哀怨、性情大变甚至绝望等，也伴随着生理上的特征，如失眠、消瘦、憔悴、生病等。假如这样的感受需要被科学定义，比如被归入精神疾病或心理治疗层面，或者被归入人文与文学层面，那么在科学方面就需要确定精神疾病或心理治疗自身的科学性如何。如果心痛属于人文的范畴，那么就得交由宗教去处理。判断此种心理问题究竟是科学心理学的还是人文的，关键就在于用因果律或者决定论是否能解释它的神经性原理（比如药物作用）。当然，对于部分西方心理学家，诸如精神分析、人本主义或后现代等研究者来说，这样的划分、归属与处理方式会导致他们对现有心理学不满，进而拓展出新的研究领域，但这些研究领域依然为正统的西方心理学所排斥。而受到排斥的西方心理学流派往往同中国心理学传统能够兼容，这无形中也决定了中国心理学传统的现代命运。

五、践行主义心理学与本质主义心理学 [1]

从上面的讨论中，我们可以看出，中国心理学传统具有整体主义和人文主义的特点（翟学伟，2013），而没有机械主义和实证主义的特点。但整体主义和人文主义并不意味着中国心理学传统内部就延伸不出经验主义和实验主义来。只是由于其受限于整体主义和人文主义，所以在内涵上便同西方科学心理学的决定论和操作主义有所区别。在进入对这一复杂问题的讨论之前，我先引用一下钱穆对中国心理学的看法：

> 《中庸》言："喜怒哀乐未发谓之中，发而皆中节谓之和。致中和，天地位焉，万物育焉。"达此境界，岂非一最理想之宇宙，同时亦一最理想之人生。而工夫则只在此心之喜怒哀乐上用。西方人言心，分智情意为三。哲学则专用理智，情感不得羼入，意志亦须在探求得真理后始定，故西方哲学不讨论喜怒哀

---

[1] 斯坦诺维奇对本质主义与操作主义做了区分，认为科学心理学是操作主义，但不是本质主义，参见 K. E. Stanovich, 2005,《与"众"不同的心理学——如何正视心理学（第七版）》，范照、邹智敏等译，北京：中国轻工业出版社，第65页。他所理解的本质主义是概念的咬文嚼字上的，同我这里所说的西方分析性的和不断追求根本的本质主义含义略有差异。我认为操作主义是本质主义的一种具体方法。另外，关于李美枝提出中国这一边的实践性心理学，以便同西方的知识性心理学相比较，虽然这一提法颇似我这里的践行主义心理学，但其含义也不相同，可参见文后李美枝的相关参考文献。"践行"在中文中的意思是按照一种原则去落实或实践，而实践的意思则只表示在经验和操作过程中或积累中可以获得相关领域的总结、感悟和知识等，比如中国人说"实践出真知"。

乐。(钱穆,2001:78)

中国人言喜怒哀乐,则从心上来讲究,而又兼及发与未发问题,则更见与西方思想之大不同处。西方思想侧重在空间,柏拉图榜其门非通几何学勿入吾室,几何学则只是一空间形象。直至近代爱因斯坦始创言四度空间。然亦只以时间一度加入空间三度中,依然偏在空间。中国则时间属天,空间属地,时间观更重于空间观。发与未发,即在时间观上生出分别,但亦兼寓有空间内外之分别。(钱穆,2001:78—79)

此心先能不偏不倚,遇外物来前,而此心始有喜怒之发,然又贵发而皆中节。节者,有其一适当之限度。但自另一面言之,亦即满足其所当喜当怒之限度,则限度实即是满足,此即天理矣。发而中节谓之和,不仅内心与外物和,一心之内亦自见和。吾心仍非有喜怒哀乐之别,其别只属在外之已发,而其存于内而未发者,则仍是一中。发与未发,中与和,仍属一体。不明悟得此未发之中,又何能掌握得其已发之和。亦可谓中是体,和是象。惟体又贵能即象以求。心如此,生命尤然。天地位,万物育,此乃宇宙大生命之象,而体亦存其内。

由喜怒哀乐进而言心,则心亦有发与未发之分。若谓凡心皆属已发,则成为仅有象而无体。无体之象乃是一假象空象,而非真象本象。明得象之必有体,斯即明得心之必有其未发。太极与阴阳之辨,即在此。太极又即是一无极。因其未发无象,即亦无体可见。无物,亦无心可见。然在体象心物之和合无间中,仍当悟得此一体一心之为其大本大源之所在。则虚而即实,静而即动,宇宙万物乃尽归于此一心一体,而可无所遗外矣。此在中国学术思想史上,当会通儒道两家而求之。(钱穆,2001:79—80)

这几段文字可以看成是钱穆对他所理解的中国心理学传统的一个小结。试将这一小结放在我上文讨论的框架中，我们可以看到以下几点：（1）包含人心在内的宇宙万物都沿循着一个相同的理或道在运行，其法则就是太极阴阳五行；（2）这种法则运行出来的"位育"（生长创造）构成人心，而人心在具体层面则体现为人的喜怒哀乐；（3）喜怒哀乐有发与未发之分，形成"中和"关系；（4）这种关系偏重时间，而不偏重空间；（5）这一系列运行最后会落实在"体"与"象"上。"体"是本体，"象"是"体"的表现和显现。由于借助"象"会得到"体"，所以"象"也就具有"用"的功能，即一种认识"体"的工具。梳理这几点可以发现，虽然中国人用其高度的智慧构思出了以太极阴阳五行为基本的道理，但最后并非一味尽显其神秘主义（神乎其神）的特征，而是期待将这一道理应用于具体的经验世界与可验证的生活领域。以现代科学的视角来衡量，受到这样的应用所具有的整体主义与人文主义的限制，其中的经验主义与实验主义方法也就不再是实证主义式的、计量性的求证方法，而走到"象"的道路上去了。

关于"象"作为方法最重要的著作就是《周易》。儒道之间本来虽有差异，但可以在此点汇合。其中，《系辞·上》曰，"在天成象，在地成形，变化见矣"，"是故，吉凶者，失得之象也；悔吝者，忧虞之象也；变化者，进退之象也；刚柔者，昼夜之象也"。所以《系辞·下》曰，"易者，象也。象也者，像也"。从"易"到"像"，是一个由阴阳之道至具体事物细微表征的过程。这个过程的层层过渡中有一个方法论上的思考，即在"易"的层面上本是学理的讨论，如天地化合，其气如何可能变为阴阳，阴阳从学理的层面进入方法层面，就是系辞。在这里，阴阳两爻按二进制变化组合成八卦，再重卦后变成六十四卦。有了这样规律性的卦象，就可以操作了，即可以根据卦象的象征，回到语言阐述的层面，最后对一个具体事物进行解释。正如魏晋学者王弼在《周易略例·明象》中所说：

> 夫象者，出意者也。言者，明象者也。尽意莫若象，尽象莫若言。言生于象，故可寻言以观象。象生于意，故可寻象以观意。意以象尽，象以言著。
>
> 然则，忘象者乃得意者也，忘言者乃得象者也。得意在忘象，得象在忘言。故立象以尽意，而象可忘也；重画以尽情，而画可忘也。

在这段话里，我们可以把"意"看作心理，把"言"看作行为，那么作为方法的象就是指通过行为来"看透"人的心理。将"象"翻译成今日的词语，可以看作是"场景""表现""画面""言论""行为"或者"势"。依照"行"的理论，一种事物如果不变化便失去了比较意义，所以说任何有意义或有意味的事物都在变化中，而象的方法就是对变化中的一个片段的捕捉，即"观象"。捕捉到一次次重要的象（整体观中的信息），是为了透过具象而获得抽象。但对于方法，这样的解读不是随意的，而是有结构与层次的。《周易》的做法就是把这些可以用言辞描绘出来的具体之象转化成"爻"和"卦"，最终在阴阳和五行中给出合理的解释。例如，我这里试着以象的方法来对一个人的相貌、行为与内心进行中国心理学式的说明。一个人的外貌特征在中国传统五术中属于"相"类，其他四类为"山""医""命""卜"等。相又可以分为面相、骨相与手相等，除了人相，还有宅相和星相，但最终目的还是回到人自身来认识人（潘英海，1993）。一个人的相貌或面相就如同其人生或生命中的一幅被暂时定格的"画面"。依照象的方法，学习观象之人按照此画面就可以根据我上述的一致性原则、贯通性原则及共时性原则了解此人的性格或性情，即所谓"观其所由，知其所以""鉴貌辨色，察其心中情状"。对于这样的观象手法，中医有更为重要的总结与实践，诸如望、闻、问、切等。而以此方法研究刘劭的《人物志》可知，他同样也是用阴阳五行来讨论人的性格特征与行为表现之间的关系的。

从阴阳的层面落实到对一人一事的具体阐释乃至于发展为对此人的操控，我们从中可以发现中国心理学传统的应用性特点在于抓住两头，而放掉中间，或者说中国心理学传统缺乏的是中间部分。那么，何谓中间部分？从中西两种传统的比较意义上讲，我们可以把西方心理学看成是关注物质世界原理中的人之心理部分的研究。这一部分，单就人的学科，就可被划分为人类学、社会学、人口学或教育学以及心理学等。各个学科自立门户，连接它们的只有实证主义的方法。以中间部分（学科）为主体的知识结构一般都不涉及具体而鲜活的个人（除非在该学科内部生出一个应用学科来，其实即使应用学科还是不涉及具体的人，也就是说，在中间学科中，人永远是作为类别而存在的）。比如，在西方心理学意义上，心理学家不会回答一个面对他的人在想什么，除非这个人愿意作为一个研究样本而接受测量和实验，心理学家想做的事情只是根据现实结果把他归结到类别中去。如果一个人此时只想关心一下自己的真实心理状况，那他首先在学科类别上会被劝说去找心理咨询师，后者隐含了这个人心理有问题才会有这样的要求的意思。而中国人对"心理学"的第一反应就是学了它，就应该知道一个有名有姓的人正在想什么。颇为悲哀的是，很多中国人为此而投奔了心理学科，但最终仍需要被西方心理学同化。[1] 其实，如何面对一个具体的人的问题，也令西方心理学背

---

[1] 这里摘录一段受西方心理学同化者的自述："每个学心理学专业的人都会被人问到三个问题，第一个通常是：'你知道我现在心里在想什么吗？'名列榜眼的问题可能是：'那你一定会催眠和解梦喽？'排名第三的问题则一般会是：'什么，你们心理学还做实验？'这类对于问话人来说再正常不过的问题，却总能让这些学心理学的人哭笑不得。"（参见窦东徽、刘肖岑，2012，"译者序"，载基斯·斯坦诺维奇：《对"伪心理学"说不（第8版）》，窦东徽、刘肖岑译，北京：人民邮电出版社。）可我的问题是，为什么学心理学的人不能回答这些问题，只能哭笑不得呢？

景中的马斯洛感到焦虑。他说：

> 我们应该注意到，这一问题本身——了解某一个人——已被许多科学家视为琐碎或"不科学"而排除了。几乎所有的科学家都是从隐含的或显然的假设出发的，认为科学是研究事物的类别或群族的，而不是研究单个的事物。自然，你在一定时刻实际上是观察一个东西，一只草履虫，一块水晶，一叶肾，一位精神分裂症患者，等等。但每一事物都是作为某一物种或门类的一个样品看待，因而是可以互换的。（马斯洛，1988：7）

以象为方法的中国心理学，则会回答一个真实的人正在想什么，而借用叶启政的话说，此人应有心灵。"心灵生活才是真人的本质；一个完整的人无时无刻不处在身、心、灵交融的动态运作中，他的心蕴涵了文化、历史与个人过往的经验和种种沉淀，内涵目标、梦想、希望、冲动、情绪、潜意识、心防等积淀，他的灵动可以让他在一念之间转变原先思考的方式。"（李美枝，2010）尽管要实现这样的人心解读，或许会不断地犯错、试错，需要实践经验的积累，但从读心到解心再到攻心的一整套过程确为中国心理学传统的最高理想。中国心理学的传统从来都假定，应该有一种方法可以根据此人的外表、颜色、举止及情境等推断出此人的所思所想。换句话说，践行主义心理学的最大特点就是用一套形上原则（道）去形下（术）地处理具体人的心思。这一过程很像裁缝做衣，做衣前，图式与工具是有的，但最终还得量体裁衣，结果做出来的衣服没有一样的。若以西方心理学的做法，则应该是先用图式与工具成批生产不同型号的衣服，然后分为大、中、小号，让一个个具体的人来试穿，直到合适此号为止。众所周知，当一个具备解读心理能力的人面对一个活生生的人时，他能解读的显然不是大脑，因为没有仪器设备，无法看脑成像、脑电波或脑电图之类。他要读的是心,即所谓看透人的思想或情感活动。看透人心的假设之所以成立,是因为中国心理学传统在方法论上想建构一种人同此心、心同此理的心理学。因为如果人心相通成为可能,人便可以做到推己及人,将心比心;而更高一级,在实践中会形成一种工于心计、布局谋划或者善于挖坑、做局、做戏及其引发捧场或戳穿对方心机的心理学(翟学伟,2011,2012)。中国兵法上所谓"知己知彼百战不殆",就意味着即使彼此都能看透也要看谁玩得更智慧、更高明,或操纵能力更强。在这两个层面,儒家和法家是初级层次,前者要求忠恕,做到己所不欲勿施于人,后者通过赏罚得到行为上的相似性,而道家和兵家则是高级层次,涉及心术与计谋的问题。显然,这样的心理学不是要做实验,也不是寻求一般性的心理原理。这种抓两头、放中间的思维实践也可以中西医医疗实践为例。西医面对一个病人时,首先是把该病人的病症作为案例归入医学分类知识体系,然后再用该知识体系总结出来的基础原理对此病人进行治疗。在分类式的或大概率意义上,此病便有依据可循,可对那些无法归类或与大概率不相符者,西医或束手无策,或弃之不顾。中医面对一个病人进行诊断时,则是通过鲜活的特定之象来把握的,比如脉象、舌象等,从具体的象的特点最终回到阴阳五行上做判断,这意味着此人之象就是此人之象,不是他人之象。既然不是他人之象,即使是患同样的病,象不同,疗法不同,药方也不同。可见,关注中间部分的心理学传统希望守住的是其学科的基本原理。为了确保这些原理的正确与精准,通过大量的实验来证明和检验,并用否证的方法来否定或推进它们的发展。随着这一追求的一步步深化,研究者对实验条件的要求也越来越高。如果条件不具备,验证就不可能,一些原理也就得不到确认,由此而来的心理学遂成为一个同昂贵的设备相关的学科。在此比较中,我们发现:所谓西方的操作主义是指一门学科要想科学化,不能思辨地、主观地辩论是非,而是需要将概念操作化,然后通过对此概念的测量来求证；中国践行主义心理学的路数则是，天地之间有大原则（道），可以运用这些原则去进行认识、理解、操纵人心，一方面可以检验这些大原则的正确性，另一方面可以解决一个个鲜活的个体心理与行为上的具体的、细小的问题。

六、中国心理学传统：玄学问题与科学问题

马斯洛在《科学心理学》一书中有一段意味深长的话：

> 在我个人的历史中，这一科学世界观中的冲突，起初表现的形式是同时和两种互不相干的心理学一起生活。在我的实验室实验生涯中，我觉得很安适，并很胜任，因为我接受了科学传统的知识。实际上是华生的乐观信条把我和许多人带进了心理学领域。他的纲领性的著述展示前方有一条光明大道。我觉得——极为兴奋地——进步有了保证。可能有真正的心理学的科学，有某种坚实可靠的东西可以依赖，能使我们从一个确定不移的基地稳妥而不会逆转地前进到下一站。它提供了一种技术（条件作用），有希望解决一切问题，和一种极有说服力的哲学（实证主义，客观主义），既容易理解又容易应用，使我们不致重蹈覆辙。
>
> 但是，当我成为心理治疗医师、分析家，成为一位父亲，教师和人格研究者——即当我研究整体的人时，"科学的心理学"逐渐证明自己没有多少用处了。（马斯洛，1988：6）

那时似乎心理学家有两套相互排斥的规则，好像他们为达到不同的目的而说着两种不同的语言。假如他们的兴趣是研究动物，或人的局部过程，他们能成为"实验的和科学的心理学家"。但假如

他们是对整体的人有兴趣，这些法则和方法就没有多少帮助。

我想我们能够极好地理解这些哲学的改变，只要我们比较一下这两套规则在处理这些科学上崭新的人性问题和个人问题中的相对有效性。让我们问：如果我想更多地了解人性——例如，了解你，或另一位某人，最有希望得到收获的途径是什么？传统科学的假设、方法和理论概念能有多少用处？哪一种研究最有效？哪一种技术？哪一种认识论？哪一种沟通方式？哪一种测试和测量？哪一种关于知识本质的假设？我们说的"认识"是什么意思？（马斯洛，1988：6—7）

在这样的冲突感受中，马斯洛提出了法则认识与个别认识。显然，我前文中讨论的中国心理学传统的特征正是意在突破法则认识与个别认识之间的藩篱。这点之所以被本质心理学拒绝，是因为科学主义心理学希望对于心理学所讨论的一切问题，最终都得回到科学意义上来讨论"科学吗"。在西方心理学家眼中，虽然心理学四分五裂，没有统一的理论，但为什么心理学是一门科学？回答是，因为心理学的科学性在于其科学方法。请注意，这意味着，西方五花八门的心理学被当作科学心理学的理由，不是其原理具有通约性，而是各自都必须使用相同的研究方法。斯坦诺维奇（Stanovich）说："其实只有两件事可以让心理学有成为是一门独立学科的理由。那就是，用科学的技术手段来研究人或非人的所有行为，以及把这些研究成果在付诸应用时，也通过科学的方法来达成。如果不是这样，那么心理学也就失去了存在的意义。"（Stanovich，2005：17）可什么才是科学的方法？斯坦诺维奇给出的标准是：（1）系统的实证主义（empiricism）；（2）可公开检验的知识；（3）对可解决的问题之探研。其中最为关键点就是实证主义，而科学家对实证方法的定义就是系统地"基于观察"的做法（Stanovich，2005：21—22）。以"基于观察"作为研究的根本原则，道出了西方心理学研究的所有秘密,即无论出于何种理由,只有通过实验室的实验观察,或退而求其次地基于间接性的所谓心理测量,才是心理学成为心理学的不二法门。以此标准来衡量中国的心理学,我们发现中国这一边的传统不是实证的,而是实践的,方法既是外部性的,也是内部性的(内观)。由此可以进行一种公开验证方面的有趣比较:西方心理学为了加深观察的可能,需要不断设计和升级各种测量心理的仪器设备;而中国心理学则不倾向在外部观察的设备方面下功夫,只对人体自身的潜力开发怀有极大的兴趣,它认为一个人有没有能力认识他人心理的原因不在于他会不会按既定程序操作这些设备,而在于其心法修炼够不够。心法修炼是科学还是玄学呢?在这一问题上,即使倒向儒家的梁漱溟(1989a:358)在《东西方文化及其哲学》中也评论道:"由玄学的方法去求知识而说出来的话,与由科学的方法去求知识而说出来的话,全然不能同等看待。科学的方法所得的是知识,玄学的方法天然的不能得到知识,顶多算他是主观的意见而已。"可写完此书后,他就想纠正他对孔子心理学的错误理解(梁漱溟,1989b:328—329),直到晚年,梁漱溟(1984:5)才有机会折回来说:"晚近心理学家失败在自居科学而不甘为哲学;而一向从事人生哲学(或伦理学或道德论)者适得其反,其失乃在株守哲学,不善为资取于科学。"讨论到此,有一个最棘手的问题出现了,也就是心理学研究中主观性与客观性的区别。如果我们把人之主观性作为客观研究对象,心理学就会被当作科学;如果我们把人之主观性作为主观研究对象,心理学就变成了玄学。

其实在中国人看来,心物是统一的,阴阳五行所构成的一种知识体系不区分主观与客观,即天人合一,至少中国学术界假定人与自然共享同一种原理,所以也不把人的主观性从中抽离出去以考察外在的他者,而只是一门心思地思考如何证明"合一"或者用自然之道来解释人生之道。其实当我们以西方心理学传统中的还原论与决定论来看,或者更直接地说，用自然科学的方法来研究社会科学时；或用物理学、生物学与生理学来看心理学等（皮亚杰，1999）时，也存在类似的假定，即人类社会行为的基本原理都可以用数学和物理学来表述，人被从中抽离出来，再以数学和物理学衡量，这样似乎就克服了人的主观臆断。所以说来说去，关键在于用什么方法、工具和手段来测得人的心理活动，并检验这样的活动是否为真。那么，如何检验呢？科学的回答是数据，借用斯坦诺维奇（2005：18）的话说，心理学是以数据为基础的。只是数据的巨量增多，究竟有何意义、有何用途，没有人去思考（凯林，1992：11）。可中国的心理学传统的回答就是"人同此心、心同此理"，最好的检验就是现实地读懂对方的心思。

如果两千多年前亚里士多德认为，石头落地是因为石头有急于落地的欲望，今天哪怕一个小学生也会嘲笑这位伟大的哲学家，但是如果西方哲学家笛卡儿极具影响力的看法是，人之所以可以活动，首先是因为人的躯体是一架机器，而心灵就是深藏于机器中的幽灵，它主宰着机器的运转（赖尔，1988：10），以此比喻再来联想电脑中的硬件与软件的关系，人们还会笑得出来吗？或许一个博士生也会对此观点崇拜得五体投地。可是，这两种说法又有什么区别呢？我想，它们一个可笑、一个让人笑不出来，其分别在于有一个万有引力定律在告诉人们前者是错的，却没有一个心理学理论来推翻后者，只有没完没了的争议。所谓推翻，在波普尔的科学哲学中叫作否证，这是心理学研究的一个基本原则。只可惜，否证作为标准是逻辑上的一种论证，而非科学的实践活动。科学史研究发现，科学研究的进展不是靠否证进行的，而是靠库恩（Kuhn）的"范式"进行的。否证与范式其实是一对矛盾（库恩，2004）：一个要从逻辑上说明一个假设只要有一次被证明不成立，那么这个假设就不成立；而另一个要从历史上说明一个假设被提出并被不断地证明之后，许多学者都将千方百计地维护这一假设，他们排斥否证，直到最后由新的范式来取代这一范式。回顾西方科学史，我们不但可以看到范式的改变，而且还能看到，随着科学从无到有，西方人的知识也从一开始相信"必然性""绝对性"改为相信"自然规律"，再将规律变成规则，并将因果规律变成了概率论或所谓模式（波塞尔，2002）。这样的变化轨迹说明了什么？它说明原来大量被认为千真万确的规律性原理都存在确认性的问题，只能在一种范式内部使用。

回到中国心理学传统上来，我想如果给中国心理学传统的科学性问题定位，可能会有以下几种可能：（1）中国心理学传统中的许多原理如同中医，或许是未被现有科学证明的超前性理论（刘力红，2002：6），但尚无人去维护、解释及验证，原因是它被现有的科学心理学范式所排斥，从而变成为无人问津的学问。（2）如果我们把西方心理学的方法比喻成渔夫打鱼的网，如果一个渔夫对自己所打到的鱼逐条测量，发现其中没有长度小于五厘米的鱼，即使用最完备的完全归纳法反复验证，结论也确信无疑。那这是否意味着世界上就没有长度小于五厘米的鱼呢？[1] 显然，这个结论的错误在于这个渔网网眼的设计是五厘米，它让长度小于五厘米的鱼漏网了。以医学研究为例，如果以生理学知识来认识人体生理机能，能看到中医讲的经络吗？答案是不能看到。那么这是否意味着中医讲的人体经络为假呢？答案是否定的。我们只能说现有的生理学研究之网漏掉了人体的经络现象之鱼。（3）约定俗成的共识问题。范式议题与西方诠释学的诞生都提示我们，任何一种研究都受到时空的限制，也受制于某种时代趣味和风气。人们乐于选择一种思考方式与维护一种研究过程，同该学科业已建立起来的或者人们从小学直到大学的学习、培育方式有很大的关系。所谓今日之"真理"往往是由一种"前理解"所建立的共识（加

---

[1] 此例子源自 Arthur Eddington, 1938, *The Philosophy of Physical Science*, Cambridge Press, 转引自汉斯·波塞尔，2002，《科学，什么是科学》，李文潮译，上海：上海三联书店，第7—8页。

达默尔，1999：362）。有的时候，人们维护的并不是科学家声称的科学准则，而是一种共同的看法；有的时候，学术争论的也不完全是科学问题，而是饭碗的问题。(4) 究竟是要改变心理学的研究范式，让中国心理学传统在科学心理学中获得一种地位，还是要维持在玄学当中，或像"后现代"思潮那样，把心理学当作一种文化？也许都是可能的。或许我们把中国的践行主义心理学放在科学心理学中来考察，本身就是一个错误。它将给努力让心理学本土化的学者带来困惑（叶启政，2006）。我的基本观点是，当一种实验科学限制了人类对心理现象的探索和思考时，我们为什么一定要守在这样的科学里面？心理学除了实证这一条路，就没有其他路可走了吗？

其实，在追求实证主义心理学这边，目前出现的问题是，脑科学、心理学、生理学及人工智能领域难以通约，另外其他号称研究人类行为的学科之间的鸿沟则更深。比如，心理学、经济学和社会学等在方法取向和研究路径上均有差异：行为模式在心理学家眼中是一组实验数据，在经济学家眼中是数学模型，在社会学家眼中则是统计描述。比较而言，统计描述并做出的回归方程或路径分析对行为的解释力最弱，但却依然保持着所谓的科学性。依照皮亚杰（Piaget，1999）的观点，对不同学科不能像对数学、物理学那样进行科学研究，首先是因为它们使用的测量单位不一致。可中国心理学传统所依据的阴阳五行却没有这一问题，它遇到的挑战是关于精确性、否证性与验证性的问题。

七、结论

通过以上纲要性的讨论和比较，我们大致可以看出，中国文化与科技史中本内含自己的心理学传统，只是因为从事中国心理学史论研究的学者和心理学研究者或者倒向了西方心理学架构与标准，或者全盘接受了西方的心理学范式（包括不同的流派），以至于中国心理学传统不能被有效地挖掘与继承。老一辈中国心理学家曾期待中国心理学思想能古为今用，但这种期待如果只是在故纸堆中爬梳古人的思想言论，最多只能在当今的心理学大厦中成为点缀和摆设；而华人心理学之本土化努力的过程则面临对其承续或扬弃乃至背离的问题（黄光国，2011）。在西方心理学界，由于心理学自身分为不同的流派，因此有些人文取向的心理学家表现出了对中国传统的兴趣，但他们最终不会顾及他们所关心的那一部分在中国文化里究竟意味着什么、意义有多大。所以回过头来看，最终还是中国心理学家需要自己来承担相应的思考、提问与探究。

在这样一项复杂的探索中，通过纵向回溯与横向比较，我们可以看到中国心理学传统不是一套说辞，而从假设到内容再到方法最后到实践等，都有一套未必逻辑严密却又十分庞杂的实践体系。在这个体系中，儒家、道家、法家、兵家及阴阳家等都基于各自的立场贡献了一定的观点和主张，最后其在阴阳五行统合下被涵盖与重组。在这一体系中，"易"是理论的核心，意为变化，这种变化的结构性基础是阴阳五行。围绕这一结构，辅之以其他概念，比如"气""性""命""理"等，汇聚为"人心"，其掌控着人的七情六欲。以易的理论来与西方科学传统比较，后者认为认识事物的规律和规则是不变化的，因为变化意味着难以定义，也无法确定。比如，作为科学典范的"物理学上计算运动的方程与公式本身并不运动，但却在古典物理的方法规定范围内（比较）准确地表达了运动过程。即便在观察自然时，只有在我们占有虽然呆板，因而不够理想但却基本上比较稳定的标准与概念时，我们才能把握自然界的变化"（波塞尔，2002：210）。由此可见，西方最终发展出来的实证主义传统正是源于事物规律不可变更的假定，进而也就有机会发展出用实证主义建立的公式或模型来认识事物,并实现演绎和归纳。可"易"的变动性在根源上决定了中国传统发展不出诸如此类的方法,而只能是"象"。象作为方法遵循的东西都涉及变,只是这样的变需要一种变的法则,在心理学中就是所谓的"心物之间的一致性原则"(万物同理)、"心与心之间的贯通性原则"(将心比心)、"现象变动中的共时性原则"(互为作用)等。进而,中国心理学传统在比较意义上具有神秘主义、无意志性的有机论、整体论与人文主义等特点。它自身重视形上与形下的对接,在实践中强调把握情境或在气氛中具体化个人的活灵魂、活思想、活性情。这种类型心理学的目的不在于探究心理和行为的原理,而在于探讨一种阴阳化合之大道能否最终进入短兵相接的实战,即现时性地看穿和把握人心,以实现道与术之间的结合。对于这样的结合,我可以用中国人屡试不爽的"盗墓的方法"来比喻,也就是说,中国人如何看待生死、如何下葬、如何陪葬和掩埋等都会遵循一种获得共识的风水理论,可完全不考虑或者不懂得这些"陈腐"的观念及理论而只想在科学意义上探测与挖掘这些墓葬,也是完全可行的。以中国人的观点来看,即使这些方法完全可行,也不意味着那些不懂理化、生态与地质以及工程的方法的盗墓者就做不了同样的事。他们的自信源于他们熟知中国的风水观,还有简陋的挖掘工具——洛阳铲。中国从古至今,民间何以存在如此众多的盗墓现象?理由很简单,就是盗墓者在理论上先用风水理论顺理成章地找到墓地,然后进入观象环节,包括观察地形走势及用洛阳铲寻求土层之象,再以与被埋葬者同样的思维方式来揭开墓道,最后以墓主人身份、规格及埋葬之相同动机等来寻找宝物。这即在表明,中国心理学传统的特点是,人们首先普遍地接受与假定所有人都会在一种命理、风水、气运、性情与心态的框架中来讨生活(当然会有时代与文化的变化),而此间之人的观念、心理与行为方式无形中将受制于这个框架,由此,即使没有高端的精密仪器,没有实验室,数据也可不精确,更无因果关系,但依然可以有效地得到想要的结果。《诗经·巧言》曰,"他人有心,予忖度之",说的就是这个道理。

以西方科学心理学的观点来看,虽然脑科学研究近来有了很大的发展,但我还是在经典意义上认同巴浦洛夫的条件反射理论(及后来的操作性条件反射理论)。该理论的最重要贡献就是以实验的方式告诉我们,高等动物是可以建立起暂时神经联系系统的,而人类最为重要的暂时神经联系系统就是语言的形成与使用以及在此基础之上形成的思维方式。世界各地、各民族的语言(或者方言),都在表明这种神经联系的多样性。值得我们深思的是,语言之差异间接地或部分地反映了思维方式的差异,那么所谓科学的心理学要研究的对象在哪里?在动物层面,还是社会层面?在受过高等教育的白人那里,还是在不同民族与阶层的民众那里?假如今日脑科学研究告诉我们,人脑中还有许多尚未清楚的或未开发的领域,这是否就意味着,各人种或族群在神经联系上可以用各自的方式(比如中国传统思维中的关联思维)建立起一整套且可以撤销的以暂时神经联系为基础的观念及行为方式?这种暂时的神经联系是否可以在自己的文明中积淀、遗传或继承?或是否因为不能被实验、不能被否证就不值得科学心理学家去研究?当然,或许科学心理学家会说,他们目前正借助科学手段来一步一步得到结论,比如这样的暂时神经联系在脑部某个区域的确存在,的确借助仪器观察到了。好吧,那么即使这样的区域没有被观察到,没有被找到,就能不被承认吗?或只能交由文学、玄学或宗教去处置?这依然是一个心理学的问题,需要用不同的范式与研究路径来建立另一种心理学?我不知道这些问题应该由中国心理学传统来回应,还是由西方心理学来回应。

参考文献

艾兰、汪涛、范毓周（主编），1998，《中国古代思维模式与阴阳五行说探源》，南京：江苏古籍出版社。

安乐哲，1999，《汉哲学思维的文化探源》，施忠连译，南京：江苏人民出版社。

波林，E. G.，1982，《实验心理学史》，高觉敷译，北京：商务印书馆。

波塞尔，汉斯，2002，《科学，什么是科学》，李文潮译，上海：上海三联书店。

查普林，J. P.、T. S. 克拉威尔，1983，《心理学的体系和理论》，林方译，北京：商务印书馆。

车文博（主编），2009，《中外心理学比较思想史》，上海：上海教育出版社。

窦东徽、刘肖岑，2012，"译者序"，载基斯·斯坦诺维奇：《对"伪心理学"说不（第8版）》，窦东徽、刘肖岑译，北京：人民邮电出版社。

杜正胜，1993，《形体、精气与魂魄：中国传统对"人"认识的形成》，载黄应贵（主编）：《人观、意义与社会》，台北："中央研究院"民族学研究所。

高觉敷（主编），1982，《西方近代心理学史》，北京：人民教育出版社。

高觉敷（主编），1986，《中国心理学史》，北京：人民教育出版社。

黄光国，2009，《儒家关系主义：哲学反思、理论建构与实证研究》，台北：心理出版社。

黄光国，2011，《心理学的科学革命方案》，台北：心理出版社。

霍夫曼，爱德华，1998，《做人的权利：马斯洛传》，许金声译，北京：改革出版社。

加达默尔，汉斯－格奥尔格，1999，《真理与方法——哲学诠释学的基本特征》，洪汉鼎译，上海：上海译文出版社。

凯林，保罗，1992，《心理学大曝光——皇帝的新装》，郑伟建译，北京：中国人民大学出版社。

科尔伯格，L., 2004，《道德发展心理学：道德阶段的本质与确证》，郭本禹等译，上海：华东师范大学出版社。

库恩，托马斯，2004，《发现的逻辑还是研究的心理学》，载托马斯·库恩：《必要的张力》，纪树立译，北京：北京大学出版社。

赖尔，吉尔伯特，1988，《心的概念》，刘建荣译，上海：上海译文出版社。

乐爱国，2002，《儒家文化与中国古代科技》，北京：中华书局。

李美枝，2008，《格物致知的中西取径与心理学进路》，载杨中芳（主编）：《本土心理学研究取径论丛》，台北：远流出版公司。

李美枝，2010，《中庸理念与研究方法的实践性思考》，《本土心理学研究》，第34卷。

李绍崑，2007，《中国的心理学界》，北京：商务印书馆。

李约瑟，2006，《中国古代科学思想史》，陈立夫主译，南昌：江西人民出版社。

李泽厚，2005，《实用理性与乐感文化》，北京：生活·读书·新知三联书店。

梁漱溟，1984，《人心与人生》，上海：学林出版社。

梁漱溟，1989a，《东西方文化及其哲学》，载《梁漱溟全集（第1卷）》，济南：山东人民出版社。

梁漱溟，1989b，《人心与人生·自序》，载《梁漱溟全集（第1卷）》，济南：山东人民出版社。

刘华，2000，《中国古代心理学史的范畴研究原则论》，《烟台师范学院学报》，第3期。

刘力红，2002，《思考中医：对自然与生命的时间解读》，桂林：广西师范大学出版社。

罗素，伯特兰，2009，《心的分析》，贾可春译，北京：商务印书馆。

马斯洛，1988，《科学心理学》，林方译，昆明：云南人民出版社。

墨菲、柯瓦奇，1980，《近代心理学历史导引》，林方、王景和译，北京：商务印书馆。

尼斯贝特，理查德，2005，《思维的版图》，李秀霞译，北京：中信出版社。

尼斯贝特，理查德、彭凯平、英切奥尔·科伊、阿拉·诺恩扎延，2006，《文化与思维系统：整体性认知与分析性认知》，王兵、李陈译，《社会心理研究》，第1期。

潘菽，1986，"序言"，载高觉敷（主编）：《中国心理学史》，北京：人民教育出版社。

潘菽，1987，《中国古代心理学思想刍议》，载潘菽：《潘菽心理学文选》，南京：江苏教育出版社。

潘英海，1993，《面相与一个中国"人"的观念》，载黄应贵（主编）：《人观、意义与社会》，台北："中央研究院"民族学研究所。

彭彦琴，2001，《中国心理学思想史范畴体系的重建》，《心理学探新》，第1期。

皮亚杰，让，1999，《人文科学认识论》，郑文彬译，北京：中央编译出版社。

钱穆，2001，《现代中国学术论衡》，北京：生活·读书·新知三联书店。

荣格，1987，《心理学与文学》，冯川、苏克选译，北京：生活·读书·新知三联书店。

荣格，2000，《东洋冥想的心理学——从易经到禅》，杨儒宾译，北京：社会科学文献出版社。

荣格，2005，《荣格自传》，刘国彬、杨德友译，北京：国际文化出版社。

塞尔，约翰，2006，《心、脑与科学》，杨音莱译，上海：上海译文出版社。

申荷永，2001，《中国文化心理学心要》，北京：人民出版社。

史华兹，本杰明，2004，《古代中国的思想世界》，程钢译，南京：江苏人民出版社。

舒尔茨，杜，1981，《现代心理学史》，沈德灿等译，北京：人民教育出版社。

王国芳，1998，《中国心理学思想史的范畴研究》，《心理学探新论丛》，第1辑。

无名氏，2009，《内证观察笔记》，桂林：广西师范大学出版社。

许地山，2010，《道教史》，南京：凤凰出版传媒集团。

燕国材（主编），1999，《中国心理学思想史》，台北：远流出版公司。

杨国枢，1993，《刘劭的人格理论及其诠释》，载黄应贵（主编）：《人观、意义与社会》，台北："中央研究院"民族学研究所。

杨国枢，1997，《心理学研究的本土契合性及其相关问题》，《本土心理学研究》，第8卷。

杨鑫辉，1994，《中国心理学思想史》，南昌：江西教育出版社。

杨鑫辉，2002，《中国心理学史论》，合肥：安徽教育出版社。

杨中芳，2010，《中庸实践思维体系探研的初步进展》，《本土心理学研究》，第34卷。

叶启政，2006，《学术研究的本土化戏目》，本土心理学推动委员会主办"华人本土心理学传承系列演讲"。

余安邦，2011，《文化就是身体：身体作为宗教疗愈的演练空间》，"第九届华人心理学家大会"论文。

余德慧，2011，《人文临床与疗愈的心理学实践》，"第九届华人心理学家大会"

论文。

翟学伟，2011，《中国人的脸面观》，北京：北京大学出版社。

翟学伟，2012，《关系与谋略：论中国人的计策性行为》，载《"关系、谋略与华人管理思维"国际学术研讨会论文集》，台北：世新大学。

翟学伟，2013，《本土心理学之我见》，载翟学伟：《人情、面子与权力的再生产》，北京：北京大学出版社。

Johanson, G. J.、R. S. Kurtz, 2004，《〈道德经〉与心理治疗》，张新立译，北京：中国轻工业出版社。

Stanovich, K. E., 2005，《与"众"不同的心理学——如何正视心理学（第七版）》，范照、邹智敏等译，北京：中国轻工业出版社。

再过二十年,我们重相会
——我的几点回应

一、缘起

在我正式回应几位学者的"打靶"前,我先来谈谈我写此文的背景。

1993年暑假,以杨国枢先生为首的一批台湾心理学家选址山海关,给从大陆各高校抽选出来的一批年轻学子开设暑期高级社会心理学培训班。我有幸成为这期学员之一,黄光国教授和李美枝教授等都是该班的教员。这种培训班发端于1992年,1997年结束,参与者达173人。那时规定,凡坚持三期修完全部课程者将获得相当于正式博士班学习的结业证书,可惜我只参加了一期。B教授也是我那期班的同学。据悉,A教授与D教授是后期班的学员。那个时候,我们充满着稚气,大都刚刚进入高校或研究机构,有的还是在校研究生,对学术充满了好奇与向往。虽说二十年过来了,大多数学员杳无音信,估计有很多人也不做学问了,但坚守在学术阵地中的我,很想给为我们上课的老师们交一份作业,告诉他们我这一坚守者在做什么。顺理成章地,我这里也把几位学友的评论看成课堂上的书面发言,把两位老师的评论看成作业评语。

写作此文的直接背景是2012年11月,应人类学家乔健教授的邀请,我去世新大学参加了一个题为"关系、谋略与华人管理思维"的小型会议，黄光国教授也出席了这次会议。我想乔健教授的本意或许是想筹办一个有关中国人谋略方面的专门会议，可是在整个世界学术范围内，又有多少学者是研究谋略的呢？既然决定要开这样的会议，就得扩大讨论范围。这样一来，关系与华人管理议题也都包括进来了。事实上，此会议提交的论文中涉及谋略议题的也就两三篇，而我原本是因为研究中国人的"关系"受到邀请的，却借机提交了一篇探讨关系谋略的论文，因为我在研究中深感，关于中国人的关系的研究不是西方社会心理学课本中呈现的那些章节及理论，而是充满了计谋。在这次会上，出现比较多的概念是"阴阳"。来自瑞士的著名"中国智谋"研究专家胜雅律（Harro von Senger）教授对此很好奇，很希望弄明白他坚持研究了几十年的中国智谋（三十六计）同阴阳有什么关系，什么叫阳中有阴或阴中有阳。会议期间，他不停地找我讨论这个问题，希望我不要只讲中国思想，也给他讲一些事例，让他体会一下。从当时我提交论文直到会后，我意识到，如果说谋略是中国人日常生活中的重要心理与行为的话，那么这一复杂而深奥的现象是由中国人的理论支撑的，而非西方社会学、心理学乃至经济学中的什么理论能解释清楚的。正如我在自己提交的论文结尾所批判的那样，不要把中国人的谋略硬套入博弈论来解释（翟学伟，2014）。显然，中国人的心理与行为中尚有目前既有学科原理无法涉及的非常丰富而诡异的方面，需要建立中国人的理论来加以解释。

请不要武断地说我是在讲什么特殊性问题。无论是东方，还是西方，谋略的源头都在于打斗、冲突或军事。这原本是一种实践活动，各民族、国家、社会及人群中都有，只是西方人瞧不起这样的活动（胜雅律，2006），公平决斗或者军备竞赛是他们的主旋律。而在中国人的价值观中，公平竞争当然没错，只是有些犯傻。所谓兵不厌诈，既然使诈、暗算、做局等都是取胜之法，为什么不用呢？我不知道这几位生活在中国的学友是否也用过此法，或者被他人算计过，我也不知道他们会用什么现成的西方理论来解释。当然，你们急于要辩解的是，哪个社会没有这些方法呢？好吧，都有又如何？为什么对于中国人有的，你们就想到西方理论，而对于西方人生活中有的，就不能想到中国理论？可见，答案不在于"哪个社会有没有"，而在于从哪个社会都有的心理与行为中，为什么看不到中国人的理论贡献？难道是因为这些现成的理论够用了吗？我的观点是，谋略的背后有一种发达的阴阳思维在作祟，或者说，如果没有阴阳思维，其他文化中即使有谋略也不会是这个样子，这就涉及对中国人心理的另一种解释。当然我知道，要走到这条道上去，还有很长一段距离，而我现在可以做的，就是拿出一个关于中国人思维与实践方式的基本框架来。由于目前这个框架尚缺乏线索，又没什么现成理论可以借鉴，所以我只能将其放到中国科技思想文化传统中去探讨。显然，我清楚地知道，单论这一传统是很危险的，因为这个传统很大、很杂、很模糊，又与整个中国文化紧密联系。无奈之下，我能想到的比较有效的方法是，尽可能把它同相对清晰的学科演变过程做些对比，这样就可能在比较中理清线索，并发现中国心理学传统的侧重点和特点。

于是，我决定写这样一篇论文。

对于学者此前的批评，我下面将分为三个部分回应：一是感性部分；二是理性部分；三是理论思考。感性部分是我读相关评论时的第一印象。按照美国心理学家卡尼曼（Kahneman）的理论，这个印象属于快思考，即系统1，所以很有可能是错误的（卡尼曼，2012）。于是我接着还得回到理性上来再做讨论，毕竟他们对我的批评来自不同的视角和领域，涉及科学、传统、宏观、微观、人文、诠释、东西对话等方面。最后再就几个重要问题做一番理论性的说明。当然我深知，无论我如何回应，都不能对相关学者所涉及的问题做一次面面俱到的解答，只能就一些争议点给予直接的答复。

二、感性回应

我先解释一下我为什么要把写好的论文投给《本土心理学研究》。我有两次见到杨宜音教授时都谈道，大陆社会心理学界现在还有多少人在坚持做"社会心理学本土化研究"？估算下来恐怕五个人都不到。当然，中国社会转型的大背景和改革开放给人们带来的生存压力与发展机遇是一个原因，但还有一个学术自身的原因，就是这一意识对（大陆）学者来说太超前了。我们估计超前大约二十年。20世纪80年代末我在南开大学社会学系读研究生的时候，意外地看到了杨中芳教授在北京市社会心理学会召开的一次会议上的发言稿，大体内容谈及三种社会心理学，即先比较了苏联社会心理学教材与美国社会心理学教材的差异，其中隐含的意思是中国社会心理学虽已摆脱了苏联的学科体系，却投入了美国的怀抱，这是不可取的。她说，中国台湾地区的社会心理学研究曾经很长时间处于美国心理学体系的阴影中，现已开启了社会心理学的本土化，所以既然中国大陆要恢复和重建社会心理学，就不要走台湾学人的老路，最好是建立自己的社会心理学体系。这一重要的忠告当然极具启发性，只是那时大陆学人觉得自己好不容易刚走上欧美之路，还没有弄明白怎么回事，也没过足瘾，就提什么自己的道路，在主观上不愿意，在客观上也做不了，所以几乎无人理睬。现在回过头来看，当时真正记得这篇讲稿并被这篇讲稿打动的，或许只有我一人？那时我尚在读研，看到这份油印的讲稿后，我开始"掉头"，独立寻找自己的研究方向，花三年时间写出了《中国人的脸面观》并将书稿送到山海关给杨国枢和黄光国两位教授审阅。而就在这接下来的二十多年中，中国大陆的学术界非但没有形成文化自觉的意识，反而变本加厉地紧跟欧美，并将这一做法贯彻在大学教育制度中。我不了解台湾地区20世纪70年代的学术形势，但估计非常相似，正如A教授文中提到的，如果一个学心理学的人不在 SCI 或者 SSCI 上发表若干篇论文（各学校规定不同），那就别想进高校工作或别想评职称。而对于全国高校系统来讲，如何判定一所学校的学术排名呢？那就是看各校在 SCI 或者 SSCI 上的发文篇数。以中国学者的聪明论，这似乎也不是什么难事，仔细揣摩一下这些西文刊物的主导性、兴趣、话题、方法、规范等，再放进或添加一些中国的实证作料，就可以快速发文了。我的同事，每年三五篇文章不在话下。从总体上讲，当做学术成为一种制度规定、指标任务，学者达不到要求就会被警告，甚至被解聘的时候，写论文同做学问就已经分离了。不言而喻，吃亏的也就是认真思考、不愿跟随者。比如，原本我写此篇论文也是因为我承担了江苏省优势学科社会学项目的自报课题（脚注中我还得署上课题名称），没动笔前也希望能在高校规定的核心期刊上发表，虽说这样的成果不如发表英文论文的"工分"高，但低工分也是工分，总比没有强。可文章写成后我改变了主意，因为以大陆心理学或社会心理学的现状论，如果不再发展二十年，恐很难理解我写此论文的观点和目标。记得在 2013 年华人心理学大会上，黄光国教授也有同感。他同我讲，开会讨论的内容还是二十年前的东西。可他未必知道，学者参加学术会议，包括大会发言和分组发言也是算工分的。

我说这番话是什么意思呢？就是我如果退回二十年前看 A 教授的文章，或许会觉得有些意思，可是现在还是这样的说法就没有意思了。他对我的批评是一手拿着工具书，照着里面的定义来核对我用的概念，一手拿着大陆的"心理学史"来给我上课，我真不知道如何回答他。关于前者，我自己不但要研读一些科学发展史的资料，文中关于"科学"的讨论也借用了德国学者波塞尔（Poser, 2002）的一些叙述。当时还没有出版此书德文版，2002 年就先有了中文版（波塞尔，2002）。当然这并不意味着该书中的观点就全是对的，只意味着我对科学的认识源自读书思考，而不是查字典。至于后者，我此篇论文的开头已经对活的"传统"与死的"心理学思想"及不同的中国心理学传统有了总结,这里不想再重复了。一个学者愿意坚守自己的学术立场自有他安身立命的道理,我只是不同意罢了。庆幸的是,对于我提到的更关键的概念,他还没有查字典,翻课本,比如"本质主义""践行主义",又比如"心""象",乃至"阴阳五行"。一旦把这些概念也对着工具书逐条查下来,或者放在他们写的课本里对着看,很难说他的批判不会更加理直气壮。另外我有一个细节上的温馨提示,就是学者们把工具书词条当权威棒挥来挥去,是很危险的。有一部专业词典的编写组邀请我来把关部分词条,我只改了一条我有把握的,否则我以权威者身份大肆修改的内容又不知道会被多少人拿去唬人了。换句话说,今日一些被奉为权威的词条,说不准就是由像我这样"不学无术"之辈写的,对此还是小心为上。至于我用的阴阳五行、儒法道兵家以及践行方面的心理学传统是否还嫌单一,那倒可以商量,A 教授自己完全可以提出复杂的来让大家看看。关于中国心理学思想在中国消失与否的话题,A 教授告诉我们,他那里有个博士点,他还在上课,还写了书,已经发行了多少册。可惜我孤陋寡闻,不了解他的学术状况和招生情况。只凭我看过的他写的教材和他在文章中对我的批评,就希望他把他对我的评论用在他自己的书里,然后告诉我他的本土心理学体系是什么样的。如果答案就是他自己书中的那个样子,那么他已经把他自己批倒了。

　　B 教授的批评偏宏观,他的批评重心似乎在于我不该有如此大的野心,以往那么多大师级的学者难道不想做这样的事情,但为什么没有做呢,就是自认功力不够或有自知之明。他接着举例说连王国维这样的大家也只研究元曲,暗示后人不如他,所以应该没胆研究中国戏剧传统,我却在这里充大,要理出中国心理学传统是什么来,有点自不量力了。按照 B 教授的意思,一个学者先要成为大家才能做这样的事。显然,如果他这时要来研究元曲,那他一定会谦卑地去研究《西厢记》之类了，那么其他学术晚辈怎么办呢？——最好去研究其中一两句台词啊。他的这一提示真的让我恍然大悟：难怪中国的学术看上去后继无人，原来总有一些"大佬"一再告诫"学术后进"要学会"识相点"。B 教授给我留下的最深刻印象是他的批判性思维。我自己以前在带学生时很希望他们能有批判性思维，不要见教材就低头，见权威就屈服，见大师就自卑，见词典就下跪。可见识了 B 教授的言论后，我开始怀疑起来。B 教授在很多场合都批评过我，小到用一句话来否定，大到对一些观点进行驳斥，可我谦卑地从未做出过回应，直至现在他却依然认为我不够谦卑，那我只好先感性地在此"打包"回应一下。记得我们在山海关学习时，一开始我们还不认识，向我们抱怨杨先生不该给我们看这么多文献，他举例说华生当年是心理学大师，也就是手拿一本手册就做实验了，弄得我们这些天真的学员跟着点头称是。可他自己却每日一大清早，在其他学员尚在睡梦中时，就爬起来独自坐在教室里阅读材料了，半个月下来竟然把发的一大箱材料看了大半。我又想起在北京香山给杨国枢先生 80 岁生日祝寿时，其中安排的一个环节是我们当年这些暑期高级社会心理学培训班的学生需要向杨先生汇报近来的研究成果，我被安排第一个发言，接着就是 B 教授。可轮到他讲时，他偏不讲正题，上来就说凡是今天在这里讲自己研究的人都是"nonsense"。可惜我已经"胡扯"过了，弄得后面即将发言的人不知道还要不要继续"胡扯"。如果我们把他的做派看成自己没本事就来搅局，那就大错特错了。B 教授是一个非常勤奋的人，他常在其他人做不到的地方下功夫，比如他阅读的速度很快，量很大，范围很杂、很广，他发表的文章也很多，亦有专著出版，中英文都有。可见，他敢用他的批判性思维看低一些人是有底气的。但我因为阅读量和理解力真的不如他，所以有时看他的文章会有些不明白，只形成"霸道"的印象。比如，他反对我在研究中国现象和中国问题时用"中国人"的概念，认为中国人分南人、北人，沿海、内地，高山、平原或者不同民族。他说的有理，我本可以照办，可他自己却用了"中国人"。我不知道他为什么敢用，他指的"中国人"在哪里。这一次他批评我时口气更大，认为我写此文是太不把前辈大师放在眼里了，可这又不妨碍他自己用更大的口气说话。比如，我在文中不过是引述了梁漱溟先生的一些观点。之所以要引述，自然是想表明，在我要探讨的问题上我同意梁先生类似的看法，或认为他的观点在我之前，我只要引用就够了。但这同今天梁先生的"全部价值"又有什么关系？单就这一说法、以他说我是这样一个缺乏谦卑之人来看，我甚至不会认为"哪个学者的观点在今天有其全部价值"。这句话不唬人，是一句废话，只是我不明白一个口口声声要对前辈谦卑的人为什么突然要对梁先生发飙。当然，一旦看出其中有一个三段论，就会明白他为了批评我，只得先把梁先生牺牲掉。此三段论是：梁的观点在今天没有其全部价值，因为我引了梁的观点，所以我的观点也没有全部价值。现在他自己面临的问题是，他写作中引用的学者观点在今天有没有其全部价值呢？他的这一特点还表现在他最近发表的一篇更为宏大的论文中。比较而言，我不过是谈谈中国心理学传统，至于该传统的未来是黄光国教授接着我的问题想说下去的。而他自己仅用这一篇论文，就把所有学者要说的话都说完了：传统的，现在的，未来的；中心的，周边的；中国的，世界的——都不在话下。这时候社会学大师费孝通所谓的文化自觉比起他的视野和言论来，也得甘拜下风。我不知道为什么他认为自己想做的事别人就不能做，是否真的要先区分一下是不是大师。可见，我有时候不敢把他的话当真，如果傻乎乎地认真回应他的问题，会不会中了他的计？没办法，我是中国人（生活在苏南），这时实在无法模仿西方学术研讨的规范以及那些具有普遍性的心理学原理来同他讨论问题，想到的竟然是中国人惯用的谋略。

三、理性回应

转念又想，既然我的回应是一次公开的讨论，即使 B 教授"下套"，我也得钻，那就先回答一下他所谓的文化融合问题吧。我说"中国心理学传统"并特别强调其中的"传统"二字，就是指有融合并发展的意思。我的文章从头至尾都没有定一个过去的点，比如说先秦的部分是传统，或者汉代的部分是传统，其他的不是。传统的意思不但是"活生生的"，而且是融合的。就拿阴阳五行来说，《论语》一书中不见有这一说法，《老子》中也只一处提到阴阳，但董仲舒的儒家就混合了阴阳五行，后来的道家也处处谈阴阳。又比如阴阳与五行本是分开来讲的，然后才合并到一起。在中国思想内部，各家各派或许有各自的局限和坚守，从后往前看，有的思想观点只是后人对前人观念的融合，可对今天的我们来说，它们都是传统。更何况我既然强调传统的"活"的一面与实践的一面，就是表明一个后来的思想者或运用者在践行中不一定能分清楚哪家哪派，有用、实用就好。其实，中国文化传统的特征之一，就是互补、合一、包容与实用。可见，一提传统就认为我在说一个不变的、僵化的东西，根本没有道理，属于先给你戴个帽子再横加指责。奇怪的反倒是，这依然不妨碍 B 教授在自己文章中提出什么再融合改变也有不变的部分，同他这里对我加以评论时判若两人。

我这篇论文引发的讨论涉及一个比较普遍的关注点，就是关于西方人文主义传统的问题。A 教授、B 教授、D 教授及黄教授等对此都有论及。我从不否认，西方心理学中有人文主义传统，有一些学者在从事这方面的思考和研究工作，否则我也不会列举精神分析、人本主义与心理治疗等在西方心理学中的意义，并说明这样的意义同中国心理学传统产生了联系。但如果我们不是为了梳理西方心理学流派，不是要写一部回顾西方心理学史的"大全"，而是从现代心理学的主流,即心理学家从事研究工作的主导方式、眼下论文发表之可能及数量与贡献看,就可以知道,实证主义处于上风。实证主义者不但在著述中排斥人文主义,而且连弗洛伊德是心理学家也遭质疑,而质疑的最主要方面就是他的实证有问题。有关马斯洛的一些思考,我文中举了例子,这里就不重复了,当然还有我文中未讨论到的其他人文主义心理学。显然,我想表达的意思是,西方心理学传统中有人文主义的内容,但今日以美国为主导的心理学是相当排斥这样的心理学的,这影响了非西方心理学的发展。几位评论教授应该更熟悉《心理学报》,请问你们的文章能发在什么位置或者能不能发出来?可见,这不仅是研究态度上的排斥,而且是从研究方式到发表期刊的等级排列与评比过程上的排斥。实际上,几位批评我的教授在自己的文章中或隐或现地承认了这一点,但为了指责我以偏概全,似乎有拉平或强调西方人文主义的倾向,而事实是人文主义的声势显然不能同实证主义相比。他们几乎不约而同地提醒我,冯特也写了《民族心理学》,但就是不敢说出它的结局如何。冯特之所以成为心理学之父,不是因为他的《民族心理学》,再写十卷也没有用,而是因为他建立了世界上第一个心理学实验室,并推动形成了今日心理学家研究心理与行为的最重要的实验方法。再看今日的民族心理学,它在什么地方,有人问津吗?人类学中原本还有国民性研究,现在也承认无法讨论这个话题。

A 教授和 B 教授还提出,一味提倡中国心理学传统,会导致东西方学术无法对话。这个话题是 D 教授的特长,因为他对诠释学情有独钟。对于诠释学的理论,请容我稍后讨论。我想说的是,如果因为担心此点,就不去讨论自己的传统,而试图去跟随另一个传统,并为了迎合那一个传统而拼命地学习它的文化来理解它的话题、兴趣、视角、课本,并同意的结论,对吗?我很奇怪的是,西方传统可以被诠释到全世界都要跟着它们走的程度,为什么在其中讨论一些中国文化传统就不能诠释到被他们理解呢？从中引出的一个最麻烦的老问题是，因为西方的传统具有普遍性，而我们的没有，所以我们就按照它们的来了。且不说对于这个问题，西方学者尤其是人类学者也在反思，就心理学内部而论，如果加上各位学友反复提示我的西方人文主义心理学那部分，我想知道究竟是实证主义普遍，还是行为主义普遍，是精神分析普遍，还是人本主义普遍？如果都普遍，为什么它们还是能发展出自己的立场和主张或互相批判？如果都不普遍，为什么不能把你们认为不普遍的中国心理学传统也算作一家或一种主义？我身边学习西方心理学并坚持普遍主义的同事告诉我，实证主义的普遍性来自方法论上的证伪，那我们想一想，在地球上生活的几十亿人，民族不同，信仰不同，地理环境不同，生活方式不同，所谓心理学研究的证伪是什么意思？最大的可能是，没有人能将一个个实验结果继续验证下去；或者做是做了，因结果不同就未获发表；或者用中文或其他文字发表，英文世界的人不知道或不承认。这就是中国高校在制度上"计策性地"提出要用英文发表（算的工分很高）的原因，而背后的逻辑又是为了学术排名靠前。为了发表顺利，自然就不能选择他们不懂的、不感兴趣的、不同意的、不相干的问题，于是我们终于舒了一口气："我们挣足了工分，拿够了奖金，而东西方文化也实现了对话。"但仔细阅读这几位评论者的文章并了解他们的学术旨趣后可知，似乎他们也都不太愿意这样。他们有的研究文化心理学，有的研究人类学，有的研究诠释学并赞同文化自觉，我实在不明白他们自己是如何处理自己的立场和观点的。其实，A教授把研究中国传统所导致的后果与现代学术的交流比喻成鸡鸭对话，是很不恰当的。只要我们看看汉学家、中国研究专家、跨文化研究者、比较哲学研究者乃至西方人曾把那么多中国（敦煌）文献和文物运到西方便可以知道，这个比喻多么误事。如果我们再发现关于中国传统文化中的很多方面（包括阴阳五行）的研究也是西方学者走在我们前面，就更应该汗颜了。中国学术的真问题是：究竟有没有自己的东西？有，哪怕表达得很蹩脚，别人也急迫地想知道；没有，别人来同我们交流什么？难道你要告诉他们你跟着他们学到哪一步了，或者迄今为止，他们的结论在中国实验室还没有被证伪，所以大可放心？我身边有一个在西方（德国、美国）学习心理学并拿到博士学位的外国人，在中国生活了很长时间，接触了太多的中国人，见识了中国的在校生、课堂表现、考试和老师申报课题、发表论文以及没完没了地开会，尤其是她走进了中国的乡村，看到中国农村的老人、妇女、儿童的现实生活后，回来告诉我，她学的心理学离中国人实在是太远了，至少没什么关系（当时我正在邀请她写篇文章，想推荐给《本土心理学研究》）。

　　上述话题引出了C教授的心理学"魔咒"。他的问题集中在学科意识以及中国传统文化与中国心理学传统的关系方面，并涉及B教授关于中国传统文化的整体性与A教授所谓"贫矿"和"富矿"的问题。我先说明我为什么要关注中国传统文化中的科技部分。以往关于中国心理学思想的编年史写法的确有同中国思想史研究难以区分的毛病，也正因如此，就失去了同西方心理学传统的比较方向，或者说以往学者的共同点都是拿着纷繁芜杂的中国思想史来与较为清晰的西方心理学发展史比较，或者拿着西方心理学框架去看中国思想史中有哪些对得上的部分。为了克服这一学科化倾向，我偏向于传统科技，以便从心理思想编年史或分类史中跳出来，然后凸显中国传统心理学思想的丰富性、层次性、活性和实践性，进而避免把思想看成一堆观点、言论、警句。有了这样的想法，才有可能寻求中国心理学传统的原则性、经验性、操作性及可检验性。这就是C教授问的标准问题。当然即使有了一些标准，中国传统中毕竟没有心理学的说法，因此在学科意义上，我只能在传统比较中而不是在学科内部来讨论心理学问题（因为在心理学内部讨论就会面临C教授所谓的中国不存在这个学科或者同传统思想文化分不清的问题）。其实，我自己也坚持，将中国传统文化的内容分解到现代各个学科中去论述是很危险的。一个传统的观点被现代意义上的心理学、教育学、政治学、社会学、管理学等同时当成不同学科内容分头说，是不恰当的。我回到传统上说，本来是一种补救，但按照各位评论人的要求，需要东西方对话，我又不能拿一个大思想传统去与一个专业史对话，怎么办呢？能想到的办法就是先拿各自传统中的科技（同现代学科源头是可以衔接的）思想部分作为中心来做比较，但不是一一对应（这是曲解）。至于中国传统科技思想部分（其实它同传统文化是一体的，也分不开）是"贫矿"还是"富矿"，最好先不要下结论。请注意，这里不是针对中国自然科技发展史论，而是针对"人"之追问和探索论。世界文明史以及事实都告诉我们，在有关自然科学的传统上，西方文明占据上风，但在关于人、人性与人心的思考和探讨上，还不能妄下结论。在这一点上，看上去是贫矿的，好比一块赌石，没破开，不好说。A教授的批评建立在先有了结论，然后弃矿而逃。逃向哪里呢？要么回到西方带给全人类的自然科学那里去缴械投降，要么回到他自以为是富矿的中国心理学思想中去。总之，批评者在这些方面不是自己没有想好，就是有点自相矛盾。比如说，B教授在文中一方面反对西方对中国文化整体性的分割，另一方面又提到了中国哲学思想，而C教授认为逃脱不掉学科意识，并欣赏位于传统与现代交汇处的一批中国大学者，那么他们不是也没有把自己的学问限定在经史子集里，而是积极推动现代性学科的转化吗？可是依照他们本人文中显现出来的学科"魔咒"，中国传统文化中又怎么会有中国哲学或其他学科呢？哲学是胡适先生去美国留学后带回来，在冯友兰先生那里发扬光大的，可是传到今天，我们也认了，你们也用了，C教授的博士点还设在哲学系里。这就是说，在诠释学理论看来，我们都回不到过去的社会，王国维也回不去。我们说过去的思想，其实还是在今天的意义上借助资料说的。我自己努力从今天的学科中走出来进入传统，本就是为了尽可能理解它。另外，我在文章的开头就交代，我不打算在现代心理学科意义上来讨论我提出的问题，而是想在传统中讨论。有了这样的铺垫，我后面再说道家心理学、儒家心理学等就不是在说学科或者学科分支，因为"某学"的中国语言文字的含义既是"学科"，也是学说或者学派、学问，比如儒学、道学，现在也有汉学、国学、中学、西学等。显然，道家心理学的意思是道家的心理学主张、学说等。至于A教授查字典后告诉了我什么是"主义"，我这里就不再查字典了，直接说就是"唯某论"的意思，本质主义是唯本质论，践行主义是唯践行论。那么为什么要用"践行主义"，不用"实用主义"呢？因为实用主义是美国本土非常重要的哲学思想，而且还影响了心理学中的机能主义心理学和社会学中的符号互动论；再者，你想用的概念既然被美国的实用主义占了先机，就如同"形式主义""个人主义"等概念一样，再在中国使用就会产生很大的歧义。就学理而言，其实实用主义与践行主义相比较，我看后者更具中国心理学传统的特征，至于为何这么说，我在文章中已经论述了，本文下面还会再说。这里可以附加说明的是，对应于中国心理学思想，践行主义是活的，是有生机的，具有"经与权"的双重性，即既包含了中国人对灵魂、意识、心理以及为人处世的高度原则性、框架性的提升，又有具体、灵活的实践性、操作性和运用性的尝试。顺带评论一下，A教授竟然把我的"践行主义"理解成"思想作风"，让我有穿越回二十年前的感觉。

四、理论问题的探讨

关于C教授提到的"心理学"所涉及的学科、语境与语言问题，D教授提到的本体论与语言学问题以及由此引申出来的诠释学立场和文化自觉问题等，我试图在此作答。

我自己多年从事中国人与中国社会的研究，并敢于建立中国相关理论的理由何在？我的最重要预设是，人类有关心理与行为之经验或者说思维、认知、情感、意向及由此引发的个体的和社会的感受，应该远远多于现有的学科内容和方法上的尝试，这些心理学及相关学科的研究内容包括神经生理、实验、心理与社会测量与统计、精神分析、现象学、诠释学、人本主义、后现代等。而它们都在告诉我们，现有的一切研究都在想方设法地增加我们认识人类心理与行为的可能性。就目前的情况来说，无论是自然科学还是人文传统、社会科学，在心理学及相关学科发展的进程中都有自己优异的表现，但不可否认的是，绝大多数成果是在西方学者的努力下取得的；再者，这些已经发展出来的不同研究取向在心理学体系内是不均衡的，自然科学的研究取向处于主导性地位，尽管人们一再批评，但依然撼动不了它在心理学研究中的霸主地位。以自然科学的方式与方法研究心理学有什么特点呢？我认为就是将心理问题还原为生理问题，将生理问题还原为物理和化学问题，最终希望在物质的本质层面看清楚人类心理与行为的发生基础。这是大量心理学家从事实验心理学的原因，也是各位认为心理学可以被精确化并具有预测性的基础，其又造成今日心理学的很多研究者依然不满足于生理与心理关系的研究，还希望在人的大脑皮层中找到具体的区位。我想，准确的大脑定位如果可行，按照本质主义的研究思路，下一步将会研究这个区域中的机理以及物质层面的传输方式与成分等。这也是 D 教授说明的，这样的心理学既可以走生理心理学的道路，成为行为主义的心理学，也可以走认知科学的道路，进行计算机模拟与认知研究等，或者最终将心理学和生物学合并，寻求到心理与行为发生的根本所在。

我现在的问题是这样的方式能否囊括并解决人类发生的心理与行为问题呢？我想我下面要探讨的问题答案就是"不能"。如果能，那么至少在很多学者看来，无论什么主义，在不远的将来都会灰飞烟灭。但这依然还是一种一厢情愿的信念（科学主义），当然，科学方案也有自然科学和哲学根基。比如，牛顿的"确定性原理"即基于我们如果知道一个质点的初始状态就可以知道它前后任意时刻的运动状态，这是一个数学模型，涉及一系列方程式演算。拉普拉斯（Laplace）在此基础上提出的"决定论"，进一步认为如果知道宇宙中每一个质点的时空位置与速度，就等于认识了整个宇宙的过去、现在和未来。只是因为其中的方程式太多，还有许多方程不可解，所以才需要概率论。可即使自然科学的研究如此精准、如此神奇，我们还是不能通过这样的数据来得知物体特征性的差异，就好比我们获得了神经与大脑的所有细胞活动数据，也不能说我们了解了一种文化—行为模式。因为物体的差异还在于组合方式和整体性差异以及因环境作用而发生的方向性改变，就好比即便我们可以把计算机的计算原理全部还原成"0"和"1"的不同排列，也不能了解人脑是如何做出认知判断的一样。诠释学本是作为人类自身的精神科学而诞生的人文主义方法论，后来人们发现它对自然科学发展的解释也很重要。不同的科学观点、流派和学科也都面临理解的问题，进而研究者发现任何一种理解之前都存在一种预设，由此预设，科学史研究者便开启了对一种范式或一项科学研究背后具有何种哲学认识论和本体论的讨论。比如希腊哲学中的原子论、逻各斯和语言，又比如人是机器的假定，再比如D教授用诠释学的方法比较成功地梳理了西方心理学的不同流派在中国的演变等。可见一种心理学的理论和方法大都是在一种"预设"、一种"论"或一种"主义"下的。由这点来看，心理学流派的背后也有自己的本体论和认识论，比如精神分析把人的潜意识假定成文本。

那么，我说的践行主义心理学的认识论和本体论是什么呢？D教授在讨论中涉及了一点点，但他因为受诠释学的影响太大，刚一冒出火花，就撤回来了。这就是中国传统思想对于"言"的疑问与超越。也就是说，中国传统思想认为"言"不足以表达人的心理经验，更重要的是"行"。关于这样的思考，D教授只引用了一两句儒家的不同意见就回到了西方社会科学的本体论中。其实"无言"而"为"这点尤为重要，关于这一大智慧，不但儒家有，道家也有。比如，西方哲学源头所坚持的原子论、理想国、几何学与宗教教义等，不但构成了西方研究者对自然运动规律的探求以及符号或方程式的表达，而且还促使他们的哲学也不断向逻辑和语言转向，如人即语言、文本之外无他物等。可在中国这边，《诗经》说"巧言如簧，颜之厚矣"，儒家鼓励"君子敏于行而讷于言"，而更加重要的思想是道家给出的"道可道，非常道"。当言之外的道无处不在却又不可言说时，人将进入体验、感悟、直觉的思维方式。中国最常见的"精""气""神""象""情""礼""乐""妙""味""恍惚"等概念都指向不可言说的状态，又见于气韵、神韵、神气、气氛、气势、妙不可言、言外之意、心照不宣、心心相印等。李泽厚将此称为"巫史传统"（李泽厚、刘绪源，2012）。巫史传统对中国心理学传统的影响力在于"太初有为"，也就是天行健，而非宗教中的上帝说。当一个体面对电闪雷鸣、斗转星移、阴晴圆缺、四季变换、风起云涌、万物生长与凋敝的时候，当人们考虑风水与家运、亲人离世后的去处及对后人的庇护、人生何以大富大贵或一败涂地的时候，他更关注所有这些现象同他是什么关系。这些是中国思想家对现实与理想的追问。

为什么要追问这些复杂的人与自然现象之间的关系呢？因为它们关乎人对生的向往、对丰收的憧憬、对自然的祈愿、对危险的预测、对赢得战争的把握。这种思考在实践中不断形成并得到总结与运用。如果将这些思考与实践只看成英国宗教学者保罗·希勒斯（Paul Heelas）的本土心理学（Indigenous Psychology）内容，那就有误了。因为这中间的最大不同是，那种本土心理学更加依赖由个体的经验获得的认知和小结（当然也可以传播），而中国这一传统需要跳出个人的经验部分，形成一整套包容性很强的知识系统，生成一种带有测算性和原则性的总体性框架,即阴阳五行说。然后,当自然界和人世间再发生这类现象时,人们便可以通过这种总体性框架来获得具体的认识、判断、预测和决策,当然因为这是知识,也不可能为所有有生活经验者所掌握,即也具备职业性特征。而这样一套知识系统最终能在传统文化中取得共识,当然离不开实践性的检验,也一定是大而化之且出过很多错,很难在现代"科学"意义上获得认可。无论如何,当掌握此方法的人可以在日常生活中料事如神,治病救人,强身健体,尤其是在军事领域神机妙算,赢得胜利,并辅佐国君坐定江山、治国安邦时,他们就是那个时代的心理学家;也因为同一民族中的大多数人按照这样的思维来构建自己的衣食住行和社会——政治——经济生活,所以它在客观上就影响了人的各个方面,也同其他社会文化有所差异。我这里尤其要强调的是,由战事引发的心理学实践不像今日心理学研究的吃喝拉撒、听说读写、工作游戏、智力测验、心理辅导等那么常规。它瞬息万变,无法重复。人们无法把交战者先赶进实验室做一些生理、能力或意志力实验,更没办法给战事参与者每人发一份量表做一下心理测试(有趣的是,第二次世界大战以来西方国家许多军事任务和现代工业组织选人时都会用到心理测试)。战争,需要人多势众,需要当机立断,随机应变,声东击西,也需要观测天时地利人和。在中国的军事实践中,一鼓作气很有效,亦有兵败如山倒的说法。很多时候,士气和谋略是取胜的法宝,还可以合并成虚张声势。《孙子兵法》就是用言在讲无言的东西,如作战的唯一原则就是没原则,而不是讲把什么原理操作化、程序化。我后来又进一步认为,战争是最早发生的,故中国人的实践应该先是兵法实践,然后上升到老庄所谓道的高度,接下来又同结合了阴阳五行的儒法思想等相互补充,最后在阴阳五行说的统领下,才形成了中国的心理学传统。这一条线索显然不是沿着西方文化传统中的逻辑——理性——语言的本体论和认识论过来的,而是顺着"谋"——"道"——

"阴阳"—"五行"—"观象",尤其是"人同此心,心同此理"过来的。那么,这一线索的本体论和认识论在哪里呢?在于行动—生命—情理,即所谓"情本体"(李泽厚、刘绪源,2012)。我在我的论文和现在的回应中之所以总是谈谋略,就是这个道理,这也再一次回答了什么是践行主义心理学。

从践行主义心理学角度来看现代心理学的发展,我个人认为它也可以是一种探讨人类心理学的路径。我想,如果我们争议的焦点纠结于到底有没有这样的心理学传统,那只能说是一种遗憾。或许我们争论的焦点应该是,这样的心理学到底能不能弥补现代科学心理学,包括人本主义心理学之不足,并从人类所经验到的心理与行为方面提出一种不同于实验的计量的心理学,其依然可以开发、指导和预测人的心理。(就好比在现代西方给战争中的士兵做心理测试是必要的,给一些指挥官发放或介绍《孙子兵法》也是重要的一样。)此时,我的话题又回到了东西方文化的沟通问题了,并可以联系到中国心理学传统进入学科框架的问题。请各位注意:我的这篇论文是讨论中国心理学的传统,并根据它的特点提出了践行主义心理学。试问,中国传统文化自身中有"践行主义"的说法吗?有我从传统心理学中找出的三个原则吗?都没有,那么我究竟在做什么?显然我是在做传统学术的现代性转化,也就是把传统中的很多学术思想变成今日具有学科意识的话题。我们知道,中国传统文化自身是很难形成"理论模式"的,因为这需要C教授所期待的学科意识,还有方法论、研究方法、一组概念、命题及其逻辑关系加上经验证明等。我在其他地方也说过,如果我们说社会学研究可以建立一个儒家社会学理论,那这个意思一定不是儒学(涉及社会那部分)本身,否则儒家思想就是社会学理论了。如果我们说现在有人在一所大学的哲学系或宗教学系里面做道学或佛学的研究,那一定不是说该研究者是一个道士或者出家人,尽管也未必不可。同样,如果我说中国有自己的心理学传统,就是拿着道家、儒家或兵家乃至《周易》《人物志》《黄帝内经》等，或直接用王阳明的"心学"对各位说"看，这就是中国本土心理学"，这可能吗？传统就是传统，这样的传统对于今日学者的意义在于找出一条线索，并使其可以为我们建立本土心理学理论提供本体论或认识论乃至理论体系方面的基础、材料、养分和思路。如果有人说，即使如此也是痴心妄想，那我就得同他们争论一番了。举个例子，对于热爱或崇拜西方心理学的人来说，卡尼曼的著作《思考，快与慢》（*Thinking, Fast and Slow*）应该说得到了西方世界的承认，而且他还得到了2002年度诺贝尔经济学奖。我们读他的书，可以将其看成是一个积累了西方心理学的相当多研究成果又提出了不少个人见解的作品。但这也不妨碍我把它放在所谓中国心理学传统框架内来读。卡尼曼这本书开篇就有交代，即他和他的合作者认为，人的思考涉及系统1和系统2。他建议读者不要真的去大脑皮层中寻找这个区域，而尽可以把这两个系统看作两个不同的角色，可以虚拟对待。如果一个中国心理学家这样说，那就很容易被当成"胡扯"，因为这样一来本质主义没有了，大脑皮层的研究无效了；如果一个中国心理学家自己写一本书说，中国传统中有一对阴阳概念，我们不用考虑它们在大脑皮层中的位置，只把它们视为心理世界中的X和Y关系，这可以更有效地解释人的很多心理与行为方式及特点……我想连同这些评论人在内的华人心理学家都会对此人"拍砖"了。卡尼曼就是这样一点一点地告诉我们身边发生的日常事例，并做了一些实验，不也是很受欢迎？此书给我的启发是，如果以本质主义的思考方式来问中国文化中的阴和阳到底是指什么东西，那一定难以回答，甚至这个问题会被视为荒诞不经而遭抛弃。如果再问所谓五行是否意味着中国人看到的物质元素只有五种，那一定也会否定它，而回到现代自然科学中去给出正确答案。但如果将上述问题转变成可不可以用阴阳来看世界现象，比如事物有正负两极和物极必反、否极泰来，有显功能和隐功能及其转换，有积极和消极以及辩证法之类,那荒唐就很可能成了智慧。如果再问人事之间包括权力的制衡中是否含有互为生克的关系,那这个问题不但很高明而且很有效(翟学伟,2004)。可见,中国文化(不单是心理文化)中也有系统1和系统2,甚至更复杂,更高级(比如互为转化、互相平衡、相生相克等),但为什么今天的心理学家不能做这样的研究呢?这时或许又有人说,如果证明不对又如何?那修改、调整、丢弃这样的框架也不是不可以。难道卡尼曼的书中大量的日常举例和实验证明不能被证伪吗?当然我也知道,系统1和系统2的研究不是中国人所谓的阴阳研究,或者完全不是一回事,那又有什么关系?我这里说的意思是,中国的心理学传统不能给今天的心理学家带来研究的素材、养分和灵感吗?我通过举这个例子还想说明,中国的心理学理论能否出现,就在于今日中国心理学家作为与否,而不只是在重复验证西方心理学家的实验或者量表。这个作为当然不一定非要回到自己的文化传统中,完全可以在现代意义上、在一个范式下、在同类研究主题上做,这都没有问题。我此篇论文讨论的问题不过是想在"主义"层面、在来源层面、在本土层面、在有别于西方文化传统的层面、在新的路径和贡献层面,看一看中国心理学家可以做什么(尽管这些在B教授看来也没什么"特殊贡献及其补益")。难道因为有了这样的想法,在现今的社会科学时代讨论传统就无意义了,东西方就失去对话的可能了?

现在我想回答的问题是,寻求中国的"心理学传统",会不会得到的是中国的"思想文化传统"?其实回答这个问题的最根本之处在于我们要思考一下西方哲学的基本问题及其同心理学的关系是什么。我这里回到西方,不是我的屈从,而是到各位熟悉的知识体系里面来回答比较容易。心理学讨论的很多问题,尤其在基本原理方面其实就是哲学里面讨论的问题,后者负责抽象的思辨部分,前者负责经验和检验部分。现在看来,心理学研究中的很多突破,包括脑科学都在为西方哲学苦思冥想的议题提供佐证。在西方学术传统中,心理学本来就是从哲学母体中分离出来的，一些心理学家也是哲学家，就好比有些物理学家也是哲学家一样。但随着心理学越来越向科学靠拢，越来越倾向用自然科学的方法，越来越在感觉神经的细枝末节上做文章，很多话题的确离哲学很远了。对于心理学本身来说，它一旦进入了科学领域，找到了自己的研究方法，也就放弃了过去哲学式的思考。我们再回到中国传统思想中来看，中国思想家讨论的话题中有很多内容也是心理的话题，当然也是所谓哲学的话题，这两者本身也牵扯在一起，只是最终没有像西方心理学那样分道扬镳罢了。于是，讨论中国心理学传统必然要涉及整个中国思想传统，至于如何剥离，或许就学术本身来说是困难的。但如果以我给出的践行主义所包含的经与权作为一条线索，形成循环解释的路径，相信可以得到这一部分的内容。我论文的开篇就反对用心理学思想进行梳理，尤其反对套用西方心理学框架来整理、摘录中国心理学思想，就是因为这样的方式会把中国心理学传统瓦解了，切割了，做死了，进而只能得出中国心理学"传统"竟然是中国心理学"思想"的结论，然后从这个结论中又发现这个所谓的心理学传统竟然就是中国思想文化传统。当我们再次为此陷入困惑之际，才发现绕了一大圈下来什么都没有找到，只不过是手捧一个西方心理学的大箩筐，往里面塞了很多中国古人言论中的私货而已。

最后，我想回答的问题是，我讨论的两个传统就是对立的吗？其实，这个问题很好回答，无须多少理论性和思想性。"不同"如果就是对立，那太多的观点、结论、理论、流派、范式等都不同，都对立？如果我们说光谱上的红色与黄色不同，是在说红黄是对立的？如果我们说两个鸡蛋不同，一个大一个小，一个颜色深一个颜色浅，就是在说这两个鸡蛋对立？西方心理学内部的理论是不同的，它的整个研究方式同其他民族的本土心理学也是不同的，难道这些通通都对立？现在李教授也提醒我，我的注释方式同台湾的注释有所不同，我们大陆常见的汉字注释排序是按汉语拼音字母顺序排的,她说应该按照第一个字的笔画排。我知道既然是给台湾学术刊物投稿,当然要按照这里的标准来,可惜的是大陆使用简化汉字,即使按笔画排出来顺序还是不一样,而我们这一代人又不熟悉繁体字,只靠电脑一键转换。这又是一个不同却不对立的例子。不同可以是有差别、有特色、有特点,可以分辨、可以补充、可以融合、可以修正等,为什么一定要先武断地认定我讨论的问题同西方对立,并因此理直气壮地打压我的观点呢?如果将来我的研究中出现了"中国与西方:两种对立的心理学传统",你们便可以组织攻击了。

五、余论

我很感谢李美枝教授与黄光国教授对我的论文做的中肯评论。李、黄两位教授三十年来一直致力于心理学的本土化思考,并有许多论文发表。我的一些想法能够得到他们的认可,对我进一步的探索是一种鞭策。现仅就他们的评语提一些我的看法。

我在前文已经说明,回溯中国心理学传统是想为中国心理学家在本体论、认识论和方法论层面,或者简单地说在哲学、主义、流派层面提供源泉、养分和灵感(当然中国这一套思想文化体系是否真的可以用本体论、认识论等来表述,也还需要研究),但对这一传统的追溯还不是中国或本土心理学理论本身。读李教授自己的论文以及这一次的评论,我感觉到李教授希望中国本土心理学理论就是这个样子,但我觉得这还不是,还有很长的一段路要走,也要以开放的心态来面对现代学科发展的变化,比如后实证主义、后现代,也包括李教授自己提到的现象学和诠释学等。如果我们把中国心理学传统径直当作本土心理学体系,并认为它更适合于工商管理和心理咨询,我想这无意间也多少失去了寻找中国心理学传统的意义。中国这一边一样可以在心理学的各个方面和各个层面发挥现代性的作用。我理解黄教授这些年来致力于建立本土心理学理论就是这个意思。纵观黄教授这些年来发表的论文和书籍，有几个比较凸显的地方，它们先是20世纪80年代末建构了人情与面子的理论模式，然后对儒、道、法、兵等进行了综合性的研究，并同时钻研了西方社会科学的理路，再回头提倡儒家关系主义，直至提出了"心理学的科学革命方案"。在这个方案中，他反复强调"一种心智，多种心态"与曼陀罗模型（包括个人与社会知识库）。黄教授的整个研究历程非常强调同西方同行的对话，很多思考也是在对话中逐渐清晰的。在走到今天的"一种心智，多种心态"与曼陀罗模型之际，我想我的这次中国心理学传统的话题，也需要同黄教授之间构成对话关系。

如果问我的观点同黄教授的观点有何不同，关键点就是他更加偏重先研究西方社会科学理路，然后再来考虑如何建立中国本土心理学理论，而我比较偏重研究中国心理学传统，然后看建立中国心理学理论的可能性在哪里，尽管我们各自在思考中都知道，西方科学哲学与中国传统思想文化对本土理论的建构都很重要。在"一种心智，多种心态"原则的指导下，黄教授心目中的本土心理学似乎应当从普遍性中导出，即既有普遍性，又有本土性。换句话说，他认为完全可以由一个非西方的心理学家想出一个普遍性的模式，然后不但可以把以往的西方哲学与社会科学的传统放进去，也可以把中国人的，比如他强调的人情与面子模式即儒家关系主义放进去。所以以他的观点来看，曼陀罗模型是一个人类普遍性的心理模式，只因为其中自我的社会知识库不同，便会发展出各自的文化心态。我在此无法详评黄教授的观点，但就我的中国心理学传统来同黄教授对话，我就想知道西方哲学、社会科学的传统（研究理路）同中国本土心理学理论可以构成什么样的关系？黄教授二十多年来始终坚持的是他的人情与面子模式。

这个模式在他看来是批判性地接受西方社会科学理论并建立自己本土化理论的关键点。我本人承认,这个模式的确具有高度的整合性,兼顾中西方两边的内容。但它或许因为缺少同我讨论的中国心理学传统之丰富性的衔接,过于偏重儒家思想,而装不下其他的内容。

再者,我顺带声明的一点是,D教授文中关于儒家与法家的阴与阳的讨论不是我的观点。我在文中只简单地把儒家和法家都归结为阳性,没有再做区分。D教授说儒家比法家更加阳性,并显得法家更阴性,我个人表示怀疑。但因为他在文中对这一部分交代得不够清楚,也许读下来容易被当成是我的看法。

我的这篇论文中有一个重要的地方,各位评论人很少提及,就是践行主义心理学的特点,即一方面能兼容儒、道、法、墨、兵、阴阳、医等,另一方面非常强调"当下""当前""眼下""眼前"对人心的把握。这一特点的根源首先来自军事活动上"大敌当前"时如何做出自己的正确决策。这一点引发的心理学式的思考,就是双方都需要启动如何处置当前形势、做出准确判断和采取相应行动的连贯性的心理学。在一种活生生的、危急的、复杂的现场和情境中,如何看懂对方的意图,如何"出其不意,攻其不备",是出击还是逃离乃至声东击西、虚张声势等,都需要有"读心"的本领。但就目前的本质主义心理学而言,作为一项实证研究,它的变量实在太多,太复杂,而且相互纠缠在一起,需要研究设计,需要实验设备,需要模拟,需要分头、分段处理研究,并有待以后再来拼接。可是,中国的心理学传统就从这里出发了。而它的实践、思考及文化积淀告诉我们,这不全凭个人智慧、经验及胆识,应该有一种运筹帷幄的法则和知识可以控制或战胜他人。当然这一套法则和知识,他人也可以掌握,那么其中又涉及哪个更高明,更娴熟,更能默会,更能被灵活运用。由此也引发了另一个重要议题:中国人的社会交往中有操控性的实践倾向,而西方人(希腊传统)的社会交往中则有论辩、修辞与对话的倾向。前者中含有攻心、智斗、诡计方面的运思，后者则在西方的民主竞选模式直至五花八门的课堂讨论与学术研讨形式中略见一斑。借此回应，我再强调一下。

参考文献

波塞尔，2002，《科学，什么是科学》，李文潮译，上海：上海三联书店。

卡尼曼，丹尼尔，2012，《思考，快与慢》，胡晓姣、李爱民、何梦莹译，北京：中信出版社。

李泽厚、刘绪源，2012，《中国哲学如何登场？——李泽厚2011年谈话录》，上海：上海译文出版社。

胜雅律，2006，《智谋》，袁志英、刘晓东等译，上海：上海人民出版社。

翟学伟，2004，《中国社会中的日常权威——关系与权力的历史社会学研究》，北京：社会科学文献出版社。

翟学伟，2014，《关系与谋略：中国人的日常计谋》，《社会学研究》，第1期。

（原载《本土心理学研究》，2014，第41卷。）

第二编 关系的理论评述与重构

是关系,还是社会资本?

【导读】社会资本概念进入华人学界以来,其影响力使许多学者把它作为研究和解释中国人关系的路径,但在这种将"社会资本"与"关系"概念合并的趋势中,许多问题被遮蔽了。本文通过对社会资本与关系各自的抽象度、对应性和社会形态等的辨析,指出关系的研究基础是家庭本位的社会,而社会资本的研究基础是市民社会,它们在个体选择性、成员资格、公私利益、参与性和做人等方面都有差异。据此,本文还探讨了关系及社会资本各自可能延伸的研究方向。

"社会资本"这一概念大约产生于20世纪80年代的西方社会学界,90年代后遂成为热门话题,得到许多社会学家、经济学家、政治学家、管理学家的青睐与运用,也受到不少批评和反驳(李惠斌、杨雪冬,2000;曹荣湘,2003;达斯古普特、撒拉格尔丁,2005;燕继荣,2006;郭毅、罗家德,2007)。虽然社会资本的内涵并不确定,但与以往社会学理论的不同之处是,它直接涉及社会纽带的连接方式。这同中国社会所讲的"关系"概念的确有几分相似,进而在中国即有了两者合并的趋势。那么,关系是社会资本吗?这个问题迄今没有被学界所质疑,而是被给予了一个理所当然的肯定的回答。理由似乎很简单:社会资本研究主要关注社会网络,而社会网络就是关系的结构体现。网络与资本如同一枚硬币的两面,社会网络研究偏重关系的结构,而社会资本研究偏重关系的运行,这样也就涵盖了中国人关系研究的方方面面。显然,如果能将两者合并起来,我们不但可以验证社会资本理论的普遍性,而且可以为中国社会这一重要而持久的议题找到理论归属。

可是,在这种理所当然的背后,中国研究者心中也有一点挥之不去的忧虑,即凭借一些学术成果与生活经验来看,中国人所讲的关系在当前社会运行中起的负面作用较多,而西方人所讲的社会资本更加积极。如果我们肯定了两者的对接,那么是不是说关系的负面作用其实也就是社会资本的负面作用,或者关系其实少有负面作用,又或者社会资本理论可以解释关系的负面作用呢?这种忧虑虽然散见于一些关于社会资本的述评中,但没有得到充分的讨论。学者们处理的办法不过是把关系的运作做一次切割,其中隐含了把中国人的关系运作分为正当与不正当的意思(李惠斌,2000;杨雪冬,2000;张文宏,2007)。这样便可以把中国关系运作中的很多不好的地方排除掉,二者对接起来也就更容易一些。一旦有人拿着关系中的不良现象和问题到社会资本与社会网络理论中寻求解释,他们便可以理直气壮地说,这些都是不正当的，他们不研究这类问题。

可是，这种拒绝也会带来一系列的问题。例如，这是否意味着社会资本不等同于中国人的关系，或者说，社会资本研究者只希望把关系的积极一面接管下来而不要其余呢？中国人的关系是否可以被按照正当与否来划分呢？这个标准是什么？是道德上的、观念上的、制度上的、还是法律上的，抑或政治上的？如果关系有不正当的可能，那么这是关系本身所隐含的，还是对关系使用不当造成的？就好比我们判断刀的特性，是应该把它定性为危险器械，还是说刀乃普通用具，关键看用来干什么。社会资本会有负面作用吗？如果有，它同关系的负面作用是否相当？回答这个问题至少可以从侧面检验关系是不是社会资本。

如果我们把合并的疑虑延伸到这一步，我们就会感觉到回答关系是不是社会资本没那么简单，一种折中的回答是：它们有很多地方相似，也有不少地方不同。如果情况果真如此，那么我们又面临要去分辨哪些地方相似、哪些地方不同。我们在用社会资本理论研究中国人的关系时，我们判断出这些异同了吗？看来，一种比较严谨而小心的回答是，两者的异同要看我们研究的主题。如果我们探讨的主题是个体对群体、网络是不是涉及投资与收益的问题，或者增加交往、加强合作、建立信任等能否成为社会团体、社区、企业的整合之来源，抑或加入网络的个人、组织能否从社会资本运行中得到收益，那么关系与社会资本没有什么不同。但这并不是一个新问题，而是社会学研究中若隐若现的传统。正如马克思（1972a）所说，"社会——不管其形式如何——都是人们交互作用的产物"；齐美尔（2000）也认为信任整合了社会；涂尔干（2000）讨论了社会分工与两种类型的团结；韦伯（1987）论述了新教伦理与资本主义精神的关系；米德（1992）的社会互动论与布劳（2018）的社会交换理论等则是研究这一主题的理论基础。似乎社会资本提出之意义在于凸现和整合社会学零散的观点及其与经济学的再次对话。另一种疑问是，在社会资本概念没有出现之前，曾有华人学者用西方的符号互动论、交换理论、社会资源理论等来整合中国人的关系运作方式（黄光国，1988），却不见有社会资本概念的进入。这是一种忽视，还是不接受？我当面问过黄光国，他是不接受的。可见，在这类研究中，套用与整合西方理论一直是争论的焦点。但对于社会资本理论及其发展出来的概念，比如关系强度、社会网络、信任、投资与回报等问题，已不再是套用恰当与否的问题，而是关系是不是社会资本的问题。

从上述讨论中可以看出，要回答"是不是"，首先遇到的是概念的抽象度问题。抽象度越高，普遍性越明显；概念的外延越简单，其解释力也越一般化。比如，对人的研究可以分别在人类、人种与人格的层面进行。如果我们研究人类，则须探讨人类的起源与发展，对应的是高等动物；研究人种，则主要涉及的是人类体质的差异，对应的是生活环境的差异；研究人格，则关注个体社会化或民族性塑造，对应的是社会与文化之异同。其中解释面最宽的是人类与人种（进化论、行为主义），最窄的是文化（精神分析、人本主义）。同理，如果社会资本指向的是社会合作与信任，那么这类研究是大多数社会共有的，对应的是物质资本与人力资本。但我们也不要小看了关系，如果它被高度抽象，则范围更宽，因为它也可以泛指所有的社会联系、交往、互动、交换、社会团结等，对应高等动物的合群性问题。如果关系被定义成个人与个人之间的联系，即所谓社会关系或人际关系，那么其对应的是绝大多数社会都有的生产关系、国际关系、阶级关系、公共关系等。说到这里，也许有学者要争辩说，中国社会所讲的关系非此"关系"也，可见我们并不同意让"关系"这个概念无限放大。可为什么我们只限定关系的含义而不限定社会资本的含义呢？如此看来，关系之所以被社会资本覆盖，是因为我们把关系看作中国社会的现象，而把社会资本看作一般的社会现象，因此用一个来解释另一个显然成了研究的必由之路（边燕杰，1999；林南，2004）。那么，关系是否只限于是中国的现象呢？它本身不能生成一种理论吗？如果都成了理论，它们在讨论相同的问题吗？社会资本不也是现象吗？能用关系理论来解释这种现象吗？我想之所以还没有提出这类争论，是因为关系还没有生成一种理论。

为了澄清这两个概念的适用范围，一种比较可行的做法是我们应同等地限定两个概念，并在同一层次上来确定各自的对应性。显然，这一层次的对应性似乎同其匹配的社会的特征、运作方式有关，或者说社会形态不同，诸如农业的或工业的、乡村的或城市的、封闭的或开放的之类，其交往方式也不同；同时人们对交往的认识、理解乃至使用的词汇也就不同。而从这一层面回头来看概念的抽象性，我们还会发现，即使一个概念已被确定了内涵与外延，但若不置身于抽象出这一概念的社会，人们对这一概念的认识总会带有自身社会的倾向，比如我们在理解西方社会的民主、个人主义，以及西方人在理解中国社会的人情、面子等时都有这样的情况。

在中国，数千年的农业文明中的社会交往同小农经济有直接的关系，这造成了人们对家庭、亲属与老乡关系的重视。因此，我们有理由认为血缘和地缘积淀性地成为中国人交往的基础。而在此基础之上形成的"关系"的含义则格外复杂，其运行也极为发达，其中既涉及关系强度、网络、信任、互惠与回报等问题，还涉及诸多其他问题。可这些复杂的含义长期以来一直缺乏关注，更没有形成自己的理论。直至西方社会学家将特殊主义与普遍主义视为考察社会传统性与现代性的一对行为变量时，研究中国社会的学者们才兴奋地将关系划归为特殊主义，以对应具有现代社会特征的普遍主义。应当承认，"特殊主义"是一个同具体社会特征相联系的概念，因此它在解释中国人的关系现象上有一定的说服力，但既然是套用，仍解决不了一些问题（翟学伟，2001，2005）。而如果将社会资本也限定在社会形态的层面，那

么它的特征是什么呢?我们看到西方学者有这样一段论述:

> 其他学者已力图探讨信任的性质及其与合作和繁荣之间的关系。他们认为,在"现代性"的结构与社会联系之间存在着明确的关系。福山认为,像美国、德国和日本这些发达社会都是"高度信任的"社会,而拉美天主教国家和中国这样的发展中国家都是"低度信任的"社会。普特南也发现,同欠发达的南部相比,意大利北部较发达地区存在着较高程度的公民信任。可以说,尽管存在着碎裂和两极分化的趋势,但社会组织的现代形式可能会导致人们的社会参与以及更为复杂的交往形式,而这些参与和交往又能够促进同情与信任。(曹荣湘,2003:96)

从以上简略的讨论中,我们大致可以看出一些端倪,就是如果我们只关注抽象意义上的关系同社会资本是否含义相同或相似,而不关注其运行的社会背景,我们就看不出它们之间有什么不同。其实,社会资本有它自身运行的社会基础。

为了比较关系与社会资本之间的异同,我下面试举一例来说明它们之间的差异如何消失又如何浮现。有趣的是,采用举例说明的方法是社会资本研究的一个特点(科尔曼,1992),以至于福山在给社会资本下定义时也要指出这个概念具有事例性特征(曹荣湘,2003)。我的这个例子是:在中国文化背景下,一个农民家生了儿子是一件天大的喜事。在婴儿过百日之际,此农民想设宴庆祝,以在众人面前炫耀。但以他的家庭年收入来看,他并没有经济实力达到高朋满座的效果。如果他坚持宴请,有两种地方规约就会起作用:其一,他在当地的人缘很好,包括亲属、朋友、邻里、同学等相当多,以及他们争相(甚至邀请到重要人物)来捧场;其二,按地方规矩,前来的所有人都会出礼钱。如果此两者都满足,那么可以用礼钱来抵消设宴的花费,这样一来既实现了庆贺、热闹、造势与加固关系的目的，又没有经济压力，甚至还赚了钱。这就是关系网络的作用。反之，如果此农民平时不善结人缘，没有人脉储备，这个活动就办不起来。由此例来看，一个人的能耐大小不仅在于此人的勤劳、技能、智力和健康等状况（人力资本），还在于他调动其所处社会网络的能力，而这就是社会资本。同类的研究已经出现，比如对中国人婚宴的研究（林南，2005）。也因此，有些学者从微观层面认为，社会资本就是指个人摄取其所处网络资源的能力，或者是对其所处网络的投资与回报的过程与方式。从以上的事例到对社会资本含义的探讨中，我们好像没有发现关系与社会资本有什么不同，似乎社会资本理论的确可以用来研究中国人的关系现象。其实不然，因为有些关系连接的意义被许多学者回避了，即中国的这类庆贺活动与编织人脉之间名实分离。表面上看，社会资本造就了这次活动，但这只是关系漫长历程中的一个环节，而且其目的也未必是这个活动本身能体现的。就如同一些人因外出开会、进修、培训而聚到一起，其活动目的是一回事，在此过程中结识一批人是另一回事；另有一些人读 EMBA 或 MPA、参加短训班等，学习什么在其次，其主要意图为扩张其关系网。因为在中国人看来，在一起吃过饭、照过相、开过会、同过屋、做过同学等都意味着关系建立的起点。费尔南德斯与安德伍德（2010：5）认为，所谓关系就是"基本好处与义务交换发展出来的人际关系"。由关系理论来推导这类活动，我们会重点考察：哪些人去了，哪些人就会跟去，而哪些人不会；尽管某个活动本身异常重要，哪些人还是不会去；一个人的发迹及其社会能量靠的是什么；等等。由此我们可以设想，此农民请客的动机更多是隐性的，参与者的动机也是复杂的。也许这家人望子成龙，想通过建立关系为孩子的未来铺路。至少在中国，请客吃饭不只是简单的祝贺、聚会或炫耀性消费，而可能是为了"摆谱"（显示自己的文化与政治实力）、求人办事、向众人显示自己的社会网络优势或储蓄的人脉等。如果我们认定此农民的请客目的只限于前者的收支相抵（这也是完全可能的），我想用社会资本理论解释足够了；如果其用意在于后者，那么最好就要回到关系理论当中去讨论，因为中国人在关系中的投入和收益，社会资本理论是看不到的，或者会忽略，至少网络规模、信任、规范、合作、互惠、参与等方面的研究，不足以解释。

在讨论同关系相联系的社会形态时，我们遇到了一个相当棘手的问题，这就是即便承认市民社会同中国社会特征不同，社会资本的讨论也是包含家庭和邻里的（科尔曼，1992；布尔迪厄，1997；曹荣湘，2003），这就抹平了我们想通过中国人的家庭取向、家庭本位、差序格局以及伦理本位等来体现的差异。但我认为，问题的关键点在于，市民社会中的家庭类型及生活方式与乡土社会或曰家庭本位社会的有很大差异。亲属组织在社会网络中是一种非常特别的组织，不可以同其他组织混为一谈。众所周知，在绝大多数社会中，每个人都出自家庭。而家庭是社会的基本单位，这表明了其成员的到来不具有个人的选择性，也不具有家人的选择性。一个人不能说我想生在什么家庭就生在什么家庭；一对夫妻也不能说我想生一个什么样的孩子就可以如愿。对这一点，本无须过多讨论，只是在一个讲究家本位的社会中，一旦把这一点看得太重要，或者说一旦把家当成一个体一生的主要社会网络，其社会功能就会被无限地放大，并导致其他社会组织得不到发展，进而使个人的人生意义始终同其家庭与地缘相联系。比如，一个人学习成绩优异，社会不单会对其聪慧给予肯定，而且会强调祖先的恩泽以及他对家族与祖先的贡献，即所谓光宗耀祖、光大门楣。这里隐含的意思是一个体无论多么了得，都是家族生命的一个环节。显然，个体可以突显其重要性，但不能自行其是，只能在一种不能选择的社会关系中为家人和乡里争光或使之沾光。当然，关系越远，选择的可能性才会越大，个人的独立性才能体现。由此相较格兰诺维特的研究，中国人的强关系往往是不具多少选择性的，而弱关系才具较高选择性,这点会影响信任研究。比较家人生活与其他组织或社会的生活,最重要的差别就在于家庭后这种组织的成员不存在加入资格问题,个体无论如何作为,都无法摆脱他的关系网络。其实,作为一种家庭生活的特征,这并不是一个中国才有的问题,但在一个崇尚个人主义、个人本位、个体中心的社会里,家庭的作用会被降至最低点。孩子从小就被要求学会独立,一旦长大成人,就会脱离家庭,进入社会。此社会中的个体是否加入何种群体及社团乃至组建一个自己的家庭,只是其生活中的意愿。正如一些西方学者所认识到的:

> 家庭、利益团体网络和其他形式的社群生活已经提供了关键的黏合剂,个人和团体由此而组织成更大的社群。从传统上看,这种"公民"领域以公共物品之名为人们提供了超越纯粹个人自我利益的途径。最近,当作为公共利益支撑和仲裁者的国家失去其合法性时,其他形式的公民组织就开始变得越来越重要了。(曹荣湘,2003:102)

由于家庭及其扩大化无法构成市民社会的基础,因此人们更加关心的就是自己的切身利益与其低选择性群体之间的关系。其逻辑起点在于人与人之间的生存依赖性问题。固守乡土生活的人们依附家庭、亲属与老乡;生活在城市的人们依托于家庭、同学与单位;处在社会流动或求职过程中的人们依附亲朋好友。所谓在家靠父母,出门靠朋友,多一个朋友多一条路,实在是中国人生存的至理名言。而在此社会网络之外再建立什么社团或组织,已经成为多余。

通过这样的比较,我们得出一个很重要的命题:中国社会中的个体首先天然地生活在一个他自己不能选择的社会网络中。他的喜怒哀乐、他的成功与失败总是嵌在他的天然社会网络中而难以独享。这就是说,在一个体没有打算拥有社会网络的时候,别人在道义上就是他的潜在资源,而无论他愿意与否,他本身也是别人可利用的资源。我们知道,如果一个人不用争取就能天然拥有社会网络,那么他在利用这一网络时也无须考虑他的责任和意愿,或履行他的义务。他这时更多地会依赖性地滥用关系,而不考虑家庭之外的另一套社会规范以及利用关系同这套规范是否相符。反之,若一个体终究要脱离自己的家庭,闯荡社会,他就会强烈地意识到经常聚会(party)、加入一个共同体、获得社会资本有多么重要,即使他自己组建了家庭,他也会意识到社团、公益活动、结社等对个人生活的意义。所以社会资本的概念在西方出现、盛行,实在有它的道理,而地方网络、地盘意识与人脉在中国却是带有乡土特色的常识。社会资本的观点在中国不凸显,不是说它不重要,而是说它太普通、太平常,无须建立什么理论模式,甚至中国不少民谚已经把社会资本理论要说的道理都说了:"一个篱笆三个桩,一个好汉三个帮";"众人拾柴火焰高";"三个臭皮匠,顶个诸葛亮";"人心齐,泰山移";"亲帮亲,邻帮邻";"远亲不如近邻";等等。要不是西方社会学对此如获至宝,中国人甚至不会讨论这个问题。而在这些人所共知的常识背后,真正秘而不宣的、拿不上桌面的,却可以让中国人玩味一生的恰恰是"拉关系"以及做人的问题。

大凡需要加入社群,就会有成员资格的问题,此时也凸显了关系同社会资本的差异。社会资本产生的前提是一个体愿意加入社区或社团,并按规章积极参与相关的活动,取得该社团的认可(布尔迪厄,1997)。于是乎,如果一个社区被说成社会资本丰富,那是因为此地的人们聚合的方式多样且乐此不疲,反之则是社会资本贫乏。美国社会学家普特南(Putnam,又译帕特南)(2001)在对意大利社区进行研究中发现了这样两种类型的社区,而这两种社区的民主选举也大不相同,于是他认为有社会资本的地方可以让民主运行起来。由此研究,我们看到社会资本本意上讨论的是一种社会中的个体自愿联结的各种方式，诸如社团、俱乐部、志愿者、非政府组织等，其效果是能降低国家或社区管理的成本，让民众自我组织、自我管理、互帮互助。而信任、规范与互惠等就是这些联结的黏合剂。当然，这不是说中国社会没有个体资源联结的倾向，而是说如果有一种联结是沿着家人、老乡、同学和朋友扩展出来的关系网络，就不会表现出公司、俱乐部、志愿者、非政府组织等的特征。人们实际上可以是一些组织的成员，但他们并未意识到其组织性、规范性、责任性；他们可以加入，但未必顾及规范与合作，或者只会倾向于按照关系方式运作。这时人们热衷的是划定自己人、拉帮结派、排除异己等。这种倾向很容易往地位争夺和权力斗争的方向发展。因此，研究社会资本可以说是为了让民主运行起来，而研究关系或许会发现它让民主运行不起来。

在一种由家庭与老乡连带而发展出来的社会网络中，在利益驱动上不可能通过改变公益来改善私利，而总是倾向于直接靠关系运作改善自身利益。马克思（1972b）的所谓无产阶级只有解放全人类才能最后解放自己，是一种市民社会的理论，而家族取向的社会关心的问题首先是个人的利益是否受损或能否改善。我们没有理由从逻辑上推论，如果人人都有自己的利益诉求，就会产生市场、团结或结社的动机和行为。依照关系理论，解放人类式的改善行为催生的是制度、公平与机会均等问题，并且是长效性的；而解放自己式的改善行为是优势性的、优先性的、现实性的，是当下的。一个最为生动的例子是，如果一个商店有许多购物者抢购某种稀缺商品的话，那么为了公平，只能排队，先到先得，但中国人要考虑的是他如何能用最短时、最有效的方式得到此货物。结果便是关系的运用。假如他认识售货员，那么售货员就会为他把货备好，他不用排队就可以得到；如果他认识队伍中的一个人，那他就会插队，而不需要从头排起。在这种思维逻辑里，讲究公平、公正对个人的利益获得是最没有效率的，但对自利的满足而言是最有效的。我们还可以看到，在中国，许多中小学的家长委员会往往形同虚设，家长们关注的不是给学校提出什么建设性意见或批评，而是倾向投资自己孩子的班主任及任课教师。他们清楚地知道，校规、校纪好，班级成绩好，班风正，但自己孩子成绩不好，也是枉然；反之，如果自己孩子成绩好，学校和班级能好则好，不好也没有关系。同理放大来看，所谓全国绝大多数地区都设置重点学校、重点班，其实是切身利益驱动的，这让学校名声、成绩好的学生及其家长直接受益，但对其他学生是极不公平的。关键是在这种思维逻辑中，没有家长考虑公平的问题，考虑的只是如何通过关系，让自己的孩子挤进重点学校、重点班。还是在这样的思维逻辑中，校长、班主任及任课教师也明白，这也是利用家长为学校或班级投资的契机，这种投资不是来自市民社会的善与同情，而是来自关系理论上的"人质""报答""求得个人更多关照"等，所谓个人关系、私交和"私了""摆平"等都是由此而发生的。当然，"希望工程"是社会资本的体现。

另外，关于中国人的关系，更多地还要讨论做人的问题，这是社会资本理论不涉及的问题。由于关系网络的天然性，关系不是个体行动的结果，而是未行动前就存在的。由此来看人的本质：人就是关系的存在。依照儒家思想中的"仁"与"伦"的观点，人只有在关系中才能证实自己存在，才能实现自己，这就是一个学会做人的问题。可见，中国人所讲的关系是指确定关系后你如何作为，而西方人所讲的关系是一个人如何找到你想要的关系（翟学伟，2007）。

现在我们需要从传统社会步入现代社会来考察中国人关系的变迁。是的，我们有种种理由来说明中国在现代化的过程中也出现了市场经济、城市化、新型的社会组织、社区建设、社团、会员制等。这些只能说明中国原有的较为稳定的关系网络正在被改造或打破，却不能证明我们已经可以通过信任、规范与一些组织目标来重新理解关系的用途。中国人原有的关系网被打破，导致人们会仿照原有的方式来搭建新的网络，即将一种亲情网转化成一种个人利益交换网。前者中本混有情感性与工具性，但伴随着市场化，其工具性逐步增强，关系变成了"关系学"，人情成了一种投资，而原来的固定网络中本无信任危机，但发展到今日，已出现了信任危机。再者，原先的关系靠儒学传统来规范，现在则变得无序。这些都是社会资本不会讨论的问题。

小结以上的讨论，我认为可以延伸出对关系与社会资本的以下几点辨析：

第一，关于关系与社会资本的讨论有各自抽象度的问题，即它们的抽象度越高，彼此的相似性含义就越多，但反过来看，这会导致其对一个特定社会的解释力减弱。社会资本作为一个概念的抽象度并不确定，但在解释西方社群、民主、市场、非政府性等方面具有中层性意义，关系也是在解释中国人的行事方式与风格上更为准确。

第二，中度性的抽象让我们看到，社会资本是对应西方的市民社会展开的，它是对结社、合作、信任、互惠、信息渠道等整合性思考的产物，而关系是对应中国家庭本位社会展开的，它是对血缘、地缘及扩展的同门、同学、同事或乡谊、商会等关系的概括性思考。其差异是，前者多以社团方式存在，后者多以家乡和个人关系方式存在。

第三，社团是自愿性组织，因此个人的追求关系着个人的抱负、志向、兴趣等，个人可加入、参与及退出，这些特点同个人主义价值观相联系；而家庭是非自愿性组织，它同生存依赖、光耀门楣、切身利益的有效性等相联系，个人无法加入，也无法退出，必要时只能逃离。

第四，社会资本的思维逻辑具有公益性，这些公益性的目的性投资将使投资的个人、社群及社会受益，但不会惠及一些未投资者或无资格者，进而使之对公平正义有诉求。关系的思维逻辑是自利性的，它不同公益、公正与规则对立，但总要求把自利性放在首位，从而具有自我捷径主义的特点。许多惯习、结构和制度一方面维护着它的运行，另一方面也促成了相关的机制，比如"走后门"、特批、设重点等。自我捷径主义机动灵活，是不可能通过严谨而刻板的制度来实现的，而更多是通过私交、感情深浅和"摆平"、送礼等来实现的。

第五，关系与社会资本都是引导性概念，在达到一定的抽象度后，它们都可以用来研究各自所框定的社会现象（这些社会现象并不属于某一特定的社会）。区别只是我们不能想当然地用彼种引导来涵盖或取代此种引导。用社会资本研究关系，会看不到关系的复杂运作方式；反之，用关系研究社会资本，也会理解不了它在市民社会、组织、管理中的效力。但可以肯定，中国社会有社会资本现象，西方社会也有关系现象，只是因为目前只有社会资本理论，所以社会资本成了解释关系的概念和理论。

第六，社会资本本身可以被划分成个体网与整体网。以这一划分来衡量关系，关系可以被划归入"自我中心网"（ego-centered networks），即个体网。由此可认为，在个体网里可以视关系等同于正当的互惠，只是在整体网里关系没有表现出它的社会正面价值。但这一认识无论是放在差序格局中来看，还是放在中观与宏观层面看，都有问题。个体网与整体网作为分析视角与技术，也许是合理的。但无论何种研究手段，其社会基础都是市民社会，这是一致的，因此个体之间的互惠行为不会导致社会整体运作出现问题。但关系运作一方面会导致私人关系越强、社会整体性越差，另一方面又是顾全大局、整体和谐的基础。所以我们不便在这两个层面与社会网络研究保持一致，或将关系归入社会资本的一个方面。

第七，社会资本研究凸显了由个人属性向关系属性研究的转型，偏重对关系结构的定量研究，而关系研究因受非自愿与低选择性的结构性影响，需要讨论做人、面子与个人计策的问题，很多内容尚无法用定量研究完成。

有了这样的区分，我们前文中提出的问题大致也就有了一些答案，即关系研究与社会资本研究探讨的并非相同的问题，也没有正当性上的合并可能，同时有各自的负面性，无法互相检验。社会资本理论是在物质资本、技术资本、人力资本基础上提出的一种新型的研究社会网络搭建与运行的理论,它的出现说明了良好社会的运行不但要靠政府及正式制度,而且还需要公共领域、社区意识与公民参与。在中国,这样的情况往往是发生于特定时空中的一些重大事件,比如近代史上的民间救灾、20世纪50年代的农业合作社、现代社会的志愿者服务及社团等,但这些都不是一种持续而稳定的社会形态。有一项研究资料表明,由于在中国社团需要登记注册,需要挂靠业务单位,因此一方面社团组织严重地依赖政府,另一方面社团的成败还要由个人的正式职务与身份等特征来决定。显然,这不属于社会资本的话题,而是一个十足的关于关系运筹、面子大小对社团作用的问题,这里的信任也不是建立于制度,而是建基于个人及其社会背景。但如果我们用社会资本理论来解释关系,那么我们就会不得要领,会发现理论与现实脱节。我想,如果我们继续在中国现代化的进程中来进行关系与社会资本的研究,一个可以进一步探讨的命题是:关系是否阻碍了市民社会的发展,以及传统型的关系运行如何可能(或不可能)转换成现代型的社会资本。

参考文献

边燕杰,1999,《社会网络与求职过程》,载涂肇庆、林益民(主编):《改革开放与中国社会:西方社会学文献述评》,香港:牛津大学出版社。

布尔迪厄,1997,《文化资本与社会炼金术》,包亚明译,上海:上海人民出版社。

布劳,彼得,2018,《社会生活中的交换与权力》,李国斌译,北京:商务印书馆2018年版。

曹荣湘(主编),2003,《走出囚徒的困境——社会资本与制度分析》,上海:上海三联书店。

达斯古普特,帕萨、伊斯梅尔·撒拉格尔丁(编),2005,《社会资本——一个多角度的观点》,张慧东等译,北京:中国人民大学出版社。

费尔南德斯,胡安·安东尼奥、劳里·安德伍德,2010,《关系:跨国 CEO 的中国经验》,孙达译,南京:译林出版社。

郭毅、罗家德(主编),2007,《社会资本与管理学》,上海:华东理工大学出版社。

黄光国(编),1988,《中国人的权力游戏》,台北:巨流图书公司。

科尔曼,詹姆斯,1992,《社会理论的基础》,邓方译,北京:社会科学文献出版社。

李惠斌,2000,《什么是社会资本》,载李惠斌、杨雪冬(主编):《社会资本与社会发展》,北京:社会科学文献出版社。

李惠斌、杨雪冬(主编),2000,《社会资本与社会发展》,北京:社会科学文献出版社。

林南,2004,《中国研究如何为社会学理论作贡献》,载周晓虹(主编):《中国社会与中国研究》,北京:社会科学文献出版社。

林南,2005,《社会资本——关于社会结构与行动的理论》,张磊译,上海:上海人民出版社。

马克思,1972a,《马克思致巴·瓦·安年柯夫》,《马克思恩格斯选集》第四卷,北京:人民出版社。

马克思,1972b,《共产党宣言》,《马克思恩格斯选集》第一卷,北京:人民出版社。

米德,乔治,1992,《心灵、自我与社会》,赵月瑟译,上海:上海译文出版社。

帕特南,罗伯特·D.,2001,《使民主运转起来》,王列、赖海榕译,南昌:江西人民出版社。

齐美尔,2000,《金钱、性别、现代生活风格》,顾仁明译,上海:学林出版社。

涂尔干,埃米尔,2000,《社会分工论》,渠东译,北京:生活·读书·新知三联书店。

韦伯,马克斯,1987,《新教伦理与资本主义精神》,于晓、陈维纲等译,北京:生活·读书·新知三联书店。

燕继荣,2006,《投资社会资本》,北京:北京大学出版社。

杨雪冬,2000,《社会资本:对一种新解释范式的探索》,载李惠斌、杨雪冬(主编):《社会资本与社会发展》,北京:社会科学文献出版社。

翟学伟，2001，《土政策的功能分析》，载翟学伟：《中国人行动的逻辑》，北京：社会科学文献出版社。

翟学伟，2005，《特殊主义抑或普遍主义：中国人行为研究模式的视角转换》，《社会理论学报》，第1期。

翟学伟，2007，《关系研究的多重立场与理论重构》，《江苏社会科学》，第3期。

张文宏，2007，《社会资本：理论争辩与经验研究》，载郭毅、罗家德（主编）：《社会资本与管理学》，上海：华东理工大学出版社。

（原载《社会》，2009，第1期；有修订。）

"差序格局":贡献、局限与理论遗产

【导读】费孝通在半个多世纪前提出的"差序格局"概念在中国社会学界产生了深远的影响,学者们在应用的同时也存在误读、改造与批评问题。应当看到,差序格局是中国社会学理论的一个尝试,它一方面对中国社会具有丰富的解释力,另一方面也有自身的局限。但总体上看,这一概念无论在视角、方法论和研究理路上都给中国学界留下了宝贵的学术遗产,而其中最值得重视的是它所蕴含的关系动力特征。

"差序格局"：贡献、局限与理论遗产

费孝通先生留下的理论遗产，应包括他提出的"差序格局"这一概念。虽然他自己在其后半生的岁月里很少提及此概念，但如同其他所有的重要思想一样，它一旦流布开来，就不再属于个人，而会成为人类知识宝库中的一部分。从学术发展的角度来看，一种思想或观点能否成为天下之公器，并非在于它是否引起过轰动。有的学术观点刚一出笼，盛行一时，但昙花一现，并无生命力可言；而有的思想或观点出笼伊始，并未产生多大反响，可随着时间的推移，人们会越发感受到它的魅力及价值。差序格局正是这样一种带有前瞻性的概念，其影响力在中国社会研究领域中逐渐放大，特别是到20世纪80年代之后，更加显示出它在解释中国人与中国社会问题上的奠基性。时至今日，我们通过文献检索就可以发现，大凡研究中国人与中国社会的学者，很少有不使用这个概念的。我们甚至还可以认为，半个多世纪过去了，虽然中国社会学研究有了长足的进步，却很难有什么概念架构可以与之比肩。也有学者认为，差序格局是中国社会学对国际社会学的理论贡献。由此，深入研讨与总结这个概念的得失，对中国社会学理论的发展，具有重要的范式与方法论意义。

一

差序格局这一概念的出现，在一定程度上可以折射出中国社会学从初创到发展的历程。虽说这个历程横跨民国始末，但其发展内涵却同今日中国社会学的发展有不少相似之处。在某种意义上，改革开放以来的中国社会学之恢复及其进程，似乎把上述历史又走了一遍。因此，可以认为，讨论差序格局出现的时代背景也就意味着我们可以用比较性的视角考察中国社会学的现状对构建中国理论之可能。

费老开始学习社会学的时间是1930年。这是中国社会学初创的关键时期。社会学于清末进入中国,民国初年进入中国高等学堂。1916年北京大学开设社会学班,次年清华大学也设有社会学课程(韩明汉,1987)。但从总体上看,这一时期的社会学教学乃至系科的设立主要集中在教会大学,讲授内容均为西方社会学。当时一些重要的社会调查主要由西方学者完成,至多由中国少数留洋学者同西方学者合作完成。而其间的社会学专业杂志则是20年代末到30年代初由北方的燕京大学继中国社会学会的《社会学杂志》(双月刊)停刊后主办的《社会学界》年刊与南方的东南社会学会主办的《社会学刊》(季刊),这一格局很像今日的《社会学研究》(中国社会科学院社会学所主办)与《社会》(上海大学社会学系主办)。其学术总体水平及相关研讨也同改革开放后国内恢复社会学的做法近似:大多数学者要么在从事对西方社会学的翻译与评介,要么通过写作社会学读物来证明自己是这一领域的学者。翻译加读本,两者相辅相成,使得"概论""基础""ABC""入门""大纲"之类充斥于这一领域(中国社会科学院社会学研究所、南开大学社会学系,1984);最好的理论研究也是以中国史籍中的记载来印证西方的理论,比如李安宅(2005)当时用社会学的视角和基本概念对《仪礼》与《礼记》进行了研究,而尚为学生的费孝通也曾小试身手,写过周朝的婚姻制度与古书中的迎亲风俗,以印证摩尔根《古代社会》一书中的一些论断(阿古什,1985:27—28)。而在一个更加广泛的社会学层面上,自1927年起,中国学界发生了持续近十年的中国社会性质问题大论战,这不禁使我们回想起改革开放初期的社会主义性质大讨论,前者的论战还延伸出对中国社会史与中国农村社会性质的争论,而这类争论大都关于套用西方概念,缺少对中国社会进行实地调查的基础。

由此费老认为,他当年读书时社会学尚处于幼年阶段。其中更多的是空泛的议论而非真实的报道情况,分析很多社会现象时都是从外国材料中找根据。比如在1936年,他还曾指出,美国式的社会学在

"差序格局": 贡献、局限与理论遗产

中国是失败的,社会学在过去几十年对了解和改造中国社会未做出明显的贡献(阿古什,1985:22)。由此,在吴文藻先生的带领下,费老及其同人开始思考他们自己应当如何来学习和研究社会学,其间发生的最为重要的事件就是他们发起的社会学的中国化运动,以摆脱这一"变相的舶来品"(费孝通,2002)。当时正逢美国芝加哥大学的罗伯特·帕克(Robert Park)教授与英国伦敦政治经济学院的阿尔费雷德·拉德克利夫-布朗(Alfred Radcliff-Brown)教授来燕京大学授课。受此启发,他们把具体的中国化工作放在了社区的功能性研究上,并着重对中国社区展开了深入的社会调查,迎来了人类学的"中国时代"(北京大学社会学人类学研究所,2002),进而也促成了这一时期的社会调查不再停留在以往简单的定量描述上,而是带有"深描"的色彩,以至于出现了像李景汉的《定县社会概况调查》(1933)、费孝通的《江村经济》(1939)、林耀华的《金翼》(1944)、杨懋春的《一个中国村庄:山东台头》(1945)、许烺光的《祖荫下》(1948)等一系列中国社会学与人类学名著。

费老清晰地意识到理论的重要性大约是在他写作《禄村农田》之际。他深感社会调查如果没有理论指导,得到的只是零星的、没有意义的一堆材料(费孝通,1990:9)。但中国地域如此之广,人文地理有别,如何才能得到对中国社会的概括性认识呢?受社区功能研究的引导,费老想到了类型比较法。他认为从一地区出发,通过类型比较,可以实现从点到面、从局部到总体的认识。20世纪40年代后期,费孝通尝试从理论的角度写出了他的《生育制度》(1947),此书虽有一些好评,但影响不如他自己的预期。也几乎是在同一时间,他把在云南大学社会学课堂上的讲稿,整理成文字在报上连续发表(后结集为《乡土中国》一书出版),我们惊讶地看到费老强调的社区调查、类型比较法与理论思考在这里发生了精彩而巧妙的融合,而其中的典范就是"差序格局"。用他自己的话说,差序格局是他提炼出来的

一个概念,在类型上可同"团体格局"相比较,尽管他自己对这样一个重要的概念始终没有给出明确的定义。

二

学术界普遍认为"差序格局"这个概念好,概括起来大致有以下几点理由:(1)它表现出了中国人交往中的亲疏远近特点。这一点既同中国传统家族的五服图相一致,也同中国人际交往的事实相吻合,又同儒家的修身、齐家、治国、平天下的理想相贯通。(2)这一格局的重点在于反映个体与家国、天下之间的关系,尤其表明了个体在其中所处的中心位置,进而可以反映出宏观与微观、大宇宙与小宇宙、大我与小我之间的一体性或同质性。(3)从这一同心圆的格局中,我们可以看到中国人的道德既有内在的一贯性,又有等差性。照费老本人的观点来看,差序"系维着私人的道德",但它们之间也都有"仁"的共相。以往学界有所争议的地方是,儒家道德原则究竟是特殊的,还是普遍的?而差序格局无形中把两者巧妙地结合到了一起,让人们觉得一以贯之与差等有别可以共存于同一体系中。(4)该格局还反映了公与私、自我与他人及内外群体之间相对且模糊的关系,而这不同于西方社会所体现的明确关系。在西方,公私是对立的概念,两者界限分明。任何属于公的就不可能属于私,而划归为私的就不是公。但中国人不这么认为。中国人对公德、公共领域、公共场所、公共事业、市民社会等名词感到陌生,但这种陌生又不影响人们的公共热情。所谓四海之内皆兄弟,祖国处处有亲人,只要把这些地方都看作自家范围的扩展,中国人便可以万众一心,众志成城。(5)以上这些特点又会引出一个格局的比较问题。表面上看,差序格局在人类社会似乎是普遍存在的。西方人并不认为这是一个中国社会的格局。一般来说，人们都会对自己的家人、朋友更好。可是，一旦将它同团体格局的特征做一一比较，西方人就会承认他们还是更能接受后者。可见，这里面隐藏着宗法观念与宗教精神的差异。(6) 差序格局导致的行为差异使人们很难遵从法律准则，人们更乐于向内来寻求价值的提升与遵从富有弹性的习惯法。由此一来，这样的社会在制度设置、运行以及执行上都容易顺着社会情境与个人关系来操作，这就很容易导致人治。

我个人认为，上面的许多特点可以被升华为一系列认知中国社会的模式，即我们并不是按照西方所谓的二元对立思维来构建社会的。以群体研究为例，西方社会学倾向于认为群体应该划分为"内群体"和"外群体"，但差序格局打破了这样的界限。它让我们看到个体完全可以共存于若干群体中，也看到一个体在多种群体中的游离与自定义的状态，结果是分辨各个群体与自己之间的关系远近比划定内外界限更重要。后来兴起的社会网络理论中的"强关系"与"弱关系"概念看起来也是关于一种关系研究，但它还是摆脱不了对内外群体的辨认。比较这对概念后发现，它们显然不如差序格局更符合中国人关系运行的实情。

我想，以上这些探讨足够让我们看出差序格局对中国人与中国社会的解释力了。

三

差序格局在最近的几十年里吸引了许多学者的追随与广泛的应用，也引发了一些学者对它的发挥、想象与批评。比如，社会心理学家黄光国在20世纪80年代提出了"人情与面子模式"，其重点就是讨论中国人在进行社会稀缺资源交换中的"关系判断"，而这个判断的依据就是差序格局，由此演化出人情中的"情感性关系""混合性关系"与"工具性关系"（黄光国，2004）；黄氏的这一分类又启发了后来的"工具性差序格局"（李沛良，1993）的说法；90年代中期，沿着这一资源分配的思路下来，孙立平（2004）在研究中国社会关系的变迁时也认为，中国传统的社会稀缺资源分配是通过差序格局来实现的，血缘和地缘从中起着很大的作用，而计划经济下的社会关系将这种资源转成由国家来控制，从而也就引发了社会关系的变迁。又比如，心理学家郑伯埙（2006）在研究华人组织行为时也带入这一概念，并进一步发展出更加细致的格局类型；罗家德（2007）在研究中国社会关系网与管理的关系时也试图将其同社会资本理论相结合。

阎云翔还提出一个颇为新奇的观点。他认为，包含上述学者在内的大多数学者在解读差序格局时，往往只解读了其中的"差"，也就是以个体为中心的向外扩出去的社会圈，而这个格局其实是立体的，需要通过研究"序"来体现。这个序就是中国社会所讲究的等级与尊卑，由此得出的观点是，差序格局存在两个维度，一个是人际关系上的建立，一个是社会结构上的构成（阎云翔，2006）。由于前者讨论的是平面格局，自然就忽略了立体的视角。

总结上述各种讨论，我们看到差序格局的理论延展主要发生在两个方面：一是中国人是如何控制与交换社会资源的；二是差序格局是否有社会等级的含义。

依我个人之见，由此概念引发的这些研究方向，大体属于学者们或者借用西方社会交换理论与社会资源理论，对中国问题解释困境做出的内部调整，或者只是按照自己的理解所做的发挥，而没有依照差序格局的本意提出一种具有传承性的理论构成。其实，要想厘清这里面的问题，我们首先需要解决两个前提问题：一个是"格局"的含义；一个是中国社会与个人的关系。

"格局"不是一个古词，它在现代汉语中的含义是结构、局面或格式,有客观化倾向,但它的初始含义本带有主观的成分。关于这点,我们通过潘光旦的研究可以略见一斑。潘光旦当年考证的"伦"的含义对费老产生了影响。他在解释与"伦"字有关联的字时认为,论、惀、抡、沦、纶,这些字偏旁不同,但有一个基本的意思,就是凡从"仑"的字,都有条理与秩序的含义。其中"沦"指的就是水纹,也叫文貌、文理。然后他引申到"类别规律"(潘光旦,1999:352)。这个类别规律用在"伦"上便产生两种意思:一是类别序次;一是关系行为。前者为静态,后者为动态,而后者须建立在前者的基础上。再者,中国人说"格"表示差别与标准,比如人格、及格或破格。原先,"格局"是相面先生的用词,表示个体之间的区别。潘先生借用这个用法,是想为此格局赋予新意,也就是把相面的格局含义用在社会上,从而这个概念在词性上很像"情境",即同时具有主客观的双重特征。他说,"人我之分的最主要的因素,我之所以为我,与人之所以为人,是由于彼此格局的互异,而尤其要紧的,是此种互异的鉴别与体会"(潘光旦,1999:355)。这句话按我的理解,是想说,人与人本来就有自身与关系上的客观差异,如果彼此遵从伦理规范来交往,便会沿着一套秩序标准来做关系上的分辨。按这样的序次,又会形成一个客观上的序列式结构。所谓格局是指这一意识、过程与结果的完整体。所以简单地说,所谓格局是被"伦"格式化了的个人行动与社会结构之间的循环。受此观点的启发,费老提出差序格局,并且想到了用水波纹来作比喻,几乎是水到渠成的。但这同时也提醒我们,差序格局不仅是一个社会结构的概念,也是一个行动的概念。

至于个人与社会究竟是什么关系,费老对中国历史、现实社会、儒家经典的考察应该说是相当准确的,他看到了它们的关系正是个体、家庭与国家(小我与大我)的同构。因此,费老在差序格局中点出了中国的五服图、儒家的修齐治平与忠恕之道之间的联系,其中都隐含一个社会构建的出发点,即一种由个人向天下扩张的过程。后来接受西化的学者想在此基础上做进一步的发挥,无非是想把西方的社会资源理论、社会网络理论与差序格局糅合在一起,说明中国人在社会交换与分配中容易受到差序格局的限制。但这种糅合出来的理论框架,更多的是想把差序格局放入西方的社会交换理论与社会资本理论中去看。这时,差序格局中的深刻思想也就被大大地简化了,只成为血缘、地缘、熟人、生人、家人、朋友、外人的关系表述。而阎氏立体说面临的一个难解之处是,一旦把差序格局放在立起来的等级架构中看,费老突出的从具有的自我中心便没有了位置,因为晚辈或地位卑微者无论如何也不会处在等级结构的中心,或者说,中国人自己把自己放在关系格局的中心是说得通的,但放在等级的中心是说不通的。可见,一旦差序格局被客观化、立体化,位于中心的人就只剩下一人,那就是皇帝,这显然不是费老的意思。

四

那么,为什么会出现这样的理解呢?客观上费老没有给差序格局下定义是主要原因。因为没有定义,研究者要让自己的构想成立,就免不了自圆其说,并对它有所抱怨,或做些批评。比如,孙立平认为:

> "差序格局"这个概念是在一种类似于散文风格的文章中,而不是在一篇严格意义上的科学论文中提出来的。在文章当中,没有对于概念的明确定义,而是一种极为形象但又很难用准确的术语进行描述的比喻。对于"差序格局"这样一个重要的概念,基本上没有理论的概括和说明;对其进行的分析,基本融化在一种叙事式的描述之中。从某种意义上来说,人们在这种分析中所

见到的是一种极有洞见和启发的思想,而不是一种严格的学术结论。(孙立平,2004:248)

至于差序格局为什么没有被理解成一种立体的社会结构,阎云翔说:

> 为什么会发生这种情况(或者误解)呢?
>
> 我认为这与费孝通使用的投石入水形成的水波纹比喻有关。在几乎所有使用差序格局概念的学术文章中,水波纹的比喻都被看作关于这一概念的精确定义。但是,所有的比喻都有夸张或形象化的特点,也因此无法精确界定任何概念或事物。将费的比喻当成定义是产生误解的第一层原因。
>
> 由于将比喻当成定义,绝大多数学者在讨论差序格局时都强调远近亲疏和以己为中心划圈子这两个特点。而这又恰恰是关系网的特点。于是,差序格局等于关系网的公式得以成立。这是第二层误解。
>
> 水波纹自然是在水面上一圈一圈地平行地推出的。如果停留在这个比喻所造成的意象上,所谓远近亲疏和自我中心就成了平面的、没有纵深感的蜘蛛网似的状态。推而论之,处于网内的人亦是相互平等的,惟一的差别是与处于中心的"己"或"自我"在远近亲疏、感情厚薄、利益多寡之间的差异。这显然是指我们当代生活中的人际关系网,而不是社会结构!这是第三层误解。
>
> (阎云翔,2006:203—204)

集中这些批评的意见后,我们可以看到,差序格局的问题主要就出在它自身没有一个准确的定义,因此后人在理解和解释时就多少会见仁见智。如果费老本人对差序格局有一个明确的定义的话,即使这个定义没有对社会稀缺资源的交换与控制的意思,也没有立体性的社会结构的含义,至少不会引发歧义。但依我之见,这些批评也有可批评之处,那就是其中隐含的逻辑实证科学立场。而差序格局没落入这一立场,非但不应看成遗憾,反而算是一种侥幸。因为在逻辑实证主义看来,概念陈述的语言需要严密、精确、无歧义。所谓定义实际上就是为实现这一目的所进行的限定。一旦一个概念的含义被明确,那么它在逻辑的演绎和推理上也就有了可能。可是,我们也需要充分地意识到,一种被界定明确的概念很可能会失去它的丰富性。比如说相对于"差序格局"与"团体格局",最接近的并符合逻辑实证主义的已有概念是什么呢?应该就是帕森斯提出的"特殊主义"与"普遍主义",这对概念的定义及其清晰度比差序格局要严谨得多,这也使得帕森斯的学生发展出一套衡量社会或组织现代化的标准,但其内涵的丰富性则远不如差序格局。即使在西方社会学中,也有概念难以定义的情况,诸如"文化""功能""结构""场域""惯习"之类,但这不影响人们对它们的使用。从实证主义的角度来看,人们没对它们的模糊性进行抱怨,或许是因为它们总有被不停地定义的倾向,至少会摆出要被定义的姿态。而差序格局丝毫没有这样的倾向,连姿态也不摆,这就很容易招来批评。

但为什么差序格局会有这样的特点呢?费老自己晚年时说了这样一番话:"文章不能直写,背后都有东西的,直接写出来就不好看了,好就好在隐喻上边。不直接说出来,懂得的人就懂了。不懂的人说这个那个,不用去管他了。"(张冠生,2000:606—607)可见,费老对这个概念不做界定,虽在文风上可以理解为是讲课稿或散文体,但其本身也有一个对隐喻方法的使用。为了避免发挥性研究的嫌疑,我只能说,以今天的科学研究发展的眼光往回看,这种隐喻非但不是一个学术上的错误,反而是一个学术上的贡献。对于这样的贡献,在逻辑实证主义占上风的时候,我们有太多的理由来否定它。但随着时间的推移,无论在自然科学还是在社会科学上,隐喻的手法被用得越来越

"差序格局"：贡献、局限与理论遗产

多（郭贵春，2007：25）。比如，从物理学中的"黑洞"（black hole）、"虫孔"（wormhole）、"时光机器"（time machine）等，到经济学中的"泡沫""搭便车"等，再到社会学中的"有机论""机械团结""社会资源""社会网络""面子"等，我们可以看到比喻不是一个问题，或者说比喻就是一种不得已的定义方式。以当时的学术背景而论，费老使用比喻来形象地说明他的概念，虽非对隐喻手法的自觉运用，却是中国传统学术中"譬"的方法。中国传统学术的一个特点，就是对概念不做定义，儒家的核心概念仁义礼智信，都没有定义。在中国的重要学术思想典籍中，概念越重要，就越没有定义，越没有定义的概念就越需要比喻，很多重要的思想都是通过比喻来理解的。正如墨子所说："辟也者，举他物而明之也。"（《墨子·小取》）老子的"治大国若烹小鲜"（《老子·六十章》）、"上善若水，水善利万物而不争"（《老子·八章》），孔子的"逝者如斯"（《论语·子罕》）、"君子不器"（《论语·为政》），孟子的"仁者如射"（《孟子·公孙丑上》），等等，皆使用了这样的方法。

其实，在西方社会学当中最常见的"角色"概念，就是一个比喻，它借自戏剧，又从中衍生出了社会学理论中的拟剧论（Dramaturgical Theory）。要说差序格局与它们有什么不同的话，那也就是西方学术喜用"死隐喻"（dead metaphor），中国学术喜用"活隐喻"（live metaphor）。死隐喻也是从活隐喻中转化而来的，但由于它在学科中已经约定俗成，所以人们不把它当作隐喻来看。但中国学术中的比喻大多没有约定。它们往往重视独特地或一次性地出现而少有重复，进而也就不会向死隐喻转化。这或许是质疑差序格局是否能用比喻来说明社会原理的深层原因。但无论如何，不论是在自然科学还是在社会科学中，恰当的比喻最容易引起深刻的洞见与启示，这点对于一种理论，也许比演绎、推理和论证更为重要，因为它将启迪后者的思考方向。目前，一些社会学界的学人想通过实证研究来证明中国传统社的差序格局在改革开放中发生了什么变化，那实在是一种贬低或误解。但或许是因为逻辑实证主义过于强大，不但后人要批评费老的比喻方式，就是费老本人也想在这个比喻的基础上做逻辑推论，以便能回到逻辑实证中来，这就出问题了。

五

在给出差序格局的比喻之后，费老看到这个格局不但能够像水波纹一样一层层扩出去，而且可以一圈圈地收回来，进而产生了一个与之相关的概念："自我主义"。自我主义作为一个单独的概念，在很大程度上可以解释中国人的私心问题，且不会同个人主义相混淆。但这个概念若是从差序格局中推导出来，便成了一个合乎逻辑的错误。费老的原话是：

> 我们一旦明白这个能放能收、能伸能缩的社会范围，我们可以明白中国传统社会中的私的问题了。我常常觉得："中国传统社会里一个人为了自己可以牺牲家，为了家可以牺牲党，为了党可以牺牲国，为了国可以牺牲天下。"这和《大学》的：
>
> > 古之欲明明德于天下者，先治其国，欲治其国者，先齐其家，欲齐其家者，先修其身……身修而后家齐，家齐而后国治，国治而后天下平。
>
> 在条理上是相通的，不同的只是内向和外向的路线，正面和反面的说法。（费孝通，1985：27）

这里需要质疑的是差序格局是一个能放能收、能伸能缩的格局吗？在一种不同于二元对立的思维中，这不是一个逻辑上可以说清楚的来与去、正与反、缩与放的问题。因为这里面有一个最大的现实基础，即中国人思考生活的最小单位的问题。显然，中国人生活的最小单位不是个人，而是扩大的家庭。对家庭的世代关系而言，个人往往是其中的一个环节；对现实的家庭成员而言，个体往往是其中的贡献者，同时也是依附者。所以费老自己也在《乡土中国》中认为中国人的家是一种"事业社群"。它的事业是什么呢？就是绵续后代。为了完成这个首要任务，一个体既无法在家庭中以自我为中心，又无法独立于他的家庭，这就导致中国人不可能"为了己，牺牲家"，而只能"为了家，牺牲己"。中国社会在传统上经常被当作集体主义来看待，原因也出于此。在家的范围里，中国人无法想自己所想，做自己想做，但付出努力之后，又会对回报与分配斤斤计较，进而产生了家庭内部的义利问题。通常，个人得到的回报与分配同其期望不符，也会引发矛盾与内耗，但所有这些都不意味着中国个体会牺牲家（翟学伟，2001）。以中国家族内部的运行方式看集体主义与自我主义两者的价值观是完全对立的。但为什么各自都部分地符合中国社会实际呢？关键是要看对自我（自家人）的范围做多大的扩展，这就是差序格局的意义，只是它不会按照此逻辑一直收缩到个人身上。

即使我们停留在家庭的层面考虑伸缩，此格局还存在另一个问题，那就是差序格局只可以表达关系上的亲疏远近，但难以体现家国乃至天下之间的连续性关系。退一步说，就是有所体现，也是理解上的或想象中的，即个体假想的自己同遥远陌生的他人或异族的关系状态。这就造成差序格局的解释力并非建立在一种事实的基础上，而有一半是通过想象力来实现的。因为这里面涉及的另外一个现实前提是，乡土社会中的大多数人一生都生活在其血缘和地缘范围内，而不涉及国与天下。大凡涉及后者的主要是指读书人，特别是通过科举考试成为国家官员的那部分人。可见，若将差序格局同"修身、齐家、治国、平天下"的士大夫理想结合起来考虑，我们就不能停留在这种想象的不断扩展出去的关系上,而有理由在家与国之间寻求一种通道,以便把差序格局拉回到社会事实上来。

> "修齐治平"四者并提,前二者是个人的,后二者是公共领域。有前者,才有后者。这是儒家的基本看法。儒家思想有这个作用,它划清了公与私的界限。西方讲公领域和私领域,修齐、治平,恰好是这两个领域。但西方的这两个领域分得比较清楚,《大学》的修齐、治平,一贯而下,似有公私不分的倾向。是不是所有的人,所有的家,都修了齐了才能治国平天下呢?这似乎说不通。(转引自刘梦溪,2007:18)

一些研究中国问题的汉学家始终没有明白修齐治平之间有什么逻辑关系(费正清,1999:73),其中原因之一也是西方学者看不出家庭怎么会同国家与天下挂起钩来。有的学者为了对此做出解释,很容易站到帝王的立场上,把它们的关系片面地理解为"家天下"的含义。其实,在儒家应然的社会理论里,每个家庭与国家之间都潜在地存在理论上的可能性关系,而要让这种可能变成现实,关键就在于走上仕途。

那么,如何才能走通这条道呢?我认为,这中间的鸿沟在传统上是掌握书写能力与文学知识(后来又加入了理科的知识)。要想走过去,在和平时期唯有读书入仕一条道路,而这条道路在设计上正好是开放的。也就是说,在中国社会,除了极少数的几种身份外,入仕之途是容许所有人都来考试。于是,本属于微观层面的个人与家庭事业,开始同宏观的社会结构有了直接的勾连。这时的勾连含义显然不是平面上的,而是垂直的,也就形成了立体的社会结构的问题。立体结构本来是研究中国社会关系时必须讨论的问题,只是由于它在差序格局中无法体现,进而使任何试图在此格局中寻找立体等级的尝试都显得牵强。显然，一种更加合理的观点是，差序格局难以体现社会等级是其自身的一种局限，而非源自读者的忽略。

单从宏观层面来看，这一立体的等级其实并不复杂，按费老自己的说法，它大致由两大社会集团构成，即士绅阶级与农民阶级（费孝通，2006：41）。显然，剩下的关键问题在于两者之间转化的可能。虽然我们应该承认，在中国统一后的历朝历代，这样的转化形式会有所变化，比如察举制度、科举制度、留学与高考制度、公务员考试制度等，但万变不离其宗，就是促成了社会上一种比较单一的向上动力，而在这一动力的背后也促成了以家庭为中心的社会网络。正因为有这种牢固而又可以扩展出去的网络，上升的过程也伴随着正式制度与非正式制度在其中发挥巨大的作用。以这样的通道观点来看，修齐治平的完整过程并不是面对所有人的，而是面对那些获得了资格或身份的人的。通道问题的显现，虽然一方面不能使所有的人都去做修齐治平的事，但另一方面又给所有个人及其家庭带来了一种发家的梦想和政治理想，即大多数家庭都寄希望于其中至少有一个家庭成员能走通这条道。走通了意味着，他自己及其家人同国与天下连接起来；走不通，他还会守在绵延有序的家庭中，等待着未来走通的机会。于是，我们回过头来再研读差序格局，便可以发现该格局中还潜伏着一个更加重要的思想：动态的视角与动力的理论。但费老在这里未提及这个问题（他在《中国绅士》一书中提及了这个问题），是因为差序格局仍然需要适用于每个人。这时，费老借助对儒家教诲的转述，似乎在理想上证明了该格局与所有人之间的联系。这点从另一个侧面也说明，要想走通这条道，就需要学习儒家思想。按照费孝通自己的说法：

> 孔子最注重的就是水纹波浪向外扩张的推字。他先承认一个己，推己及人的己，对于这己，得加以克服于礼，克己就是修

关系、权力与"报"的运作

身。顺着这同心圆的伦常,就可向外推了。"本立而道生"。"其为人也孝弟,而好犯上者鲜矣,不好犯上而好作乱者,未之有也。"从己到家,由家到国,由国到天下,是一条通道。中庸里把五伦作为天下之达道。因为在这种社会结构里,从己到天下是一圈一圈推出去的,所以孟子说他"善推而已矣"。(费孝通,1985:25—26)

显然,费孝通隐约地感觉到差序格局更加适合那些可以从己一直走通到天下去的人,但顾及每一个个体都要适合用差序格局来解释,他最终还是回到"推"字上来,从而使得本来一种可以发展出来的动态理论,停留在了对中国社会结构的解读上,至少一直会被当作一种客观上的结构性特征来看待。但无论如何,差序格局本身的含义是丰富的,而费老突出的这个"推"字让我们看到了其动态性以及动态性中藏着的个人与家庭的抱负与理想。

六

我认为,一旦从差序格局中找到了一种动态性视角与动力理论,我们就能站在一个新的高度上来重新理解差序格局所包含的非二元对立关系,扩张与伸缩、公与私的相对性,特殊主义与普遍主义的融合以及差序界限的模糊性等问题,而不再受限于对差序格局本身的定义及其涵盖性的解读。虽然这个概念还有这样那样的问题,但它在视角、方法论及隐喻之方法上的启示,无疑是费老留给中国社会学界最宝贵的学术财富。从历史的角度来看,费老当年提出的这一概念应为中国社会学史上的一个里程碑,我们以此为标记既可以看到中国社会学的发展轨迹,也看到了它所给予未来的一种理论思考。虽然我们要不无遗憾地说，中国社会学自此之后停滞了 30 年，且不得不在恢复的过程中将初创时的社会学历程重走一遍，可在又一个 30 年过来之际，我们需要反思的是，今日中国学者对中国社会学的理论贡献究竟在哪里？我们是否就把研读、评介及应用西方社会学理论当成了中国社会学的理论本身？从晚清到中华人民共和国成立，从计划经济到改革开放，中国社会学经历了三个跌宕起伏的 30 年，而我们在此再论"差序格局"，实因我们不希望中国社会学理论只停留在这个概念上。

参考文献

阿古什，戴维，1985，《费孝通传》，董天明译，北京：时事出版社。
北京大学社会学人类学研究所（编），2002，《社区与功能——派克、布朗社会学文集及学记》，北京：北京大学出版社。
费孝通，1985，《乡土中国》，北京：生活·读书·新知三联书店。
费孝通，1990，《云南三村》，天津：天津人民出版社。
费孝通，2002，《开风气 育人才》，载费孝通：《师承·补课·治学》，北京：生活·读书·新知三联书店。
费孝通，2006，《中国绅士》，北京：中国社会科学出版社。
费正清，1999，《美国与中国》，北京：世界知识出版社。
郭贵春，2007，《隐喻、修辞与科学解释》，北京：科学出版社。
韩明汉，1987，《中国社会学史》，天津：天津人民出版社。
黄光国，2004，《人情与面子：中国人的权力游戏》，载黄光国等：《面子——中国人的权力游戏》，北京：中国人民大学出版社。
李安宅，2005，《〈仪礼〉与〈礼记〉之社会学的研究》，上海：上海世纪出版集团。
李沛良，1993，《论中国式社会学研究的关联概念与命题》，载《东亚社会研究》，北京：北京大学出版社。

刘梦溪，2007，《中国现代文明秩序的苍凉与自信》，北京：中华书局。

罗家德，2007，《中国企业的差序格局》，《北大商业评论》，第6期。

潘光旦，1999，《说伦字》，参见潘乃谷、潘乃和（选编）：《潘光旦选集》第1卷，北京：光明日报出版社。

孙立平，2004，《关系、社会关系与社会结构》，见孙立平：《转型与断裂：改革以来中国社会结构的变迁》，北京：清华大学出版社。

阎云翔，2006，《差序格局与中国文化的等级观》，《社会学研究》，第4期。

翟学伟，2001，《中国人在社会行为取向上的抉择》，载翟学伟：《中国人行动的逻辑》，北京：社会科学文献出版社。

张冠生，2000，《费孝通传》，北京：群言出版社。

郑伯埙，2006，《差序格局与华人组织行为》，《中国社会心理学评论》，第2辑。

中国社会科学院社会学研究所、南开大学社会学系（编），1984，《社会学参考书目》，天津：南开大学出版社。

（原载《中国社会科学》，2009，第3期。）

"关系"研究与理论重构

【导读】关系研究大致可以分成儒家社会理论的立场、社会学的立场和人类学的立场等。这些立场对于关系的研究虽各有自己的贡献,却也有各自的局限。而当前兴起的社会资本概念则同关系研究之间最有可能出现嫁接与融合。通过对以往关系分类及特点的讨论,可以发现,中国人的关系基础在逻辑上建立于持久而无选择性的交往之上,这点将引发其特征主要指向人际的情理、义务、权力放大及计策运用等,并在持久性关系解体后形成一种趋向工具性的关系网络,这些同社会资本关注的问题有所区分。

以东方或中国社会科学的角度来看人类社会科学的发展,一个日显突出的问题就是如何摆脱西方社会科学对人类社会与行为做出的种种假设与检验。长期以来,我们认为这类研究方式无法质疑,是因为西方社会科学建立在两个较为坚实的基础上:其一,从社会科学的发端来看,这一探讨人类社会活动的学科群来自自然科学的启示,以及由此发展出来的实证主义传统。质疑这个传统,将意味着我们对自然科学方法论的质疑。其二,这一传统的最大优势在于它有一套操作规程与验证的方法。就其已产生的广泛而巨大的影响力而言,我们也难以找到更好的研究方法与检验程序。关于这两个较为根本的问题,我以为,我们应在两个相应的方面展开研究:一是我们需要探讨社会科学研究是否要模仿自然科学的方法来进行,或者说,社会科学有无其他的途径、地方性知识或其他的视角,文化在其中究竟起什么样的作用;二是东方文化自身是否能为社会科学研究提供新的方法论及方法。

平心而论,倘若我们退回到几十年前来讨论这些问题,我们会自卑地对上述质疑产生怀疑。但以今日社会科学的发展来看,思考这类问题的价值越发凸显,因为西方的后现代主义、后殖民主义、后实证主义乃至欧洲社会科学的再次崛起,都让我们间接地看到了这种质疑的意义,而由西方心理学家自己在实证主义传统中所进行的东西方思维与认知方式的比较研究(尼斯贝特,2005),也促使我们看到了建立一种东方式方法论之可能。现在的问题在于,中国社会科学家们自身究竟能做什么?我们不能等待一种本可以由我们自己建立的知识体系最终也要由西方社会科学家来替我们完成。我想,一种长期被殖民化的结果最容易生发这样一种心态,即即使有一种东方社会科学的发生之可能,也需要西方社会科学家们来给我们做示范,而我们自己始终是亦步亦趋。当然,讨论这一系列问题时,我们也需要警惕另一种倾向,这就是回到曾经与西方社会科学隔绝的中国文化传统中去寻求知识，似乎想依靠古老而神秘的"国学"来建立社会科学的新体系。这一苗头已在部分研究中出现（陆寿筠，2009）。我认为，这种回归不但无助于我们寻求东方社会科学的视角和理论，而且还会误把儒家、道家、佛家等学说当作东方社会科学的法宝来看待，并再次导致今日中国社会科学家的失语，至少导致我们分不清应然和实然的关系，这点我会在下面有所讨论。

为了表明我的上述立场，我将从一个中国社会极为重要的概念入手来说明建立一种新的研究视角与理论框架之可能，这就是"关系"。

"关系"如果不作为一个特指概念，泛指人与人之间的互动与交往，得益于早期西方人类学、社会心理学与社会学等学科共同的与交叉性的努力，比如社会学中的符号互动论、角色理论、拟剧理论、小群体中的关系测量及后来社会学中的社会行为模式变量（如特殊主义）、交换理论与资源理论等，它们都对互动或交往研究起到了举足轻重的作用。从宏观社会学上看，马克思对阶级关系的阐述也一度成为重新规划人际关系类型的指南，可见宏观理论对微观现象也会产生重要的影响。另外，在20世纪80年代之前的儒家文化圈内，关系的特指含义虽没有引发相关学科的研究，但由于它在社会生活中极为重要，因此人们含糊地把借助关系来实现各种利益的现象、能力和技巧统称为"关系学"。直至20世纪80年代，关系作为一个重要的概念逐渐成为本土研究者建构其理论的重点。一方面，我们从以上简要的叙述中可以看到，无论在哪种层面上，关系从来都是人类社会的本质，自然也是社会科学研究的核心，而其他概念不过是环绕着关系的不同连接方式派生出来的，比如"契约""民主""权力""规范""地位""博弈""信任""裙带""面子"等。也正因为它们的连接方式不同，在有些概念的背后也一直存在较强的价值关联或价值焦虑。比如，大多数学者都把民主作为一种好的连接方式来研究，而把裙带关系作为不好的连接方式来研究；或把关系学当成批判的对象，把社会资本看成对个体或社会有利的要素——尽管社会科学家们在研究中依然声称自己要保持价值无涉的立场。

另一方面，我们从中也可以看出关系研究的几个不同视角和立场。首先，社会学应该把关系作为一种特指的含义还是泛指的含义来研究？在西方社会科学中，为了区分两者，特指的含义写成了"*guanxi*"，而泛指的含义大致有"interaction""communication""relationship""connection""tie""reciprocity""social network"与"social capital"等。其次，因为前者的特指性，我们的研究常带有价值关联的倾向，也就是对关系研究总带有正负面评价上的种种顾虑。例如，儒家思想中的关系表述与现实生活中的"拉关系"之间始终存在巨大落差，对前者的研究往往掩盖了它的负面性，只把它们看成一些分析或解释中国人与社会构成的概念，而对西方的社会资本的研究框架则掩饰不住地给予其价值上的肯定，造成中国学者在对应关系现象时的不安（李惠斌，2000；杨雪冬，2000；张文宏，2003）。最后，坚持关系的特指含义的学者试图在中国社会的研究框架内建立起一种关系的理论，而坚持其泛指含义的学者试图将特指的含义带入西方社会学理论体系，使之融合为西方社会学理论的一部分，至少希望用后者来解释前者。为了搞清楚各自的立场及其特指与泛指的关系，我下面先对各自的研究脉络做一必要的梳理和评价，然后提出我的一些观点。

一、儒家社会理论的立场

特定含义的关系研究起初是在中国哲学、伦理、文化、社会等方面的研究中展开的。当时中国学者在思考中国社会的路径时，并没有参照西方社会学的概念和理论框架。虽然后来的研究开始借鉴一些西方社会科学的思维和视角，但其特点基本上是坚持以中国思想文化，特别是儒家思想为主导的,并时有同西方文化比较或对立的倾向。

从目前获得的资料来看,用"关系"来代替儒家之"伦"的观点可能是中国新文化运动的产物,因为在中国社会,用来表示人与人的交往的"关系"一词虽然极为常见,但它并不见于《辞海》和《辞源》,也不见于中国传统典籍。从这一现象来看,这个词很有可能源自白话文。[1] 进而,我们要追溯这方面的研究,也只能先从胡适的论述开始,尽管我不能肯定他是不是最早讨论这个问题的学者。他说:

> 人与人之间,有种种天然的或人为的交互关系。如父子,如兄弟,是天然的关系。如夫妇,如朋友,是人道的关系。每种关系便是一"伦",每一伦有一种标准的情谊行为。如父子之恩,如朋友之信,这便是那一伦的"伦理"。儒家的人生哲学,认定个人不能单独存在,一切行为都是人与人交互关系的行为,都是伦理的行为。(胡适,1991:83)

虽然胡适当时的讨论是片段的,概括性的,但我们从后人的言论中便可以看出他的影响。比如受其影响,梁漱溟通过对西方伦理思想的比较,进一步指出:

> 因此西方人的伦理思想道德观念就与我们很不同了。最昭著的有两点:一则西方人极重对于社会的道德,就是公德,而中国人差不多不讲,所讲的都是这人对那人的道德,就是私德。譬如西方人所说对于家庭怎样,对社会怎样,对国家怎样,对世界怎样,都为他的生活不单是这人对那人的关系而重在个人对社会大家的关系。中国人讲五伦,君臣怎样,父子怎样,夫妇怎样,兄

---

[1] 比如中国明清小说中有这个词,但也不常见。

> 弟怎样，朋友怎样，都是他的生活单是这人对那人的关系，没有什么个人对社会大家的关系。（例如臣是对君有关系的，臣对国家实在没有直接关系。）这虽看不出冲突来却很重要，中国人因为没有那种的道德所以不会组织国家。一则中国人以服从侍奉一个人为道德，臣对君，子对父，妇对夫，都是如此，所谓教忠教孝是也。（梁漱溟，1989：369）

梁漱溟后来把他的这些思想浓缩为"伦理本位"，而"伦理本位者，关系本位也"（梁漱溟，2003：109）。现在回头来看，他们对于儒家之伦的讨论成为我们研究中国人关系的重要源头之一。而促使这一社会学取向发生的学者也许是潘光旦。他认为，讲"伦"字就是在讲中国社会学，社会学也未尝不可以叫伦学（潘光旦，1999a：350）。他经过对儒家经典的反复考证，最终为伦归纳出了两个层面："一层是静的，一层是动的。静的所应付的是上文所说人与人之间的分别，动的所应付的是人与人之间的关系。"（潘光旦，1999b：348）受潘光旦研究的启发，费孝通将这种"伦"概括为"差序格局"，其中的"差"有类别的意思，"序"有关系的意思，而"格局"则是潘光旦所说的"人我之分的最主要的因素，我之所以为我，与人之所以为人，是由于彼此格局的互异，而尤其要紧的，是此种互异的鉴别与体会"（潘光旦，1999c：355）。在这种互异的鉴别中，费孝通得出了同上述学者相同的结论，即认为中国人的关系互异与鉴别用的是不同的道德标准。他说：

> 一个差序格局的社会，是由无数私人关系搭成的网络。这网络的每一个结附着一种道德要素，因之，传统的道德里不另找出一个笼统性的道德观念来，所有的价值标准也不能超脱于差序的人伦而存在了。（费孝通，1985：34）

以上种种论述之所以重要，是因为它们构成了后来中国关系研究的一个重要的传统，即在论述中国人关系含义的时候，需要到儒家思想中去寻找其理论来源。

应该说，近代以来贯彻这一思想传统的学者很多，而其中较有影响的学者有金耀基、何友晖及黄光国等。比如，金耀基在研究中国人的关系时指出：

> 作为一个社会——文化概念，关系深植于儒家的社会理论之中，它在建构中国的社会结构方面有其自身的逻辑。虽然儒家的社会理论倾向于把中国人塑造成群体取向的、具有社会依附性的人，但需要强调指出的是，儒家理论中确实给予个人以很大的自主性。儒家的个体是家庭结构之外的社会交往的促动者，是关系建构的设计师。网络建构是许多文化中普遍存在的一种现象，而关系网则是中国式的网络建构。（金耀基，1993：81）

那么，儒家社会理论的关系建构的根基是什么呢？金耀基认为首先是个人的自主性，然后个人以自我为中心来建构他的关系网络。这一点同费孝通的差序格局之间保持着高度的一致性。尽管金耀基本人也看到个人对社会的依赖性会扼制个人的自主性，但他认为这种扼制是可以避免的（金耀基，1993：78）。可是，何友晖通过对儒家思想的论述，看到的则是相反的观点：

> 关系支配性表明个人之间的互惠、相互依赖、相互关联是最重要的，而个人本身的因素处于次要地位。它限制了个人的选择，有可能抑制了个性的发展。在这种意义上，关系支配性是与个人主义相反的。（何友晖、彭泗清，1998：38）

虽然学者们在对儒家思想的理解上有些差异，但儒家社会理论则成为一种探讨关系含义及其运作的思路和方式。何友晖指出，"关系"已成为亚洲社会心理学中的一个独特概念，这个概念可以帮助我们建立起一个不同于以方法论个人主义为基础的方法论关系主义（Methodological Relationalism），从而获得一种新的知识体系（何友晖、彭泗清，1998）。何友晖的这种想法得到了黄光国的呼应。虽然黄光国对西方社会学理论与方法论有所偏好，但他对中国人关系的研究始终是套用儒家思想展开的，或者说黄光国关于中国人关系的大多数观点都是从儒家思想中得到印证的，乃至于何友晖所提倡的关系主义最终变成了他的"儒家关系主义"（黄光国，2004，2006）。

二、西方社会学的立场

西方社会学者因受孔德（Comte）想把社会学建成物理学或天文学的影响，倾向于把他们建立起来的社会法则看作像自然法则一样，可以用来解释任何社会。虽然西方社会学家对社会如何构成有其理论与方法上的重大分歧，但建立一种普遍性的社会原理是他们的共识。由此，虽然我们也许会敬佩韦伯早在中国新文化运动之前就已经完成了他的名作《儒教与道教》，提出了影响后人的重要观点，但我们也不要忘记，他的这项研究旨在回答一个问题，即为什么只有西方才有理性化的发展，才在国家、法律、经济、艺术等方面具备普遍的、放诸四海而皆准的意义及效果（韦伯，2004：447—460），故其关于中国的研究只不过是用来说明为什么其他文明没有的一个佐证。正因为西方社会学在这一点上能达成共识，所以中国社会的特征进入西方社会学家的视野后，长期被视为一种边陲的限度或效用的检验，而中国人的关系特征理所当然地也被韦伯注意到了。

韦伯说：

> 人伦关系的优先性（Personalismus），在社会伦理上所显示的效果，尤为显著。一直到今天，在中国还没有对"切事的"共同体负有义务的想法，不管这共同体是政治性的、理念性的，或者其他任何性质的。在中国，所有的社会伦理都只是将与生俱来的恭顺关系转化到其他被认为与此同构型的关系上而已。在五项自然的社会关系里，对君、父、夫、兄（包括师）、友的义务，构成（无条件）伦理约束的整体。（韦伯，2004：287—288）

如果说韦伯对中国研究与社会学理论之间的关系的看法还是一种比较松散的构想，那么帕森斯则通过他的社会行为模式变项最终将中国社会的关系特点纳入了他的理论体系。为了说明西方社会秩序是普遍主义原则，他认为：

> 儒教伦理则与之正相对立。儒家在道德上支持的是个人对于特定个人的私人关系——在道德上强调的只是这些个人关系。为儒教伦理所接受和支持的整个中国社会结构，是一个突出的"特殊主义"的关系结构。这样，凡私人关系范畴之外的各种关系，在道德上就都是无关紧要的，而且普遍不愿对这些关系承担道德义务。由于市场制度中的经济关系大都是非私人的关系，因而任何突破传统主义的倾向都采取摆脱道德限制的形式……（帕森斯，2003：616）

这一思想催生了其社会行为模式变项中的特殊主义与普遍主义这一对概念，而在某种程度上，特殊主义也成了中国人关系的代名词。在随后的研究中，特殊主义的研究逐渐演变出三种研究取向。第一种是延续特殊主义的传统,许多西方学者对中国人的关系进行了较深入的研究,自然将西方社会学中的符号互动论、交换理论等作为深入下去的理论基础(Greenblatt, et al., 1982)。第二种是对特殊主义的挑战,即认为中国文化关于人与人的原则中也有普遍主义的内涵。第三种是在这两极中发展出新的概念,而其中的代表人物是安德鲁·华尔德(Andrew Walder)。在他看来,帕森斯所说的特殊主义并不能体现社会主义中国的人际关系,因此他在其构建的"新传统主义"(Neo-Traditionalism)模式之下提出了一个"有原则的特殊主义"(principled particularism)概念。这个概念使普遍性与特殊性之间的悖论得到了一定程度的化解。在华尔德看来,中国人的关系网络不是一种非制度性的联系,而是掺合了非个人化的信仰又带有传统个人忠诚的混合物,在这种框架下,个人激励和腐化是同时存在的。

后来,一个涵盖力更强的概念一方面正在更新以往的社会学理论,另一方面又成为解释中国人关系的更为有效的基础,这就是在西方社会学中逐渐发展起来的社会网络与社会资本理论。较先将关系研究带入社会网络研究的社会学家是林南。大约从20世纪80年代起,他就开始把中国社会中的关系运作作为他建构社会资源理论的一个组成部分(Lin, 1988)。进入90年代,边燕杰(Bian, 1997, 1999)开始对格兰诺维特的强弱关系理论进行中国检验,由此提出了强关系在中国人求职过程中的重要性。从这里,我们看到中国人的关系研究已经非常清楚地进入了西方社会学理论的框架。虽然是用它来说明中国社会的不同点的,但这种研究取向给中国学者的启发是,社会网络与社会资本是一个很好的理论,中国社会有太多的实证资料可以证明该理论的普遍性,尽管边燕杰自己还保持着这样的认识:

> "关系"似是中国社会结构的突出现象,应当引起社会学者的注意。在研究中我反对两种偏向。一种是将中国社会中的关系

现象特殊化，无视社会网络理论和概念的应用。另一种偏向是将西方的社会网络概念照搬到中国来，忽视中国社会中"关系"内涵。在弄清关系内涵和变化规律的前提下，将关系的研究提高到概念化、理论化、模型化的层次，是值得提倡的。如果在概念化和理论化过程中，研究者能有意识地与西方社会学中的网络概念相联系，则中国关系研究将对社会学的网络理论做出跨国度的学术贡献。（边燕杰，1999：138）

但是，林南却看到，绝大多数西方理论出于种种原因已经成为一种公认理论（Received Theory），而用来解释社会差异性的理论属发展理论（Developmental Theory）。林南认为，试图用发展理论来推翻公认理论是很困难的，因为寻求差异的社会学者所提出的特定要素（比如边燕杰在强关系中发现了关系链的作用）很可能具有独特性或局部的偶然性。在有些限制条件消失后，这些要素也会随之消失（林南，2004：62）。依我之见，这里面有一个解释上的圈套：无论处在边陲地带的学者如何努力建构自己的概念和理论，他要么在说特殊情况下的现象，而不能对公认理论构成挑战，要么在证明公认理论的解释限度，供修订完善。总之，他怎么做都无关紧要。可见，孙悟空已经翻不出如来佛的手掌心了，这就是西方社会学泛化关系研究的立场。但我要问的问题首先是：社会学及其范式是否都走一条路？如果是，那么公认理论则表明自己仿佛走到了这条路的终点，而发展理论只走到半道，一路上发生的情况随着终点的临近都会消失；如果不是，就有了其他可能。其次，社会学研究是为了证明一个公认理论的正确性和效度，还是要为自身的社会寻求福祉？最后，公认理论是一种假设还是历史使然？是假设就未必成立，是历史使然则只能说明西方社会科学在发展史上暂时处于优势，我们不过是把优势当成了公认理论。

三、人类学家的立场及其他

应该说，人类学的研究是中国关系经验研究的源头，大多数关于关系的含义、分类及实践方式等都是由人类学家在田野研究中得出的。比如，从20世纪40年代起，一些曾留学西方的中国人类学者已在其发表的论文中进行了不少关系方面的讨论（林耀华，1989；杨懋春，2001；许烺光，2001；黄树民，2002），当然还有一些研究是由海外人类学家做的（Freedman，1979；Madsen，1984；陈佩华等，1996）。人类学关注中国人的关系，得益于其学科范畴中两个比较重要的基础领域，一个是家庭与亲属关系（包括非亲属关系），一个是礼物交换。因此，人类学关注中国人的关系不完全是因为中国关系现象特殊，也是由其学科内容决定的，换句话说，无论人类学家研究哪个社会，都会涉及这一主题。

但是，如果说家族关系研究的必要性引发了人类学者对中国人关系的洞见的话，诸如费孝通（1985）的"差序格局"和许烺光（Hsu，1970）的"情境中心"等，那么20世纪80年代之后出现的人类学研究则有了一个比较重要的转变，即人类学家不再囿于对一般意义上的家族与非家族的人际关系的研究，而是对关系本身进行了概念、经验乃至理论的探讨（Jacobs，1982；乔健，1988a，1988b；Yang，1994；Yan，1996；Kipnis，1997）。

乔健较早地指出，"关系"是解读中国人社会与政治生活的重要概念。在对关系现象进行了归纳和分类后，他进一步分辨了一些关系研究中的表达法，比如"personal network" "particularistic tie" "reticulum"等，最后他建议在社会科学研究中增加"关系"（*guanxi*）这个概念，并将此作为研究社会的一种方法（乔健，1988a：119）。其实，在乔健提出此建议前，雅可博（Jacobs）已从关系视角对台湾妈祖乡进行了田野研究。他指出，"关系"是当地政治联盟的基础，因此，如果要考察那里的政治联盟是如何建立并实现其目标的,就需要对中国人所讲的关系进行分类,然后再从关系的动力方面找到连接关系的具体方法(Jacobs,1982)。应该说,乔健和雅可博以各自的方式提出了相当一致的观点。

这一观点在杨美惠(Mayfair Mei-hui Yang)的研究中得到了更充分的展示,她通过对中国人的访谈、事例、言语收集和文献整理,对中国人的关系学做了全方位的讨论。在她看来,中国日常社会普遍存在的关系学或礼物经济同社会商品物质短缺有关,中国人所拥有的关系网使人们可以通过民间手段来达到自己的目的(Yang,1994)。虽然她采用了后现代的研究方式,对关系的表现和其文化、政治、历史背景及社会变迁方面均有涉及,但其作品中一方面缺少一种切实的研究框架,另一方面还带有计划经济结束不久的时代痕迹。而阎云翔的研究则极大地弥补了上述不足,其重点落在了礼物在关系网络中的作用是什么这一关键问题上。他通过对黑龙江一个村庄中的关系研究认为,中国人的送礼在互惠原则上不同于以往人类学的研究,而且其目的性不仅在于利益方面,还在于对所属网络的融合之本身(阎云翔,2000)。类似的研究还可以在任柯安(Andrew B. Kipnis)对山东一个村落的考察中看到。同样重要的是,任柯安也认为乡土社会中的关系并不像城市中的关系那样带有功利性的含义,村里人构建关系就是在构建他们自己,而其中感情显得尤为重要(Kipnis,1997:8)。人类学家的研究在一定程度上表明,关系学或关系的工具理性并非关系本身,而是变种或变异的结果。总之,借助田野方法对中国人的关系状态进行研究,已成为许多学者揭示中国社会经济现象的主要途径(陈俊杰,1998;刘林平,2002;胡必亮,2005)。这些研究都在说明,无论在中国哪个地域和哪种生活领域,我们都能看到关系的存在与作用。

另外,历史学界对关系的研究可以算作对人类学立场的补充,比如杜赞奇(Prasenjit Duara)的"权力的文化网络"就是通过对日本学者做的对中国惯行调查报告的解读而提出的一个概念（杜赞奇，2008），此概念同我们前面讨论的人际关系网络和社会资本之间亦有很大的暗合。而萧邦奇（R. Keith Schoppa）的《血路》则是从关系网络的视角来研究中国近代革命精英之成长历程的（萧邦奇，1999）。

其实，最为关注关系概念与理论建构的是一些从事本土研究的社会心理学家，他们多年来一直在寻求一种可以解释中国人心理和行为的理论框架，结果大家不约而同地落脚在了关系研究上，出现了杨国枢（2004）的社会取向、何友晖等（1991）的方法论关系主义、黄光国（1988）的人情与面子模式、杨中芳（1999）的人际情感的构念化等种种理论上的探索。值得一提的是，由于这些社会心理学家更多的是将现代心理学的理论与方法同儒家思想相嫁接，因此其研究取向自然带有不少心理学的特征；而关于这些模式的叙述方式或概念选择，如"中庸""孝道"等，也大多可以被看作儒家社会理论一脉相传的具体表现，从而也就失去了同人类学、社会学，尤其是社会网络与社会资本对话的可能。

四、多重理论立场的检讨

总体而言，中国哲学、伦理、文化研究直至后来的社会科学本土化研究方面的学者们，比较倾向在儒家的社会理论中建构中国人关系研究的方法论、理论模型与关系概念本身。但他们不能解释为什么一种重义轻利的价值体系会转化成大多数人利益驱动的捷径，或者儒家思想本身能否成为编织关系网络的工具。而在社会学研究方面，无论是西方还是中国学者都试图将中国人的关系纳入西方的社会学框架，用西方社会学中产生的概念，比如"互动""角色""印象管理""地位获得""强弱关系""社会资源"与"社会网络"等概念来替换或简化关系的复杂性。当然，使用西方社会学中的种种概念，并不意味着对中国人关系含义的完全放弃。有的时候，中国关系中的特征正好成为中西方社会学家在社会学框架内进行对话的理由，否则其中所具有的特指含义就不可能成为西方社会科学家们解释中国及东南亚社会经济发展与危机的理由，如"关系（或裙带）资本主义"。比较而言，人类学的研究显得更加深入和系统。人类学家大都通过实地研究来揭示关系的内涵、类型及功能。从学科性质上讲，他们并不需要对上述讨论做出贡献或评价，但其经验研究本身又在证明，其他方式的研究讨论离中国实际与中国人的社会生活似乎太远。

在对儒家社会理论和中国经验研究的比较中，我们还可以发现一种立场上的差异。比如，那些认为关系特征及其运作方式来自儒家伦理的学者，其实是在强调中国文化的纵向或积淀作用，他们认定儒家思想无论在中国经历了多少朝代，经历了多少次改革，经历了多少次外来文化冲击，仍然能在中国社会中占主导地位。而华尔德的研究则认为，在其他社会主义的国家形态中都能看到中国人所讲的关系，因此这不是一个中国文化的问题，而是来自意识形态的影响，这成为他提出新传统主义的主要根据之一。但华尔德不能解释的是在社会主义社会没有建立之前，中国也有社会、经济、文化、政治上的关系网络及其运作的特点，我们是否可以认为，中国社会在没有社会主义意识形态的时候就有同其他社会主义国家意识形态相似的地方呢？或许，华尔德的解释是，他所看到的关系中的许多特点被意识形态涵化了，比如党组织对积极分子的激励。但这一切都能说明关系对于解释中国人的行为有一种更为一般和普遍（脱离意识形态）的影响，而这个影响仍然可以解释为什么中国的计划经济消失后的市场经济同样需要讲关系（Guthrie，1998）。面对这种由关系向关系学的发展，阎云翔和任柯安的研究回到了关系现象的原点，也就是他们想回答，在没有工业化、城市化时或在前社会主义意识形态化的社会里，关系究竟意味着什么。但无论如何研究，关系的基本理论问题仍然没有被突破，进而许多经验研究仅仅是在套用社会学中的现成概念和方法，对于关系是否可以成为一种视角、方法、概念和理论，许多学者没有兴趣。

但社会网络与社会资本研究就不同了。这一取向的研究在视角、方法和概念上都同本土关系研究者想建立的关系理论保持着高度的平行关系，我们或者可以说，社会资本理论是西方社会学家不用"关系"概念而建立起来的一种研究关系的社会学理论。就其发展势头和在学科中的流行程度看，说此理论与关系研究平行，还有点抬高了关系研究的学术地位。实际情况是，社会网络与社会资本理论正在将以往的发展中国家的关系研究包含进来（特纳，2004），而许多研究关系的中国学者似乎也认可这种包含与被包含的关系，因为他们乐于使用社会网络分析的概念与工具，诸如"关系强度""紧密度""结构洞""信息桥""嵌入性""社会资本""社会资源""整体网""个体网"等，来重新看待中国人的关系网。从我前文提及的价值关联来讲，关系学给关系研究带来的消极性的或批判性的立场，也在这样的理论中潜在地得以纠正。因为虽然社会资本的含义同关系概念一样模糊，但它的基本含义之一就是指关系网络（比如社区、组织或群体）中的成员摄取或动员社会稀缺资源的潜在或显在能力。这就意味着，有目的地通过关系方式来获取社会上的稀缺资源，不但不应造成以往研究在道德上的焦虑，还应该成为衡量个体或组织的能力与发展潜质的重要指标。但我们也不要忘记，社会资本是同市民社会相联系的，这是它可以推动民主（普特南，2000）和经济发展的背景。而这个背景，中国文化中是没有的，由此民主在关系的影响下就只能同人情相连接（韩少功，2001）。明白了这一点，也就同时回答了为什么中国社会不容易发展出西方人的那种社会网络（这也是韦伯和帕森斯的立场），进而也就可以回答西方有关社会资本的理论为什么会被中国现实所涵化，并发生扭曲。

可是，上述观点并不表明我赞同儒家社会理论的立场，我个人对这种立场怀有的戒备心理丝毫不亚于西方社会学式的探讨。这里需要补充声明的是，在研究中偏爱引用儒家经典同在研究中偏爱引用西方社会学成果一样，并不能表明一个研究者所持有的立场。所谓儒家社会理论在其形成过程中大致有这样一个特点，就是它总试图在儒家思想与社会科学的研究框架或各自的概念之间构成一种互证的关系。具体而言，假如我们要启用一个社会学或心理学的本土概念，诸如"人情""面子""孝道"等，我们就会到儒家里面去寻求言辞证据，以表明此概念的合理性与合法性，反之，在论证了此概念及其分析框架成立之后，我们又用它来证明儒家思想的特征，或说明儒家思想与此概念或架构是多么吻合。我不明白的地方是，关系（包括人情和面子）的研究作为社会科学的内容，为什么一定要从一种思想开始，又为什么要回头来表明它一定要同儒家思想保持紧密关系。儒家在中国文化中的地位或许相当于基督教在西方文化中的地位（所以中国人把儒学也称作儒教），它们不过都是一种思想体系（包括社会思想）而已。前文中的胡适、梁漱溟等讨论儒家思想中的伦理问题，是他们的学术本分，但如果社会科学家们在其研究中大谈儒家的人伦思想，比如仁、义、礼等，就偏离了社会科学的基本任务，除非我们能论证这些思想概念与社会运行之间是什么关系（翟学伟，2024）。这时，我们重审费孝通的差序格局，就可以看出它的社会学意味。因为它来自现实关系的亲疏、家族制，同时部分地同儒家思想（如修齐治平）相一致，部分地不一致（如自我主义）。无论对差序格局概念本身的争论空间有多大，至少这一概念都不是一个只契合儒家的概念。但到后来，问题显得越来越严重，我们研究的是关系，但一切证明都源于儒家是如何说的，即因为儒家提供了如是说，所以中国人重视关系。

我想，如果我们坚持要从儒家思想和言论出发研究中国人，那我们就先要证明，儒家所说的就是大多数中国人所做的。这显然是荒谬的。其实更真实的情况或许是反过来的：正因为社会制度和社会关系到了分崩离析的边缘（礼崩乐坏），所以才出现这样的思想，而有了这样的思想，并不表明人们就会去履行它。可见，思想和行为是两个层面的问题，是一个可能同质，可能异质的问题，否则社会科学岂不就是思想、伦理学或价值学说的翻版？即使我们认定儒家思想深刻地影响着中国人的行动轨迹，我们也没有理由以儒家思想（或其他什么思想）来看中国人及其社会。诚然，我反对儒家社会理论的立场，并不是不知道儒家思想同现实社会的联系之紧密。千百年来，一方面它引导了中国人的家庭生活、社会制度、价值取向、思维方式、心理与行为，另一方面，尤为重要的是，儒家思想的确也非常重视人与人的关系，中国人对关系的规范的认知有很多方面也来自儒家思想的教诲，致使中国人在思维和行为上对应然和实然分得不太清楚（最后连研究者自己也分不清楚）。但无论如何，所谓影响或规范毕竟是研究中国人关系时不可或缺的因素，但却不是关系特征与运作本身。如果我们采取这样的研究策略，结果很可能是，我们在理论建构上振振有词，但离事实很远，中国假道学家们的表现也算是一个证明。由此，我认为儒家社会理论所遮蔽的关系内涵同西方社会学的相关理论一样多（尽管它们遮蔽的方式和内容有所不同）。

人类学的立场则表现出了一种反向的鲜明特征：回到中国人的生活中去认识中国社会与中国人的行为方式。但这一立场也有自身的不足。同社会学与社会心理学的研究相比，人类学的研究并不能给关系理论的建构带来直接的贡献，它的经验研究虽然大大地丰富了我们对中国各个时期、各个社区以及政治、社会与经济领域中关系作用方面的认识，可在回到抽象层面来讨论关系的特征，或把它同其他概念做对比时，还是面临内涵、外延及分析框架上的难题。所以我们看到的人类学研究大多是用现成的关系研究框架来做解释（阎云翔，2000）。

在各种立场当中，比较难以评论的是本土社会心理学研究中出现的"关系主义"与"儒家关系主义",因为这两个概念的出现不但意味着一种社会科学本土化或社会心理学本土化的理论尝试,并在一定程度上具有方法论(Ho, 1991, 1998)与知识论(黄光国,2009:13—18)的贡献,而且基本上也有涵盖与融合不同学科的关系研究的意图。但就提倡者的言论来看,我只能说,有关关系主义的方法论与知识论目前还只是一种提法,还没有出现一种科学哲学意义上的讨论,究竟这样的知识体系是什么样子,现在很难下定论。由此,关系主义作为一种方法论,眼下只发挥了改变以往视角的作用,即实现了让人们摆脱在个体与集体两端上来思考西方心理学与东方心理学的差异,却尚未出笼更进一步的构想与理论框架。而儒家关系主义更有回归文化传统,尤其是儒家传统的意味。或许学者在关系主义前加上"儒家"两字的真正意图只是为了说明该概念所可能覆盖的文化地域范围,其真正目的还是推广人情与面子模式。总体而言,我认为,本土社会心理学目前的研究思路是从外向内、从上向下进行的。所谓从外向内就是通过研究西方理论的转化来形成自己的理论,从上向下就是通过研究儒家(包括法家、道家及佛家)来化成自己的理论。而我自己的观点是,中国人的关系是由社会类型决定的,社会类型的核心是交往类型,一个不受任何思想文化影响的人也生活在社会交往中,当然处在一个社会交往中的人,也会直接或间接受到某种文化观念的影响。所以,与其搞清楚西方理论如何转化,或者思想文化如何影响个人的行为模式,不如分辨社会类型来得更加基础和真实。

我下面想构建的关系研究框架,带有类型学与结构主义的色彩。我希望这一研究路径是从文化脉络研究进入,最后从文化模式研究中走出来,剩下的只有类型学的比较,以增强该理论框架对中国人社会行为的解释力。

五、关系构成：时空性的视角及命题

关系研究进展到今天，我们或许很难发展出一种不涉及前人成果的全新理论或框架来。我当下所能做的主要是在上述的梳理中进行反思，在反思中往前推进。在我看来，可以反思的地方至少有以下几处：（1）一种什么样的立场对于研究关系是比较适当的？所谓适当就是指我们既不拒绝或抛弃西方社会学中有益的、可借鉴的理论或概念，又对它们保持警惕，另外我们如何与儒家思想之间保持恰当的关系，也就是既充分地考虑它的影响，尤其是同中国现实生活保持一致性的部分，又不把应然作为实然。（2）西方社会学和儒家社会理论究竟遮蔽了中国人所讲的关系的哪些内容和方面，以及这些方面是可以忽略不计的，还是重要的。（3）中国人的关系研究在社会学或社会科学当中处于什么地位，它是需要同相关理论之间保持距离，还是终究会被其他理论所同化，或者一种更大胆的想法是它把其他理论中的有效概念和方法同化为自己的理论。虽然本文不能回答这些重大问题，但我以下提供的理论思考是回答这些问题的基础，即中国人的关系是什么样式，有何特点。有了这样的基础，我们才可以对上述问题做进一步的探讨。

为了便于澄清上面的问题，我先要回到构成关系的社会原点上来讨论，这就是中国人的家庭生活及模式。虽然这点过于老生常谈，也不是说以往的学者没有看到其重要性，但在我看来，以往对于这一原点的讨论一直被"家族主义""家族取向""家庭本位""父子轴"等概念所牵引，所以也就忽略了一些重要内容。我现在重新回到这个原点，就是想把一些要素从中提取出来，因为我同意潘光旦对中国人关系的认识，即关系含有静态和动态两个方面，而静的研究是讨论关系的分别。从逻辑顺序上讲，那就是先研究关系分类再来看关系运作的特点。这方面的研究成果有两个，一是人类学的研究，一是儒家思想的研究。

我现在想把这两者放在一起,看一下它们之间的一致性如何。

按照乔健的划分,中国人的关系种类有 12 种:(1)亲属;(2)同乡;(3)同学;(4)同事;(5)同道;(6)世交;(7)老上司;(8)老部下;(9)业师;(10)门生;(11)同派;(12)熟人、朋友、知己(乔健,1988a:106—107)。乔健的这些划分来自对中国生活经验的归纳,而不是田野研究,这就需要结合雅可博在台湾妈祖乡的关系分类以及他将此同纳森(Nathan, 1976)和齐锡生(Ch'i, 1976)的研究做的一次比较,见表1。

表 1 三种关系类型比较

妈祖（1970）	北京（1910—1920）	军阀派系（1910—1920）
地缘	地缘	老乡（同县、同地区、同省）
亲属：父系亲属	直系亲属	父子、兄弟、族人
姻亲	姻亲	姻亲
同事	官场的上下级	机构中的直接上下级关系
	官场同事	同僚
同学	同学	校友、同班同学（后者更重要一点）
结拜兄弟	结拜兄弟	结拜兄弟
同性	—	—
师生	师生	师生
—	上代家族友谊	—
—	（不确定的关系基础）	—
经济利益	—	—
公益（类似同事）	—	—
—	师徒（类似师生）	—
—	施恩	施恩者与受恩者

资料来源:参见 J. B. Jacobs, 1982, "The Concept of Guanxi and Local Politics in a Rural Chinese Cultural Setting," in S. L. Greenblatt, R. W. Wilson, and A. A. Wilson (eds.), *Social Interaction in China*, Praeger Publishers Press, p.221。

关系、权力与"报"的运作

可以说，乔健的关系分类虽然比上述各项更多，但被归类后基本上都能装到里面去。我们现在再回到潘光旦对五伦内容的分析上来进一步归纳。潘光旦通过对从先秦到清代文献的梳理，一方面得出父子关系和兄弟关系始终排在最前列，另一方面又得出中国的五伦实际上不止五伦，最多可达十伦，共有 23 项关系，经过归纳后大致有七个方面：

（1）属于自然区分的——长幼、老少、男女。

（2）属于家庭或家族的——母子、从父子、同族。

（3）属于婚姻或因婚姻而发生的——姑媳、甥舅、婚姻（今日所称亲家）、娅婿（今日所称连襟）。

（4）属于家以外而与家有往还的——宾主、师生、父执、乡里、新故。

（5）属于社会与文化地位的——贤不肖、贵贱、贫富。

（6）属于政治地位的——官民、上下级、同僚。

（7）越出人道以外的——人鬼、人与天地。（潘光旦，1999d：376—377）

潘光旦上述所有关系均来自中国古代文献，而他自己认为这些关系中除新故、贤不肖、贫富、人鬼、人与天地等项之外，其他的关系全部能被纳入五伦。比较上述几项研究，我们可以得出一个初步的结论，那就是中国人关系的大致范围在家族、乡里和官僚组织几个方面。而儒家思想着重强调的五伦及其道德规范是中国乡土社会与官僚组织的大体反应。虽不能说人们在这些关系中就会按照儒家的要求去做，但是儒家规范构成了人际行为的标准及指南。

那么，从上面这些多重而复杂的关系中，我们可以看到什么呢？以往研究大致看到了血缘（亲缘）、地缘（老乡）及拟血缘化的重要性。这一认识原先是一个很好的方向，现在看来是一个局限，也是一个瓶颈。若想突破这个瓶颈，我们需要从中再提取出一些要素。我发现，在血缘和地缘的背后是中国人的时空构念。这里的时空含义即体现为：相同地理位置中的持久性交往是中国人结成关系的首要原则。这一特点看起来很常识化（或许因为常识化，它在以往的研究中均被忽视了），但却非常重要。因为当用相同地理位置中的长程交往来对照上述所有关系分类时，我们几乎看不到例外，即使有，在中国文献记载和实证研究中也是最不重要的，完全可以忽略。相同环境中的持久性交往既可以是一种事实，比如家庭、邻里、乡里、学校、军队、工作单位、政府中的同僚等，也可以是一种认定或认同，比如老相识、老朋友、老熟人、老校友、同伴、同好、同志、同年、同窗、故交、故友、故人、结拜兄弟等。对于这种认定，中国谚语中还有"远亲不如近邻""一日为师终身为父""一日夫妻百日恩""亲不亲，故乡人"之类。其中，相同空间里的生活事实导致的关系重要性，使人们之间的亲密性不一定是通过频繁交往才达成的，而可以是靠事实上生活于同一空间的定义达成的。所谓亲人、老乡等关系都不表明双方彼此之间交往次数很多，但都表示相同地域的生活事实或认定。另外一个重要项就是时间。我认为，交往的持久性同样既可以是事实上的，也可以是认定的，比如除了家人、同族等外，中国人还会将婚姻、朋友、结拜等期待为永久性的缔约。中国成语或诗句中也有"地久天长""海枯石烂""从一而终""两情若是久长时，又岂在朝朝暮暮"等。我们甚至可以认为，中国人所说的"关系"一词本身就包含了持久性，对于其他短暂的交往一般不用关系概念，而是用认识、有接触、打过交道、面熟、有点来往、交情不深等，但这些词句均不表示双方之间建立了关系。可见，无论是事实的持久还是认定的持久，此要素给中国人的关系带来的影响是决定性和关键性的。或者说，我们在研究中国人的关系时如果忽视或放弃时间要素，我们就会几乎看不到中国人的关系有什么特别之处，很容易进入西方社会学讨论的社会互动或社会心理学讨论的人际关系方面去了。虽然我们在对社会资本的研究中也发现了长程投资或封闭性结构的重要性（科尔曼，1992：350；布尔迪厄，1997：208；林南，2005：153）——这点被后来的弱关系研究（格兰诺维特，1998）所淡化。但我下面要证明的是，中国人的关系的时空性不是西方学者在研究中认为的那样，即为了实现某种目标而在其参与的封闭式群体中或不同群体间做出投资意向和怀有回报期待（普特南，2000；布朗，2000；伊斯特斯，2000），而是源于一种社会结构自身的力量。

为了说明这一点，我先虚构一种两极的交往模式，以便做清晰的比较。一个人低选择性（空间）地持久（时间）面对另一人，同一个人高选择性（空间）地临时（时间）面对另一个人，他们彼此互动出来的行为模式会一样吗？先来设想后者的情况，我们设想，他们之间发展出来的关系有各式各样的可能。比如，双方都不满意对方，可以另择他人；或者是一方或双方做出吸引对方的行为，或是一方或双方引发攻击性行为；还可以是一方或双方都想从对方那里得到自己想要的益处；抑或双方只是为了顺利互动，制定出一些互动原则，以保证双方互惠、互益或互不受伤害。总之，双方既可能产生友谊、合作，也可能发生竞争、冲突，或者仅仅相安无事。更有甚者，也难说不会成为一家人，但仍然可以分手，等等。以上这些可能性的互动方式正符合西方社会学研究人际关系的内容，其逻辑前提假设为个体具有独立意志与理性选择。可是，上述种种在前者的情况下则都没有可能，因为双方除了迫使自己同对方沟通以外的任何企图，都会使双方陷入终身孤独（当然选择与他人交往或选择孤独也算一种个人选择）。因此这时一方或双方唯一能做的事情只是压抑自己的其他欲望，学会与对方相处，且培养彼此的感情，尽管其摆出的交往姿态未必是心甘情愿。当然，这也不意味着这样的交往就缺乏理性。从理性上来看，我们也可以说，每一个体都会认为无论对方如何不适合自己，但总比孤独无助好。只是这种选择说明了这种互动模式必然回到关系本身上来。而这一极正符合中国人关系的逻辑起点：个体的去个性化特征与交往上的情理兼备。所谓个体的去个性化表明，一个人为了进入关系过程，他需要压抑自己一些有碍关系发展的特征，比如争强好胜、自我表现欲强、得理不饶人等，而摆出谦和、礼让、合群、面子上过得去等姿态；交往上的情理兼备是说理性和非理性都不利于长程交往，前者太计较个人得失，后者太情绪化，最佳状态是寻求情理上的平衡。或许，有人会对我将中国人的关系研究起点设在这样一极本身持有疑义。当然这只是一种逻辑上的假定，实际情况会复杂一些。但即便如此，从前文中讨论的中国人关系的所有类型来看，高选择性的、临时性的关系的确是非常有限的，即使出现一些关系选择，也是这些关系的衍生（黄玉琴，2002）。

综合以上观点，我认为中国人关系的生成命题有三：第一，持久并缺乏选择性，我将其称为捆绑性纽带（这个纽带无法用格兰诺维特的强关系指标来测量）。第二，互动的等级和类别化（受儒家伦理与社会制度规约）。第三，空间同一化（认同同一地区、群体或组织）。它们也可以被简称为"情理并重命题""不对称关系命题"和"关系同域化命题"。可以说，由此命题发展出来的理论即一种摆脱了西方社会学理论体系的本土理论。在我们尚未建构起一种有关理论及其经验研究前，我下面就此理论构想做一简要概述。

捆绑性纽带导致互动中的个体没有办法坚持自己的独立性、个性和理性，而要学会忍耐、忍受和忍让。但这一切都不否认个体的利益动机。处于其中的人们要学会的交往能力，就是要把自己的利益假借共有的利益加以表达和获取，故个人利益的表达在其中总是委婉和迂回的。但这里面多少牵涉到第二个命题，即一个人表达个人利益诉求之可能同一个体的地位高低有关。相比较而言，等级越高，表达越容易。但在第一个命题的影响下，即使高等级的人不便表达个人利益，也会在为地位低的人争取利益中获得自己的利益。第三个命题一般基于非同一空间利益敌不过同一空间利益,比如建立同乡派系和"拉山头"等都可以因空间同一化而获得利益,即使在家族内部也有空间同一化的问题,比如妯娌之间的利益关系。

捆绑性的关系催生了感情关系的建立和信任的不证自明,尽管现实中未必的确如此,但其仍是对中国人关系的一种假定。这种感情不来自互动双方的彼此吸引或喜欢,而来自中国人所说的日久生情。由情感引起的交往会被中国人判定为感情用事,不牢固,容易出现见异思迁、喜新厌旧等。这些都为负面含义,而由时间引发的感情才能经得起考验(所谓"日久见人心")。因此不是感情促使关系稳固,而是稳固的关系培养了感情;或者说不是感情决定关系,而是关系决定感情,即所谓同姓才能同德,"亲不亲,故乡人","老乡见老乡,两眼泪汪汪"等。中国人对此还有不少比喻,诸如"胳膊肘向里拐","打虎还需亲兄弟,上阵还需父子兵"等,而亲人间的矛盾也被比喻为"打断了骨头还连着筋"。比较而言,西方的人际关系研究重视的是人际吸引和喜欢,而中国人却更看中缘分,也就是看重一种前定的关系力量。在中国人的关系中,人情多用来指代发生于物质间及情感间的交换,更多地含有义务性,比如养儿防老就基本上囊括了前文中的三个命题。由此一来,人情很容易具有感情性与工具性的双重功能,从而导致对感情和工具的区分不明。通常,关系在中国也叫"交情"。

关系所决定的感情靠个人的情商、人格或态度维系是远远不够的,中国社会在其自身的文化中孕育出了一种维持感情稳定性的系统或规范,这就是儒家思想。从这个角度看儒家思想,它不是一套表述人之理性的知识,也不是一套认识社会的系统思想(儒家当然会涉及这些问题),而只是一套带有说教意义的伦理系统。伦理系统是对一个人维持情理关系的种种要求,所谓仁义礼智信、忠孝节义等,虽这些概念要求人们去努力实践,但不代表人们就一定会做,遵从、忽视或公然违反,都是可能的。因此中国人在关系上受到的儒家的最大影响不是它自身对其规范的遵守,而是一种对关系的义务性界定。关于这一点,上述儒家社会理论中多有论述,人类学中也有经验证明。这种义务界定既不是西方所讲的权利和义务等一般性原则,也不是日本社会所讲的义理(源了圆,1996),而是对不同种类、不同等级或不同感情间的关系所做的不同方面的定义。关系的义务性是同长程的低选择性交往相配合的,它使得人们互相之间的支持和帮助不一定发自一种个人的意愿、善的动机、真诚或真情实感的流露等,而可以是一种无法选择的服务或服从,比如孝顺、恭敬、义气等。应当说,用各种义务性来界定关系的等级与类别,较成功地解决了长程与低选择性交往下去是否可能的问题,而一个体对义务界定的放弃就等于宣告了关系的中断。比如,中国人对好朋友的界定就是一定要互相关照和帮助("讲义气""够意思"),如果一方哪怕只有一次没有给予帮助就可以推翻他们是好朋友的关系。这就说明在中国人的关系中拒绝人情是很危险的事情,这也是许多人在某些工作域或生意场(利益方面)逃避卷入关系的原因。

对不同关系构成的不同义务性,可以从三个方面理解:一是可以在各种对应的义务性中判断关系的等级与类别。二是义务性取代了人们对制度性的设立,从而正式制度在面对关系时显得多余,或者说互动中建立起来的制度或正式规范在义务性的关系消失之后才有意义的。而当关系存在的时候,制度和正式规范往往会大打折扣,以表明关系的亲密或紧密程度更有价值。三是制度的形同虚设或削弱,使得个人权力的自由度增大,而人们对权威的依附与服从也不来自制度性的规定或合法性要求,而来自关系的状态。出于这三点原因,在有关系的状态下,如果你按章办事,而不按义务办事,便等于告诉对方,你同对方关系不好,或你在放弃或破坏同对方的关系。为了权衡其间的利弊,这时候,计策行为变得重要起来,比如在制度之间做权宜,或同对方讲谋略。正因为义务界定的作用,把关系说成腐败或贿赂,哪怕在中国人的道德上也是不成立的，否则中国就不会有如此多的人喜欢"拉关系"，或者我们不能说因为大多数中国人喜欢"拉关系"，所以大多数中国人都在贿赂或腐败。但中国人会承认运行关系很容易违反制度，于是违反制度的"程度"成了法律的考量标准，在给官员送礼时要细化到每一步，比如是送钱（送多少），或者是工艺品、古玩（还需鉴定），或者是烟酒（还需看牌子），以及什么可以划入腐败范围的贵重财物；也要看送的目的是友情还是有徇私、寻租的目的，因为人情上的感情和工具相混淆，会造成中国人价值判断上的困惑。

一般而言，短程的高选择性的交往一般不会用到智谋，除非在一些重大的场合能派上用场，诸如政治斗争和经济交易、国际关系等方面。但中国人的计谋则用于大大小小的关系方面（乔健，1988b；胜雅律，2006），包括对最亲近的家人和朋友。因为如果不进行个人内心的谋划和盘算，就很难以实现对个人利益委婉的或迂回方式的诉求。

六、与相关西方理论或概念的比较

在分析了中国人关系的类型、生成命题及运行的基本框架后，我们现在可以将之同上述不同立场作比较，以看清楚各自的优势。由于我前文对儒家社会理论和人类学研究已经有过讨论，在此只需做点小结。比较而言，以上我对关系的认识是一种社会学的认识，而这种认识力图与儒家社会理论之间保持距离，同时也认为人类学立场无法从经验研究中获得理论的提升。另外，同社会心理学研究相比，此种认识同西方社会网络理论的立场一样，不关注对关系分解后的自我、人格与动机及情感的研究。总结了这几种立场后，我甚至认为，关系不是一种个人在接受某种文化观念（比如儒家文化）后形成的个人价值以及行为取向，而是一种先于个体存在的家族链和社会结构施加给个体的社会力量。在这种外部力量的压迫下，个体一定要学会如何计策性地处理他一生要面对的各种人。这样的观点可以解释我们研究中国人关系时经常遇到的一种挑战，就是人性假设是否有文化差异，或者说是否因为中国文化中有了儒家思想对人性的不同设定，中国人的心理与行为方式才具有自己的特点？其实在我看来，关系（guanxi）更有可能是一种人类社会的共相。中国最终能成为人情大国，更多地源于这种外部结构力量一再强化，其实其他社会也会有通过寻求关系获得利益的倾向。西方社会的"特权""寻租""贿赂"等概念其实都证明了这一点。它们之所以最终限制了这种行为，得益于它们设置了许多制度来防范关系现象的发生，比如西方学者倾向于认为关系很容易等同于腐败，因而需要用法律来定义腐败。而西方学术界设定的匿名评审制度，也是为了防范关系起作用。但回到中国的关系现象中，关系是被义务界定的，因此许多在西方正式规范中被定义为违规的现象，在中国社会非但不遭到排斥，反而体现为合情合理。

西方学者在调查了在中国工作多年的20名跨国公司最高执行官后，得到了这样的观察：

> 讲到这里，读者们可能会想，"关系"是不是仅仅是"腐败"的一种好听的说法，答案是，不。"关系"并不像西方人有时假设的那样，本身就是不道德的。"关系"体制并不意味着，公司在行贿或者达成私下交易后可以为所欲为。不过，它的确意味着，与西方国家相比，中国的商业伙伴发展出更加密切和深入的关系。它意味着，国际经理人常常发现自己在开展正常业务时，是在一个友好而且依靠个人（而非职业）能力的环境中行事。（费尔南德斯、安德伍德，2010：27）

> 当然,"好处交换"有可能并且的确涉及非法好处的领域……(费尔南德斯、安德伍德,2010:27)

> 更糟糕的是,对于什么是可以接受的关系和腐败关系的定义在中国和其他国家可能不同。例如,送礼和请客喝酒吃饭是在中国长久以来的商业做法,而按美国法律是受到限制的。裙带关系和任人唯亲在国内公司也很普遍,而家庭成员、同学、校友之间的关系在商业决策中的力量,在中国比其他国家要大得多。由于在中国,个人和商业关系之间的界限往往比较模糊,国际经理们说,他们必须小心地培训其员工遵守公司的道德准则,而不能假定员工对可接受和不可接受的商业方法同他们有一样的理解。(费尔南德斯、安德伍德,2010:172)

由此看来,关系在中国面临的道德焦虑和法律制约是由现代性的法制建设引起的。

作为一种社会学的认识,关系研究最需要面对的是社会学的分析框架和概念,由于以往西方社会学没有产生直接同关系研究相平行的理论,因此关系研究往往只被套在一些比较抽象的概念和框架中来加以认识。然而现在,西方逐渐发展出了社会网络与社会资本理论,且有一套比较成熟的研究网络建构与资本流向的测量方法,这很容易造成关系研究与社会资本理论的合并。其实,在关于中国人及其社会的研究方面,我的研究立场一向是,在抽象层次上,不存在某种人类社会行为模式在不同社会中有没有或是不是的问题。比如,其他社会没有印度的种姓制,但任何社会都有等级和阶层;其他社会没有古代中国的科举制,但大多数社会都有文官系统。同理,我们不能断然否定社会资本不能反映中国的关系现象,也不能确认西方人不拉关系。可见,我们在不同的层面上做研究,无形中就是在限制一种概念的解释力。社会网络与社会资本理论是抽象度较高的理论，我们完全可以说该社会本身也一样存在社会网络和社会资本，反之，关系作为一个抽象概念，也未必只反映中国社会或儒家文化圈的特征，而不反映其他社会，比如苏联及东南亚、欧美等地区（罗斯，2005；林南，2005：161）。

那么，关系研究同社会资本研究究竟有哪些异同呢？虽然社会资本是一个相当宽泛和复杂的概念，不同的社会学家也在不同的层次和方向使用这一概念，但从目前实证成果的情况看，社会资本主要关注社会网络的规范、合作、信任、信息和知识共享等几个方面。社会学家基本上同意，嵌入社会网络的社会资本可以对制度绩效、个人的社会资源储备、求职及社会支持等起到重要的作用，同时也对社会和谐、经济增长与政治顺利运行起到积极的作用。但也有学者看到了它的消极作用。归纳起来看，其消极面主要是波茨（Portes）提出的"排斥圈外人；对团体成员要求过多；限制个人自由以及用规范消除差异"（波茨，2000：139）。从这些对社会资本概念及研究的讨论中，我们可以发现，社会资本理论所关心的问题同关系研究有所差异。首先，社会资本发展的方向是基于个体的联结方式（强关系和弱关系）、组织成员的内部资源共享（团结、规范、信任）、组织成员同组织外部成员的联系途径（结构洞）及阶层之间的资源流向（资源摄取能力）展开的。其次，我们大致还是可以看出西方社会学对社会构成认识的基本脉络，即个人自由、理性选择、博弈中的制度建立以及社会或组织成员从此社会结构中获得的回报。可奇怪的是，关系研究中几乎没有人提过这些内容，只是在社会资本成为一种新的研究视角之后，关系研究才添加了这些内容。这是为什么？从我上面给出的关系研究框架看，关系研究并不是要忽视这些问题，而是不会遇到这些问题，因为在中国人的关系网络中，捆绑性的纽带导致个人少有自由、自主、独立、理性可言，他总是被迫地（也可以乐于）面对难以变动的他人，因此个人利益诉求被感情和义务所掩盖，或者说被融合到了一起。在这样的关系网络中，信息在道义上是公开的，共享私密的程度成了衡量关系紧密程度的标准，而信息桥（传话人）往往成为关系瓦解或被重新定义的原因；也无须讨论信任，因为个体既然无法脱离此种关系，失信就将使个体无法面对他人。可见，信任、信息、规范、制度等是在个体进入社会次级群体后逐渐显现出来的问题，而在我们上述列举的中国人的关系分类中，基本上没有次级群体类型。正如前文中梁漱溟所言，中国人的关系使他们只知道个人间的关系，不知道自己同组织与国家的关系。当然，关系分类中没有次级群体不代表中国社会本身没有次级群体，而中国人努力要做的，就是把次级群体转化成初级群体，正如同把朋友关系转化为兄弟关系，把君臣关系转化为父子关系，把企业模式转化成家族模式一样。在市场经济中，我们还可以见到许多把彼此的利益捆绑在一起，以便在违规时可以以利益联盟的形式应对的做法。在这一转化过程中，制度建设显得微不足道，或成为摆设。因为有了义务界定的关系，中国人倾向于考虑它所承担的义务是什么，而不是制度规定了什么，制度缺失和义务界定会引起个人权力的增大，进而导致关系网络中发生权力再生产现象（翟学伟，2004）。因此就关系程度而言，一个人能否不顾及制度规范而提供信息、帮助他人是衡量双方关系好坏的标准，而关系分类中的等级、地位高低等则决定关系运作的方向。比如，中国人日常所谓的攀附、巴结、奉承、拍马、讨好、给面子等都带有向权力中心靠拢的意思（翟学伟，2006）。但这也不意味着制度与关系的对立，因为个人关系可以嵌套在制度中来实现，反过来制度也可以增进个人关系。这就是计策的作用（翟学伟，1997）。

由此，通过比较可知，社会资本所说的网络是个体为了谋取自身利益做出的一种理性选择，而中国人的关系网络则更为复杂，它体现为双重性关系网络：一种是捆绑型的关系网络，一种是松绑型的关系网络。前者属个体天然生活无法逃避的网络，后者属个体为了特定利益而建立的网络。前者对个人在成长中的认知及其运用起到了奠基性的作用,诸如感情、义务、权威、人情、回报、亲疏、计策等,假如一个中国人一辈子就生活在这样的网络中,一般不需要面对信任危机、制度建设、组织观念、理性选择、寻求信息等问题,可一旦人们进入后者,关系学的问题就会出现。从时空上看,松绑型的关系网络一般发生在城市社区、工作组织与社会团体中。虽说这种关系网络具有使个体积极参与的色彩,但它却同第一种关系网络之间保持着连续的和延伸的联系,也就是说,不但人们在构建松绑型的关系网络时会启用原有知识,而且捆绑型的关系网络还会成为松绑型的关系网络的资本来源。在这一网络的构建中,个体既可以脱离第一种关系网络,也可以扩张第一种关系网络,或搭建新型的关系网络。毕竟在进入新型网络后,持久和低选择性条件已不存在,感情和义务性关系弱化,工具性理性得到增强,这些自然会同社会资本讨论的许多概念有部分交叉或类似之处。差别只在于,即使在此关系网络中,人与人之间的义务界定仍然比提供信息和遵守制度更重要,因为人情依然在发挥作用(边燕杰,1998)。

七、结语:时空变迁中的关系重建

从以上讨论中,我们大致可以看到,关系研究最早是由中国的哲学家、文化研究者及社会人类学家在论述和实地考察中展开的,后经本土化的推动,逐渐形成了一种儒家社会理论;与此过程相平行的是,在西方,韦伯、帕森斯、林南等社会学家对中国人的关系也给予了一定的关注,这成为西方社会学认识中国人关系特征的源头,而产生于西方的社会网络与社会资本理论则基本涵盖了以上研究,形成了新的研究视角与观点。

通过对中国人关系的总结以及与西方相关理论的比较，我的观点是在总体上试图放弃用文化观念特征来解释社会，而偏向以一种不同社会结构类型的立场指出，中国人关系的逻辑起点没有落在个体的自由意志与理性选择的基础上，而集中在了关系的低选择性和持久性上。在这两个特性的作用下，中国人的关系具有去个性化与情理兼备的特征，进而导致工具性与情感性相混合，个人的利益也通常借助公益来表达。由于中国人关系的分类始终体现着被儒家强化的等级类别和亲疏远近，因此其关系网络中的义务界定、权力扩展、情理间的平衡术与行为计策等显得尤为重要，相对而言，信任、规范、信息和资源等问题则并不怎么突出。我推测，包括西方社会在内的其他社会交往方式越接近这一结构，类似特征也会越明显，比如在一些重视家族和地缘的人群中，关系运行也较发达。可随着现代社会时空条件的改变，中国人的关系网络逐渐从被动的自生型转化为主动的建构型。此时，原有网络中的家人、亲属、老乡关系逐步让位给新网络中的同事、伙伴或朋友等关系。表面上看，它们之间还保留了许多相似之处，但由于持久的低选择性因素已经消失，工具性动机急剧膨胀，剩下的只是一层薄薄的人情面纱。正是在这一层意义上，中国人的关系既具有所谓的关系学特点，又有同社会资本理论的契合之处。显然，如果仍将关系作为一个特指的概念，那我们的研究重点会落在这种双重关系网络之间的相互转换与作用上。比如自生型的网络如何被激活、扩展并建成获致型的网络，它对我们深化关系研究、认识中国社会具有重要的意义，当然我们也可以在一般意义上借助社会网络与社会资本理论来认识中国人的关系网络在当今社会的分层与流动、社会支持、信任、资源流向、信息传递、营销渠道等方面的重要价值。但我们不要忘记，社会网络与社会资本毕竟是在市民社会中形成与发展的，中国社会尚缺乏这一基础（翟学伟，2009）。如果我们忽略了这一点，那么社会网络与社会资本理论会为中国人本地化，也就是"关系化",从而背离了自身的应用价值,只成就为关系学再度正名的机会。

一个关系概念的理论构建就需要面对如此之多的问题,可见提倡和建立一些中国理论也不是一朝一夕可以完成的,它需要几代人长期不懈的文化自觉与学术努力,而真正的人类社会科学只有在不同的地域生成了一系列视角、理论、方法论及方法之后才有机会形成。

参考文献

边燕杰,1998,《找回强关系:中国的间接关系、网络桥梁和求职》,《国外社会学》,第 2 期。

边燕杰,1999,《社会网络与求职过程》,载涂肇庆、林益民(主编):《改革开放与中国社会——西方社会学文献述评》,香港:牛津大学出版社。

波茨,亚历山德罗,2000,《社会资本:在现代社会学中的缘起和应用》,载李惠斌、杨雪冬(主编):《社会资本与社会发展》,北京:社会科学文献出版社。

布尔迪厄,1997,《文化资本与社会炼金术》,包亚明译,上海:上海人民出版社。

布朗,托马斯·福特,2000,《社会资本理论综述》,载李惠斌、杨雪冬(主编):《社会资本与社会发展》,北京:社会科学文献出版社。

陈俊杰,1998,《关系资源与农民的非农化》,北京:中国社会科学出版社。

陈佩华、赵文词、安戈,1996,《当代中国农村历沧桑》,孙万国等译,香港:牛津出版社。

达斯古普特,帕萨、伊斯梅尔·斯拉格尔丁(编),《社会资本:一个多角度的观点》,张慧东等译,北京:中国人民大学出版社。

杜赞奇,2008,《文化、权力与国家:1900—1942 年的华北农村》,王福明译,南京:江苏人民出版社。

费尔南德斯,胡安·安东尼奥、劳里·安德伍德,2010,《关系:跨国 CEO 的中国经验》,孙达译,南京:译林出版社。

费孝通,1985,《乡土中国》,北京:生活·读书·新知三联书店。

格兰诺维特,1998,《弱关系的力量》,张文宏译,《国外社会学》,第 2 期。

韩少功，2001，《人情超级大国（一）》，《读书》，第12期。

何友晖、陈淑娟、赵志裕，1991，《关系取向：为中国社会心理方法论求答案》，载杨国枢、黄光国（主编）：《中国人的心理与行为（一九八九）》，台北：桂冠图书公司。

何友晖、彭泗清，1998，《方法论的关系论及其在中西文化中的应用》，《社会学研究》，第5期。

胡必亮，2005，《关系共同体》，北京：人民出版社。

胡适，1991，《胡适学术文集·中国哲学史》，北京：中华书局。

黄光国，1988，《人情与面子：中国人的权力游戏》，载黄光国（编）：《中国人的权力游戏》，台北：巨流图书公司。

黄光国，2004，《儒家关系主义与华人企业的组织文化》，载黄光国等：《面子——中国人的权力游戏》，北京：中国人民大学出版社。

黄光国，2006，《儒家关系主义》，北京：北京大学出版社。

黄光国，2009，《儒家关系主义：哲学反思、理论建构与实证研究》，台北：心理出版社。

黄树民，2002，《林村的故事》，北京：生活·读书·新知三联书店。

黄玉琴，2002，《礼物、生命礼仪和人情圈——以徐家村为例》，《社会学研究》，第4期。

金耀基，1993，《关系和网络的建构》，金耀基：《中国社会与文化》，香港：牛津大学出版社。

科尔曼，詹姆斯，1992，《社会理论的基础》，邓方译，北京：社会科学文献出版社。

李惠斌，2000，《什么是社会资本》，载李惠斌、杨雪冬（主编）：《社会资本与社会发展》，北京：社会科学文献出版社。

梁漱溟，1989，《东西方文化及其哲学》，载《梁漱溟全集（第1卷）》，济南：山东人民出版社。

梁漱溟，2003，《中国文化要义》，上海：上海世纪出版集团。

林南，2004，《中国研究如何为社会学理论做贡献》，载周晓虹（主编）：《中国社会与中国研究》，北京：社会科学文献出版社。

林南，2005，《社会资本——关于社会结构与行动的理论》，张磊译，上海：上海人民出版社。

林耀华，1989，《金翼——中国家族制度的社会学研究》，庄孔韶等译，北京：生活·读书·新知三联书店。

刘林平，2002，《关系、社会资本与社会转型》，北京：中国社会科学出版社。

陆寿筠，2009，《让社会科学理论回归东方哲学之道》，《观察与交流》，第27期。

罗斯，理查德，2005，《在一个反现代社会中解决问题：前苏联的社会资本网络》，载帕萨·达斯古普特、伊斯梅尔·撒拉格尔丁（编）：《社会资本——一个多角度的观点》，张慧东等译，北京：中国人民大学出版社。

尼斯贝特，2005，《思维的版图》，李秀霞译，北京：中信出版社。

帕森斯，2003，《社会行动的结构》，张明德等译，南京：译林出版社。

潘光旦，1999a，《说伦字——说伦之一》，载《潘光旦选集（第1卷）》，北京：光明日报出版社。

潘光旦，1999b，《中国人文思想的骨干》，载《潘光旦选集（第3卷）》，北京：光明日报出版社。

潘光旦，1999c，《伦有二义——说伦之二》，载《潘光旦选集（第1卷）》，北京：光明日报出版社。

潘光旦，1999d，《说"五伦"的由来》，载《潘光旦选集（第1卷）》，北京：光明日报出版社。

普特南，罗伯特·D.，2000，《繁荣的社群：社会资本与公共生活》，载李惠斌、杨雪冬（主编）：《社会资本与社会发展》，北京：社会科学文献出版社。

乔健，1988a，《关系刍议》，载杨国枢（主编）：《中国人的心理》，台北：桂冠图书公司。

乔健，1988b，《建立中国人计策行为模式刍议》，载杨国枢（主编）：《中国人的心理》，台北：桂冠图书公司。

胜雅律，2006，《智谋》，袁志英、刘晓东等译，上海：上海人民出版社。

特纳，乔纳森·H.，2004，《社会资本的形成》，载达斯古普特，帕萨、伊斯梅尔·撒拉戈尔丁（编）：《社会资本：一个多角度的观点》，张慧东等译，北京：中国人民大学出版社。

韦伯，马克斯，2004，《宗教与世界》，载《韦伯作品集（第5卷）》，简惠美、康乐译，桂林：广西师范大学出版社。

萧邦奇，1999，《血路》，周武彪译，南京：江苏人民出版社。

许烺光，2001，《祖荫下》，载《许烺光著作集（第 2 卷）》，台北：南天书局。

阎云翔，2000，《礼物的流动》，李放春、刘瑜译，上海：上海人民出版社。

杨国枢，2004，《中国人的心理与行为：本土化的研究》，北京：中国人民大学出版社。

杨懋春，2001，《一个中国村庄：山东台头》，张雄等译，南京：江苏人民出版社。

杨雪冬，2000，《社会资本：对一种新解释范式的探索》，载李惠斌、杨雪冬（主编）：《社会资本与社会发展》，北京：社会科学文献出版社。

杨中芳，1999，《人际关系与人际情感的构念化》，《本土心理学研究》，第 12 期。

伊斯特斯，卡拉·M.，2000，《组织的多样性与社会资本的产生》，载李惠斌、杨雪冬（主编）：《社会资本与社会发展》，北京：社会科学文献出版社。

源了圆，1996，《义理与人情》，李树果等译，天津：天津人民出版社。

翟学伟，1997，《土政策的功能分析》，《社会学研究》，第 3 期。

翟学伟，2004，《中国社会中的日常权威——关系与权力的历史社会学研究》，北京：社会科学文献出版社。

翟学伟，2006，《在中国官僚作风及其技术的背后》，《中国社会心理学评论》，第 2 辑。

翟学伟，2009，《是关系，还是社会资本?》，《社会》，第 1 期。

翟学伟，2024，《仁、义、礼的道德框架及其实践限制》，《社会学研究》，第 2 期。

张文宏，2003，《社会资本：理论争辩与经验研究》，《社会学研究》，第 4 期。

Bian, Yanjie, 1997, "Bringing Strong Tie Back In: Indirect Ties, Network Bridges, and Job Searches in China," *American Sociological Review* 62.

Bian, Yanjie, 1999, "Getting A Job through a Web of Guanxi in China," in Wellman, Barry (ed.), *Networks in the Global Village*, Westview.

Chi'i, His-sheng, 1976, "Warlord Politics in China, 1916-1928," Stanford University Press.

Freedman, M., 1979, *The Study of Chinese Society*, Stanford University Press.

Greenblatt, S. L., R. W. Wilson and A. A. Wilson (eds.), 1982, *Social Interaction in China*, Praeger Publishers Press.

Guthrie, D., 1998, "The Declining Significance of Guanxi in China's Economic Transition," *The China Quarterly*, Vol. 154.

Ho, D. Y. F., 1991, "Relational Orientation and Methodological individualism," *Bulletin of the Hong Hong Psychological Society*, pp. 26—27, 81—95.

Ho, D. Y. F., 1998, "Interpersonal Relationships and Relationship Dominance: An Analysis Based on Methodololgical Relationalism," *Asian Journal of Social Psychology*, No. 1, pp. 1—6.

Hsu, F. L. K., 1970, *Americans and Chinese*, Doubleday Natural History Press.

Jacobs, J. B., 1982, "The Concept of Guanxi and Local Politics in a Rural Chinese Cultural Setting," in Greenblatt, S. L., R. W. Wilson and A. A.Wilson (eds.), 1982, *Social Interaction in China*, Praeger Publishers Press.

Kipnis, A. B., 1997, *Producing Guanxi*, Duke University Press.

Lin, Nan, 1988, "Chinese Family and Social Structure,"《"中研院"民族学研究所集刊》，第 65 期。

Madsen, R., 1984, *Morality and Power in a Chinese Village*, University of California Press.

Nathan, A. J., 1976, "Peking Politics, 1918—1923," University of California Press.

Yan, Yunxiang, 1996, *The Flow of Gifts*, Stanford University Press.

Yang, M. Mei-hui, 1994, *Gifts Favors & Banquets*, Cornell University Press.

（原载《东洋文化》，2010，第 90 卷；有一定修改。）

关系向度理论及其在互联网中的演变

【导读】本文质疑有些西方人文社会科学理论的普遍性,认为需要在社会科学架构内部发现多视角、多元化或者本土性,以便找到一些理论同自身社会的结合点。从中国社会的关系特征入手,本文从时间和空间的两个维度区分了社会交往中的四种向度,并从中寻找出中国人的关系起点和同其他类型的区别及其逻辑走向,尤其对理智型和感情型关系进行了比较,从而建立了一个比较合理的且契合度很高的中国人关系模式。但从现实社会交往到互联网交往,中国人的关系向度也会受到严峻的挑战。即我们应当意识到,互联网中的人际交往既有加强和扩大中国人社会网络的特征,又具有自身的新气象。

一、西方理论与中国经验

纵观从中国历史长河中所呈现出的社会文化特征到中国改革开放的四十年,已有越来越多的学者意识到,中国学术不能长期处于经验很丰富、理论很苍白的境地。而我们所依赖的西方社会科学理论,也将会随着中国自身的社会转型、经济的高速发展及其他许多方面呈现的复杂性,失去其预测力和解释力。伴随着全球社会经济发展模式的多元化与中国自身目前的发展道路,我们越发感到,西方理论在解释中国人与中国社会方面存在诸多问题。何以会有诸多问题呢?我以为,西方社会科学理论是西方文明的产物。这一文明的源头同古希腊罗马哲学、基督教文明、自然科学以及伴随而来的工业社会与城市化等均有很密切的关系。或者说,西方社会科学的发展不是一种学科体系上的逻辑设计,而是一种历史文化的产物(华勒斯坦等,1997)。关于这一整套社会科学的理论,我们尤其需要考虑它所受到的自然科学的影响,这也是它被假定为普遍理论的基础。但自然科学是否等同于社会科学,以及该科学体系何以发生于欧洲,却未发生于其他社会或产生于其他文明,是我们建构自己的理论之前值得思考的问题。

我同意这样一种观点,即我们不要像李约瑟那样去问:中国为什么没有发展出现代科学,而是要问为什么西方发展出了现代科学(陈方正,2009;胡弗,2010;陈嘉映,2010:18);同样,我们也不要像德国社会学家韦伯那样问:中国社会为什么没有发展出资本主义精神(韦伯,2004),而是要问为什么只有西方发展出了资本主义。以前者的方式来提问,其含义似乎是中国文化很落伍,也很特别,反倒是西方文化很正常,很符合文明进步的趋势。其实,西方文明走过的道路在世界上是最特别的,其他文明大都走不出来。从大多数社会文明的历程来看,它们具有的基本特点,就是适应其自身的环境。而建立一种具有超越性的因果关系来认识自然现象、人类心理与社会运行，则是西方文明的特色。只不过，西方文明用其特色打败了其他文明后，就以其所表现出来的强势，把自己当作了放之四海而皆准的最高原则，然后让全世界依照这个原则前行，以至于到目前为止，全世界都得走这条道路。也就是说，当全世界的其他文明几乎放弃自己的文明来跟随西方文明的时候，它的普遍性就建立起来了。这既是所谓现代化的本质，也是当今中国社会不惜过度开发、建设、消费，也要实现现代化的动力所在。打一个通俗的比喻，当麦当劳的连锁店开遍全世界的时候，吃其他食品都成了另类，只有麦当劳才是大餐，至少是儿童生日时的盛宴。这就是强势的力量。对于这种强势，回到100年前乃至于几十年前，我们是要欢呼雀跃的。我现在还记得自己20多年前在北京排队吃肯德基时的场景。可现在有人请我吃，我还要想一想，因为有太多好吃的可供选择；同样，面对西方社会科学，我们也需要想一想。

　　由西方文明的强势所建立的普遍性理论在近代化中得到了世界大多数国家的普遍认同与好评，而一种近似自然科学的社会科学理论因为有自然科学的方法论作为支撑，逼得我们不说好都不行。但问题出在，至少它在人文社会科学方面所表现出来的解释力，没有它自以为的那么强大。它的一系列对人性、社会、文化以及具体的思维与行为方式的假设与验证都出现了严重的偏差。至于为什么我们至今尚不能去纠正它，不单是因为它在方法论和理论上已建立起了话语霸权，也是因为我们自己什么都没有。我们自己在社会科学框架内都没有想过，没有做过，拿什么去纠正它的偏差？比如，你说他们不对，那么对的是什么？甚至，即使他们也认为不对了，那么纠正他们的，也不是我们，而是他们自己。这就是我们面临的问题。可如何来解决这一问题呢？目前有一些学者搬出"国学"来回应他们，或者认为解决这一问题的方法就是用我们的国学传统。这里且不谈国学作为学科的性质如何，仅国学本身的表述特征与思考路径，就已经决定了强势在西方理论那一边。毋庸讳言，这一点也被中国近代化以及"五四"新文化运动一再证明了。在我看来，可能解决这一问题的办法从根本上是需要在社会科学架构内部发现多视角、多元化或者本土化，以便寻求到一些理论同自身社会的结合点。至于它们是人文主义的、实证主义的、现象学的、诠释学的、符号学的、批判性的或什么其他式的等，都可以尝试，即使在实证主义内部，也可以发展出新实证主义，或其他什么更为有效的研究方法和工具。总而言之，由环境、历史、民族、文化、风土、信仰等所构筑的社会科学，理应发展出更多的更加有效的解释架构来。

其实，西方社会科学内部的这类反思也比比皆是。比如，英国历史社会学家霍布斯（Hobbes，又译霍布森）（2009）认为，西方文化的源头其实在东方；美国政治学家乔恩·R.泰勒（2011）认为，中国政治学要有自己的特色；美国心理学家理查德·尼斯贝特（2005）声称自己不再坚持心理学的普遍性，他通过对东西方思维与认知的研究，承认了彼此的差异；英国历史学家杰克·古迪（2009）也指出，当历史学被欧洲接管后，世界各国的历史就开始被误解了；而在此方面更有影响的人物是美国文化批评学者赛义德（1999），他撰写的《东方学》从更加广泛的文化立场批判了西方学界对东方文化的误读。在中国，黄宗智（2007）通过对中国社会史、经济史与法律史的研究，明确指出了种种西方理论在解释中国方面出现的问题，希望建构自己的概念和理论。就连为中国人所熟知的马克思也认为，东方社会是一种亚细亚的生产方式。还有大量的人类学研究正在向我们证明，人类文明不是西方学术所描述或解释的那个样子。可见，回到中国自己的社会文化中，建立自己的学科视角和理论架构，或许是21世纪本土学者的学术使命。

二、中国社会的特点：变与不变

　　摆脱西方理论来认识中国社会是一个很复杂的学术问题，而中国社会目前呈现的复杂性也是一个容易引发争议的现实问题。最根本的原因是，这一国度的悠久历史及其在近代和现代化中所发生的种种革命和变革，使它从原先的农耕文化转化为一个复合体，尤为重要的一点是其中已经融入了西方文明的很多要素。许多人尝试概括这一社会特质，特别是想说出今日中国社会之性质究竟如何（Cui，2005；甘阳，2007），但基本上都不成功。主要问题是目前，它在社会、政治、经济、法律和文化等方面发展得不相协调：有的方面很传统，有的方面变迁速度惊人，有的方面过于现代，却也不曾出现西方学者所谓的后工业或后现代。就其现代性而言，有些来中国观光、学习、居住或从欧美留学归来的人会发现，即使经历过现代化的西方发达国家也未必有今天的中国时尚和开放，反倒是中国人把西方人或留学生看作"老外"，即对于中国什么都不明白。时兴的说法叫"out"啦，表示已经过时了。

　　以上这些都很容易给人一种中国变化速度太快的印象。就拿互联网的发展来说，2024 年中国的网民规模已达到 11.08 亿人，互联网普及率达到 78.6%（中国互联网络信息中心，2025），单此一点，可见中国社会也有信息时代的特点。而作为市场化的社会，中国就此一项又充满着多少西方市场也未必会有的商机。但我们还是不能说，现在中国很发达，只能说中国文化依然保持着它固有的特点，即在接受能力、模仿能力和涵化能力方面很强大。这一切会使得现代中国社会的特点很难被表述清楚。好像日本也面临这样的问题，对它也不像江户时代、明治维新时期那么容易小结。中国人自己的小结很笼统，诸如"改革开放时期""新时代"或"社会主义初级阶段"等。其实，这类表达所缺少的是性质上的概括，更多的是比较性的。似乎前者想表明中国近现代以来曾有过一个故步自封的时期或者旧时代，后者想说明中国社会目前处于资本主义阶段和社会主义高级阶段之间。

其实,有学者认为,儒家文化圈中的特征是关系取向(何友晖等,1991;杨国枢,2004)或儒家关系主义(黄光国,2006)。在东南亚发生金融危机时,我们注意到学者们对东南亚社会有一种较为广义的表述,即"关系资本主义"(crony capitalism)。这个表述曾用来泛指亚洲经济发展的特点。但在资本主义前加上"关系",应该说可以反映东方文化之比较重要的特征。所以我认为,虽然中国正在发生前所未有的变化,但"关系"(guanxi)依然是中国社会的基本特征之一。尽管目前中国社会已在工商、市场、通信技术等方面具有现代特征,但在人与人的基本交往方式上仍然维系着这一传统,甚至有发扬光大的意思。而计算机技术的发展和应用对这个特征有着不可限量的推动作用,当然也产生了反向的作用(这点我留待后面讨论)。从正向上看,由于计算机的发展,中国古话说的"千里姻缘一线牵"或者"有缘千里来相会",被互联网实现了。过去中国人构造出来的"关系网"或"缘"字不再虚幻,它们成为由光缆加个人电脑或手机构成的一种新型的交往平台,其意义可能预示着未来社会发展的一个方向。但这些都不能说明中国社会的本质变化。什么意思呢?就是说关系特征不会轻易地随工业化、城市化、市场化、信息化而消亡。虽然说中国建立的某种体制和相关制度或技术进步,会给中国社会文化带来重大变化,但关系依然渗透在这些新的制度或新的技术中。这里顺带需要说明的是,最好不要把"guanxi"简单地等同于"互动""沟通""交往""交换""勾连"或"人际关系"等,关于它们的差异我会在下面的比较中呈现。

从根源上看,我越发认识到,中国社会自身的构成方式既不带有群体性的特征,也不带有个体性的特征。而群体和个体,却是所有西方社会科学理论的基础。关于东西方社会的这种差异,我们可以借助费孝通的"差序格局"和"团体格局"(费孝通,1985)、许烺光的"情境中心"和"个人中心"(许烺光,2002)及梁漱溟的"伦理本位"和"个人本位"(梁漱溟，1990)等的比较得到初步的认识。即使西方社会学最近几十年来也出现了类似于"关系"的理论（社会资本和社会网络），但从其产生的对关系的强弱划分或"结构洞"等概念来看，它们依然是沿着个体或群体的思路拓展开来的。由群体进而发展到组织，这在宏观上涉及阶层、阶级、社会运动与社会结构的问题，在微观上也会延伸出角色、互动、地位、侵犯及流动等问题，于是其宏观与微观的关系及结合与否，本身也成为一个需要探讨的理论问题。但搞清楚这类问题，依然解读不了中国社会的性质。因为基于中国社会的关系特征，该社会的构成方向在于一整套的关系、家族、地缘、会社、等差、伦常、官僚政治和由此而发生的微观与宏观之连续统方面，以及由这些要素造成的动态平衡与社会变迁，诸如天与人、家与国、官与民、自我与他人、公与私、情与理、关系与权力乃至于派系及其斗争等。所有这些都在这样的动态平衡中发生、发展、转化着。对于这样一种社会建构方式，通过西方社会科学架构是无法获得较好的理解的。由此，如果我们坚持从西方社会科学架构回看中国社会，我们得到的，只能是被西方理论框架及概念所框定的中国社会。表面上看（从形式主义理论上看），这些被框定下来或抽离出来的社会元素，各种文明好像都差不多，但在拼接起来解读中国人与中国社会时就对不上了。比如，从关系的视角看中国人的社会流动，其特征就不是西方社会学讨论的垂直流动或水平流动，而是网络式的流动（翟学伟，2003）。也就是说，在中国，一个人的成败会影响到其共同体的流向以及具有带动性的影响。再比如，从人情的含义回看西方社会交换理论或人类学的"礼物"概念，它们的解释力都很牵强（翟学伟，2004）。

在西方，直接探讨关系方面的理论是社会网络理论。该理论大约是 20 世纪末在社会资本的意义上提出来的，但其研究内容与实证很少涉及中国人的关系含义（翟学伟，2009a）。中国人长期以来本着实用主义的原则实践着自己的"关系学"，却从未有过理论建构的念想，甚至认为这类现象上不了台面，不能登大雅之堂。有些学者为了让它登上大雅之堂，用儒家伦理作为它的基本内容（翟学伟，2007a）。直至20世纪80年代，要不是中国港台地区的学者提倡的社会科学本土化，费孝通"差序格局"引发的回响（翟学伟，2009b），特别是近来西方学者在社会资本理论上一系列类似建树所带来的启发，中国学者很难想到要自己去构建理论。所以，从学科意义上来讲，我们应当承认，中国人尚没有形成自己的理论，只有极为丰富的"关系"运作实践。理论方面的缺失，使我们再一次看到了西方理论与中国经验的各自特征。

三、关系理论的逻辑起点

在这篇论文里，我想提出一种关系理论，至少也想表明这一理论发展的方向在哪里。我们知道，在中国人的思想观念里，如果两个人之间发生社会互动或交流，那不是"关系"的意思。我们每天都同各式各样的人打交道（交往、互动、沟通、联系等），但中国人不认为这里面存在中国人理解意义上的"关系"。"关系"的概念首先是从中国人的家庭和亲属特征中发展出来的。可以肯定地说，关系概念可以完全用于家庭和亲属成员。还有一层关系可以基本确定，那就是生活在同一地域或同一群体中共过事的人，中国人称之为同乡、同窗、同僚等关系，然后走进现代社会，发展出了同学、同门、同事、战友等关系。如果我们再把关系扩大，其含义就不确定了，比如"四海之内皆兄弟""祖国处处有亲人"，这些说法远不如"老乡见老乡，两眼泪汪汪"或"亲不亲，故乡人"来得肯定。

陌生人之间的关系，往往需要桥梁，也就是牵线人、中间人。一个中间人同两个本不认识的人都有关系，那么这两个本不认识的人之间就有潜在的关系，至于他们之间最终可能建立起关系，很多情况下需要事件的激活。当然，如果没有这个中间人，他们之间的沟通则是西方社会学讨论的社会互动。可见，究竟是互动还是关系，要看中国人见面后的问候是否发生了进一步的延展，比如问及姓名、籍贯、学校、工作单位等。这些基本信息既可以是一般互相了解的前奏，也可能是为了发展关系而做的试探。中国人见面后先问对方是哪里人，或者了解对方在哪里工作、从哪个学校毕业等；如果只是想认识对方，那是一种情况；如果想从中寻求连接的方式，比如把自己或身边其他人与对方的信息关联起来，就有攀关系的意思。中国人还假定，在一方不认识另一方又有求于对方的情况下，总是可以找到与他们都熟悉的那个中间人，关键是用什么路数把这个人找出来。这一倾向让中国人始终相信，关系网络比同一团体更重要。谁应当优先于社会组织，或游离于社会组织，而在同一组织中，即使交流和互动是必需的，但没有关系，成员依然会没有依赖感。沿着这样的思路看待中国人的组织特征，我们可以发现，中国人在组织中还要继续考虑关系的问题。组织内部的亲疏远近很容易导致拉帮结伙、不合作的现象；而在市场行为当中，契约也比不上关系重要，它只是一种必要的手续，或者说中国人不会满足于契约或字面的规定，许多环节需要靠关系打理。从更加广泛的交流层面来看，这一社会倾向认为，重要的信息是在关系中流通的，不是在交往中流通的。

由于中国人的关系特征发源于家庭以及扩大的家庭，因此我认为中国人很难产生超越家庭的或者比家庭更为重要的价值观，宗教在这样的社会不容易建立起来，即使部分地建立起来也是因为它们被假定为对家庭兴旺具有庇佑作用。比如，中国人非常尊重自己的祖先，强调认祖归宗，善于编撰家谱，并伴有声势浩大的祭祖仪式。中国民间的大量信仰都同家庭的发达有直接的关系，诸如对子孙（福）的期盼、对家中有人做官（禄）的期待、对长命百岁（寿）的向往等。而作为官方思想的儒家思想的核心就在于它制定了家庭伦理体系，让中国人知道在家庭生活中如何彼此相处，其中最为重要的概念就是"孝"。可见，儒家思想是一套以家为核心的关系规范的思想，这套思想对于家庭中的长幼、男女秩序以及朝廷中的君臣秩序起到了很强的规范作用。也正因此，有学者认为，家庭体现了中国社会的特点，可同时也限制了组织和市场的发育（韦伯，2004），包括导致社会信任度的降低（福山，2001）。

以上关于中国人何以看重关系的来源问题，导致许多学者将中国社会归纳为家庭本位或家族主义、家族取向，以及相互依赖关系（许烺光，1990）、社会取向（杨国枢，2004）等。但我个人不同意这样的表达。突出家庭的社会意义表达是文化性的或者功能性的，走的是文化解释的路径，进而发展出了用中国（或东方）的集体主义文化来对应西方的个人主义文化（Kim & Triandes, 1994），并伴随一系列量表问世。但近来已有西方学者开始对此进行重要的反省和质疑（Oyserman, Coon & Kemmelmeier, 2002）。表面上看，这类表达同我前文所讨论的"关系"特征似乎有一定的因果联系，即家庭本位或集体主义乃至儒家伦理导致了中国人重视关系，但我认为由此发展出来的理论正如同上述列举的概念一样，很容易陷入文化功能主义的泥潭。从社会学角度来看待这个特征时，我们需要在结构意义上来认识这个问题。那么，结构性表达的好处在哪里呢？这就是在任何一种社会互动或交往中，一种趋向于结构性的要素一旦被找到，就意味着它不仅存在于家庭取向或社会取向的社会当中，也存在于同类要素的其他社会。反之，即使有的要素是在中国找到的，如果其他社会也有这要素，那么这要素也不属于中国。

出于这样的考虑，我们进一步发现以往一些本土概念属于一种针对中国人的特殊性理论，而我下面建立的理论则具有普遍性。原先我们对关系倾向于通过文化进行解释，其潜台词好像是这是为中国人的关系量身定做的。虽说我们其实尚无办法确定中国人的概念，也说不清中国文化的概念，但它们总是倾向勾勒出一个族群的范围。但只要我们学习一下西方理论的建构途径就会发现，它们的一些理论明明是从自己的文化中生长出来的，却总试图要具有一般性的解释力。由此，我也希望关系向度能跨越文化的边界，在更广泛的层面进行解释和被应用，当然也希望重新审视如何解释自己文化中的关系现象。此刻，我要用一种时空视角取代文化解释。它可以帮助我们把原本文化意义上的血缘、地缘、家人、熟人等都装进由时空建立的某种组合，因为大凡现实世界的社会交往在更加一般意义上都是由时空两种维度构成的。其中，时间维度是指交往者认知到的交往时间的短程或长程，而空间维度是指交往者的空间移动情况。两者相互嵌套在一起，会构成四种常见的交往向度。比如，人们空间上的不流动会带来交往时间上的长久，而互动时间上的短暂也说明交往者在空间上发生频繁移动。由此，四种组合会建立各自的关系特点。比如，如果一个人在社会空间中频繁地流动，那么其交往的选择性就会提高；如果一个人一生很少流动，那么其交往的选择性也随之降低。这样，我们得到了一个社会交往四分图，见图1：

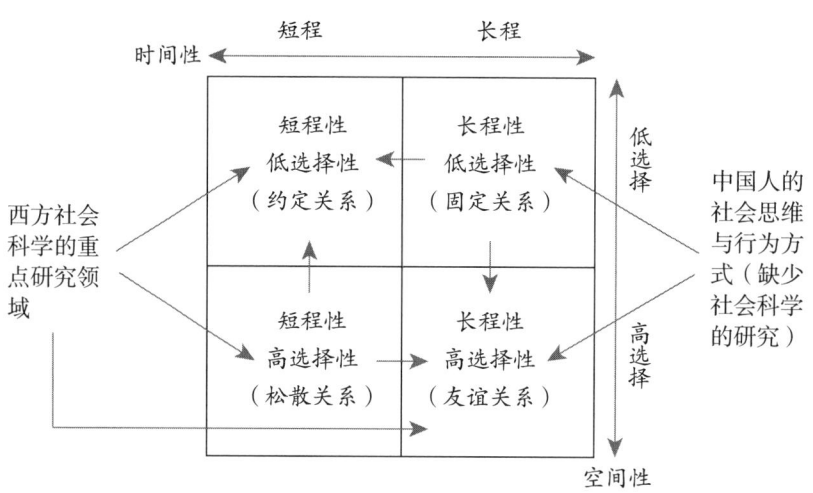

图1 关系的向度及特征

首先，需要说明的是，图1中的四种关系向度具有韦伯所说的理想类型的特点，而不具体反映人们在真实交往中遇到的各种复杂现象。从图1中的单向箭头指向可以看出，人际交往的两个逻辑起点是"松散关系"与"固定关系"。所谓逻辑起点指该理论模型对关系所预设的交往起点。比如我们在理论上假定，如果一个社会的交往起点从个人开始，那么该社会就会以个人作为交往的中心，并有机会同任何他人建立关系；如果一个社会的交往起点从关系开始，那么就表明该社会在任何时候都会考虑关系不能解体的交往方式，社会也随之将人们分为有关系和没关系。这两种逻辑起点也可以理解成独立型的个人连接和关系型的社会连接。其次，无论是"松散关系"还是"固定关系"，它们都可以从各自的方向进入"约定关系"或"友谊关系"。可一种社会交往如果从"松散关系"进入"约定关系"或"友谊关系"，其交往方式总是取决于个人的意愿乃至权利，他可以加入俱乐部、社团、企业或政府等，即他可以在一特定时间选定某一群体，亦可以根据自己的意愿同他人交友。而如果一种社会交往从"固定关系"进入"约定关系"或"友谊关系"，那么其交往方式总是优先考虑那些难以解体的连接，即使此时加入的组织已不再是原先的连接，比如难以解体的连接有家庭、亲属，但新建的群体关系仍然是原先连接的变种，比如同乡会、商会及家族企业，而其进入的"友谊关系"也是此类关系的延展，比如结拜、称兄道弟的关系等。深入一步比较，我们还可以看到，"松散关系"中的个人是我行我素的；而"固定关系"中的个人深受关系的钳制，处处要顾及他人的感受或评价。由此理论，我们发现虽然每一种社会都离不开关系的构成，但因为逻辑起点不同，人的行为模式也就不同。当人们分别进入"约定关系"和"友谊关系"时，即使他们处于相同的关系类型中，也会表现出不同的行为方式，比如前者重视自我和契约，后者重视感情和名声等。

以上的理论探讨几乎不涉及文化问题，这个理论所讨论的关系向度完全是从逻辑层面上推导出来的，但因为这样的理论建构的源头依然是从中国人的关系文化中生长出来的，因此当我们再以此回观中国社会文化中的关系时，就发现以松散关系为起点似乎更接近西方人的关系特征。它的基本内核是个人的自由度，也就是说这样的社会设定了一个人在社会、政治、经济和文化上的个体性。它可以使一个人想到哪儿就到哪儿，想和谁在一起就和谁在一起，因为这是他所拥有的个人权利。既然人们的交往前提是你是你、我是我，那么这样的交往就必须由契约来约束个人，人们彼此之间也会产生爱或敌对，所以在西方社会科学中也就要研究社会交往、契约精神、规章制度、竞争与合作、社会资本、侵犯或攻击、爱情、偏好、亲密关系等。

从松散关系走入约定关系所带来的实际社会结果就是经济学中讨论最多的公司和企业。从关系向度理论来看，公司、企业就是短程性和低选择性的关系结合。也许，一个必须回答的理论问题是，现实中会出现一个人在公司很久，但为什么我在理论上依然称之为短程性呢？显然，该理论中的时间长短不是一个物理上的时间衡量，而是认知上的判断。这个判断的依据在于，如果社会交往的时间是可以定义的，那么类似的时间都是短程性的。比如，一个人加入一家公司，合同上要求试用一年，或者三年一考核，那么一年、三年乃至更长的时间就是被定义的时间，也就是说，可以被定义的时间总有到期的那一天。但对社会交往中的友谊关系而言，则不能给出时间定义，因为任何友谊关系，哪怕在客观上会立刻结束或者渐渐淡化，都不是能事先给出明确的时间段。所以，凡是不能定义的交往时间都是长程性的时间。

有了关系向度理论，我们也可以看出西方社会科学研究在松散关系（一般性的社会互动）、约定关系（公司和企业）及友谊关系（爱情与亲密关系）方面都做得非常出色，学者们围绕交往、制度、情感等方面都建立了很多具体的理论，且这些理论创新来自其文化根基上的个人中心，具有很多构建理论的现实基础。但中国人的文化根基是从固定关系中长出来的。如果我们照搬西方理论来解释中国人的关系，也就是在照搬由松散关系所看到的社会交往方式，那么其理论的契合度就很差。而更为重要的是，以固定关系为基础的社会也是可以发展出约定关系的，人们一样可以建公司，办企业。其不同点会出现在即使公司和企业是约定性的，员工依然会重视关系。

可见，图1的重点是应该将松散关系与固定关系视为逻辑起点。前者形成的文化实质是许多学者概括出来的个人本位、个人取向、个人主义或者俱乐部社会等，它体现了个体的独立性、个人意志、自由度及理性。或许是因为时间上的短程性遭到忽略，因此西方理论倾向于将其研究视角放在个体在空间中的行动路线上，比如心理学中的拓扑心理学、勒温的场论，社会学中的符号互动论、戏剧理论、社会交换理论、布尔迪厄的场域论，经济学中的经济人假设、理性选择论等，或者说，大部分社会学、心理学、政治学及经济学等学科原理都是从这里起步的，只不过其背后的逻辑未显现或被隐藏起来了而已。与松散关系紧挨着的是约定关系和友谊关系，是说依照个人的交往意愿，它最有可能发展出这两种关系，却很难发展出固定关系。而固定关系也紧挨着约定关系和友谊关系，表明它自身也一样可以发展出这两种关系。由于关系的进入方向不同，发展出来的行为轨迹与模式自然也不同。比如，中国人对友谊的理解要比西方人长久，又比如从固定关系进入约定关系的人遇事时不喜欢签协议，而从松散关系进入约定关系的人特别重视双方协议。另外，有了这四种向度的划分后，我认为有些关系（relationship）词的用法，也是有所指的。通常，社会互动（social interaction）表示松散关系；沟通或交流（communication）表示约定关系；友情或友爱（friendship）表示友谊关系；关系（guanxi）表示固定关系。显然，英文中最缺乏的就是最后一种含义。

从各方面来判断，中国人的交往模式属于长程性与低选择性的关系（翟学伟，2007a），所以中国人关系理论的逻辑起点也就由此产生。或者说，由松散关系与固定关系两个起点，大致可以呈现两种特征明显的交往模式，见图2、图3：

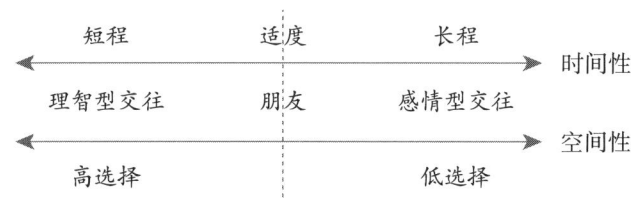

图2　时空维度的交往模式差异

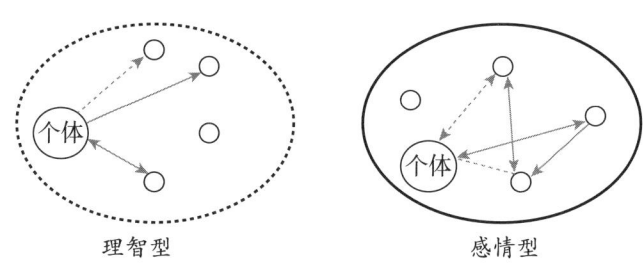

图3　两种交往模式比较

这两个图想表明，在时间与空间维度上，不同交往模式是由不同要素构成的。显然，时间长短与空间选择是其主要特征，而朋友则构成了一种中间的模糊地带。友谊对松散关系来说是相当紧密关系的建立，可对固定关系来说，还是较低级的紧密关系。区分出了这两种交往模式，我还想进一步说明图3中的理智型交往可以有连接（单箭头）、排斥（虚线单箭头）、相互性（双箭头）及不选择（没有连线）的各种可能，而感情型交往的大部分箭头都是相互的，里面几乎没有个体的选择余地，同时也形成了比较封闭的交往方式。当然相互性也可以相互排斥（虚线双箭头）及想结识某人，需要寻求中间人突破相对封闭性来建立更广泛的关系。

理智型交往不单指交往的理性倾向,也指交往非理性倾向。理智型交往方式之一是对事物尽可能地加以分解、区分,比如工具性的、情感性的,理智的、非理智的等。而所谓的感情型交往亦不同于非理性交往。有西方学者在做中国社会的人类学研究时用"ganqing"而不用"emotion""feeling""affection""sentiment""passion"或"friendship"之类来表达中国人的关系,正是因为感情在中国同人情、关系都有近似的含义(Kipnis,1997:8),所以是指包含理智和情感两个要素的混合,如情理合一或情理交融。理智与感情的相互包含,所以不能想当然地把感情型交往看作理智型交往的反面,以为中国人的交往是情绪化、冲动或非理性的。至于另外两种特征不明显的交往模式在任何社会都有所体现:约定关系在市场和组织中较为常见,友谊关系在各种文化中都有体现。既然友谊可以长,可以短,可以固定,可以不固定,任何社会就都有交友的问题。

四、固定式交往模式的表现形态

对于短程性且高选择性的交往模式,整个西方社会科学界倾注了两个世纪的努力,有大量的学术成果,可对于长程性且低选择性的社会交往模式,除了中国社会文化中保留着一些相关的人生格言与谚语之外,社会科学界都没有重视过。原因是,社会科学指向的主要是城市生活、市场交易、组织构成、制度安排、社会流动和工商管理方面,而不是乡土社会或人口不流动的社会。从测量方法上看,大多数研究由于需要在短程内结束,进而也看不到时间对交往的关键性作用。当然,日本企业的终身制多少会让这个问题凸显出来,并引发了他们建立脱殖民地化理论的潜在可能。但中国学者对此尚没有足够的认识。现在，我只能以我个人多年的研究积累，大致阐明长程性且低选择性的交往模式具有什么样的特征，以及它如何潜在而深刻地影响着我们的思维模式与行动轨迹。

长程性意味着人们在关系连接中的时间延伸性，因为就约会、开会、加入组织、参与活动、做生意、从事某项工作、规划职业生涯等事件而言，它们的共同特点是时间的有限性。这种有限性会导致交往时限的确定性。但关系所要表达的时间是无限的，它指向没有尽头的未来，所以也就倾向于把有限的活动延伸至无限，比如开会或者上学念书是有时限的，但由此相互认识而结下的熟人、同学、朋友是关系无限的。从有限转换为无限是中国人建立关系的重要手段，也构成了中国人运作关系的基础。从人生哲学上讲，中国人理解的时间无限性从根本上讲在于对生命延续的假定，即追求生育就是一个人的生命延续。所谓"世世代代""子子孙孙""香火不断""瓜瓞绵绵""后继有人"以及"世交""世仇"等，都隐含了关系可以引入可持续性的接替者而得以长存之意。可是，低选择性又意味着空间上的封闭性，也就是中国人不接受连接不上关系的那些人，这类人主要是指陌生人，或为正常工作、交易、谈判而来往的人。从这两个时空维度的内涵上看，松散与固定本是一对矛盾，将其合并起来运行是中国人关系发生、发展、持续、包容、转换、排斥、谋划、结盟等的动力所在。

关于交往的持久性问题，我们不能把它看作短暂性的相加。虽然短时相加可以变成长时，但它的时间观念依然是短程的；所谓长程性显然不是说交往时间的实际长短，而是指人们对交往时间的预期。比如，"人要过好每一天"，"每天进步一点点"，是由短时叠加而来的长时概念；而"一生一世"或"怎么过都是一辈子""我这辈子认命"或"永远在一起"，则是长时概念，意味着人与人之间要在一个总长时的递减中过完自己的一生。时间预期的不同会导致人们行为模式上的巨大差异。试以婚姻为例,婚恋中所谓的"我爱你"是一种短时性表达,它不指向长久,但可以每天如此直至长久,所以在行为方式上形成了婚姻模式的紧张、不断吸引及有所附丽;而所谓的"爱你一辈子""爱你一万年""白头偕老""地老天荒"以及"海枯石烂"等则是长久性表达。由于前者只表示当下的感情,所以"不再爱"是一种未来的可能;后者由于指向人的一生,人们在时间观念上不但有了"两情若是久长时,又岂在朝朝暮暮",而且还涉及婚姻质量上的松弛、得过且过等特点,也造成中途变卦,会涉及道德和良知的问题。可见,不同的时间观念指向会引导不同的婚姻模式。[1]中国人的这种时间预期倾向还导致了即使有的行为是短暂的,也做长久的期待,比如"一日夫妻百日恩""一日为师,终身为父""一失足成千古恨""君子报仇,十年不晚"等。正由于这种长久性关系的影响,在中国,做领导不是一个在不在任的问题,而一个涉及持久控制、影响力以及能否找到自己的接班人或者排斥异己的问题,即所谓的"一脉相承"乃至"千秋万代"的问题;而在西方,做领导则是竞争模式,因此只能在期限内完成自己的施政纲领,然后看其后续乃至换届的可能。在生意方面也是一样,比如中国有"放长线,钓大鱼"的说法,或有"先赔后赚"的经营策略,另外还有赊欠、欠债、父债子还等现象。而短程交易则产生借贷、还贷制度。我们由此还可以假定,如果中国人对社会交往不做长久预期的话,那么由于关系建立不起来,因此就会发生一系列反常于维持关系的现象,如无礼、失范、缺德、自私、欺骗、不认账、隔岸观火等行为。这些众生相也将部分地发生在互联网的交往中。

---

[1] 我在南京大学中美中心教过好几个西方学生。他们不约而同地问过我,为什么中国夫妻(因出国、留学、外出打工等)可以分离那么长时间,显然潜台词是说西方人不会这么做,因为这样会削弱夫妻的感情,但中国人压根儿就不这么想问题。

可见,关系的长久性问题是探讨中国人的行为模式的基础。中国人在传统社会建构中为了使这样的关系成为可能,采取了大结构套小结构的做法,以便在局部发生危机的情况下依然有更大的结构强力支撑并对此进行修复。比如,一小户人家往往内嵌于宗族,小家庭套在大家庭中,夫妻关系陷于亲属结构的包围中等。因此,夫妻关系的稳定性不单由两人情感而定,还牵涉到双方家庭、婆媳关系及爷孙关系;而就两人关系而言,为了制度性地保证长久关系成立,儒家设计的角色规范也得采取不对等关系,比如儒家的基本核心"五伦",即所谓父子、夫妻、兄弟、君臣、朋友中,除了朋友一伦外,都是不对等关系,因为对等关系最容易松动或断裂。

关系的长久维持造成了对做人原则的强调,个体要学会把自己摆放到固定的关系中来生活,而不能我行我素。中国人在互动中喜欢强调行为表达的恰当与否(而非真诚与否),尤其是忍让及相关策略问题,这点让西方人误以为中国人不喜讲真话。中国文化中有很多词语是用时间来表达识人和做人的,诸如"来日方长""日久生情""路遥知马力,日久见人心""从长计议""故交""故人""老相识"等。这些词语都在反复说明中国人不太在乎眼前的一时一刻,一个人会用其一生甚至几代来维持、改善、处理同固定对象的交往。正由于这些特点,中国人对短暂交往是排斥的,或者说一切不利于长久的行为模式都遭到否定。由此一来,中国文化也就失去了对短程性且高选择性的行为模式的思考。失去了这样的思考意味着什么呢?它意味着无法对城市、市场、组织、流动等方面进行理论思考和社会规范,也无法对人的理性进行反思。即使有些类似思考也是从长程性的关系中推出来的,诸如:老吾老以及人之老,幼吾幼以及人之幼;遇到陌生人时依然可以用含有家庭意味的称谓,比如爷、伯、叔、兄、娘、婶、嫂、姨、姐等来称呼对方,从而找到互动的方式。又比如,在熟人的花费上,中国人对 AA 制很排斥,因为他们坚信,AA 制是一种疏远"关系"的制度，它暗含了对关系亲密性的抵制，进而双方不可能成为真正的朋友。反过来说，不同于 AA 制的"请客"行为在中国社会非常流行、普遍，它几乎成了中国人连接关系的代名词。根据统计，2005年中国人的公款请客费用估计在 5000 亿元以上[1]，如果再加上私人请客的费用，那将是一个天文数字，以至于中央对此问题进行了大面积整改。中国人愿意如此花费，在于它有助于建立、维系和加固关系以及由此带来的潜在利益。同理，中国人对"对等交换"也很排斥，因为对等交换等于在宣告交换是没有延续性的，这点非常有悖于中国人所需要的"人情"，更无益于"报"的观念（翟学伟，2007b）。所谓欠人情、人情债等正是因为交换的不对等性才有可能延续下去，"人情"实际上可以理解成一种在长程性的不对等交换中建立起来的"被绑架"式的友谊。

处于这样一种关系中的人们自然会形成一种相应的价值体系，其核心就是"和为贵"。但在和睦的背后，个体也会被迫放弃选择性意志，压抑自我。这种压抑可能会向两个方向发展。一方面是缩小或放弃自我去迎合他人的需要，这点对关系双方都是一样的，也为双方的互相融入与和谐提供了基础，形成了"互依性自我"。另一方面是压抑真实的自我，常给自己戴上面具来同他人交往。这时，在中国最容易发生的互动模式是表里不一和对面子问题的关注。这可以解释为什么中国人特别喜欢"我看人看我"，而很难"自我审视或反省"：前者催生了耻感的问题，后者催生了罪感的问题。

低选择性的特征一旦出现，人与人交往中的理性就会受到压制，感情因素就会获得增长。虽然感情培养对世界上所有家庭成员都是一

---

[1] 2007 年 3 月 18 日《法制日报》第 5 版报道：1989 年，我国公款吃喝金额为 370 亿元，1990 年为 400 亿元，1992 年超过 800 亿元，1994 年突破 1000 亿元，2002 年为 2000 亿元，2004 年为 3700 亿元，2005 年为 6000 亿元。

样重要的，但中国人在更大的范围内重视这个问题。这样一来，理性与感情之间需要一种平衡。中国人不喜欢没有感情的事物，也不喜欢辩论。这点也影响到人们对制度的设计，即中国人不接受制度对人的刻板约束，而试图让制度自身也很有弹性。处于制度下的成员经常希望规则有一定的发挥余地，从而体现出"法无外乎人情"的一面。在关系当中，纯粹讲道理对中国人来说是行不通的，他们认为情理交融是处理关系的最佳方法，当然纯粹为了感情而放弃原则和规范在中国也被认为是错误的。总之，持中与平衡是情理社会的一个重要特点，是中国人处理关系的原则。它们同儒家的礼与中庸之间是指导与被指导的关系，同时也造成了情境对中国人来说比人格更显重要。

长程性且低选择性还会带来人们对义务性的关注，人与人之间的许多行为不来自责任、自我、意志及理性，而来自不得已。由此一来，关系的亲密性在很大程度上未必发自内心，而是出于"礼"与"面子"上的需要。上述特征所集中体现的"人情"指向了一种含有亲情、义务、交换却又未必自愿的行为，它将依循礼数而持续地滚动下去。中国人喜欢礼尚往来而不喜欢直接的利益交换，是因为：前者含有感情成分，后者只有理性；前者是工具性和情感性的混合，而后者只有工具性。为了实现礼尚往来，中国人采取了"欠"的策略。双方经常性地互欠对方的人情，最终实现了无期限的关系延长，而"不欠"就意味着双方关系的结束。

最后我想补充说明的是，固定关系模式会模糊自我和他人的界限，自我受到侵犯可以被当作关系亲密来理解，而此刻的善意也未必来自自愿，有时来自不得不。比如，一个人（例如母亲）很辛苦地为另一个人（自己的孩子）的冷暖、卫生、安全、吃穿用而忙碌着，却可以完全不顾此人的自我感受或需求。尽管接受者此时已意识到这些行为给他带来的是打扰、逼迫或被压迫感，但因为这种行为在此文化中被定义为善意，他只好以感激的方式接受，并被迫进行回报。而拒绝则意味着绝情、不懂事、不会做人、不知好歹、不通晓人情世故，至少是不理解他人的善意。总之，长程性且低选择性的交往模式不可能催生个人主义的行为模式。反之，个人主义的行为模式要能成立，首先要打破的就是长程性与低选择性。

关系向度理论本身的提出，虽然是我多年研究中国人关系的结果，但已不再限于解释中国人的关系问题了。从四种关系向度来看，我们首先需要理解的是，因为时空维度上的差异可以区分出社会交往中最为常见的四种方式。我们完全有理由认为这四种方式在所有社会都是存在的，比如在西方社会中有"固定关系"，在中国社会中也有"松散关系"。只要各个社会都有，就不需要在文化特征方面把它们绑定起来，或者做一一对应。其次，出于地理、历史及文化的原因，有的文化在有的关系类型上比较发达，其他的文化则不发达或者不发生。比如，我们有理由认为航海中或草原上的人们由于在空间上流动性过强，因此其关系的稳定性建立面临客观的困难，而在现代社会，城市化与市场化的进程、人口流动导致了人与人的关系十分松散。但传统社会的最大特点是安土重迁，人们祖祖辈辈生活在一个地方，或者在不得不迁的过程中拖家带口、举村移居等，包括寻祖或者落叶归根等在内的许多观念和行为导致人们需要在固定关系的类型中建立行为模式。当然，如果其他社会也发生类似的现象，也一样可以被划归固定关系模式，比如美国的乡村小镇也具备固定关系的特征。所以固定关系不是中国文化独有的，我们只能说中国文化为我们研究固定关系中的运行机制和行为方式提供了丰富的资料。又比如，虽然我们发现固定关系中有许多复杂的亲属系统和同样复杂的伦理规范，但在行为方式上我们也看到了一种被称为"忍"的概念。"忍"的心理机制何时容易启动呢？其根本在于关系是否解体，但凡由个人出发建立的关系，比如一个人从松散关系出发，无论他要进入约定关系还是友谊关系，都无须"忍"，因为他可以在某种关系不能忍的时候选择回到个人生活状态。但固定关系下的个人则没有了退路，他在出现负面情绪和情感时就必须"忍"。这种心理状态是我们从中国人的关系中看到的，但最终发现它是固定关系中的一种行为方式。此时，满足固定关系的条件，"忍"的行为模式就会发生，而无须用中国文化中的思想、观念或习俗等来解释忍的心理和行为。

　　于是关系向度的应用性在于，它可以帮助我们在理论上去理解一些现象。比如，我本人在给美国学生上课时，其实也不能说中国人特点如何，美国人特点如何，因为这样说，容易把一种行为方式和文化捆绑在一起。我们只要想一想，如果他们来中国留学，我们的大学给他们的宿舍不是一人一间或两人一间，而是最少四人一间，甚至八人一间，他们为了体验一下中国大学生的生活也接受了，那么四年后会如何？笔者想，即使他们没有好好学习中国文化，也不懂儒家人伦，依然可以切身体会一下关系是如何复杂化的，他们自发的行为方式中便也会有类似中国人的或者中国式的关系特征。可事实如何呢？中国高校对于留学生公寓的设计，大多是一人一间的。这点表明他们没机会接受一种类似固定关系的生活。这也意味着，他们可以学习中国文化和儒家讲的道理，但收获的只能是认识和理解上的，不是实践和体验上的。反之，如果中国大学生也有一人一间宿舍和自我空间，关系自然也就简单化了，自然也大大减少了人情和面子方面的苦恼。当然，如果这时有人还是坚持认为其他关系类型也可以产生人情和面子，那也正常，因为这时我们已经可以从关系向度中区分出：有一种从个人表演出发的脸面和交往，有一种从个人出发的喜欢和情谊，它们如何表现明显有别于从固定关系中生长出来的人情和面子。于是我们也就理解了为什么戈夫曼竟然把面子理解成了"日常生活中的自我呈现"。

五、互联网的可能性表达

我在前面已经提到，互联网在中国发展的速度很快，它们在总体上进一步加强了社会是由网络组成的意识。本来团体成员及其制度和边界就让中国人感到不太自在，现在则更加体现出它与中国人社会交往习性的趋同性。一个非常细节性的表现是，中国人在群体和组织活动中也会任意接听或拨打手机、接发短信或上网，而不顾及组织纪律或现场规范。然而，互联网在人际沟通方面的发展又是多重性的。它既有固定电话、移动电话和原初通信的功能，又有许多以往其他通信工具所不具备的功能，假如我们将互联网作为连接不在身边的亲人和朋友的手段，那么它无疑促使固定性交往进一步稳固。

但由于互联网自身所开发的交流方式，出现了一种同固定关系特征相反的现象，其最大改变是"长程性"和"低选择性"的消失。较之原先本具有松散型关系的社会来说，这两个特点消失的时代意义重大，因为松散型关系在互联网中不过是其特征的进一步延伸，而固定关系被互联网打破则会导致许多人如同脱了缰绳的野马，一下子进入了无约束的境地。这时，人们开始主动在网上寻找新人，试图同完全不认识的人建立沟通关系，比如结识新朋友，建立聊天室，与陌生人说话（或视频）或开办博客及微博等。这时，我们还发现，人际互动的顺序已发生了革命性的翻转，原先社会互动的顺序是"见面→认识→表达"，现在则是"表达→认识→见面"。先聊再认识的模式是互联网之前的时代无法想象的，由于这一现象非常新奇，我想整个社会学界仍在探索阶段。

本来，中国人的生活词典中是不存在"陌生人"的，同不认识的人聊天也不符合中国人关系的特点。现在互联网出现了，中国人，特别是年轻人又那么热衷于在网上交际，那我们就要考虑：究竟什么变了呢？

在固定交往中，中国人的自我是压抑的。人们有很多欲望、想法、真话或者可能得罪人的、泄愤的话等，不能告诉自己的家人、老乡或朋友。人们在固定关系中知道什么叫"祸从口出"，什么叫"隔墙有耳"，什么叫"不得罪人"，什么叫"忍耐"或"苦闷"等，但所有这一切随着互联网的到来都得到了释放。从这点上看，互联网是中国人自我释放或自我宣泄的场所，有众人狂欢的意味，而众人狂欢又是建立在匿名性和暂时性的基础上的。在中国现实社会中，狂欢很难发生，即使有些聚会很热闹，其范围一般也限于同学、同事和朋友之内，多少还不能丑态百出或口出狂言，充其量也是一种准狂欢或狂欢的最低级，并伴有酒精的作用。或者说，由于狂欢在中国难以启动，因此为了能热闹起来，中国人需要酒的帮助，形成了中国酒文化的特色。中国人不接受与陌生人狂欢，主要是因为它会让人失去安全感。总体上看，"关系"带给中国人的最主要的东西，就是表达上的含蓄和实质上的安全感。

在中国人的关系当中，安全感是建立在相互信任的基础上的，而最好的信任是不证自明的，尤其是在家人关系中，中国人从不怀疑家庭成员（中国话叫"放心"），从不需要为风险担忧。只要人们在交往范围内不直接触及陌生人（必要时需要中间人），风险和信任是多余的。"信任"这个概念的出现，在中国文化意义上是对选择性关系的规范。孟子的所谓"朋友有信"，不是说朋友之间有信任，而是说对等性关系很松散、易断裂，进而会发生背信弃义的事情，因而告诫人们，做朋友要守信用；同样的关系也发生于君臣之间，因为血缘关系消失后，忠实守信成了问题，因此其中多出了很多考验的环节，尽管现实社会很残酷，依然存在欺君、不忠现象。在儒家的经典当中，忠信只用于家人之外，或者说不用于低选择性关系当中，是反过来证明了血缘关系的安全性特征。由此，中国人的信任程度可分为：放心、可信任和不可信任。互联网虽然也是网络，但它不是一个身体接触式的或物流性的网络，只涉及信息交流。这就使交往中的信任问题可以被悬置，因为此时的人们是以匿名性和身体缺席作保证的。匿名性和身体缺席一方面对人的活动空间概念做了颠覆性的改变，另一方面也就为不可信任提供了交流上的安全感。这就好比我们坐在电影院里看电影，画面中一切暴风骤雨或枪林弹雨乃至恐怖的场面都没有实际意义。它们固然多少会改变人的心态、心情或观念，但无论怎样都同人的真实生活无关。中国人乐于在互联网上接受陌生人，是因为他们不影响自己的真实生活（当然更年轻的一代不一定这么想）。既然有一种生活方式不会直接威胁自己的安全，又可以恣意地释放自我，何乐而不为？

关系的长程性与低选择性，给人的生活带来的另一个最大特点就是全知性的信息。处于这种状态下的人很难有隐私、独立的自我、自己的空间。任何信息都是面对面的、彼此分享的。人们聚在一起的乐趣就是打听各家各户发生的事情，进而从中学会了对自身行为的约束。中国谚语中有"要想人不知，除非己莫为"的说法，是在告诫人们，一个人做什么不可告人之事是不可能的。而它的另一层含义是说，在关系共同体中，约束人的行为规范不是制度，而是舆论及由此而来的羞耻心。但是作为只剩下一串数字和一个符号的网民，已经没有必要维持共同体中的舆论和规范。这时，网民掌握的他人信息是片面的，甚至是虚假的。人们在一起聊天大多是天南海北，不着边际的。尽管一个人也可以把自己的真实信息向对方倾诉，但只要不暴露身份，或者没有建立关系，它们就没有实际意义。也就是说，假如一个人在网上交往的对象是一个陌生人，交流信息的真假几乎不会带来任何社会效应，直至此人身份暴露的那一天。因为真假没有了意义，反而又容易得到另一种形态的真实，或者叫作姑妄言之或姑妄听之。由于存在这样一种虚拟交流的氛围，接下来爆料、曝光、万民热议的事件便会层出不穷。这一结果反过来又在更大的层面上构成了网络社会的舆论攻势，这比原先身陷共同体中的舆论或道德更令人难以招架。面对这一情况，中国互联网开始向两个方向发展，一是信息过滤，二是网络实名制。这两个方向意味着，虚拟社会似乎不适合现有的中国社会，尽管不可回头，但依然想通过这些手段恢复真实社会的大致特点。

由此可见，互联网交流中没有了关系中的情面和权威。原本"给人面子""给人留些面子""打人不打脸，骂人不揭短"是中国人关系的重要法则。但互联网打破了这样的法则，这导致互联网与真实社会需要相互制约。换句话说，许多原先在关系中不可能发生的举报或爆光行为，因互联网的存在而遏制了现实中的给面子行为。比如，教授上课时打手机，学生不敢当面批评，但放到网上讨论后就在现实中制约了教授上课时接听电话；当今中国学界更为瞩目的"学术打假"，一般都是网络行为，而不再是原先的匿名来信，因为后者很容易在关系意义上被大事化小，小事化了。甚至可以说，互联网基本上成了中国人批评、热议、嘲讽、谩骂、炒作真实社会、事件的场所。据《中国青年报》2010年8月4日的报道：美国市场研究公司尼尔森发布了一份调查报告，引起公众的关注。报告指出，在整个亚太地区，中国网民最喜欢在网络上发表与产品相关的负面评论。约有62%的中国网民表示，他们更愿意分享负面评论，而全球网民的这一比例则为41%。《中国青年报》社会调查中心的调查显示，对于尼尔森的这一调查结果，41.3%的中国网民明确"认同"，41.9%的网友认为批评性言论更有价值。

以上互联网现象是针对关系理论框架而言的，不包含互联网的其他传播形式，比如多媒体、BBS、新闻和信息发布、网上购物及一些专业网站等。就关系视角而言，互联网在中国具有严重的娱乐化倾向。中国最大的聊天网QQ，因为聊天和视频网站过于火爆，而被关闭整顿过。但无论如何整顿，其实质依然是娱乐性的。有一个问题越来越明显，就是网络是否要实名制的问题。为什么要实名？其目的就是回归真实关系，削弱网络的娱乐化倾向，并试图让个人信息透明化，以便于寻求社会控制的方法。

总体而言，互联网既有加强和扩大中国人社会网络的特征，又同传统关系有明显的不同。前者将现实社会或流动中本已失掉的关系再一次地紧密联系在一起，而后者则打破了长程性与低选择性的关系。固定关系模式一旦被打破，上述另外三种关系向度便同时展现在中国人的面前，进而延伸出关系理论所没有的特征。所以我们现在还需要一种互联网上的交往理论。当然，互联网上的中国人际交往模式所显示的特征，不能被理解成互联网本身固有的，而是来自现实交往模式的观照。比如，对于西方人际交往而言，互联网是一种现实交往的放大和延伸，而对中国人际交往而言，它是对现实交往模式的一种"反动"，即对面子、礼节、容忍、苦闷和权威压迫的释放。虽然众人狂欢、众声喧哗、万民放言构成了中国人网上交往的特点，但它们同时带来的问题是：原有道德规范体系瓦解，新的网络规范暂时缺失。规范缺失与众人狂欢是网络交往模式的一体两面。一旦形成网络规范，狂欢也将收敛。

但是，我们也不要过于乐观地看待这种关系模式的新变化，因为处于虚拟社会中的改变仍有部分回归现实的趋势，再者，互联网的强大也会导致现实中的中国人在关系运作方面显示出更大的能量。即使在虚拟社会中，谁又知道这种娱乐化背后是否依然深藏着中国人所谓的逢场作戏呢？

参考文献

陈方正,2009,《继承与叛逆——现代科学为何出现于西方》,北京:生活·读书·新知三联书店。

陈嘉映,2010,《东西文化思想源流的若干差异》,载北京大学国家发展研究院(编):《中国问题》,上海:上海人民出版社。

费孝通,1985,《乡土中国》,北京:生活·读书·新知三联书店。

福山,弗朗西斯,2001,《信任:社会美德与创造经济繁荣》,彭志华译,海口:海南出版社。

甘阳,2007,《通三统》,北京:生活·读书·新知三联书店。

古迪,杰克,2009,《偷窃历史》,张正萍译,杭州:浙江大学出版社。

何友晖、陈淑娟、赵志裕,1991,《关系取向:为中国社会心理方法论求答案》,载杨国枢、黄光国(主编):《中国人的心理与行为(1989)》,台北:桂冠图书公司。

胡弗,托比,2010,《近代科学为什么诞生在西方》,周程、于霞译,北京:北京大学出版社。

华勒斯坦等,1997,《开放社会科学》,刘锋译,北京:生活·读书·新知三联书店。

黄光国,2006,《儒家关系主义》,北京:北京大学出版社。

黄宗智,2007,《经验与理论:中国社会、经济与法律的实践历史研究》,北京:中国人民大学出版社。

霍布森,约翰,2009,《西方文明的东方起源》,孙建党译,济南:山东画报出版社。

梁漱溟,1990,《中国文化要义》,载《梁漱溟全集(第三卷)》,济南:山东人民出版社。

尼斯贝特,理查德,2005,《思维的版图》,李秀霞译,北京:中信出版社。

赛义德,爱德华,1999,《东方学》,王宇根译,北京:生活·读书·新知三联书店。

泰勒,乔恩·R.,2011,《中国特色的政治学:为何混合式方法论路径更适合中国》,许谣译,《社会科学研究》,第1期。

韦伯，马克斯，2004，《韦伯作品集（第5卷）》，康乐、简惠美译，桂林：广西师范大学出版社。

许烺光，1990，《宗族·种姓·俱乐部》，薛刚译，北京：华夏出版社。

许烺光，2002，《中国人与美国人》，徐隆德译，台北：南天书局。

杨国枢，2004，《中国人的社会取向：社会互动的观点》，载杨国枢：《中国人的心理与行为：本土化研究》，北京：中国人民大学出版社。

翟学伟，2003，《社会流动与关系信任——也论关系强度与农民工的求职策略》，《社会学研究》，第1期。

翟学伟，2004，《人情、面子与权力的再生产——情理社会中的社会交换方式》，《社会学研究》，第5期。

翟学伟，2007a，《关系研究的多重立场与理论重构》，《江苏社会科学》，第3期。

翟学伟，2007b，《报的运作方位》，《社会学研究》，第1期。

翟学伟，2009a，《是"关系"，还是"社会资本"》，《社会》，第1期。

翟学伟，2009b，《再论"差序格局"的贡献、局限与理论遗产》，《中国社会科学》，第3期。

中国互联网络信息中心，2025，《第55次〈中国互联网络发展状况统计报告〉》，https://cnnic.cn/n4/2025/0117/c88-11229.html。

Cui, Zhiyuan, 2005, "Liberal Socialism and the Future of China: A Petty Bourgeois Manifesto," in Cao, Tian Yu (ed.), *The Chinese Modern of Modern Development*, Routledge.

Kim, Uichol, H. C. Triandes (eds.), 1994, *Individualism and Collectivism: Theory, Method, and Applications*, Sage Press.

Kipnis, A. B., 1997, *Producing Guanxi: Sentiment, Self, and Subculture in a North China Village*, Duke University Press.

Oyserman, D., H. M. Coon and M. Kemmelmeier, 2002, "Rethinking Individualism and Collectivism: Evaluation of Theoretical Assumptions and Meta-analyses," *Psychological Bulletin*, No. 128, pp. 3—72.

第三编 关系运作及其动力

"报"的运作方位

【导读】报的运行及其结构研究几乎是社会学研究的一项空白。其原因是它的含义被交换理论所掩盖。通过研究中国人的人情观念,我认为报的交换方式要求它在一种社会与文化的封闭系统中运行,从而在稳定性、原则性和层次性等方面都表现出自己的特征。这一要求同中国传统社会和文化结构之间具有高度的一致性。但由于儒家所偏重的仕途理想似乎更关注一种开放性的交换方式,进而形成了一种与报相对应的价值倡导,也就是"义"。比较而言,此种倡导终难抵挡报的强势作用,因而这种封闭性的交换方式仍是中国社会关系最为现实的基础。

关系、权力与"报"的运作

"报"在中国社会既是一个常见而重要的概念,也是一个较为核心的文化观念。它在中国数千年的文明进程中一直扮演着十分重要的角色,其社会和文化意义绝不亚于"人情""面子"及"关系"。但遗憾的是,关于这样一个重要概念,中国社会科学领域却没有像对后面这几个概念那样研究得那么充分,它尚属于有待挖掘的议题。20世纪50年代,就职于美国哈佛大学的著名史学家杨联陞在费正清(John King Fairbank)主编的《中国思想和制度》一书中,用英文发表了《报——中国社会关系的一个基础》(1957)一文(Yang, 1957)。虽说此文揭开了此项研究的序幕,并在学界多少有些回响,比如香港中文大学新亚书院为此邀请杨联陞又作了一次同题讲演(杨联陞, 1987),台湾张老师辅导中心与张老师月刊在其举办的"中国人的心理"系列讲座中将此列为第一论题(顾瑜君, 1980)等,但至今却罕有专题论文发表。就可以查到的成果来看,正式以此概念为题发表的论文只有刘兆明(1993)的《"报"的概念分析及其在组织研究上的意义》一篇,其他相关研究还有文崇一(1988)的《报恩与复仇:交换的行为分析》及余安邦(2004)的《报的规约与情的纠葛:清代笔记小说中的妻与妾》。总体感觉是,由于这个概念还没有被厘清,范畴及其运作不甚明确,因此一些具体研究还不能得以释放。可见在这过去的整整五十年中,研究序幕尚在开启。

总结个中原因,也许同西方社会学、心理学和人类学领域中的相关研究异常活跃有关。一方面,就研究趋向来看,报的研究在社会科学领域中大致自觉或不自觉地被归为社会学中的社会交换和社会资源两种理论范畴(文崇一, 1990, 1988;黄光国, 1990;刘兆明, 1993),随着这两个理论正在同社会网络理论相融合,估计难得会有学者再把它单列出来进行研究了。另一方面,就本土化的研究情况来看,报的研究正成为中国人关系研究的一个组成部分,也就是说它同人情、面子、关系、情感等一起构成了我们对中国人关系运作或行为方式的混合性理解（许烺光，1979，2002；金耀基，1988；翟学伟，1999；黄光国，2004）。这样的整合研究虽有其自身的道理，但我还是认为上述两种路径，都不足以认识报作为一种本土概念的精妙所在。我以为，从研究局面来看，西方相关理论所能包容的是其重叠的或可以涵盖的部分，忽略的是报的独特部分及其在文化中蕴含的运行特征；从上面的研究情况来看，它们虽然重视报的文化与道德内涵，却忽略了报所能担负的独特的理论性贡献。

一、报与交换：不同的研究取向

　　站在社会学的立场上看，报的确有交换的含义，但这种含义在很大的程度上讲，更接近交换理论形成初期的人类学研究、行为主义心理学及社会学家霍曼斯（Homans）所提倡的那种社会交换，而不是后来越来越精细化的社会学家的有关理论。那么，霍氏的观点是什么呢？他认为，交换是个体所获得的酬赏或惩罚。他的这一观点来自行为主义心理学中对于人和动物的有关趋利避害的研究（特纳，2001：275）。因此，站在生物学和心理学的立场上看，无论是从动机还是从行为上讲，交换是所有人类活动的基础。但与此同时，也正是在这一立场上，社会学家所建立起来的交换理论总是被用来解释人类的一般性的交往活动，而对交换活动的类型和文化特征有所放弃（戴维斯，1998）。这点在马林诺夫斯基（Malinowski）研究的"库拉圈"后又被社会学家趋同为一般交换原理的做法中略见一斑。

　　我们知道，所谓理论的解释力大概有两种方向。如果我们希望一种理论对人类的行为有解释力，我们往往会高度抽象我们在经验研究中所得到的结论。但结果是，这种理论越符合人类的一般性原则，就越会远离人的历史性、文化性和情境性。我称这种理论的解释方向是广度上的。绝大多数西方社会学理论包括交换理论，就是这样的理论。另一种方向关注对研究现象本身的解释，其目的在于搞清楚为什么这个地方（这个群体或一部分）的人会有这样的思维及行为。显然我们这个时候拿出一种一般性的理论，是不足以回答这样的问题的。理由很简单，以一般性的理论解释一种具体而鲜活的现象有泛泛而谈之嫌。为了有针对性地解答一个具体问题，我们需要契合性强一点的和抽象程度低一点的理论，比如库拉圈理论就是对特罗布里安岛居民的交换行为的解释。我称这种理论的解释方向是深度上的。这两种解释方向之间的张力，似乎是社会学家和人类学家之间争论的话题，比如人类学家格尔茨（Geertz）就认为，社会学和心理学的那种抽象性的理论和方法，无法给我们当下提供什么有效的解释力（格尔茨，2025：26），而社会学家也许认为，人类学同民族志走得太近，不能建立起一般性的理论模式。学界讨论较多的地方性知识、类型学、中层理论或本土研究或许是一些新的研究方向，它们希望建立起一些既脚踏实地又具抽象力的理论。报同交换之间正是这样一种研究关系。如果我们认为只有研究交换才可以更本质地揭示人类社会中的交互行为，那么报的研究不受重视是可以理解的；如果我们认为研究报将有助于我们看清楚中国人的交换或互惠模式及其运作特点，那么报的研究就会显得尤为重要。虽然我们承认，交换研究在一般意义上已经概括了很多报的内涵和外延，但之所以仍然需要对报进行研究，是因为我们仍需要对中国人自身的交换方式有所了解。而通过这种了解，我们还会发现，以往站在交换理论的立场上看到的许多原则同报之间存有一定的差异，我们不但不应该抹平这种差异，反而应该以此为切入点，来展开对报自身的运行规则的思考。

那么同交换相比，报的研究中有哪些地方需要特别的关注呢？首先，我认为中国人所讲的报中既有许多具体而真实的对象，也有很多具体而假想的对象。无论对于哪种对象，中国人要想从中获得回报不但要有足够的耐心,而且还要有非常强的想象力,因为中国人是用关联性思维(correlative thinking)(安乐哲,2002)构筑其社会和宇宙观的。其次,在这一系统中,我们很难像交换理论那样,把报假设成一种理性的选择。如果在这一点上发生争论很可能会没有结论。西方理论认为,一些非西方民族和信仰的人的社会交换方式看似不同,但最终还是会在代价和回报之间做出理性的计算,否则一个体没有付出的理由(斯达克、芬克,2004:104)。可站在本土的立场上看,一个体无论是对于真实对象还是假想对象有所付出时,他都不会必然得到有收益的回报,即使有,也是补偿性的或解释性(归因)的。由此,我们很难判断这是理性还是非理性。再次,报固然是中国社会关系的基础,但这不意味着中国社会没有同报相反的价值和行为特征,这一点同交换研究也有重要的区别。也就是说,我们在中国文化中看到始终有一种相反的力量同报共同支撑着中国人的社会关系,但如果我们把这股力量放到交换研究里面来观照,则无法找到其对应性。最后,我发现西方社会学家早期在讨论交换时本有道义方面的讨论(莫斯,2002;齐美尔,2002),而当该理论逐渐成熟后,就少有人问津这部分内容了。但要研究中国社会文化中的报,不涉及道义是不可能的。

以上问题相当复杂,我在这篇论文中只能以报的运作结构与机制作为研究重点。我认为,以往相关论文和研讨更多的是从人文和历史的角度进行描述、分类和讨论的,它们虽含有社会科学研究的意识,但尚未在学理上找到报的运作方位(而这点在社会科学研究中是首要且关键的,也是我们判定其研究取向的标准),更无力将以往那些看似庞杂的观念、日常行为及各家之言(包括成语、谚语、熟语等)整合成一套较为完整的运行图式。这将成为本文力图解决的问题。需要说明的是,虽然我这里不准备对上述提及的关注点——阐释,但会在下面部分地讨论到它们。无论如何,本文充其量不过是一篇导论。

二、报：封闭性的交换方式

"报"在中国文字中有应答、回应的含义。《集韵·号韵》云："报，答也。"《字汇·土部》曰："报，答也，酬也。"杨联陞在研究中也将报总结为"反应"（杨联陞，1976），后来他又找到了两个英文词，即"reciprocate"和"retribution"来作对照，意思表示为还报和报应，进而他亦流露出可以从行为主义心理学中的刺激和反应，及历史学家汤因比（Toynbee）在《历史研究》中提出的"挑战与回应"里看出更为博大的问题（杨联陞，1987）。显然，这种思路同我前文讨论报与交换的关系时一样，是想把报归入人类的一般行为或文化模式来研究。在我看来，如果这种研究思路得以贯彻，我们非但不能提升报的研究意义，反而还会使报的研究失去意义。杨联陞自己也认为，比较而言，中国人更多的是在社会关系中使用这个含义的（杨联陞，1987，1976）。报在中国文化中虽有应答之意，但这里的应答不是泛指性的，不针对所有刺激和反应的模式而言，而往往同馈赠和礼仪（祭祀）相联系。这一点已被许多人类学的研究和中国古籍文献记载所证实，同时也很容易被当作初民社会的通则来看待（莫斯，2002）。早在几千年前，中国就有"投我以桃，报之以李"（《诗经·大雅·抑》）及"投我以木瓜，报之以琼琚"（《诗经·卫风·木瓜》）之说法。

这里可以比较的地方是，礼物的往复或流动，无论它是有以示友好的含义还是有象征的意义，无论是体现礼物自身的价值还是反映送礼者的身心之融入，大都有以物化（或资源化、象征性）形式表现的倾向。而中国人所讲的报既有物化的方面，又有非物化的方面，还有将物化作非物化处理的倾向。我认为，研究报的非物化方面，是我们理解报之含义更加本质的方面。比如，《史记·范雎蔡泽传》中的"一饭之德必赏，睚眦之怨必报"、民间常说的"冤冤相报何时了"及《论语》中的"以直报怨""以德报德"等都想说明，报不一定是由物、资源、象征等引起的，也不一定是由馈赠引发的，它可以源于善意或恶意，也可以源于感激或是过节引起的反应。而在中文词汇中，报最为常见的词语搭配是"报恩"与"报仇"。这两个词语无论怎么解释，同馈赠或礼物都没有什么关系。回到行为主义心理学，非物质性的报大致等同于行动或事件的结果给一个人带来的好处或坏处及有利或不利，有心理化、道德化和观念化的倾向。当然，一个人为人处事的利弊可以来自一种物质性或符号性的互惠，比如礼物或金钱，也可以来自一种对动作、行为或事件（比如给面子、赏脸）的理解及评估，甚至可以来自一种人生态度或价值观（关于这点我在下面还会讨论）。由此，我们可以说，报的常见用法是同馈赠相联系的，但它在中国文化中有更加广泛的含义，这含义是馈赠、礼物或一般性的社会资源研究所不能涵盖的。

那么，如何在这种看似漫无边际的交换思想和活动中寻求到报的指向性或运作的方位呢？对于这一点，以往的研究者显得疑惑或不做考虑。我认为，凡是中国社会可以运作报的地方，都有把交往封闭起来的倾向。为什么呢？因为回报或还报的最重要特点是要有至少一次的循环。如果报的系统是开放的，那么就会发生给予、投入、付出、交易、感恩或酬谢等行为，但未必会出现报答。封闭结构的最大特点是报的指向性会有一个比较明确且固定下来的反应对象。作为一种事前的社会投资或事后的社会奖惩，如果对象不明确或很容易消失，那么施予者就不知道自己的投资或回报在哪里；反之，想回报者也找不到施予者。所谓"吃水不忘挖井人"或"冤有头，债有主"就有这个意思。因此我们说，报的行为之所以可以发生，首先是因为它在一个封闭的结构中可以寻求到明白无误的、可以指望回报的对象，其起始点是特殊主义的（杨联陞，1976；翟学伟，2005a）。但细审之下，我们又会发现它很难限定，因为中国人那种由近及远的差序关系，人们

关系、权力与"报"的运作

在扩展完其现实的社交圈后还会想象出许多虚拟性的或虚无缥缈的交换对象。或许是因为这个,报的结构很难封闭或容易不着边际。其实只要理解了中国思想中的天人感应、来世观念和(未必来自佛教的)轮回观念(李亦园,2004:11)就会明白,即使是虚拟的对象,其结构也不是开放的。

一种封闭的结构形成之后,施报双方的交换方式表面上看是在礼尚往来,但其法则具有潜在稳定这个结构的功能。就普通的交换行为而言,是无须强调交换结构的稳定性的,因为只要确保交换过程和结果公平,人们就既可以决定下一次的交换,也可以中止交换。虽说等价交换同样可以稳定交换结构,但不意味着其运作机制本身具有这种潜功能,而是说公平原则容易使得交换者乐于重复这种交换,或许它还有降低交换成本之功效。而为了交换结构自身的延续性和稳定性,这一结构则需要再生产出一种依赖性(依附性)关系来。从相关研究的成果来看,交换结构性依赖的研究有两种方向。一种是西方交换理论里面讨论得比较充分的社会对价值资源的控制问题,也就是交换过程的不对等问题。交换理论认为,在双方交换资源不对等的情况下,控制资源的一方可以长期而稳定地控制另一方,从而会造成人们地位上的不平等和权力依附的关系(Emerson,1981:45;布劳,2012:192—193)。我们将这一部分留给西方学者继续去研究。另一种依赖则是中国式的(其他前工业社会也有),它主要是通过双方在交换过程中不停地"欠"对方的"账"或"人情"来实现。所谓"欠"就是说交换一方在一次交换完成后会有意地制造价值剩余物,形成另一方的债务感。但由于交换双方都在有意强化彼此的关系,因此每一方也都无意一次性结清,而是继续制造对方的亏欠感(一个可以佐证的例子是在中国人的日常生活中,如果借钱的一方忘记或不想还钱,被借钱的一方是不好意思开口要的,好像要回自己的钱反倒像是在得罪对方。有时不提醒、不急于要或在对方归还时做出拒绝的姿态,反倒更心安理得一点)。从这一原则出发来看,我们会发现报未必意味着受益,它具有亲和、稳定关系或牢牢套住两方的倾向。相对而言,非物质性的报偿往往更容易实现这一点,因为行动或事件所带来的收益的价值具有时代、缘由、场景等方面的特点,所以双方之间会对以往事件及其结果反复地评估或做道德上的归因。有时,评估的差异会导致对还报的不同理解,也会造成互相指责的可能,诸如不识好歹、好心没好报、忘恩负义、恩将仇报之类,这是中国人际交往中复杂性或潜在冲突的来源之一。但这些复杂性或冲突是个人需要应对或调整的问题,却不会导致中国人选择其他的交换形式。总之,中国人不愿意用短期内算账的办法来间断性地维持彼此的关系。显然在报的关系中,账是算不清的。算账、算总账、秋后算账等话语往往用在中国人想绝交或者反目成仇的时候。

封闭式的交换结构的另一个特点是,它既可以是前定的(先赋的),如亲属网络,也可以是参与的结果(获致的),如朋友网络。无论哪种情况,交换者都将会无可奈何地被卷入报的运作过程。换句话说,由于这种结构不给参与者退出的权利,因此报不是一种个体理性的或对自身有利的选择,而是一种义务——人们在交换(送礼)过程中常会有不得已而为之的心理压力。但无论参与其中的个体显得多么的不情愿,随着他被该系统再生产出的互欠机制牢牢地套住,他也就参与了该结构中资源再分配或关系状况的一系列变动。比如,按照报大于施的交换原则,一个农民在儿子过周岁生日时大办酒席,该农民清楚地知道他这次收到的礼额会大于他的招待费用,这一轮交换中他还是赚了。但他也知道,他已被引入了报的循环,因为这次酒席中的每一位出席者都有理由寻找至少一次类似的机会。这样一来,单是一轮下来,他不但不赚,更大的可能是赔本。这就是所谓的还人情债。由此一来,一个不可思议的现象出现了:从理性上看,一个人要想在回报中有所收益,他或者应回到非延时性的公平交易上来,或者要尽早打破交换过程的封闭性,或者不再参与这样的活动。但我们发现,中国人不做这种理性选择,或许是因为没有人可以退到圈子外面来寻找另一种合理性生活,而圈内人看到的机会只能是增加或制造更多的请客机会(比如同等条件下,有三个儿子就比没有儿子的机会要多);或许是因为他由此破坏了报的游戏规则,诸如延续性的中断、轮流机会的不均衡、交换次数的递减。可见,在一个体无法摆脱封闭的生活时,维持一种结构上的平衡而稳定的关系(如《论语·季氏》中的"和无寡,安无倾")要比每一个体单位受益最大化更重要(翟学伟,1996)。[1] 如果这时一个体仍然只顾自我收益,而放弃后面的回报义务,那么这个圈子就会宣告他做人失败并从此孤立此人。中国成语"无地自容"正是表达了一个人做人失败后无处可逃的窘境。结果,这种交换方式别无他法,只能没完没了地滚动下去。其滚动下去的动力不是理性,应该是情理(翟学伟,2004a)。由情理支配的交换方式之目的不在于一报还一报,而在于建立人际或人生的"相互性的"(非单边性的)或义务性的互助关系。[2] 在实践并维持这种关系时,一个人是很难拒绝另一个人的要求的。为了还报,很容易发生非同类资源间的交换,比如受人钱财不被要求还人钱财,而是要与人消灾,万不得已时还要以命相抵。中国人所谓"两肋插刀""赴汤蹈火""肝脑

---

[1] 同样的现象也发生在中国家道的盛衰过程中。在中国历史上,凡是家大业大的家庭大都免不了衰落的下场,参见许烺光,2001,《祖荫下——中国乡村的亲属、人格与社会流动》,王芄、徐隆德译,台北:南天书局,第 2 页。撇开社会动荡和改朝换代的因素,富不过三代是中国家庭经营方式的铁律。这种同报的运作方向看似不同的现象,其实说的都是一个相同的道理:中国社会把一种结构上的满足(如父子结构和平均分配原则)看得比理性的经营更重要(参见翟学伟,1995,《中国人在社会行为取向上的抉择》,《中国社会科学季刊》,冬季卷),把一种延续的、仪式上的内容(比如家谱)看得比实际利益更重要。但这又不影响中国人在其他社会关系和社会活动中把获利和实惠看得很重。

[2] 近来的一项实证研究支持了我的这一推论,参见钟涨宝、黄甲寅、万江红,2002,《农村个体工商户经营活动中关系型社会资本运作研究——对湖南省渣利、清泉两社区农村个体工商户的调查》,《中国农村观察》,第 6 期。

涂地"或"来世做牛做马"都有这样的意思。至于那些还不起的报，仍不会引发该结构开放，而是会催生更高一级的还报方式：大恩不言报。这里的"不言报"显然不是说可以将以往所欠一笔勾销，而是说人们已无须在人际或人世间考虑具体的偿还方式，应当进入观念世界去领悟善（积阴德）的力量或信鬼敬神的益处。尤其在佛教进入中国后，很多关于报的故事都是在这一层面上展现的。

三、报的社会与文化建构

如果我们得出报的意涵是由封闭性结构引起的，那么我们现在需要探讨的是这个封闭性的结构是从哪里来的、它在社会和文化上有哪些不同层次。其实，只要我们考察一下中国传统社会的特点就会发现，这种交换结构同中国社会结构是吻合的，因为农耕文化的最主要特点就是《老子》所描述的"鸡犬之声相闻，民至老死不相往来"。在这样的社会生活里，土地不能移与人们依赖土地使得一个家庭祖祖辈辈都生活在一个地方，并衍生出家族、宗族和村落。如果不是发生重大的天灾人祸，比如战争、洪水或饥荒等，中国人发生社会流动的可能性很小。由于这种生活方式的限定，中国人的家庭和村落生活几乎是中国人的全部生活。这意味着，一个体一生所交往的人是相对固定的（开始是家中成员，结婚后会随之扩增一批人，再固定下来）。邻里是固定的，因为宅地和田地是固定的。一个人一生中的几个重要的仪式以及这个仪式会有哪些人参加也是固定的。

在既定的交换结构中，中国人行为上的报可分为三个层次：送礼与还礼；行为或事件上的互惠或互助；信仰上的祈求与保佑。《礼记·曲礼上》中所说的"太上贵德，其次务施报。礼尚往来。往而不来，非礼也；来而不往，亦非礼也"，其实说的是后面两个层次的报。

因为这里的德本由天授,而礼仪、礼节都是在交往中体现的。它们很像莫斯在《论馈赠》中讨论的"道德、荣誉、义务和处罚"的混合体。现在,"礼尚往来"一词更多是指上述第一个层次的交换,因此送礼在中国的传统和现代社会都十分普遍,其自身的意义随着时代也在发生着变化。特别是它同西方的寻租理论及关于腐败问题的讨论都有密切的关联,我在这里不再讨论。关于第二个层次,我认为它是我们研究中国人报的思想和行为的关键。为了弄清楚这一层次的报,我们首先需要研究两个比较重要的概念:"恩"与"仇"。恩在中国文化中的含义往往是被体察出来的。它在字面上通常有恩惠、恩典、恩情、恩赐的含义。其意思都是说一个人得到他人的好处而产生感激之情。但它通常有两种使用的语境。一是上给予下的好处。我们知道,中国社会非常讲究地位高低。一般情况下,下对上所做的一切都是应该的,即符合日常的或儒家的规范,比如孝和敬。但如果是上对下给予某种优待或好处,就是难得的,让人感激涕零的。这时我们就会用到"恩"这个字,比如皇恩、父母之恩等。二是由此引申出,面对那些意外的、难得的、超出预见的或令人感动的好处时都可以用"恩"这个字,比如恩人、恩情等。于是中国人的恩通常用来表示得到了一种重要的、重大的、关键性的帮助、支援或支持。细审这两种情况,我们可以发现,常态的互报来自不同的阶层之间、贫富家庭或弱强者之间的正向支持,而非常态的恩则可以来自它们之间的负向支持。尤为重要的是,家道败落、英雄落难、路见不平、救人一命等情境都可以使仆人、部下、路人等下层人士有机会成为恩人。所谓"滴水之恩,涌泉相报"说的是有恩必报。其实中国人常说的报恩,不是日常的小恩小惠,而是大恩大德。从逻辑上讲,对小恩都要重谢,那么对大恩要怎么办呢?这就回到了我们上述的稳定结构里面去了,那就是要永世不忘,世代报答。这里面有一个复杂的问题,很难说清楚,那就是什么才算是大恩?按照经济学的说法,是不是赠予越贵重的、市场价值越高的东西就越算是大恩，比如今天中国人喜欢送的大礼是不是大恩呢？其实一种行为或事件层面的交换的关键不在于物品是否昂贵，而在于是否能解决问题。像"一饭之恩，千金以报"就是一个很好的例子。显然给一个快要饿死的人吃一碗饭比任何贵重物品都能解决问题，而得救者也不会只还给他两碗饭来表示感谢。

我们再来看仇。如果说恩惠来自一个人得到的好处，那么相对应地看，仇就是一个人得到的坏处，即前者为利，后者为害。仇往往是指由作恶或伤害引起的仇恨心理，其中包含了怨和冤，而作恶者则被称为仇人、冤家等。中国文化中对于因仇而起的报仇雪恨动机与行为的看法比较含混，以德报怨、以直报怨、一笑泯恩仇同不共戴天、有仇报仇、"以牙还牙"等所倡导的价值有所不同，中国历史上都有所表现（文崇一，1988）。显然用交换中的欠的原则（你敬我一尺，我敬你一丈）来解决仇恨的问题，会导致复仇的升级和扩大化。这样下去不但没完没了，而且会变本加厉，形成一种报仇的稳定结构。而所谓"冤冤相报何时了"一语，通常是用来劝人们就此罢手的，以便尽快地开放这个结构。为了防止这一类事件恶化，中国历代都有相关法律限定，只不过政府的作为阻挡不了这一长久的社会风气（瞿同祖，1981：65—84）。

中国人在信仰上的报应观念是一种最为复杂的还报系统，显然不是几篇论文能说清楚的。我在这里想讨论的问题只有一个，那就是为了保证交换系统的封闭性和稳定性，中国人在信仰观念上会将日常世界对应性地投射到想象世界，这也说明中国人的不同层次的报之间是连续的、相通的。在这个虚构的世界里，中国人将其日常生活中期望求得回报的诸方面（诸如求子、求福、免灾、祛病等）都同一个个虚拟的、寓意明确的神灵挂起钩来，以便在满足不同需要时都"有求必应"。这点反映出中国人临时抱佛脚的功利倾向，也折射出神灵也有较细密的社会分工。比如，灶神（灶君、灶王爷）就是中国民间广泛流行的神。按照道教的观点，它是天帝派驻下世的全权监察代表。《集说诠真》引《敬灶全书·真君劝善文》："灶君乃东厨司命，受一家香火，保一家康泰，察一家功过。每逢庚申日上奏玉帝。终月则算，功多者，三年之后，天必降之福寿。过多者，三年之后，天必降之灾殃。"由此看出福寿是中国百姓最为期待的生活状态，传统中国的图画和塑像作品中最为常见的是"福""禄""寿"三星，中国不少地区几乎家家户户都将它们悬挂或供放在堂屋中间。虚拟对象获得确定性似乎经过了一个漫长的过程，如"天地君亲师"的概念，一开始初民们只知道祈天保佑生活的平安（王国维，1997），到汉朝直至唐宋，许多形象才开始定型，说明中国人还报系统中虚拟对象的逐渐成熟和发达，直到宋朝才最终形成。就中国本土信仰体系而言，似乎可以用中国婚礼仪式中的拜天地的体系来表示报的文化系统，所谓天地恩情（虚设交往系统）为第一层次的报答（诸神信仰属此系统），父母养育（上下交往系统）为第二层次的回报（祖荫庇护、积阴德属此系统），夫妻恩爱（平行交往系统）为第三层次的互惠（亲属、乡民间的礼尚往来属此系统）。梁启超认为：

> 《论语》说，"非其鬼而祀之，谄也。""其鬼"和"非其鬼"的分别，和西洋人的看法不同。意思只是鬼神不能左右我们的祸福，我们祭他，乃是崇德报功。祭父母，因为父母生我养我，祭天地，因为天地给我们许多便利，父母要祭，天地山川日月也要祭；推之于人，则凡为国家地方捍患难、建事业的人也要祭；推之于物，则猫、犬、牛、马的神也要祭。只此，"报"的观念便贯彻了祭的全部分。这种祭法，和希腊、埃及的祭天拜物不同。他们是以为那里面有甚么神秘，乃是某神的象征，并不因其有恩惠于人而去祭他。（梁启超，1998：285）

在中国历史上,报的文化系统越变越复杂是因为汉朝,特别是魏晋以降,中国人的报应观受到佛教因果轮回观念的冲击,且二者慢慢地融合到一起。比较而言,佛教的三世因果报应比较重视个人的善恶报应。它将个体分为前生、今生和来生,由此这种所谓必然性的因果关系是在一个体的三种业报(生报、现报和后报)中实现的。而中国民间信仰的报应观重视的是家族链,所谓祖荫庇护、积阴德、父债子还、断子绝孙等观念都是在表明《周易》上说的"积善之家必有余庆,积不善之家必有余殃"。无论道佛中的哪种报的思想,为了惩恶扬善,都会对作恶有许多报应的设定,道教设定的阴曹地府和佛教设定的地狱分别由阎罗王和地藏王菩萨作为冥司,判决和掌控来者的功过和来生。这种结构为了对所有人的善恶言行有所交代,必须虚构出一种来世的或轮回的系统,给人一种"天网恢恢,疏而不漏"的感觉。从学理上看,信仰封闭系统一旦洞开,就等于向信众宣告社会中可能会出现"好心不得好报,恶人不遭恶报"的现象。这对民间信仰是一种极大的威胁。由此为了让此系统始终处于封闭状态,必然会出现斯达克(Stark)、芬克(Finke)提出的一个命题:"在回报稀少,或者不能直接得到时,人们会形成并接受在遥远的将来或者在某种其他不可验证的环境中获得回报的解释。"(斯达克、芬克,2004:107)换成中国人的话讲就是"善恶到头终有报"或"善有善报,恶有恶报,不是不报,时辰未到,时辰一到,一定会报"。

四、与报相对应的社会与文化建构

我们如果以交换理论来研究中国社会关系的基础,也许找不到"交换"的对应概念是什么。我们如果把报作为中国社会关系的一个基础,也许会看到中国社会关系还有其他的基础。当我们把报当作一种封闭的交换系统来思考时，我们会比较清晰地看到中国社会中还有一种开放的、接近非交换性的社会结构。这个结构的核心概念就是"义"。

"义"在中国文化中是一个至少同报一样重要的概念。但这个概念的含义不甚明确，可能是因为儒道墨家等对此概念的理解不太一致，而它在中国民间也有不同的解释。特别是此概念同"利"之间构成了一对范畴后，它的含义则更加复杂。从一般意义上讲，报作为一种交换（无论这样的交换有多少文化内涵），均属于关于利（功利）方面的讨论。而作为相对概念的义在其自身含义的演变当中，则逐渐同利区分开来。一开始，在《左传》《国语》等书中，义利的含义是互相阐释的。《墨子》也用利来解释义。可是在儒家思想中，义利似乎是一对矛盾，它们之间开始构成一种张力。孔子由此把它们作为区分不同品质的人的标尺，即所谓"君子喻于义，小人喻于利"（《论语·里仁》）。

那么，何为义呢？《礼记·中庸》曰："义者，宜也。"《释名·释典艺》曰："义，正也。"《孟子·离娄上》曰："义，人之正路也。"我们从中大致可以把义体会为一种道德实践或一个走正路的人应该要去做的事情。而在义的构词上，我们看到其很多含义对利有明显的排斥。比如，义士、义工、义举、义勇、义气、义舍、义仓等。这些搭配起来的词虽然意思不同，但都有舍身、舍财、施恩、分享或不求酬谢等意。其指向都是不索取回报，因此有学者说它是超道德性的（冯友兰，1986：266）。

我们可以做这样的设想，如果中国社会单处于一种祖祖辈辈守着田地过日子的状态，倡导知恩图报、感恩戴德之类的价值观是足够的，为什么还会有义的问题呢？为什么儒家要强调重义轻利呢？这个问题显示中国社会中有一种层面是开放而流动的，而儒家思想对此需要建立一种新的交往秩序。那么这一层面在哪里呢？它就是士的担当，后来指一群人通过科举考试进入仕途，也就是中国的官僚体制。我们知道，在这样流动性增大的官场当中，由于中国官僚体制中权力运作的诸种特点（翟学伟，2004b），如果不在价值上提倡见利思义的品质，只知道互相报答，人就很容易失去为官之责，出现见利忘义。由此一来，儒家终于看到义的社会价值远高于报的价值。但儒家的倡导未必动摇得了报在官场中的运行。由于其中有无限的公共资源可资摄取，其结构又不像原本以乡党为基础的地方网络那样长期稳定，故报的原则就会更加趋于眼前的或违法违规的功利，比如将日常的送礼转化成为行贿、寻租、结党营私等。

再者，义在中国民间社会也有自己的用武之地，这说明老百姓的日常生活中也有开放性的场域，其中有两个方面最为明显：一个是生意场所。这里路人、过客很多，是一个唯利是图之地，所以为了减少欺诈的可能，人们往往供奉以义当先的关公像。另一个就是游侠出没的江湖。试问，如果江湖上不通行义这个概念，那么许多行为就会流于打家劫舍、杀人放火、谋财害命。江湖中人也就沦为地痞、流氓、无赖、流寇等。但为何江湖上会有"侠士"？侠的意义正在于赋予这些行为以义的内涵，使之成为行侠仗义的举动。劫富是为了济贫，而非为了自己享乐；路见不平、拔刀相助不是为了好狠斗勇，而是为了扶助弱者。显然，原本一种对正常社会运行有所越轨的行为因冠以"义"字后变得高尚起来。特别是当社会公正尚未建立的时候，游侠很容易被当成社会正义的化身，受到中国百姓的鼓励和拥戴，也成为中国民间文学的主题之一。如今，市场经济带来了中国社会的进一步开放和社会流动的加剧，我们再一次看到已不再适应的报的原则被作为一种变形的策略用到了农民工群体身上。打工挣钱并非义务劳动，靠的是公平交易，但许多唯利是图的私营企业主用拖欠工资的方式来拉长雇佣关系，迫使大量农民工被套入其中，致使其交换关系无法终止，更有失信老板携款逃之夭夭。这一现象有力地证明了报的运行并不适用于一个开放的社会。

比较报和义，我们发现报的运作底线靠的是外推式的信任。根据我的另一项研究，信任在中国传统社会可以贯彻到底而不至于丧失，是由于人们生活的封闭性（翟学伟，2003），所以我坚持认为我们不能过高地估计儒家伦理对人的教化作用。而一旦中国人开始流动起来，信任的基础便不再牢固。此时，在法治尚未建立或完善的社会，提倡内导式的自我修养只能是一种缓冲的办法。可惜这种办法终究抵不过大多数人的名利观念，背信弃义在原则上成为结构上的漏洞。由价值倡导来弥补结构上的漏洞似乎是中国文化的一个传统，正如人们企望靠道德来维持今天的市场运作一样。至此，义的价值与行为很容易流于口号和表象。而义越受到提倡，报的强势作用越明显，由此造成它们之间也很容易相互转换。一种转向是理想主义者把报提升到义的高度，比如中国家庭偏好生子有养儿防老的含义，这是一种很实际的回报动机，所谓子女首先要善待自己，即连身体发肤，都不敢毁伤。但在后来的文化演变中，这种实际需要变成了孝义，从二十四史到二十四孝的故事，受表彰最多的是那些不惜（残忍地）损害自己的身体来敬养父母的儿子，让人们不免叹息这样的事迹既于事无补又无必要。另一种转向是现实主义者的做法，比如虽然人们行义时不要求对方报答，但这一善举却被中国人看作一种积阴德的方法。中国人相信，这样的事情做得越多，给其子孙后代带来的福分越多。而多行不义必自毙、罪有应得、苍天有眼、不得好死等，则是从反向说明了这一点的。

五、结论：报在当今社会学研究中的位置

通过我们上面对报的含义及其运作机制的分析，我们大体可以得出这样的结论：首先，报的研究是一种对中国人的交换行为进行的深

度解释性研究，其目的不是回到一般性的交换理论上来，而是想建立一种对中国人的交换行为更为有效的解释框架。其次，报是中国人的一种交换概念，其运作方式是在封闭的系统中实现的，无论是物质层面、行为层面，还是信仰层面，都具有这样的特点。其目的是确保对象的明确和回报的稳定。再次，为了满足使封闭性的交换结构比较稳定持久的要求，欠成为一种重要而可行的交换原则。这种原则一旦出现，人们对交换的期待也随之发生改变。这时，一次性的、公平的、理性的交换往往被该原则所排斥，导致结构性的压力比交换意愿本身更有力量，从而也暗示中国人的馈赠未必总是发自内心的友谊或诚意，也含有社会交往中的不得已的意思。又次，由于中国人的交换是在礼物、行为和信仰三个层面展开的，因此还报的方式可以通过三个层面之间的交错互换来实现。最后，报在中国文化中对应的概念是儒家倡导的义。这个概念更多地发生在开放的社会结构中，使原本自发的信任成为对自我品德的自觉，预示了儒家想从现实主义走向理想主义。

  从这些研究的初步结果来看，如果我们把报作为一般意义上的交换概念，我们是得不出来上面的大多数结论的。应该说交换概念引导的是另一种研究和思考的方向，它对社会学理论的贡献是有目共睹的。但这构不成我们放弃研究中国人的报的观念和行为的理由。我认为，中国人的社会与行为研究或者所谓本土研究，也就是一种类型学（跨文化）的或中层理论的研究，只不过，西方人用这些概念想解决的依然是普遍性的问题，也就是说，他们的理论说到底只是想同其研究对象和领域之间保持广泛涵盖的关系，而不想涉及文化。可是，本土研究实际上是想让概念或理论同其文化之间构成契合关系的，从而实现它们之间始终保持一种一致性的、脉络性的及可解释性的关系。

参考文献

安乐哲,2002,《理性、关联性与过程语言》,阮炜译,载安乐哲:《和而不同:比较哲学与中西会通》,北京:北京大学出版社。

布劳,彼得,2012,《社会生活中的交换与权力》,李国斌译,北京:商务印书馆。

戴维斯,1998,《交换》,台北:桂冠图书公司。

冯友兰:1986,《新事论》,载冯友兰:《三松堂全集(第4卷)》,郑州:河南人民出版社。

格尔茨,克利福德,2025,《文化的阐释》,甘会斌、杨德睿译,南京:译林出版社。

顾瑜君,1980,《中国人的世间游戏》,台北:张老师文化公司。

黄光国,1990,《报的个体与群体》,载张老师月刊编辑部(执笔):《中国人的世间游戏——人情与世故》,台北:张老师文化公司。

黄光国,2004,《人情与面子:中国人的权力游戏》,载黄光国等:《面子——中国人的权力游戏》,北京:中国人民大学出版社。

金耀基,1988,《人际关系中的人情之分析》,载杨国枢(主编):《中国人的心理》,台北:桂冠图书公司。

李亦园,2004,《宗教与神话》,桂林:广西师范大学出版社。

梁启超,1998,《中国历史研究法》,上海:上海古籍出版社。

刘兆明,1993,《"报"的概念分析及其在组织研究上的意义》,载杨国枢、余安邦(主编):《中国人的心理与行为——理念及方法篇(一九九二)》,台北:桂冠图书公司。

莫斯,马塞尔,2002,《论馈赠——传统社会的交换形式及其功能》,卢汇译,北京:中央民族大学出版社。

齐美尔,2002,《感激——一种社会学的尝试》,载齐美尔:《社会是如何可能的》,桂林:广西师范大学出版社。

瞿同祖,1981,《中国法律与中国社会》,北京:中华书局。

斯达克,罗德尼、罗杰尔·芬克,2004,《信仰的法则》,杨凤岗译,北京:中国人民大学出版社。

特纳,乔纳森,2001,《社会学理论的结构》,邱泽奇等译,北京:华夏出版社。

王国维,1997,《殷卜辞中所见先公先王考》,载王国维:《王国维论学集》,北京:中国社会科学出版社。

文崇一,1988,《报恩与复仇:交换行为的分析》,载杨国枢(主编):《中国人的心理》,台北:桂冠图书公司。

文崇一,1990,《报的迭替流变》,载张老师月刊编辑部(执笔):《中国人的世间游戏——人情与世故》,台北:张老师文化公司。

许烺光,1979,《文化人类学新论》,张瑞德译,台北:联经出版公司。

许烺光,2002,《性欲、情感与报》,《彻底的个人主义的省思》,许木柱译,台北:南天书局。

杨联陞,1976,《报——中国社会关系的一个基础》,载段昌国等(译):《中国思想与制度论集》,台北:联经出版公司。

杨联陞,1987,《中国文化中报、保、包之意义》,香港:香港中文大学出版社。

余安邦,2004,《报的规约与情的纠葛:清代笔记小说中的妻与妾》,载熊秉真、余安邦(主编):《情欲明清》,台北:麦田出版公司。

翟学伟,1996,《中国人际关系网络中的平衡性问题:一项个案研究》,《社会学研究》,第3期。

翟学伟,1999,《个人地位:一个概念及其分析框架——中国日常社会的真实构建》,《中国社会科学》,第4期。

翟学伟,2003,《社会流动与关系信任——也论关系强度与农民工的求职策略》,《社会学研究》,第1期。

翟学伟,2004a,《人情、面子与权力的再生产——情理社会中的社会交换方式》,《社会学研究》,第5期。

翟学伟,2004b,《中国社会中的日常权威——关系与权力的历史社会学研究》,北京:社会科学文献出版社。

翟学伟,2005,《特殊主义抑或普遍主义:中国人行为研究模式的视角转换》,《社会理论学报》,第1期。

Emerson, R. M., 1981, "Social Exchange Theory," in Rosenberg, M. and R. Turner (eds.), *Social Psychology*, Basic, pp. 30-65.

Yang, Lien-sheng, 1957, "The Concept of 'Pao' as a Basis for Social Relations in China," in Fairbank, J. K. (ed.), *Chinese Thought and Institutions*, University of Chicago Press.

(原载《社会学研究》,2007,第1期。)

关系与权力：从共同体到国家之路

【导读】中国人之最重要的生活理想之一，就是实现个人从共同体向国家的跨越，即通过其紧密的社会网络走入官僚体制。这种生活之路需要建基于中国社会结构设计中"官"与"民"之间的鸿沟，即所谓功名之路。由于中国社会不鼓励纯个人奋斗，故个人的成长总是离不开家人与地方的促成，进而个人成功后也得让家人和地方分享他的荣耀与资源，这构成了其所在的共同体与国家相互交织的运行模式。其中，官本位与家本位是社会组成的二元基础与价值归属，个人名利及其共享是社会网络建构的方式与运作的方向。这些特征导致人们在日常生活中会发生不同类型的社会交换，并产生积极的关系策略。

在漫长而曲折的中国历史长河中，一些词语、成语、谚语及熟语等逐渐积淀下来，组成了中国人现实生活的基本画卷，也形成了中国人的思维方式与行为特征，甚至成为中国人社会生活的指南。它们在一定意义上既体现了中国人政治、文化、教育与社会的核心价值，也体现了中国人的生活理想。

2010年春季，我应邀去东京大学东洋文化研究所讲学期间，在东京周末的旧货地摊市场购得一件清代景德镇生产的外销日本的青花茶杯，也叫"新渡"瓷器。此杯花纹和形制是日式的，底部留青花民窑款"嘉庆年制"，上面题有一首中文诗：

> 白日莫闲过，青春不再来。窗前勤苦读，马上锦衣回。
> 年少初登第，皇都得意回。禹门三级浪，平地一声雷。
> 朝为田舍郎，暮登天子堂。将相本无种，男儿当自强。
> 少小须勤学，文章可立身。满朝朱紫贵，尽是读书人。

这首诗前两句出自唐朝诗人林宽的《少年行》，其他大部分出自宋朝大学士汪洙的《神童诗》，或许因为它们从格律到内容十分相近，所以被窑工写到了一起。我以为，这首诗很好地浓缩了中国人的社会结构与生活理想。我父亲告诉我，在他小时候，我祖父教他识字，用毛笔写上"锦衣归故里，端的是男儿"挂在墙上，让他每天看着读。这两句也出自《神童诗》。直至民国时期，景德镇烧制的粉彩帽筒和茶盘上还有这两句诗，可见其普及程度。借助日用品书写人生座右铭或诗词名篇是中国手工艺人的常见做法。它们不经意间透露出中国人的人生理想以及对家运、官运、功名利禄的美好憧憬，这些憧憬大都化作一系列吉祥图案，诸如早生贵子、望子成龙、一路连科、前程似锦、连中三元、高官厚禄、马上封侯、官上加官、长命宝贵等，谚语也有"鲤鱼跳龙门""一人得道，鸡犬升天""在家靠父母，出门靠朋友""朝中有人好做官""大树底下好乘凉""做事先学做人""做人要留有余地""多一个朋友多一条路"等。虽然中国社会在现代化的过程中经历了非常重大而深刻的变化，但上述价值和行为模式是稳定而持久的，可以成为我们认识中国人与中国社会的基础。那么，如果我们将这些耳熟能详的民谚、成语归拢到一起，能否建立起一个探讨中国人人生道路的基本分析框架呢？通过以上例子，我们可以看出，中国人背后所蕴藏的价值系统与行为模式其实是由关系和权力两个方面组成的，并对应共同体与国家之间的逻辑联系。本文尝试探讨其衔接点是如何形成的，以期建立一种整合社会结构与行动者关系之视角及连接宏观与微观的分析路径，并从中探究中国的政治、经济、文化、教育、行为模式等如何协调运作。

一、研究视角与理论构成的方式

共同体（community）常被社会学家用来指代传统社会，有时也被用来指代与国家对立的社会自组织。可它被翻译成中文"社区"后，其含义略微发生了变化，似乎更偏向人群的生活地域和聚居特点，而忽略了其中的共同感或心理认同等。尤为重要的是，这种共同感与心理认同是从人际关系的紧密性与依附性中产生的。虽然后者之意还有待挖掘，但"社区"一词还是包含了共同体的两个显著特点：一是它有区域性基础，也就是说，尽管社区规模很难确定，似乎可大可小，但无论大小，它总带有类型学上的意义，表现为特定时空中的社会生活有自己的文化类型及特征。二是，由于社区是类型，因此它还可以同其他类型做纵向或横向的比较。这一点是德国社会学家滕尼斯留给社会学的一个传统，其经典性在于，共同体的紧密性正是在同"社会"的比较中得到的。虽说"社会"一词在社会学意义上也关注人的交往，但它更偏向人们由交往方式而形成的社会地位、制度与结构上的差异。大量经验研究越来越想表明，地位、制度与结构研究是宏观性且具有普遍性的研究。实际上，即使在宏观层面，社会还是有类型差异的，只是现代社会学理论似乎一直在回避这个问题。因为唯有将这些要素看成相似的或普遍的，才可以为社会学的普遍理论之建立提供方便之门。其实，只要回到早期西方社会学家那里，比如滕尼斯详尽论述的"gesellschaft"和"gemeinschaft"（滕尼斯，1999）、涂尔干（Durkheim）划分的机械团结与有机团结（涂尔干，2000）、帕森斯提出的特殊主义与普遍主义（帕森斯，2003）等，我们多少都可以看到社会类型是不同的，更不用说近几十年来的跨文化研究者或本土学者所做的努力。

从文化或本土的视角来看，我们固然承认，发展中的中国社会同自己的传统社会也有很大的不同。但它再怎么变，也不会变成西方社会，更不要说西方社会本身也是一个不确定的概念，也有各种文化类型。所以我们有理由认为，共同体与社会的研究都可以有自己的本土方向，只不过它们或停留在社会形态方面，或是区域性方面，各有偏重罢了——比如，是注重国家层面的历史，还是注重地方志或民族志；是讨论"大传统"，还是讨论"小传统"；是讨论国家的社会形态与制度，还是讨论地方性知识；等等。显然，前者是社会学家的兴趣所在，后者是人类学家的偏好。而本文试图将两者结合起来，以便看到地方与国家、民间与官方之间的双向影响。这种视角之所以成立，是因为中国历史上有"家国一体化"的认识倾向，史学界称之为家国同构。但进一步考察它们的关系可知，家国一体化其实是一种观念，客观上两者也存在一定的对立和分化。比如，国家政府长期以来对门阀制、豪族势力进行削弱或打击，对外戚干政进行提防以及将世卿世禄制逐渐改成科举考试制等，都说明共同体与国家之间有融合的地方，也存在很大的张力。特别是科举制建立之后，共同体与国家的关系成为一种连接性的，而非合一性的关系，此时个人的人生理想也就转向了如何从共同体走向国家之路。这条道路要想走得顺畅，牵涉一系列社会要素的整合问题，而"关系"和"权力"应是各要素中两个彼此关联的枢纽。研究这两者的关系，可以很好地解释许多中国人的行为与中国社会的现象。

就关系和权力的关联，美国史学家杜赞奇（Duara，1991，1994）曾做过有影响的研究，但他所使用的"网络、文化与权力"（cultural nexus of power）显得过于交织而含混，其研究的重点也在于国家权力对地方的渗透过程，而非其双向性影响。另外，文崇一（1995）也对家族与权力关系做过研究，但他的关注点在于上层社会的裙带关系对社会政治的影响。至于韩格理（Gary G. Hamilton），他似乎也在讨论中国国家与社会各层之间的关系，但其观点正好同我的研究相反。他认为这些阶层中的人是在一套制度中自主性地活动的，其目的在于秩序与和谐（韩格理，1996）。从社会结构的格局性关系上看，他的观点是合理的，但如果将其放入由官僚阶层体现的权力以及社会影响，这一理论架构就有点理想化了。而我关注的既非国家自上而下的在社会生活中处处体现出来的权力特征，也非与此权力相关的连带关系 [这点我有其他专门讨论（翟学伟，2004a）]，抑或官僚体制的中国特点等。我这里探讨的重点是，国家自身是一种官僚体制。各个行政机构分工协作，人事关系盘根错节，构成一种享有特权的且带有强大吸力的权力场。而共同体则是中国人生存的现实构成，它以扩大的家及地方社会网络为基本单位。所谓研究两者之间的连接，也就是探讨共同体中的成员为什么会产生一种关系动力，并以何种方式从家乡进入国家层面，获得权力，然后反哺其共同体及其后人。仅就这一问题所涉及的面向而言，以往学者大体上是分学科、分专题或分头进行探讨的。比如，从政治学角度探讨官僚制的特点与运作；从社会学角度探讨制度、权力或分层及流动的情况；从人类学角度探讨共同体的亲属与非亲属关系；从心理学角度探讨权威取向人格的形成与特点；从历史学角度探讨专制主义及其时代特征、细节考证与描述等。

但我个人在进行了多年的中国人与中国社会的研究后发现，这种分头探讨的方式很容易把其连续性切割掉，尤其容易忽略处于体制中的个人抱负以及由此而生的许多潜在问题，即忽略个人行动与社会结构之间的逻辑构成问题。仅此而论，我认为布尔迪厄（2007）提供的以欧洲社会为背景，对社会空间、象征空间、科层场域、惯习（性情取向）、权力、资本、再生产方式的研究，最为接近我这里想表达的含义。但这一系列概念虽然与我的视角相近，却不能成为我们认识中国人与中国社会的屏障，否则它们将会把我的话题引到布尔迪厄想关注的问题中去。其实，尚能对我关注的现象有生动而深刻反映的，是一些中国著名小说，比如《儒林外史》《官场现形记》《红楼梦》及大量现代官场小说，而更加高度的浓缩则是中国人最著名的成语、生活习语、警句、格言。问题在于如果我们仅满足于这些感性认识，而不能在理论上回答同类问题，实为中国社会学理论研究之憾事。我想，所谓中国人的理论，理应将中国人的人生理想、社会期望、心理动力源及行动路线与国家、社会之间的互动统统纳入一个完整的分析框架。哪怕这个分析框架目前尚且粗糙，有不少漏洞，但万事总要有一个开始。尤为值得警惕的是，如果我们过于担心这个框架会出现这样或那样的问题，而依然试图留待自己的专题研究差不多了之后再说，那我们非但不会找到这一框架，反而会离它越来越远。显然，这不是学术功底的问题，是研究见识的问题。

我这里即将展开的相关理论建构与以往社会学理论建构的逻辑有很大的不同。以往绝大多数西方理论的建构顺序是由微观逐步向宏观推演，比如符号互动论、社会交换理论、社会网络理论、互动仪式链乃至结构主义，而我的研究顺序是颠倒的。因为在我看来，宏观结构未必基于人际交往层面的逻辑推导，它是由共同体中的人们在历史中形成的一系列文化预设或文化设计建立的。当然，预设与设计并非个别人或某一代人的突发奇想，它们同人们身处环境的限制、价值取向及由此而生的宇宙观有直接的关系。因此，无论一种结构的设计在局外人或后来者看来多么不合理，以至于要痛加批判或在实践中加以改革、推翻，它实际上都在很长一段时期里一再驱动着其内部成员，为实现其社会理想与目标而努力。这就好比一项游戏活动，你可以在它过时后鄙视它，否定它，但在它正流行之际，你就很想了解该游戏的玩法，然后参与其中，即一个人唯有先认知和遵循了他所关注的游戏规则，他才能将自己的智慧与技术集中于此。比如下棋，它应该是先有游戏的整体设计，再有博弈规则，最后是个人战术。

对于这一从宏观到微观的推演方式，用中国人的日常话语来讲，就是有社会压力，个人才会有动力。因此在讨论个体行动策略与技术之前，我先要讨论中国的社会结构压力是什么。显然，这涉及中国社会文化积淀下来的一系列相对稳定的制度假定。

二、社会结构压力与个人行为动力的形成

在下面即将展示一系列具体的假定之前，我先做一个总体性的文化预设，即中国人倾向认为，一个体是没有生命和生活意义上的独立性的，他的所思所想与所作所为无法证明他作为个体独立存在，而总是要同他的家庭、地方与国家相联系。但没有独立性不意味着中国人不可能自私自利、自我实现或自我膨胀，而是说这种自私自利、自我实现或自我膨胀只有同家庭、他人、地方与国家密切相关时才有意义。这一点同儒家所谓的"仁"与"修身、齐家、治国、平天下"的思想是一致的（当然，那种退隐的置身世外的观念来自道家）。另外一个与中国人相关的预设是，国家与社会是彼此包容，你中有我、我中

有你的关系（梁漱溟，1990；翟学伟，1999），而不像西方那样构成一种对立的关系，即一方面国家全方位地控制社会，另一方面社会也全方位地影响或渗透于国家，这是本文不采用国家与社会视角的原因。这一预设对于我们研究中国人的权力和关系观念是尤为重要的。比如，"官"的含义不但表明了它是国家行政体制中的某种职位及职权，而且还意味着它在社会生活中具有广泛的影响力，这种影响力之重大，是所谓政府官员、行政长官、公务员等现代名词无法涵盖的，即使中国现在已经启用了后者来代替"官"的概念，但传统意义尚在。也正因为国家与社会相互纠缠，我才有理由把个人的行为、共同体及国家联系在一起讨论，以找出其中的逻辑线索。

中国社会结构的形成大约可以分成两大阶段。第一阶段是先秦时期，当时采用分封制，它给中国社会运行带来的深远影响在于与之相配的宗法制（王国维，1997）。虽然这一制度在秦统一中国后被废弃，但给中国人注入了持久的宗法观念，并在客观上也使"家族共同体"（柯昌基，1989：89）得以延续和维持，乃至延展成今天所谓的"关系共同体"（胡必亮，2005）。第二个阶段大约出现于秦始皇统一中国之后，大一统的官僚体制建立，其成员基本上通过考试进行选拔。先秦时代，孔子有"学而优则仕"的观点。自汉代以降，科举考试的雏形开始出现，历经"察举制""九品中正制"，最终在隋唐时期形成了"科举制"。虽说科举制已在晚清被废除，但当代中国实行的"高考制"和"国家公务员考试制"等形式可以算作科举制的延续。

考察社会成员上升的渠道，是我们认识一种社会文化结构的途径。让我先来做一个简单的理想类型比较。假设一个社会采用的是世袭制，那么各社会集团是封闭的，彼此之间存在不可逾越的鸿沟。在这种僵化的社会结构内，一个体无论有什么样的德行、能力、才华，或无论如何用功、努力上进等，都没有阶层流动之可能，显然个人的修养、智力和学识等与地位上升无关。比如，欧洲社会的贵族制、印度社会的种姓制、中国秦朝以前的宗法制等大致都有类似的表征。反之，如果一种社会十分开放，强调民主、市场、法律、公平等，那么上升的通道就会各式各样，不但个人能以其修养、智力或学识晋升，个人的表现、才华、专业、人品、能力、技术、爱好、忠心、手腕乃至口才、容貌等几乎都可以成为地位上升的理由。此时的社会流动更多地体现正义原则，而不必考虑性别、年龄、知识和文凭之类的门槛问题。由于这样的上升方式多元，因此上升的聚合力较小，正所谓条条大路通罗马。我们可以把以上两种类型看成是社会结构与流动方式的两极。考察大多数社会，它们很难走到这两个极端上去，而往往分布在两极的周围。可中国先贤们设计的社会结构却不接近任何一极，它走的是持中的路线。它既不封闭，也不开放；既封闭，也开放。形象地说，这种社会阶层之间的大门是虚掩的。它可以让下层人窥视门内，跻身其中，也可以把门内人挤出门外。这导致中国人一方面面对的上升通道很窄，另一方面又有公平的竞争机会，于是就很容易聚焦于一股较为单一的社会动力——仕途。它在社会空间意义上具有以下几方面的特点。

第一，几乎同世界上其他所有地方一样，中国社会是由统治与被统治两大阶级构成的（Chú，1957；帕累托等，1993），具体而言，这一社会结构是由"官"和"民"两大阶级组成的，而将它们隔开的是文化（知识、书写与文学）。由于意识形态和等级上的优势性，上层社会具有强大的优越感。这种优越感是上层社会特权的基础，并导致了整体社会成员都向往上层生活，而社会的激励机制给予这种向往以可能，它就是考试制度。

第二，由于这一特定地位上升通道的形成，上层社会的绝大多数成员在理论上是由社会上几乎所有家庭或亲属网络提供的。这一方面说明家庭及地方共同体是生产和输送社会精英与官员的基本单位；另一方面也表明精英的非世袭性特征，即无论一个人生活在何种家庭,要想进入上层社会,都需要从头再来,否则所有家庭都会面临衰落的危险。而个人与家庭及地区的紧密性也导致升上去的家庭成员在脱离他地方网络的同时,也应该对其家乡进行义务性的回报,包括物质上的或精神上的。

第三,科举考试(及后来产生的其他形式的考试)奉行平等原则与机会均等原则,几乎所有男性,不分老弱与贫富,也不分行业与地区,均可以多次参考。这点在理论上足可以吸引所有男儿跃跃欲试。

第四,考试的吸引力与动力直接来自上层与下层之间的重要落差:一边是劳心者,一边是劳力者;一边是支配者,一边是服从者;一边是社会精英,一边是平头百姓("草民");一边有功名利禄、荣华富贵,一边则日夜劳作乃至朝不保夕;一边享有政治、经济、法律、文化等方面的特权,一边等待"青天大老爷"来为他们做主。如果一个人主动放弃走这条路,会面临家人的巨大压力(但可以为他人做出牺牲),失败只是无奈的结局,但这个机制让他完全可以从头再来。

第五,由于国家官僚制是一种由下层向上层的输送关系,因此,上下层之间并不对立。许多已经形成的集团间的利益冲突会因个人及其家庭地位的升降而被化解。但对于那些考场失意与走不通此道的个人及其家庭而言,舞弊、贿赂、勾结等社会现象十分普遍。社会反叛倾向也往往出现在当所有的路都堵死的时候。可是他们成功之后依旧会选择相似的社会模式。

另外,社会上还有一些职业和群体,诸如倡优隶卒家庭(冯尔康,1994:760),加上游民被排除在科举考试之外,但其组织构成依然离不开家庭制度或共同体的影响。而中国的各种形式的"会"(同乡会、行会、商会等)更像家族单位,而非社会组织。

瞿同祖(Chú Tung-tsu)指出:

权力分配与地位分配的关系紧密相连。换句话说，官僚政治是声望与特权的根源。那些被准许进入官僚政治中的人都拥有最高的社会地位和最大的特权。而士能在平民中享有最高地位，是因为他们已经接受了成为这些官员的基本训练，进而成为他们的候选人。这就是为什么在考试体制下中举者比没有中举者在地位上要优越：因为前者比普通的读书人离权力结构又近了一步。马克斯·韦伯（Max Weber）敏锐地观察到："中国的社会层级更多的是由官职资格而非财富所决定的。""贱"民不同于平民，至少在理论上是因为大多数平民可以参加考试，进入官场，而"贱"民却被剥夺了这样的权利。在政治权力方面，他们永久被禁止踏入权力结构。所以，他们在社会中居最低劣的地位。毫不夸张地说，声望等级与权力等级紧密关联。如果不根据权力考察阶层体制，我们就不能理解和解释传统中国的社会分层。在这一意义上，"统治阶级和被统治阶级"二分法在中国社会和政治思想中是一个关键性的概念，其社会学意义不容忽视。（Chú，1957：250）

基于上述结构压力，也就可以看到不同文化设计下个体上升动力的不同。在西方文化设计下，个体勤勉的动力更多地来自救赎式的宗教。大多数西方人相信，人类只有服从上帝的意志才能获得拯救。由此，西方人的生活动力主要集中于自己通过辛勤劳作而成为上帝的选民，这点是韦伯（1987）在《新教伦理与资本主义精神》一书中的主要思想。但在中国人的世界观中，我们看不到此类宗教的影响。在一种天人合一或"差序格局"的价值观念中，从宇宙、社会、群体、家人到个体都具有同类运行的假定（费孝通，1985；张世英，1995；韩格理，1996；李亦园，2002）。由此，个体更关心现世的生活道路，而一切同现世个体相关的先辈和同辈，也可以在想象或实际中帮助个体实现其理想。当然，与此同时，个人理想的实现也就等于带动了纵向和横向的相关人事的变化。在这样的文化设计中，个体的上升动力不在于追求另一个世界的生活，而是来自他在现世中要"活出个人样来"，最好成为一名官员，且引发与相关他人的物质与荣誉的共享。所谓"争光"与"沾光"是中国人生活的两大主题，结果是中国人的生活动力就在于有一个好名声（帕森斯，2003）。当然，为了这个好名声，需要一个努力的方向。儒家倡导修养、德行、做君子不做小人等，这固然十分重要，但这些只是一种对个人品质的追求，而更重要的是这种追求应该同个人走上功名之路保持一致，即最理想地看，好名声的积累要与功成名就相契合。

三、共同体与社会交换

讨论完中国社会文化结构的特点后，虽然我们认识到了中国社会的压力与个人动力的关系，但这还不够。这里面尤为重要的问题是个体动力不是个人意志，而是与其共同体的期待与支持有直接的关系。诚如顾炎武所说："科举所得，十人之中八九皆白徒。一举于乡，即以营求关说为治生之计。"关于它们之间的关系构成，以费孝通（1985）在《乡土中国》一书中提出的"差序格局"概念来看：首先，中国人喜欢聚居在一个地方，个体天然地处于一个范围逐渐扩大的社会网络之中。其次，这个网络没有明显的组织形式或内外群体之边界，并带有很大的重叠性，即一个体是家庭成员的同时，也是亲属及乡村的一分子，而处于天然社会网络中的个体无所谓参与也无所谓退出某种社团或组织。这种共生共荣的网络很容易导致无论一个体自身是否愿意，他的言行总是会波及他人，即所谓一荣俱荣，一损俱损。这样的共同体规则最倾向采用的是伦理与道德控制，而非什么正式制度与法律惩处。最后，个人的所作所为不是基于他自己的兴趣和志向，而是共同体的众望所归。如果一个人只有自己的喜好与志向,而不顾及家人的期待,将是个人、家庭、宗族乃至整个地区的最大过失。比如,名著《红楼梦》中描写的贾宝玉就是一个例子。尽管其父母希望他读书为官,但这种学习动力却被家庭内部的宠爱抵消掉了。贾政的棍棒虽能解一时之气,可挽回不了一个大家族走向灭亡。不过,这个事例并不意味着读书上进只是大家庭或富有家庭的理想,它几乎是所有家庭的理想。差别只是人丁越兴旺,就意味着成功的概率越高,分享的规模越大。从普遍性上看,因受经济条件的制约,一个家庭延续到三四代之后,就会分家,最后演变成一族、一宗,并伴有认祖归宗的祠堂与仪式。通常,一个中国地方的共同体是由几个宗族构成的。中国常见的赵家庄、马家河、李家屯等,都反映了这些社区用一个大宗作该地的名称。总之,血缘和地缘构成了社区网络的基础。尽管一些人类学的著作对此有过比较详细的描述,但只是对客观谱系或格局的描述。从行动的角度来看,并非亲属网络中就一定有来有往,中国谚语所谓"富在深山有远亲"就是指关系连接是通过交换获得的。因此,我这里将重点考察一下家庭内部的交换机制。

在西方社会学中,交换之物通常被理解成礼物,即以物换物,且这里的物又要被假定成是有差别的。按照西美尔(Simmel)的观点,交换本应源自对自己不具有的有价值的物品的渴望(西美尔,2002:23)。显然相同物品之间的交换在理论上可以被看作没有意义,即一个人不会去同别人交换自己拥有的东西。以这样的思路想下去,在家族,特别是重视财富共享的家族内部一般不发生交换,只发生资源的再分配(翟学伟,1995),一定要说有交换,也是发生在男女的分工差异或私房钱方面。可见,交换理论所讨论的交换活动是外向性的、社会性的或集市性的。但我认为,家庭内部、亲属及熟人之间其实仍然会发生一种交换,可以被称为同质性交换。埃默森(Emerson)曾把交换划分成两类:一种叫同类交换;一种叫类间交换。他指出,如果某一交换越是表现为同类,交换关系越可能封闭(转引自特纳,2001:301)。依照这一原理,中国家庭中的同类交换使得成员关系比较封闭。但我想继续探讨的是,同类交换之所以发生,或者说之所以在中国扩大的血缘和地缘范围内出现,是因为家人之间需要建立长久情感或提升凝聚力,比如以真情换真情,以帮忙换帮忙,以陪伴换陪伴,以人情换人情(以至于互相请客吃饭是最为常见的)。这类交换虽各有不同,但至少都有发生一次后的"下一次",形成了时间上的可延续性和交换的循环往复。反之,负面的同类交换也有仇恨升级的意思,如以牙还牙、以血还血,有仇报仇、有冤报冤等,这在西方学术界叫"同态复仇"(米勒,2009:21),其目的不是经济赔偿,而是感情上的泄愤。可见,同类交换一般不容易涉及物质利益或实用价值,其涉及的主要是感情连接或象征(爱与恨)意义。比较而言,异类交换是偏理性的,不同类型资源之间的交换之所以发生,是因为其中有一个可以被计算出来的利益,比如投入多少体力可以换来多少收入,花费多少时间可以得到多少酬金,受到怎样的伤害可以得到多少补偿等。所以说,异类交换是西方法律和保险制度的前提。显然,交换的同质程度越高,关系的情感指向越强,反之,交换的异质程度越高,关系的工具指向越强。据此可知,中国社会网络中的同质性交换,往往指向感情支持,这就是中国人所谓的相依为命。但"富不过三代"也是在这种交换中发生的,即一个人在家族内再勤奋劳作,一旦被共享制和均分制所吸纳,交换资源只会趋于同一化与恶化,尤其会导致工具理性的枯竭。由于差序格局所带来的扩大示范作用,从家人这种关系类推社会关系,中国民间社会与江湖上的同质性交换也很发达,比如互赠信物、割腕盟誓、一报还一报,或杀人偿命、不共戴天等。

由此,我假定同质性交换不能扩大家族内部资源的增量,但有助于家人紧密度的提高,而只有异质性交换才能成为资源增长及理性发生的根源。于是,为了增强交换的异质性以增长家庭和亲族财富,封闭圈内必定推动至少一个体离开他的家庭、宗族及家乡，使其走入更加广阔的社会，去获取成功。由于成功的单一化倾向，中国家家户户的行动方向也就颇为一致，最终形成千军万马过独木桥的局面。但随之出现的家族危机是，如果该个体获取的资源越多，或一社会的价值观念越倾向个人独立，那么他就越可能独享这些资源，甚至与家庭，至少是亲属断绝关系（"六亲不认"）。

为了避免这样的情况发生，社会要重视两个核心问题。一是家乡同其外出者应当维持双方之间业已形成的紧密关系。儒家的观点很强调个人与其家乡人之间的恩情与道义的关系，比如生理与感情上的联系（血肉亲情）、物质与精神上的支持等，由此外出者在道义上具有与家乡人分享资源和荣耀的责任和义务（所谓乡谊政治），即形成所谓报答的关系（翟学伟，2007a）。二是建立伦理评价体系，即在整个社会中建立起一种对感恩戴德的褒奖与对忘恩负义者的谴责系统，让纯个人奋斗失去人生意义。我这里以因"先天下之忧而忧，后天下之乐而乐"而成为中国人人生楷模的北宋名臣范仲淹为例，因为即使他要以先乐天下为己任，也逃不出这一行动框架。比如，范仲淹在家书中说："吾吴中宗族甚众，于吾固有亲疏。然吾祖宗视之，则均是子孙，固无亲疏也。苟祖宗之意无亲疏，则饥寒者吾安得不恤也？自祖宗以来，积德百余年，而始发于吾，得至大官。若独享富贵而不恤宗族，异日何以见祖宗于地下，今何颜入家庙乎？"（《全宋文》卷384）不可否认，也许一个人单凭自己的聪明才智就能独自获得外部资源，但这种成就在儒家文化系统中得不到承认，而总会被归因为举全家之力培育或其他具有同等智力与才能的成员已为他做出了牺牲。在这样的运作逻辑中，有一种现象变得越来越普遍，即为了实现社会交换的异质性，家庭、家族、宗族乃至整个共同体，无论是在名义上还是在实质上都会全力以赴地促成某一成员的成功，而一个人的成功也不只是个人的成功，而且是整个共同体的成功。于是，一个寻求成功者与其社会网络的交换关系建立起来，而他的成功在道义上要带动其社会网络成功。费孝通对"落叶归根"也有类似的解释，他认为那些功成名就的人"似乎有助于保持农业人口的较高质量。跳了龙门的人并不忘记他们的故乡，至少当老了的时候，他们会回来，并尽最大努力，利用在外面得到的特权和好处为家乡谋利。因此，地方上出了一个杰出人物，就会有更多的人出头，因为他会帮助其他人起步"（费孝通，2006：92—93）。

总而言之，求取功名几乎要积聚一个共同体内的所有能量。当然，这层意义上的失败也不再是一个人自己的失败，而意味着整个家乡共同体的失败。在理论上，这是不可以原谅的，如许多外出个体因事业失败而无颜回家"见江东父老"。我们据此也可以理解孟子说的"不孝有三"的重要意义。据赵歧所注《四书集注·孟子·离娄上》，重孝道要做的三点是：家有男儿、有为禄仕、于亲有义。家有男儿是后者的必要条件，而后两者是身为男儿应该努力的方向。

四、共同体中的关系建立及策略

从以上分析中，我们看到一种看似固定而封闭的家庭网络是如何被打开的。我在另一篇论文中曾提出，中国人关系构成中首要条件是关系的长程性与低选择性（翟学伟，2007b）。这只是就关系发生的结构来说的，将上述动力机制放进去后，我们则需要考察这样一种结构如何被盘活，人又是如何进入一种富有竞争关系的过程的。

个体从家庭走出来后，以个体的驱动力来看，他构建长久而稳定的关系网络的趋势会有三种：一种是自然的共同体支持网络，一种是过渡性的工具性较强的社会网络，一种是成功进入的享有特权的利益共同体。它们之间是可以重叠的。我认为，无论哪种网络，都需要讨论一下人情的问题。我在其他地方给人情做的分类有三：恩情回报、人情投资与礼尚往来（翟学伟，2004b）。其中，礼尚往来更多地发生于自然的家庭支持网；人情投资一般只用于对已成功者的关系建立；最重要的却是恩情回报，其重要性需要专门讨论。恩情往往发生在人处于低谷或相当危难的情形中时，也就是说，这种情形下的个人及家庭尚没有发迹的迹象，而且生活艰难或危在旦夕；或个人及家庭曾发迹过，可现在风光不再甚至处于身败名裂或一贫如洗的状态。总之，如果没有面对一种人生的难题，我们很难把此时得到的帮助说成是恩情。由于此时受难者孤独无援，因此他会对帮助者感激不尽。显然，恩情在中国往往被理解成人性最深处的真情，因为帮助者无法预测此人未来回报之可能，所以就一个时间段来看，恩情很像救助或施舍行为，而不是社会交换。但这仍可以在关系建立的长程性上被理解为一种人情投资的长远策略。也许正因为施助一方没有对未来的社会交换做出期待，所以一旦受助者获得了成功，施助者得到的回报价值之高也是不可预计的。恩情中之所以含"恩"，是因为包含大的回报（报恩），即所谓"滴水之恩，当涌泉相报"。如果一种施助最终没得到回报，那完全不是恩的含义，而更多的是扶助、赞助、救助、协助、施舍等。由此可见，从交换的策略性来看，恩情关系的建立是一种"潜在而长远"的人情投资。其最大的特点是因未来不可预测，才显得眼前的行为充满着患难见真情的意味。这就同"显在"的人情投资区分开来。在现实社会中，显在的人情投资明显不需要预测，更不需要担心没有回报。由于投资者可以预计获得丰厚的回报，因此投资也就带有明显的工具性色彩。比较恩情回报与人情投资，我们发现，潜在的人情投资者需要对被投资者的未来潜力进行预测，因此预判或押宝就会变得十分关键。正是在这一点上，中国民间在命理上对个人发迹给予了极大的关注，并建立了知识体系，诸如生辰八字、风水、算命、相术、观人术乃至于吉祥语等，其知识体系同西方心理学研究的最大不同是，该体系不关注眼前与事实，而是关注未来的前程、官运与富贵。如果这点对不少人来说还是过于神秘，那么更为直接而有效的方法就是做人的"余地"策略，即事先的人脉储备，因为它假定了每一个人都有发迹的可能，尽管储备时的人脉误判也是常有的事。如果中国人在关系建立中采用了这一策略，自然就有了做人的谋略问题。

中国人所谓做人的首要原则就是万事要留有余地，它在逻辑上是由同质性交换向异质性交换转化而来的。也就是说，在异质性交换还没有完全到来之前，首先要有感情投资。我们经常看到中国人倾向在感情的基础上谈交易，而排斥赤裸裸的工具性交换行为，正是因为中国人在价值上不接受直接进入异质性交换。从异质性交换回头再看同质性交换，我们就可以意识到，同质性交换除了具有天然而被动的血缘、地缘等结构性因素的限定性之外，其主动性来源于一种潜在的对未来收益的预期。而维持感情关系就潜在地等于维持收益的机会，中断关系也就等于放弃或减少收益的机会。只是由于交换者对未来收益不能确定，因此就引出了"时"的概念。"时运""时机""时务""时候"等概念既会给个人带来等待下去的希望，也可能成为投资失败的归因方向——我们可以把一次一次的失望与失落说成是时候未到，进而大大缓解了同质性交换中的焦虑与煎熬。以这种未知数来看交换的收益，我们看不到利益的最大化在哪里，即看不到理性计算（翟学伟，2004a），看到的只是情理交织的对未来发迹的等待。由于这样的发迹缺少足够的线索，因此留余地的策略也不具有针对性，而是普遍撒网。所谓"做人要给自己留有后路""做人要留有余地""做人留一线""朋友多了路好走""与人为善""少得罪人""手下留情""网开一面""给点面子"等，想表达的都是做人的基本原则。这个原则也同样适用于官场，因为谁都不知道周围什么人什么时候会官运亨通。其实，即使后来的收益没有期待的那么高，这种感情上的维系仍然可以带来许多社会性收益，比如积累和扩展名声、做关系链的中间人、困难时得助、提供有效信息等。后面这一部分内容才是社会资本要谈的问题，它们对中国人关系网络的复杂性来说实在是小巫见大巫。这里的关键问题是，我们在西方的交换理论与社会资本理论中看不到延时的重要性，或者说，中国人的关系发展是一个终身的计划，而不是一个事件上的或组织构成上的计划。

五、讨论与结论：从共同体到国家之路

以上就是我建立的从中国社会结构到共同体的路径依赖，再到个人关系策略的完整图式。这个图式看起来似乎也符合西方社会理论中所倡导的国家与社会的视角。在西方的这一视角下，地方自治与国家权力是学界讨论的一个重要话题，许多学者认为地方的自治能力对一个国家的制度建立起到了重要的作用，比如美国的联邦自治、日本的"惣村"（总村）。由此，有的学者开始在反思中国的国家与社会时认为，中国传统社会之所以失去了共同体自治，是因为一批中国知识分子用法术来为国家献策，并用他们的思想改造了基层社会及共同体，导致了共同体自治的丧失（薛勇，2007：4—30）。但我认为，在中国其实也同样存在国家权力与共同体自治，乡绅也为地方自治起着积极的作用，近代以来，知识分子对中国乡村的改造中也包含着想引导农民组织起来自己管理自己的努力。只是中国知识分子发现，在以家为本的农村生活中，中国人组织不起来是一种司空见惯的现象（一盘散沙、内斗、内耗），所以他们想参与进来。相较西方与日本而言，中国所不同之处正是共同体与国家之连接点上的单一性与开放性。这一连接方式的特点一方面很容易造成广大民众的生活被强烈而持久地吸引到升官发财的道路上去，另一方面也使得地方社会的百姓很难集中力量站在国家的对立面寻求自身的利益，只能通过进入官方体系的个人连接来消解彼此的矛盾与利益纠葛。从宏观格局上看，虽然国家与

地方之间也有制度性的关联，或者有正式的信息渠道，但中国人认为这种渠道远不如个人关系重要。几乎所有中国人都明白一个简单的道理，即制定正式制度时要考虑到某共同体的利益，必须有该共同体的自己人在进行资源分配时有话语权。事实上，国家体制中的官员也都在为自己的家乡或组织争取利益；反之，如果没有这样的人存在，该共同体的利益很难被考虑。或者说，国家体制中有不少利益分配不是通过外部力量争取，而是通过内部关系实现的。大量的证据都在证明，在共同体中培养一些能够进入决策层的成员是多么重要。所以，长期以来，各个层面都在培育各种各样的个人（自己人）关系，即人脉。我认为，关系与权力的结合与运作，几乎抵消了所有大规模社会事件发生的可能。但有一点值得注意，这就是在体制内部的官员矛盾升级，或者某地方社会或共同体对自身的关系与权力运作感到绝望时，会爆发较大规模的社会冲突。

史学家傅衣凌认为：

> 由于多元的经济基础和高度集权的国家政权之间既相适应又相矛盾的运动，中国传统社会的控制系统分为"公"和"私"两个部分。特别是秦汉以后，大一统国家真正形成，继承了六国的传统，中央集权与地方分权的斗争更为激烈和明显，但两种势力又互相妥协和利用。一方面，凌驾于整个社会之上的是组织严密，拥有众多官僚、胥役、家人和幕友的国家系统，这一系统利用从国家直至县和次于县（如清代的巡检司）的政权体系，依靠军队、法律等政治力量和经济的、习惯的等方面的力量实现其控制权，在"溥天之下，莫非王土；率土之滨，莫非王臣"这一影响深远的观念之下，国家的权力似乎是绝对和无限的。另一方面，实际对基层社会直接进行控制的，却是乡族的势力。乡族保留了亚细亚公社的残余，但在中国历史的发展中已多次改变其组

织形态，既可以是血缘的，也可以是地缘性的，是一种多层次的、多元的、错综复杂的网络系统，而且具有很强的适应性。传统中国农村社会的所有实体性和非实体的组织都可被视为乡族组织，每一社会成员都在乡族网络的控制之中，并且只有在这一网络中才能确定自己的社会身份和社会地位。国家政权对社会的控制，实际上也就是"公"和"私"两大系统互相冲突及互相利用的互动过程。（傅衣凌，1988）

我认为，其间的冲突——虽然傅衣凌谈了不少，是多方面的，但在很大程度上是源自上升通道对一些人来说已经可望而不可即，而在这一通道依然有效的时候，整个社会都以其为轴心进行运转。刘泽华也指出：

> 皇帝与官僚的结合，是中国古代君主专制政治的主体。汉武帝的独尊儒术与开科取士，为士人步入官僚行列开设了渠道，其结果是把皇权运行、思想引导、社会教育与选用人才结合为一体。这对维护君主专制是极为有利的。其后两千年，朝代尽管换过多次，然而终封建之世，这一体制却没有大的变动，只是越来越完善。（刘泽华，1992）

较为单一的地位追求终将导致权力成为社会的重心。以此观点来检讨以往中国社会共同体与社会关系的研究，其不足是学者们偏重讨论社区的自然生存状态（费孝通，1985；林耀华，1989；阎云翔，2000；许烺光，2001；杨懋春，2001），而较少涉及中华帝国构建起来的权力关系。反之，讨论官僚体制的学者也只注重皇权与专制的特征与作用（王亚南，1981；白乐日，1992；刘泽华，2000；王毅，2007），而不太讨论官方权力给中国人的日常生活所带来的全方位的深刻影响。实际上，中国社会是由地方上的共同体与国家的权力场共同体现的,也就是说,它既是"家本位"的,又是"官本位"的。所谓中国人的人生理想就是个体努力将这两者叠加到一起并尽力维系下去。但当这一系列命题被放在政治学、历史学、社会学及教育学等中来单独研究时,官本位与家本位的共生性及其对中国社会的共同体,尤其是家族生命的意义,乃至于对中国人的意识与行为方式的深刻影响,就被分解掉。

显然,从宏观的社会结构层面来看,官本位是国家被社会官僚化的本质特征,是家庭、亲属及老乡社会网络政治化的根源(Jacobs,1979),且不说非常值得研究的"乡绅"发挥着勾连官民的作用,仅是家本位的文化,也会使官与民之间存在广泛的沾亲带故的可能。从微观的社会运行的方式来看,官本位导致一些中国人的行为习性都在向权力靠拢,如阿谀奉承、见风使舵、卑躬屈膝、歌功颂德、弄虚作假等;而家本位中的一套方式也同样被放大到国家体制中来运行,如家长制、父母官、任人唯亲、拉帮结派等盛行于官场。这些延伸性的关系运作加上权力的没有边界,极容易造成日常权威或权力的再生产(翟学伟,2004a,2004b)。可见,唯有将共同体与国家结合起来考察,我们才能理解个人与家族的既稳定又富于变化的社会声望、权贵与势力,即理解林语堂(1994)所谓"官、绅、富"阳性三位一体,是如何发挥其社会能量的,并理解为什么关系与权力在中国任何时代都是最重要的。

总之,我的基本观点是,社会结构的特征会引发行动的方向与动力,这是一种从宏观走向微观的研究理路。而中国社会的文化设计及结构特征会给中国的个体及家庭带来一种强大而且相当单一的驱动力,这种驱动力的最终形成则源自家庭内部的交换方式与社会分层及其流动的渠道设计之间所具有的契合性。这时,处在这样一种社会格局中的个人很容易把注意力聚焦在争光与沾光的行动策略模式上,从而其编织关系网的方式也会在其天然的共同体中完成,进而形成了一个人从其共同体走向国家并回头来报答自己共同体的循环。当然，这是一个十分复杂的研究课题。以我目前的研究积累，只能提出这样一个大概的分析框架，更加细致的研究以及验证工作还需等待时日。我想，我这篇论文所要达到的目标是，尽可能将以往许多零散的研究归总起来，放入一个理论框架来重新加以认识和深化，以便得出一个偏向整合性的结论。如果我们能够找出其中的逻辑关联，再把它们拆开来分头研究，便能清楚地知晓各个局部的研究究竟在总体上回答了什么问题。例如，我们从历时性上也可以看到，虽然整个中国传统基本上体现出关系动力学的特征，但这个特征在一些特定的时期也有间歇性的断裂。就拿中国1949年后的三十年来说，中国社会共同体与国家之间的关系一度被打破，这是一段真正用西方理论改造中国社会的时期，这个理论要求以阶级来划分人与人之间的关系，进而导致社会运行的巨大动力迅速与家人、亲属、老乡及社会关系网脱钩，并发生了重组后的斗争，包括组织与家庭内部的阶级斗争。再接下来的三十年则是共同体与国家关系的恢复期（不是简单地重复过去），这一时期，关系动力学重新释放，以至于大量的社会现象，都可以用关系（包括人情与面子）理论来解释。

可见，在我们获得了这样的框架后，社会变迁与现代化的研究得以系统地展开，诸如国家与社会关系的改变、社会利益集团的分化与整合、社会分层的改变、社会流动的新动向、对社会公平与平等关系的强调、教育与社会地位的关系、共同体与社会组织乃至单位制的构成方式、生育制度的推行与后果、社会组织的行政化、权力与关系在市场化下的运作方式、现世理想与信仰追求的差异、民主建设的基础、个人的生活与奋斗、做人问题等。所有这些课题在根源上都同本文的分析架构有着紧密的关系。有了这一框架，它们就不再是一个个独立的研究课题，而是关于既有的中国社会总盘子在现代性与市场社会的驱使下，如何发生转型的一系列研究。

参考文献

白乐日,1992,《中国的文明与官僚主义》,黄沫译,台北:久大文化公司。

布尔迪厄,皮埃尔,2007,《实践理性:关于行为理论》,谭立德译,北京:生活·读书·新知三联书店。

杜赞奇,1994,《文化、权力与国家——1900—1942年的华北农村》,王福明译,南京:江苏人民出版社。

费孝通,1985,《乡土中国》,北京:生活·读书·新知三联书店。

费孝通,2006,《中国绅士》,惠海鸣译,北京:中国社会科学出版社。

冯尔康,1994,《中国社会结构的演变》,郑州:河南人民出版社。

傅衣凌,1988,《中国传统社会:多元的结构》,《中国社会经济史研究》,第3期。

韩格理,1996,《天高皇帝远:中国的国家结构及其合法性》,载韩格理:《中国社会与经济》,张维安、陈介玄、翟本瑞译,台北:联经图书公司。

胡必亮,2005,《关系共同体》,北京:人民出版社。

柯昌基,1989,《中国古代农村公社史》,郑州:中州古籍出版社。

李亦园,2002,《从民间文化看中国文化》,载《李亦园自选集》,上海:上海教育出版社。

梁漱溟,1990,《中国文化要义》,载《梁漱溟全集(第三卷)》,济南:山东人民出版社。

林耀华,1989,《金翼——中国家族制度的社会学研究》,庄孔韶等译,北京:生活·读书·新知三联书店。

林语堂,1994,《中国人》,郝志东、沈益洪译,上海:学林出版社。

刘泽华(主编),1992,《士人与社会》,天津:天津人民出版社。

刘泽华,2000,《中国的王权主义》,上海:上海人民出版社。

米勒,威廉·伊恩,2009,《以眼还眼》,郑文龙、廖溢爱译,杭州:浙江人民出版社。

帕累托等,1993,《精英的兴衰》,刘北成、许虹译,台北:桂冠图书公司。

帕森斯,2003,《社会行动的结构》,张明德等译,南京:译林出版社。

特纳,乔纳森,2001,《社会学理论的结构》,邱泽奇等译,北京:华夏出版社。

滕尼斯,斐迪南,1999,《共同体与社会》,林荣远译,北京:商务印书馆。

涂尔干,埃米尔,2000,《社会分工论》,渠东译,北京:生活·读书·新知三联书店。

王国维,1997,《殷周制度论》,载《王国维论学集》,北京:中国社会科学出版社。

王亚南,1981,《中国官僚政治研究》,北京:中国社会科学出版社。

王毅,2007,《中国皇权制度研究》,北京:北京大学出版社。

韦伯,马克斯,1987,《新教伦理与资本主义精神》,于晓、陈维纲等译,北京:生活·读书·新知三联书店。

文崇一,1995,《历史社会学——从历史中寻找模式》,台北:三民书局。

西美尔,2002,《货币哲学》,陈戎女等译,北京:华夏出版社。

许烺光,2001,《祖荫下——中国乡村的亲属、人格与社会流动》,王芃、徐隆德译,台北:南天书局。

薛勇,2007,《学而时习之》,北京:新星出版社。

阎云翔,2000,《礼物的流动——一个中国村庄中的互惠原则与社会网络》,李放春、刘瑜译,上海:上海人民出版社。

杨懋春,2001,《一个中国村庄:山东台头》,张雄等译,南京:江苏人民出版社。

翟学伟,1995,《中国人在社会行为取向上的抉择——一种本土社会心理学理论的建构》,《中国社会科学季刊》,冬季卷。

翟学伟,1999,《儒家的社会建构:中国社会研究视角和方法论的探讨》,《社会理论学报》,第2卷。

翟学伟,2004a,《中国社会中的日常权威——关系与权力的历史社会学研究》,北京:社会科学文献出版社。

翟学伟,2004b,《人情、面子与权力的再生产——情理社会中的社会交换方式》,《社会学研究》,第5期。

翟学伟,2007a,《报的运作方位》,《社会学研究》,第1期。

翟学伟,2007b,《关系研究的多重立场与理论重构》,《江苏社会科学》,第3期。

张世英,1995,《天人之际——中西哲学的困惑与选择》,北京:人民出版社。

Chú, Tang-tsu, 1957, "Chinese Class Structure and Its Ideology," in Fairbank, J. K. (ed.), *Chinese Thonght & Institutions*, The University of Chicago Press.

Duara, P., 1991, *Culture, Power and the State*, Stanford University Press.

Jacobs, J. B., 1979, "A Preliminary Model of Particularistic Ties in Chinese Political Alliances: Kan-ch'ing and Kuan-hsi in a Rural Taiwanese Township," *The China Quarterly*, No. 78, pp. 237-273.

(原载《社会科学研究》,2011,第1期;略有调整。)

中国人的"大公平观"及其运行模式
——兼同日本的"公私观"做比较

【导读】同西方的正义与公平理论相比较,中国人的公是在私的反面提出的,其不确定性导致它需借助天道观之演化来体现。中国思想家对天道的不同设定导致了大公平观内部的张力。反映在社会建构上,即等级性与开放性并列运行。由于大公平观中的"公"具有无归属性的特征,因此它在分享性和时运方面都有自身的特点,中国历史中的许多重大事件都是以其为基础的,而中国当代社会中的重大问题也是这一传统的延续。

公平是人类社会所追求的共同理想。但在历史的长河中，人们对它的认识和理解却不相同，这也造成了社会建构及运行模式上的差异。以往对于这一问题的探讨主要集中于思想史、伦理学、政治哲学、政治学及经济学当中。而在社会学方面，它非但不讨论其价值内涵，反而更关注社会的不公正和不平等，并通过实证资料来获得其理论上的支持。现实社会的不公平促使公平观在社会进化意义上被赋予了一种进步的意味。也就是说，它通常被看作社会现代化的一个标志，即社会越进步就越应当体现公平。由此坐标来反观中国传统社会的特征，诸如专制、王权、等级、特权、名分等，似乎足以说明中国传统社会公平观的缺失。而我这篇论文想讨论的重点是，中国人在自己的漫长历史中也有公平观，其影响力不但贯穿整个中国历史，而且还始终居于中国文化的核心位置；甚至可以这样说，中国的历史，尤其是近代化以来的重大事件，在一定意义上都是源自中国社会自身的公平观表达。只是由于以往的讨论过于集中于文、史、哲方面，则多少忽略了其重大社会意义。当然，所谓中国历史上的公平观并不意味着中国自古就有一套统一的公平观体系，恰恰是不同流派之间所构成的张力与融合，才给中国社会的建构、运行方式及思维特征带来了持久而深远的影响。诚然，近代以来，西方的公平正义观也在深刻地影响着中国，但它们似乎更多地停留于中国社会的表层与制度设计方面，而未能沉入中国文化的深层结构。

如果以往有关"公"或"公平"的讨论大多集中于思想史、伦理学、政治学、法学、语言学与历史学，其目的在于厘清中国历来关于"公"的言论和思想的演变，最多触及制度层面（金耀基，2002；刘泽华、张容明等，2003；刘畅，2003；陈弱水，2006；史云贵，2009），那么本文试图探讨的则是公平观念与中国社会运行是什么关系，抑或中国社会运行是如何为自己寻求正当性的？为了能够顺利地展开这种探讨，我有必要对本文的研究方式做一个说明与框定。

第一，我认为不能把任何思想家的言论看作一种学科意义上的理论假设，它们不过是一家之言，只是有的言论影响大，有的影响小罢了。因此，本文探讨的所谓公平观不是哪家、哪派的观点，本文也不探讨各家之间的争论与矛盾，只寻求一种张力性的或已磨合过的对中国社会有长远影响的基本观念。就这一基本观念的历史来看，先秦至汉代的思想言论值得重视，因为后来的观点大体是对它们的注解、发展或反动。

第二，传统上，中国人对公平观的认识本不是通过体系与逻辑展开的，但作为一项研究，本文将用逻辑来整合它们。这就免不了一方面要放弃一些枝节的内容，另一方面要细述一些内容，并伴有时间上的交错。有时，为了定义上的方便，我也会提出一些常识性的看法。这些看法不属于哪一家、哪一门、哪一派，或者说，不论是儒家的、道家的、佛家的，还是民间的，我都在常识意义上将其归结为中国人的、属中国人的世俗哲学。这就意味着，前述的各家言论将被混合在一起看待，构成了中国人大公平观的整体框架。而这样处理本身也符合中国人思维上的融合传统，比如中国人的民间信仰与行为也体现为儒、道、佛合一。

第三，任何历史上出现的思想和言论都会多少招致当时或后来者的争议，我们不能因为有人反对，就认为这种公平观不成立。就思想史内部而言，有些思想者对公平观提出过独到的见解或激烈的批判，但回到社会层面上则不能夸大它的作用。思想只是思想，对于没有对中国社会运行起到作用的，本文忽略不计。

从以上三点可以看出，本文的研究重点是中国人的观念与中国社会结构之历史关系，意在思想、行动与逻辑之间寻求一种衔接。它们的起点在远古，落脚在当代。我想证明，从历代帝王建制到近代中国人走向共和，再历经社会主义公有制改造、人民公社、计划经济，直至经济体制改革等许多重大现实事件，都受到大公平观的重要影响。今天，有许多人喜谈中国社会之变，甚至巨变，认为它变得认不出来了，而我试图表达的是中国不容易变，即使变，其脉络走向也很清晰。

最后需要交代的是，我所谓的大公平观假设是为了寻求一种文化上的后设理论。罗尔斯（Rawls）认为正义是社会制度的首要价值，也就是说，一种社会的设立需要一套价值理念，而公平或正义是这套理念的核心内容（罗尔斯，1988：2—3）。由此我进一步认为，中国的社会构建也许不是像西方社会学家那样试图在逻辑上表达的一种从微观到宏观的建立，而是一开始就在宏观上被假定的。

一、概念与逻辑的问题

要探讨"公平"这一概念，我们首先遇到的问题是其含义及相关理论的确认。但这一点是颇为模糊的。我这里比较接受戴维·施密茨（David Schmidtz）的一个关于"正义"研究的比喻，即"正义的一体性是有限的，更像一个街坊而不是一栋楼的一体性"（施密茨，2018：3）。街坊与楼的最大区别在于，街坊没有全盘计划，是逐步形成的，而大楼则是一次盖成的。正义的概念会涉及相应的逐渐聚集起来的一些概念，而公平的概念也会涉及一些聚集起来的相关概念。当然不可否认的是，这些相关概念彼此也是有交叉的。如果本文这里还要进一步区分中西文化中关于这些概念的脉络，如正义、公正、平等、自由等，会很容易进入西方政治哲学史。显然，这不是本文的目的所在。这是我选择"公平"而非"正义"的第一个理由。第二，我之所以选择"公平"作为讨论的重点，是因为沿着这个概念走，似乎更容易寻找到中国传统思想与文化的脉络。这个脉络似乎同"平均""齐平"及"公有"概念联系更多。[1] 比如,《荀子·王制》里有"故公平者,职之衡也;中和者,职之绳也";《管子·形势》里有"天公平而无私,故美恶莫不覆;地公平而无私,故小大莫不载";《战国策·秦策一》里有"法令至行,公平无私"。

比较而言,今日所用的"正义"与"公正"的意义更多地来自英文词"justice"的翻译,大意相当于公道、公理、正当性及合法性等。其传统涉及西方的文化信仰与观念,可以追溯到几个不同的源头。比如,在西方文化传统中,几乎任何早期的重要思想流派都会触及这一主题,其中,古希腊神话与哲学、基督教(希伯来传统)与近代欧洲的政治哲学传统,包括自然法等思想,多少成为今日正义观念的基础。而今日的西方正义理论也相当复杂,如功利主义、自由至上主义与罗尔斯正义论及其之间的争论等。但不同观点之间有争论不意味着它们就没有共同点,没有探讨的一致性方向和思路。那么,其总体的共同点在哪里呢?我以为,就在于西方文化传统一直在寻求的人间正义方式和方法。至于是通过"众神之神"宙斯及其女儿狄刻的"公正审判",还是通过全能全知的上帝的"王者正义""义人之义"以及上帝面前人人平等;是通过法律的保障,还是通过分配原则;是通过回归人的自然状态,还是通过所有权、财产权的确立;是通过自由、平等、博爱,还是通过社会制度的设立……那是各家各派的纠葛所在。总之,西方正义论的一个中心议题,即所谓正义、公正、平等,就是要通过一种理想方案来实现人世间每个人都应享有的正当而合理的生活。

中国同其他所有爱好和平的民族与国家一样,也关注公正与平等问题,但因自然与生态环境,尤其是文化历史不同,相关议题及其

---

[1] 也有学者以"平等"来梳理中国思想传统或认为中国思想中没有公平、正义,有的是"平衡论"。参见秦晖,2004,《从 sama 到 equality:汉语"平等"一词的所指演变》,载秦晖,《传统十论——本土社会的制度、文化及其变革》,上海:复旦大学出版社;韩东育,2007,《道学的病理》,北京:商务印书馆。

源头、含义也不同。要概念性地理解中国人的公平观，首先应当从单字，即"公""平""正""义""均""齐""法""道""德"等中来寻求其原初的信息，至于它们之间的不同组合，比如"公平""公正""公道""平均""均平""公义"等，则可以延伸出更为丰富的甚至同现代性连接起来的意涵。对于这些字的解释，其实是相互的，有的是在对立关系中理解的，有的则构成一种交错性的互释，有的概念外延更大一点，可以包含若干其他相关字的意思。为了便于梳理和简化其复杂性，我打算就公平观中的"公"和"平"来展开讨论。

要想弄清楚中国人的公平的观念，需要先理解"私"，因为众多思想家都认为"公"为"无私"，而"私"为"不公"。从文字的形成过程来看，"私"最早写作"厶"，"公"则是在"厶"上头加两笔。有学者从象形上解释，厶是从侧面看到的鼻子，而公是正面的脸（范德茂、吴蕊，2002）。如果这个解释有道理，我们可以得出的初步结论是：公与正相联系，私与侧或偏相联系。关于将公私作为一对概念，虽然甲骨文中未看到，但其成对的配合使用至少在春秋战国以前就已经出现了（黄俊杰，2005）。比如，《诗经·小雅·大田》中有"雨我公田，遂及我私"，《书·周官》中有"以公灭私，民其允怀"。一直到今天还有大公无私、公而忘私、公私兼顾、假公济私等成语。但我们不能仅仅满足于对这种对立关系的理解，而需要进一步讨论它们如何对立以及对立的关系是什么。对此，《韩非子·五蠹》中有句话很有启发性："古者苍颉之作书也，自环者谓之私，背私谓之公。公私相背也，乃苍颉固以知之矣。"以"自环"表示"私"，直观上取自甲骨文、金文的象形写法，又被解释成"自营"。而我理解为，它首先是给自己的领属划界，划出与自己相关的或自己拥有的那部分，比如私人财产与自家人有关的物品，比如院落或田地，可以用围墙或地标来确立（私人宅地或私田），也可直接设定自己人或归自己的奴仆等。反之，如果不属于个人相关界定范围的，就是公。可见，中国人是通过私的反面来认识公的。它们的逻辑关系是 A 与非 A，而不是 A 与 B。其差异在于，A 或 B 均是可以确定的概念，而非 A 是不确定的概念。不确定的概念往往没有自身的独立性，它只能依附确定性来加以认识。这就意味着，公的含义要跟着私走，泛指那些不归私的部分，我称之为"公的无归属性"。

日语的"公"，则符合逻辑中 B 的确定性，指首长代表的共同体，比如国家或天皇，进而其"公"是指官属、官方的意思（沟口雄三，1995：49—51）。基于公的不确定性，很容易延伸出中国人对公的"共同性"或"共有性"的理解，以及私对公的占有意识。其思维模式是"不属于哪个人的，便属于大家"。《广韵·东韵》曰："公，共也。"《汉书·毋将隆传》曰："武库兵器，天下共用。"《后汉书·安帝纪》曰："公田假于贫民。"其中都有这个意思。《吕氏春秋·贵公》中有：

> 天下非一人之天下也，天下之天下也。阴阳之和，不长一类。甘露时雨，不私一物。万民之主，不阿一人。伯禽将行，请所以治鲁，周公曰："利而勿利也。"荆人有遗弓者而不肯索，曰："荆人遗之，荆人得之，又何索焉？"孔子闻之曰："去其荆而可矣。"老聃闻之曰："去其人而可矣。"故老聃则至公矣。天地大矣，生而弗子，成而弗有，万物皆被其泽、得其利而莫知其所由始，此三皇、五帝之德也。

其特点是，自环的私只是一个自营范围，并没有形成确定的"隐私权""所有权""产权"这些概念。这点既可能导致私属范围随着境况的改变而扩张，也就是有归属性的私对无归属性的公的占有，也容易导致以公的名义克扣、侵犯或没收个人财富（所谓"充公"）。可见，中国人的公私对立是动态或变化中的对立，而非确定中的分立。通常在中国人的思维中，私有性的扩张可以扩得很大，所谓"溥天之下，莫非王土,率土之滨,莫非王臣"(《诗经·小雅·北山》)。由此也就引起中国人对天下归属的疑问,即天下的归属问题,如"谁的天下"或者"谁的家天下"。这是很可怕的:即使自然与社会资源已归属于官府,人们也要争论是属公还是属私。可见,中国人心目中的公是超越官府的更为宏大的崇公抑私或立公弃私。关于这一观念,直到明代才出现了公开的反对派,即为私的正当性正名。无论是儒家把公同"义""礼"或"德"联系起来,还是道家把公同"道"联系起来,抑或法家把公同"法"联系起来,都是想表明,崇公是国泰民安的政治和心理基础,正所谓:

> 昔先圣王之治天下也,必先公,公则天下平矣,平得于公。尝试观于上志,有得天下者众矣,其得之以公,其失之必以偏。凡主之立也生于公。故《鸿范》曰:"无偏无党,王道荡荡。无偏无颇,遵王之义。无或作好,遵王之道。无或作恶,遵王之路。"(《吕氏春秋·贵公》)

由于历朝历代的知识分子在价值上的倡导,中国人习惯在衡量和判断一个事件时也倾向于揣测其动机是出于公心或私心。朱子说,"凡一事便有两端:是底即天理之公,非底乃人欲之私","将天下正大底道理去处置事,便公;以自家私意去处之,便私"(《朱子语类》卷十三)。不过,思想上的尚公未必是事实上的。我们在现实中感受到,中国人的生活史其实是一部扩展私欲(域)的历史。所谓扩展私心就是费孝通所谓的"差序格局",也就是说,公私关系也在扩展中体现出来。比如说,私扩大一圈后,圈里的人认为这部分是公,更外圈的人认为这还是私(费孝通,1985),这点也从侧面证明了中国人的公私是动态的相对性概念。这种相对性导致中国人的公私标准和公私领域不分,如出现假公济私、损公肥私、中饱私囊、公报私仇等现象;同样,舍己为公、顾全大局、公而忘私、大公无私、克己奉公、一心为公等也大有人在。这些现象的共同点都在于公私关系的转换,而非公是公、私是私。在很多情况下,"公事公办"在中国是一个贬义词。

随着私的扩张与转化,我们看到"公"也部分地有了归属性的意味,这就是官府、朝廷,比如"公上""公人""公车""公门""公务""公事""公费"。但我们仍然不能误以为,鉴于公属范围的确定,就可以回到上述逻辑中 B 的范畴去。因为公的无归属性特征,会使得处于官府中的人仍在非 A 的逻辑中寻求私的扩张,而他们的权力导致了他们优先占有之可能。今日在学者讨论的公权私用、公共资源私有化、公信力下降等问题中,既有现代现实社会的实情,也有中国思想史传统的延续。同样,也正因为这种优先性,中国人才发展出了道德自律的楷模,也就是说,不拿公家东西、不占公家便宜、不利用职务之便,或者把属于私人的时间、能力或钱财投入公家等行为,在中国被看作很高尚的思想德行,因为这些行为是没有办法用制度来限定可以或不可以的。

与公紧密联系,甚至是同义的另一个词是"平"。《说文》曰:"公,平分也。"平分似乎同"共同""共有"相关。由于公没有归属性,因此人们就可以对其任意占有,只是,任意占有很容易导致捷足先登,或人有我没有的情况。因此,为了维持公平、均等、平均的特性,就需要一种抢占中的力量制衡,这就是确保齐平,即人人共享、人人有份。一种人人共享之事,反过来讲也要求人人共担、人人均摊,这就牵涉到了分配制度。从分配的角度来看,公平往往等同于平分、平均。它在实际中可成为一种操作化的、量化的公正和公平的手段(翟学伟,1995)。中国家庭中的分家、组织劳动中的"大锅饭"、修路筑桥中的"摊派"等都是从这一角度思考的。还有一个相关的概念是"太平",意思是大和平和大公平。康有为说:"孔子之于天下,不言治而言平,而于《春秋》三世进化,特以升平、太平言之也。"

（《大同书·丙部》）平还有齐的意思，《管子·国蓄》曰："万民之不治，贫富之不齐也。"人人都有就是"齐"，引申出的相关词还有"扯平""摆平"。它们似乎在表达，当不能实现平均分配或对等交换的时候，人们心理上会有不公平感，而实现了人人有份的老百姓就成了齐民。由于"平"通"公"，于是可以用平来表示一种实现了公的状态，比如和平、清平；如果社会不安宁，那么"平"作为动词也可以表示为人人、大家，为人类进行和平、平安、平等上的努力，比如平定、平息、平天下。这些意思如同《玉篇·亏部》的解释："平，均也；齐等也。"《易·乾》曰，"云行雨施，天下平也"，孔颖达疏，"言天下普得其利而均平不偏颇"。这是从另一个角度在谈"公"。又由于"公"总是同人人相联系，于是公在中国社会可以被解释为大家的、天下人的、众人的，也有"公益""公害""公意""公器""公众""公开"等构词。

综上所述，在中国人看来，公虽有时是指公家、官府，但根本上还是指"无归属性"的事物。而凡没有归属的事物应当为个个有份和人人均享、大家可以平等获利的事物。有了这样的观念，即使再回到有归属性的范围，比如国家、组织、家庭等之中，也都可以依此类推地遵循人人分享、人人获利、人人分摊的原则。这里顺便提一下，日本的家庭和企业传承模式，还是坚守着 A 和 B 的逻辑关系，因为在日本，家庭采用的不是诸子均分制，而是单子继承制，即家庭财富为一人所继承（翟学伟，2011）。

二、大公平观的文化预设

在上述关于公平定义的讨论中，我们始终可以看到公与私之间的一种张力和变换，其既符合中国传统的辩证思维，正如同历来争论不休的"义利之辨",也符合中国思维里的叠加法(聚私为公)[1]。前者如"修身、齐家、治国、平天下",及今天的"只要人人都献出一点爱,世界将变成美好的人间"和"人人为我,我为人人"。后者如顾炎武说的:"自天下为家,各亲其亲,各子其子,而人之有私,固情之所不能免矣。故先王弗为之禁,非惟弗禁,且从而恤之。建国亲侯,胙土命氏,画井分田,合天下之私以成天下之公,此所以为王政也。至于当官之训,则曰以公灭私。然而禄足以代其耕,田足以供其祭,使之无将母之嗟、室人之谪,又所以恤其私也。此义不明久矣。世之君子必曰,有公而无私。此后代之美言,非先王之至训矣。"(《日知录·卷三》)但这种将公私做辩证或叠加的危险性在于,由此连环推导下去,一种不纠缠于私的公是没有的,只能为了公,只好灭私。于是,中国早期思想家走上了一条将公推向至极的思路,这就是:"天无私覆也,地无私载也,日月无私烛也,四时无私行也,行其德而万物得遂长焉。"(《吕氏春秋·去私》)

在这样一种极致性的公平状态下,社会会成为什么样子呢?《礼记·礼运》中有一段著名的话:

> 孔子曰:"大道之行也,与三代之英,丘未之逮也,而有志焉。大道之行也,天下为公,选贤与能,讲信修睦。故人不独亲其亲,不独子其子,使老有所终,壮有所用,幼有所长,矜、寡、孤、独、废、疾者皆有所养,男有分,女有归。货恶其弃于地也,不必藏于己;力恶其不出于身也,不必为己。是故谋闭而不兴,盗窃乱贼而不作,故外户而不闭。是谓大同。"

---

[1] 公私的叠加关系是我对产生于明清的一种新的公私观的概括,有关这种新的公私观的基本观点可参见《现代儒学的回顾与展望——从明清思想基调的转换看儒学的现代发展》。

我们无法证明这段话是不是孔子本人说的，但它作为有重要历史影响的名段，透露出中国人要建立公平社会的两个特征：一是天下的东西是天下的。即使个别人在个人意志上想把它们（比如阳光、雨露、季节变换给所有人带来的好处）占为己有，也是拿不走的。这就是极致性的公。有了这样的公，也就等于告诫人们，无论你的私心有多大，野心有多大，雄心有多大，想独享天下总是不可能的。康有为在《大同书》中进一步构想，如果能把人世间所有的"界"（"自环"）都去掉，就是"大同"。可明代思想家吕坤在《呻吟语·治道》中却看到，公平之"平"的意思不是让社会没有差异，而是各就各位："平之一字极有意味，所以至治之世，只说个天下平。或言：'水无高下，一经流注，无不得平。'曰：'此是一味平了。世间千种人、万般物、百样事，各有分量，容有差等，只各安其位，而无一毫拂戾不安之意，这便是太平。如君说则是等尊卑贵贱小大而齐之矣，不平莫大乎是！'"可见，在吕坤看来，无差别的大同不切合实际，社会不是"均等"，而是"差等"（我们在后面将会看到大同与差等之间的张力及争论是理解中国社会运作框架的基础）。二是天下为公的前提是"大道"运行。所谓大道或天道无私，是一种超越人世间的宇宙秩序，任何帝王面对这样的秩序，非但不能为所欲为，反而必须从心里承认。沟口雄三在比较日本"公"的观念时看到了这一点。他说：

> 谈起这一点，脑海中便浮现出中国的情形。在中国，皇帝不仅不被直接称呼为"公"，有时甚至反被称为"一姓一家之私"。皇帝家这样被视为私，在国家与皇帝之上更存在着超越它的天、天下的上位概念。如果把天、天下奉为绝对的、公平的概念，那么如皇帝或一个王朝就只能是私，而且这里所谓私还不是领域性的私，而是私天下，亦即"奸邪"系列的私。在这里，所谓皇

帝、朝廷、国家穿越了首长·共同体的公而通于更上位的原理性的公。就是说，并没有像日本那样将天皇、朝廷、国家置于最高位或终极地位。（沟口雄三，1995：49—50）

中国古人是在宇宙观意义上建构社会的。且不论这样的超越性是否过于没有边际和玄乎，它一旦被认可，就可以抑制帝王的一己之心，成为一套为苍生而立的有惠于每个人的最高法则。与此同时，贯彻和实施这套法则，也成为帝王和士大夫统治和维护江山的正当性所在。再者，公平性越是走向超越，人人分享的原则也越可行。基于这些认识，我认为，"大公平观"之所以大，是因为它具有超越人世间的特征，是由"天道观"演化出来的一套社会公平法则，所谓"人法地、地法天、天法道、道法自然"（《道德经·第二十五章》）。《庄子·在宥》云：

不明于天者，不纯于德；不通于道者，无自而可。不明于道者，悲夫！何谓道？有天道，有人道。无为而尊者，天道也；有为而累者，人道也。主者，天道也；臣者，人道也。天道之与人道也，相去远矣，不可不察也。

在农耕文化的环境中，天道观作为重要的思想传统也许不独属哪个思想门派，而传统各家大都比较认同。若从它的根源上看，道家是源泉。老子在《道德经·第十六章》中说：

致虚极，守静笃，万物并作，吾以观复。夫物芸芸，各复归其根。归根曰静，静曰复命。复命曰常，知常曰明。不知常，妄作，凶。知常容，容乃公，公乃王，王乃天，天乃道，道乃久，没身不殆。

关系、权力与"报"的运作

将天道与人道相通,并强调以天道来制约人道,构成了董仲舒的天谴论。他把天道观、天命观和道德观合而为一,做关联性的比附,让许多人事成了天事,让天事也成了人事,从而天人之间相互掺和。《春秋繁露·离合根》上说:

> 天高其位而下其施,藏其形而见其光。高其位,所以为尊也;下其施,所以为仁也;藏其形,所以为神;见其光,所以为明。故位尊而施仁,藏神而见光者,天之行也。主者,法天之行,是故内深藏,所以为神;外博观,所以为明也;任群贤,所以为受成;乃不自劳于事,所以为尊也;泛爱群生,不以喜怒赏罚,所以为仁也。故为人主者,以无为为道,以不私为宝。立无为之位而乘备具之官,足不自动而相者导进,口不自言而摈者赞辞,心不自虑而群臣效当,故莫见其为之而功成矣。此人主所以法天之行也。

早期儒家的"天人合一"最终在宋代之后形成了"天理人情",它们都影响着中国社会的建构和运行。对于董仲舒在《春秋繁露》中多处追问的天和人之原初、使用的"元""本"的概念,势必还得回到道家的观点中来。庄子说:

> 古之人,其知有所至矣。恶乎至?有以为未始有物者,至矣,尽矣,不可以有加矣。其次以为有物矣,而未始有封也。其次以为有封焉,而未始有是非也。是非之彰也,道之所以亏也。道之所以亏,爱之所以成。(《庄子·齐物论》)

庄子似乎在说,天地万物的原初都可归为"无",没有限定、界限和是非,所谓善恶、美丑、爱憎、规矩等都是从无到有、无中生有的。

它们一旦出现,这个道就被污染了。从公的角度讲,公的最大化就是"齐物",即万物都没有区分,一旦一个事物的属性被确定,那么它的公平性就会丧失,其特征或私性就会得到发扬。因此,从文化的后设性来看,中国的理想社会不是在确定性上运行的,也不是在归属性上运行的。安乐哲、郝大维看到了其中的奥妙,他们说:

> "道"作为展开的经验域是万物不汇总的总体。它之所以不可汇总是因为它是没有边界的,只能从这个或那个视角来认识。没有一个单一秩序的整体,也没有外在于它的视角。在反映自身生动活泼、不断转化的各种关系上,建构经验域的每一个焦点整体上都是全息式的。(安乐哲、郝大维,2004:132—133)

或者说,从形而上来讲,"无""非""否"等在中国人的思维中要比确定、占有、肯定等重要得多,中国人的许多界限性的思考是在"非"中的思考。比如,"道可道,非常道,名可名,非常名"。又比如,我们不知道什么是"仁"和"义",但却知道什么是不仁、不义;我们不确定"礼",但却知道"非礼勿视""非礼勿听";我们不能确认君子的内涵,但能确知"君子不器"。更不要说中国人之"大爱无言""大义无声""沉默是金""无欲则刚""无理取闹""无事生非"的本领了。所以,中国人是以"无"胜"有"的,是在"不是"中知道"是"的。所谓人生无常,天无绝人之路,山外有山、天外有天,以及把有限的生命投入无限的为人民服务等,都昭示生死、富贵、成败、边界、服务等都是不确定的、不可测的、不限制的或不可控的。而从西方宗教中的上帝到现代科学原理,西方人所走的道路就是要不断地寻找确定性,以便可测及可控。

三、两种大公平观的运行之争

从以上的论述中，我们发现，道家的"无为"与儒家的"大同"之间有相当的吻合之处。"天下为公"对中国无论哪一个思想传统而言都是可以接受的。但这样的社会在哪里呢？《礼记》中关于大同的几句话，被康有为糅合了西方的人道主义、天赋人权、自由、平等、博爱等，从而形成了一个蔚为壮观的世界新体系，即使今天读起来仍让人觉得那么超前和遥远，因为天下为公必须有人来实行，而人是有自身利益的。他们面对形形色色的利诱，自己得不到，只让他人得到的事，不知道由哪一种人来做？从这一点可以看出"全心全意为人民服务"之深意。现实社会告诉我们，只要有人利欲熏心，人人献出的一点爱就会被他们无耻地收入囊中，这里无耻收割的如果是少部分人，危害尚可控制，如果是上百、上千、上万人都如此的话，这个社会就礼崩乐坏了。结果，儒家想的是，与其给当权者们灌输不现实的大同理想，还不如给他们多灌输一些治国的理念，让他们去实现"公平"之道。而道家则坚守自己的大道，这就免不了走到反智论上去。比如，老子说：

> 不尚贤，使民不争；不贵难得之货，使民不为盗；不见可欲，使民心不乱。是以圣人之治，虚其心，实其腹，弱其志，强其骨。常使民无知无欲，使夫智者不敢为也。为无为，则无不治。（《道德经·第三章》）

庄子对儒家也是连讽刺带挖苦：

> 骈拇枝指出乎性哉，而侈于德；附赘县疣出乎形哉，而侈于性；多方乎仁义而用之者，列于五藏哉，而非道德之正也。是故

骈于足者，连无用之肉也；枝于手者，树无用之指也；多方骈枝于五藏之情者，淫僻于仁义之行，而多方于聪明之用也。(《庄子·骈拇》)

道家的退守使得君王要想有一套积极的统治理念，并获得统治的合法性只能选择儒家。现在的关键是，看儒家有何本事把"天下为公"思想转化为君王的天下的理念，让万民对君王俯首帖耳。《荀子·王制》说："有天有地而上下有差，明王始立而处国有制。夫两贵之不能相事，两贱之不能相使，是天数也。"到了汉代，董仲舒的思想则更加体系化，他说：

> 传曰：天生之，地载之，圣人教之。君者，民之心也；民者，君之体也。心之所好，体必安之；君之所好，民必从之。故君民者，贵孝弟而好礼义，重仁廉而轻财利，躬亲职此于上，而万民听，生善于下矣。故曰：先王见教之可以化民也。此之谓也。(《春秋繁露·为人者天第四十一》)

> 古之造文者，三画而连其中，谓之王。三画者，天地与人也，而连其中者，通其道也。取天地与人之中以为贯而参通之，非王者孰能当？是故王者唯天之施，施其时而成之，法其命而循之诸人，法其数而以起事，治其道而以出法，治其志而归之于仁。仁之美者在于天。天，仁也。天覆育万物，既化而生之，有养而成之，事功无已，终而复始，凡举归之以奉人。察于天之意，无穷极之仁也。人之受命于天也，取仁于天而仁也。是故人之受命天之尊，有父兄子弟之亲，有忠信慈惠之心，有礼义廉让之行，有是非逆顺之治，文理灿然而厚，知广大有而博，惟人道为可以参天。(《春秋繁露·王道通三第四十四》)

>   天之道，有序而时，有度而节，变而有常，反而有相奉，微而至远，踔而至精，一而少积蓄，广而实，虚而盈。圣人视天而行。是故其禁而审好恶喜怒之处也，欲合诸天之非其时，不出暖清寒暑也；其告之以政令而化风之清微也，欲合诸天之颠倒其一而以成岁也；其羞浅末华虚而贵敦厚忠信也，欲合诸天之默然不言而功德积成也；其不阿党偏私而美泛爱兼利也，欲合诸天之所以成物者少霜而多露也。（《春秋繁露·天容第四十五》）

显然，儒家与道家的大公平都是从天开始论证的。但论证下来，道家认为天道是没有分别的，是万物归一的，而儒学认为天道是有分别的。这便成了所有论证的关键——既然天不确定，那么双方都需要对"不确定性"做设定，以便有利于自己的推演，然后自圆其说。比如，"天无私覆，地无私载"说的是天的大公；而"天无二日，国无二君"，说的就是人不平等。设定前者，治国理念就是无为；设定后者，治国的理念则是全靠圣人施"仁政"。在儒家思想体系里，尽管它承认天是讲公道的，但它不能自己讲，而是要施予圣人、天子或帝王来讲。假如一个君王不公道，那么天可以抛弃他，另选他人，人民也可以替天行道来推翻他。说来说去，儒家的公平观就是想给天、地和人间找个代理人。孟子所谓"天将降大任于斯人也"就是这个意思。这个人上能代表天，下能代表黎民百姓。上有天，是他成为君王的合法理由；下有民，是人民遵从他的理由。显然，比较这两种思想，历代统治者更乐于接受后者，所以自汉朝以来，儒家胜出了。

虽然中国历史上不少帝王都崇尚儒术，但我们不能简单地认为万民已经被儒化到了心甘情愿地遵从帝王和认同既有体制的地步。天地和万民之代言人的诞生，依然处在上述无归属性的、不确定的、不排除任何可能性的抑或人人有利、人人有份的文化预设之中。或者说，道家学说成了儒家学说的底色。其内在的张力在于，一方面，社会总是需要一个合法的统治者来治理国家;另一方面,即使让一个(一群)统治者来统治社会,哪怕是合法的,也不符合大公平观的原则,因为这将导致一种无满贵胄的倾向,其认定性、世袭性、自环性和特权化都将暴露无遗,这是不公平的。正如黄宗羲所说:

> 后之为人君者不然,以为天下利害之权皆出于我,我以天下之利尽归于己,以天下之害尽归于人,亦无不可;使天下之人不敢自私,不敢自利,以我之大私为天下之公。始而惭焉,久而安焉,视天下为莫大之产业,传之子孙,受享无穷。汉高帝所谓"某业所就,孰与仲多"者,其逐利之情不觉溢之于辞矣。(《明夷待访录·原君》)

由此,因"齐物论"和"君主论"相互抵触,我们在客观上可以看到一套社会法则与策略的运行,即一个公正的社会既要在现实上由明确的君王来统治,又要在学理上确保不确定性、无归属性和分享性。最终,中国的社会运行兼具了"等级性"和"开放性"的特点,并在实际中体现为"治"的一面和"乱"的一面。

就治的一面来说,儒家的主导性影响使得人们接受了大一统的君王统治,为了确保承载天运的君王勤理朝政、坚守纲常,还需要一大批辅佐其统治的丞相、官员在君王身边。于是,一种中央集权化的官僚体制建立起来,总体上形成了一个享有特权的社会阶层。这一看似不公平的体制的公平性主要体现在这些官僚体制中人员的来源方面。汉代以前,禅让、传子、宗法、世卿、任贤等制度都出现了,但自汉以后,选拔官员的方式被制度性地确定为一种开放式的机制。经过察举制、九品中正制,最终形成了长久而稳定的科举制,直至今日的高考制和国家公务员考试制。官员选拔制度在这一漫长的发展过程中虽有千差万别,但总体特征就是越来越开放。从理论上讲,上层社会人员不采取世袭制和任人唯亲，而是实行考试，择优录取，意味着官僚体制的大门是向黎民百姓敞开的。不论你是谁，官家子弟也好，富家子弟也好，穷人家孩子也好，每一代、每一轮下来，每家每户都站在同一起点上。其中只有智力和勤奋的差异（在相当漫长的时期，存在性别的不平等），其他什么身份（个别身份除外）、地位、权力、财富、年龄等差异在试卷面前统统都消失了。正是由于这样的制度设置，中国人的上进心才得以被持久地激发，大一统体制更加牢固，儒家学说得以继承，而所有中国人生活运转之主轴也同时建立起来。

就乱的一面而言，另一种社会动机也在中国历史上被反复酝酿。这就是由此渠道走不到上层社会的人，或不满足于只任丞相等官职的人，或对社会不满的人以及想要实现更远大的理想的人，他们均会去进行改朝换代的大业。还是因为"天"的无归属性、"公"的开放性及人人有份的观念，在中国历史上凡重大的造反与改革事件都和"公平观"的建立与推行紧密相连，这些都在表明，中国人对现有的公平机制不满。比如，北宋农民起义领袖王小波言，"吾疾贫富不均，今为汝辈均之"；南宋农民起义领袖钟相言，"等贵贱，均贫富"；北宋有王安石变法；明末李自成起义军有"等贵贱，均田免粮"；清龚自珍有"有田同耕，有饭同食""无处不均匀，无人不饱暖"；晚清洪秀全实行"太平天国""天朝田亩制"；近代孙中山提出"三民主义"和"共和"；毛泽东"打土豪，分田地"和建立"人民公社"，以及为今人所熟知的"共同富裕"。

同样，大公平观的开放性特征使个人一再被激发远大志向：其他人能做，自己也可以做；其他人能得到，自己也能得到；其他人能拥有，自己也能拥有——所谓"皇帝轮流做，明天到我家"。陈胜、吴广说："王侯将相，宁有种乎？"项羽说："彼可取而代也。" 刘邦说："嗟乎，大丈夫当如此也！"孙中山在《三民主义》中提到，康熙在平定江山后有过这样的说法：舜是东夷之人，文王是西夷之人，他们都能做皇帝,而满洲是夷狄之人,也可以做皇帝。这里面隐含的意思是,其他夷人能做皇帝,满人来做皇帝也是公平合理的。所以孙中山的结论是:

> 自古以来,有大志之人多想做皇帝……当我提倡革命之初,其来赞成者,十人之中,差不多有六七人是有一种皇帝思想的……[洪秀全]那种失败,完全是由于大家想做皇帝。(孙中山:82—83)

> 汉唐以来,没有一朝不是争皇帝的。中国历史常是一治一乱,当乱的时候,总是争皇帝。外国尝有因宗教而战、自由而战的,但中国几千年以来所战的都是皇帝一个问题……现在共和成立了,但是还有想做皇帝的,像南方的陈炯明是想做皇帝的,北方的曹锟也是想做皇帝的,广西的陆荣廷是不是想做皇帝呢?此外还更有不知多少人,都是想要做皇帝的。中国历代,改朝换姓的时候,兵权大的就争皇帝,兵权小的就争王争侯。(孙中山:85)

这种中国历史上轮番争夺帝位的事件在日本人的思维模式中却很难施行,因为他们认为,A 的对立面不是非 A,而是 B,因此 A 只能做自己的事,不能去想 B 的事,A 也不能去占有属于 B 的东西。这或许是日本可以保留天皇、实行君主制的逻辑根源。

四、大公平观运行中"时"的观念

当大道运行不能现实地形成大同世界时,它的超越性既高瞻远瞩,指向未来,又以无形而细微的方式弥漫于中国人的社会生活,渗透于中国人的心理与行为。作为一种宇宙观，道蕴含自然观，它会使人们想到事物的循环、转化和相生相克，使人们相信每种事象都有消长、起落、盛衰的过程。中国有"风水轮流转""三十年河东，三十年河西""此一时彼一时""分久必合，合久必分""多年的媳妇熬成婆""不是不报，时候未到""老天总会开眼的"等观念和说辞，其背后都有一种极为重要的暗示，这就是等待和机遇。等待是一种最符合大道的行为操守，它想表达的是对"时"的把握。"时来运转"是那些感到不得志、受到不公平待遇的中国人的人生信条。史华兹（2006：27）认为，在中国人的思想观念中，"时"可以实现各要素之间的合一。

"等待"以及由此而生的"耐心""忍耐"作为一种天道观的操作手段，是一种非常高级的人生品质。其中包含了对天命、运气、机会、轮替以及现状的承认，也存在一种对恒常与变动的辩证思考。由此，传统上，中国人在和平或社会稳定时期并不反感社会中的不平等现象，即所谓人分三六九等，有高低贵贱。但与此同时，寄人篱下与出人头地是并列的。没有人说得清楚一个身无分文的人明天会不会富甲一方；没有人知道一个穷秀才明天会不会鲤鱼跳龙门；没有人能看出家门口的一个乞丐将来会不会成为将军；没有人能猜得出一个和尚会不会成为明日的国君。这就叫不确定的公平。显然，中国人要消除不平等的侧重点不在于设计一整套合理的制度让人人平等，而在于每一个人生命历程的造化和机遇。前者的公平是空间上的，后者的公平是时间上的。

更为值得思考的是，等待也会使人的人生理想落空。进而这层意义上的等，已不是一生一世的等；它不是以个人生命长短为单位，而是以家庭生命的无限延长为保证。对中国人而言，有后代就意味着有机会，这是香火、自强不息以及修订家谱的最根本含义。试想，如果一本家谱上记载的只是一代又一代宗族辈分和人名却没有家人的成就，这样的家谱续写下去又有何意义？唯一可以解释的是，它的续写,就等于反复地告诉后人:只要有后代,就有希望。反之,如果家谱中断了,这时家族里出了一个人才,而寻不到自己的根,其成就意义也会大减。我想,这是中国人光大门楣的原因所在。

由此可见,在中国,公平不指向空间,而指向时间。"时"的介入导致中国人不但放弃了对现世不平等的不满,而且把一切寄托于后代。反过来说,后代也将承受极大的压力,要去为自己的先辈荣耀拼出一片新的天地。如果他又失败了,那么只要还有后代,就意味着继续有希望。

五、大公平观的现代影响

大公平观带给中国社会的现实问题相当庞杂,有的是隐性的,还需要进一步思考,更多的则是点点滴滴的,无法一一列举。我这里简要地讨论三个方面的问题。

首先,沟口雄三在研究中国近代思想的时候有一个相当重要的观点。他认为,中国前现代到现代的社会发展,明显地受到了中国思想中的公的观念的影响,而体现出与日本的差异。这种思想的核心就是用一种整体的、人人共享的公来反对一己之私。他说:

> 当然,在其由近代的共和思想发展到人民民主主义的过程中,欧洲的民权、平等思想、马克思主义等的吸收都起了一定的作用,但这种吸收之所以能成为可能,正是因为有大同思想的成熟,外来思想只不过是一种外部刺激。
>
> 当然,由于帝国主义的侵略,这种大同式的社会革命得以深化,或者说加快了步伐,但社会革命本身不是因此而触发的,缺乏追随西欧的条件也不是其契机,社会革命的爆发是不可避免地

由中国独特的历史所决定的。

同时,这也使大同共和的社会革命不可避免地成为中国独特的现象。正如孙文将其革命的重要目标置于"要四万万人都丰衣足食"(《三民主义》)上一样,中国的共和革命具有以满足天下万民生存权利为目的的特征。例如……欧洲的共和思想以私有权的确立为基础,主要内容是政治权利上的自由和平等,而中国共和思想的基础则是以4亿人的生存为目的的大同式的协调,更多地指向反"大私"的经济上的平等。因此,民权指的是多数人反对少数人专制、独裁的、全体人民的生存权利,也可以叫做国民权或者人民权,这与承认个人经济活动的无限自由,即以个人的私有财产权为基础的欧洲的市民权从开始就是大相径庭的。(沟口雄三,1996:8—9)

这一观点所带来的理论洞见在于,我们不能撇开中国思想传统来认识西方文明对中国现代化的冲击,以及无论我们愿意或不愿意接受西方文明,中国都免不了自身传统的影响,更有甚者它们往往沉淀于社会架构的核心部分。而由此理论还可以引申出对中国实行民主制度方式的理解。

从企业成长的角度看,大公平观还可以解释中国国有企业的"大锅饭"、乡镇企业实行的"合股""集体所有制"和中国台湾地区宗族中的"公业"、现在企业中讲的"外包"、商会的集体投资等,其共同点都是在表达一种"私有权的共有"或"利益的共享"。而它们在历史上具有的共同社会基础则在于血缘、地缘、伙伴或成员间的伦理关系,也就是说,由此领域获得的利益在道义上需要在关系网中流通。在实行市场经济的今天,这种利益流通的方式表现为中国人做生意时依然尽可能地找家人和朋友来共担,中国人喜欢讲的"有钱大家赚,有饭大家吃",也是这个意思。同样,中国人所说的"一人得道,鸡犬升天"也在表明，如果一个人发了财、做了官，其家族里的其他人都可以共享他的特权，分摊他的利益；反之，私守自利自得，不顾他人将无一例外地受到道德的谴责。这个道理也体现在中国一地出了名人、有人中大奖、学生得奖学金后的行为方式上。

其次，在同西方文化的比较中，中国的"私"通常被错误地理解成个人，这可能是受到中文中一些同义词的误导，比如私人、私交、私下、私自、自己、自我等，更不要说中国思想史（包括我前面的引述）也把私理解为个体的、自己的。这种误解使得我们在思考将中国人归结为个人主义还是集体主义的时候感到模糊不清，因为这两种表现在中国社会是并存的（翟学伟，1995）。其实，"个体性"与"自私性"之间的最大区别是，个体性表示的是一种独立性及由此而生的一套相关权利，所以它是明确的，有所指的。但我前面在给私下定义的时候，我只说它有界限，有范围，有标记，但没有说它有个体性特征。因为界限和范围不意味着独立，它里面完全可以容纳他人，甚至可以容纳天下人。"四海之内皆兄弟""天下一家"是私扩大的结果，而不是公本身。理解这点是至关重要的。因为有了前者的独立性，自我便不能扩大，没有人可以把自己扩展到他人，放大到包容天下人或目空一切的地步。而有了独立的意识后，人与人之间都会变得很敏感（尊重和侵犯），设置法律边界的要求也很强烈。但在中国人的互动中，对隐私的侵犯是很难被意识到的，私对公共的侵犯也被视为正常。中国人几千年来保持着公心，主要是从价值意义上说的。这套价值体系通常成为谴责自私自利之人的道德依据，但也可能只成为一句漂亮的口号。中国人行为上的私在思想界历来不占上风，但市场化后，私（而非个人）却被价值正当化了。行为与价值的合一导致私被迅速放大，进而造成市场失序和失范。许多学者指出市场经济是法治经济，呼吁公权不能私用，都说明了大公平观的巨大影响。

最后，关于中国人的民族性，议论最多的是"公德"的缺失问题。[1]梁启超在《新民说》中用较大的篇幅讨论了中国人只有私德，而没有公德。依照中国人的由小我推大我，由己推人，由家推国，聚众小私可以成就大公，由修身到平天下的思维模式，许多学者认为中国人的公德可以由私德累加、扩大而来。但梁启超看到，私德无论如何累加和扩大也成不了公德。"公德"是一种不同于私德的概念，其内涵同群相联系（《新民说·论公德》）。但梁启超没有看到，公德的根本是市民社会，公德是人们走出了血缘和地缘社会之后在公共领域、志愿者和社团组织中产生的道德观。这种道德观的形成首先在于公私分立与确定性。当公不侵犯私、私不侵吞公，私不能转为公、公不能转为私，并且公德不来自私德，而来自公共意识和公共法则的时候，公德才能建立。但在大公平观里，公私更多地是一对相对的动态概念，由于公是对应着私而划定的，因此中国人总有把公共用地当作私地、把公物划为私物、把公家看作私家的倾向。费孝通说：

> 私的毛病在中国实在比了愚和病更普遍得多，从上到下似乎没有不害这毛病的。现在已成了外国舆论一致攻击我们的把柄了。所谓贪污无能，并不是每个人绝对的能力问题，而是相对的，是从个人对公家的服务和责任上说的。中国人并不是不善经营，只要看南洋那些华侨在商业上的成就，西洋人谁不侧目？中国人更不是无能，对于自家的事，抓起钱来，拍起马来，比那一个国家的人能力都大。因之这里所谓"私"的问题却是个群己、人我的界线怎样划法的问题。我们传统的划法，显然是和西洋的划法不同。因之，如果我们要讨论私的问题就得把整个社会结构的格局提出来考虑一下了。（费孝通，1985：21—22）

---

[1] "公德"一词不来自西方，而来自日本，它同中文中这一词含义的差异可参见陈弱水，2006，《公德观念的初步探讨》，载陈弱水：《公共意识与中国文化》，北京：新星出版社。

由于公的无归属性,"公有"也就被当作"无底洞",属"取之不尽,用之不竭"的资源。这不仅是对黎民百姓而言,对政府官员而言亦是如此。古人喜欢讨论天地为极致性的公,而今人喜欢谈环境,因为环境属公,这自然导致河流、公共用地、设施和场所、公共用品被大肆侵犯、掠夺。在这些方面,中国的个人、企业主或公务员的行为中都有充分的体现,如违章搭建、占道经营、污染环境、乱砍滥伐、公费花销等。请注意,在中国人看来,公有乃共有,所以公平的做法不是不占有,而是大家都可以使用。但这也不意味着一面倒地只有私的扩张,以公犯私的事也时常发生。

六、简短的结论

通过以上的研究,我认为中国人的大公平观具有以下几个特点:

第一,公依附私的确定性,而公自身具有不确定性与无归属性的特点,无论是非私即公,还是叠加私为公乃至极致性的公,往往都被理解成人人可以分享的资源,这是大同、共和及均贫富的理想来源。

第二,公私是相对概念,其根源于人人都有理由把处于公中的那一份划归私,反之亦然,故两者相互都具有扩张和动态的含义。

第三,相对性导致了超越性的大公平观的产生,它以天道观来统摄人道观。

第四,不同思想家之间对天道观的不同解释所构成的张力,使得社会建构具有等级性与开放性的特点。这在中国历史上的一治一乱中看得很清楚。

第五,大公平观不但追求同时性的人人分享,而且还体现为每个人对历时性的注重,即以"时"来衡量公平,从而具有纵向性和轮替性的特点。

第六，大公平观在中国社会建构及运行中是根本的、深层次的。它构成了中国人公平正义意识的核心，不易被其他社会文明的影响所取代。

第七，中国人的大公平观从古至今都是中国人揭竿而起、革命及改革的最根本动力，或者说它是引发中国大规模社会变迁的价值根源。反过来说，许多旧有的体制之所以运作到一定时候都面临变革要求，是因为其原有的大公平观遇到了问题。

为了展现中国大公平观运行的逻辑可能，我以图1来说明：

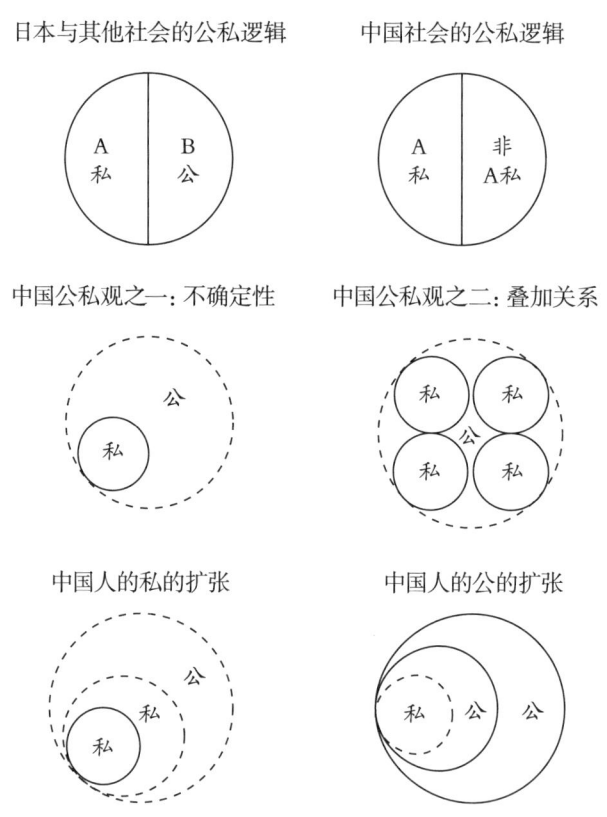

图1

需要澄清的是,大公平观的提出虽然同公私观念的研究有千丝万缕的联系,但其研究最终不以两者的辩证关系为目的,而是想看到社会运行及其正当性是如何发生的,又是如何影响中国人的心理和行为的。这种思路将本研究同以往的几乎所有的公私观念研究区别开来。

至此,我想给大公平观法则做个比喻。我以为,中国式的大公平观运作机制很像买彩票,其中充满着不确定性和不可预测性。只要你加入了游戏,你就有平等的中彩机会,而中彩者永远是少数。如果中彩的不是你,只要你不停息,那么随着游戏的继续,中彩者也在不断地轮替,说不定下一个就是你。可见,等待与期望来自"自以为能中"与"事实上未必中"之间的张力。你玩得越尽兴,就越容易发现这中间有一个天算与人算、可能与不可能、信念与事实、走好运与走霉运的交汇点。中国人喜欢说"愿赌服输"是说这一轮下来,你是认命的,但只要你不自暴自弃,就会时来运转。这时你又进入了下一轮。下一轮的公平机制体现在"洗牌"上,该机制总是在增加所有人翻身的机会。但我们也会不幸地看到,当成功的机会不再光顾某些人时,潜逃发生了;当有人只想赢、不想输的时候,作弊出现了;抑或,当一些人一败涂地时,游戏场变成了杀戮场;更有甚者,如果这种游戏被人做了局,那么整个游戏则变成了一场骗局。对于无论哪一种情况,大公平运行到这时都变成了最大的不公平。由此可见,现在中国的问题不是去争论是维系传统的大同理想,还是接受西方的正义思想,而是应关注在市场利益驱动下人们对"规则"与"时"的抛弃。此时,人们一旦没有了这两个概念,便开始狂躁起来,巧取豪夺或原罪行为也由此发端:既做裁判又做运动员、"吹黑哨"乃至于游戏背后的"黑金"运作等行为正弥漫于中国许多职场。如果一个社会的成员放弃了任何形式的公平法则,那么他们的悲剧就不在于喋喋不休于采用哪种形式的公平正义,而在于这一局面中根本就无公平可言。

参考文献

安乐哲、郝大维，2004，《道不远人——比较哲学视域中的〈老子〉》，何金俐译，北京：学苑出版社。

陈弱水，2006，《公共意识与中国文化》，北京：新星出版社。

范德茂、吴蕊，2002，《关于"厶"字的象意特点及几个证明》，《文史哲》，第 3 期。

费孝通，1985，《乡土中国》，北京：生活·读书·新知三联书店。

沟口雄三，1995，《中国的思想》，赵士林译，北京：中国社会科学出版社。

沟口雄三，1996，《日本人视野中的中国学》，李甦平、龚颖、徐滔译，北京：中国人民大学出版社。

黄俊杰，2005，《"义利之辨"及其思想史的定位》，载范岱年等：《中国观念史》，郑州：中州古籍出版社。

金耀基，2002，《中国人的"公"、"私"观念》，载金耀基：《金耀基自选集》，上海：上海教育出版社。

刘畅，2003，《中国公私观念研究综述》，《南开学报》，第 4 期。

刘泽华、张荣明等，2003，《公私观念与中国社会》，北京：中国人民大学出版社。

罗尔斯，1988，《正义论》，北京：中国社会科学出版社。

施密茨、戴维，2018，《正义的要素》，赵英男、胡恩海、李钧鹏译，北京：中国社会科学出版社。

史华兹，2006，《中国政治思想的深层结构》，载许纪霖、宋宏（编）：《史华兹论中国》，北京：新星出版社。

史云贵，2009，《外朝化、边缘化与平民化——帝制中国"近官"嬗变研究》，上海：上海人民出版社。

孙中山，2000，《三民主义》，长沙：岳麓书社。

翟学伟，1995，《中国人在社会行为取向上的抉择——一种本土社会心理学理论的建构》，《中国社会科学季刊》，冬季卷。

翟学伟，2011，《关系与权力：从共同体到国家之路——如何认识传统中国人与中国社会总纲》，《社会科学研究》，第 1 期。

（原载《开放时代》，2010，第 5 期；重新做了修订。）

第四编 关系与社会变迁

狐媚与美眉

——虚拟世界的现代性转换[*]

【导读】中国人建构世界时采取的是连续统的思维方式，即不将世界划分为二元对立，而认为世界是在相互关联、相互作用和相互影响中构建的。研究中国历史文化中的"狐狸"，可以非常具体地感受到这一点。它游走于人之生活的明暗、生死、有形无形、爱恨情仇、阴阳两界之边缘。由于不易确定狐狸在中国文化中的地位，本文侧重研究了《聊斋志异》中的"狐狸精"形象，重点研究其媚态，且认为可以将之与互联网社会中的"美眉"相连接，以展现一种虚拟世界其实贯穿传统与现代。

---

[*] 我写作本文的兴趣来自十多年前台湾大学心理学系杨国枢教授与其博士生余安邦合作的一篇研究"狐狸精"的论文《从历史心理学观点探讨清季狐狸精故事中的人狐关系》，可惜除了知道题目以外，一直没有读到这篇论文，当然不清楚写了什么。我曾写信向余安邦博士索要此论文，回答是因为没有公开发表，不便寄给我。大约三年前的一个晚上，在南京大学社会学院我的办公室里，人类学专业出身的杨德睿博士同我一起聊天，我提到互联网或许是改变中国人行为的关键，他却认为未必，因为他及其英国伦敦政治经济学院人类学系的导师都认为，互联网没有改变中国人的认知方式。这促使我决定从历史社会学角度研究一下中国人的传统思维世界同互联网社会之间的关系，而对于切入点，我又想起了"狐狸精"。本文完成后，我于2010年12月上旬访问台湾大学心理系，朱瑞玲教授很热情地让我看到了杨国枢与余安邦的这篇未正式发表的论文。虽然我的论文在研究取向、方法、思路、讨论的问题上与他们都不相同，但如果放在一起读，会是很有趣的事情，也会让人对本土心理学研究有更加深入的思考。

对于中国人的思维、认知、行为及社会构成方式的研究，我一贯的立场是"连续统"的方法论。这个方法论不主张世界是二元对立的关系，而认为无论是主观与客观、真实与虚拟、传统与现代、国家与社会，还是阴与阳、神与人、人与物、正统与民间、天堂与人间等，都可以作如是观。追根寻源，这种连续统的认识论同中国人在农耕文化的实践中所形成的天地人之关联思维有密切的关系，进而也导致中国人看待万物的方式会倾向于辩证的、整体的、转换的、过渡的。比如，中国思维讲阴阳调和、中国哲学讲天人合一、中国文化讲政教合一、中国政治讲儒法互补、中国信仰讲儒道佛合流、中国社会讲情理交融、中国法律讲法不外乎人情等。另外，中国正统思想与民间思想常常交汇混杂，中国现代化过程中的传统与现代也纠缠不清。这些都在说明，中国学界提不出一些接近西方社会科学的理论，不完全是因为中国学人学术能力不够，也是因为那些理论的确在中国社会没有生成的基础。与此同时，这一特征也在提醒我们，要从事中国人与中国社会的研究，首先需要改变的是研究者的基本思考方式。

在这篇论文中，我想通过中国旧有观念中的"狐狸精"现象与信息社会之互联网中的"美眉"现象的对接，来扩展我的上述观点。具体而言，即试图通过对"狐狸精"和"美眉"的研究说明：横向上，中国人观念中不单有儒道所倡导的天人之际的问题，还有真实与虚幻的关系问题；而纵向上，传统观念与现代科技发展也不仅是冲击或替代的问题，或许还是连续发展的问题。

以往关于"狐狸精"的研究，大都被归属于民间文学或文化史领域，如果不是因为上述方法论预设新旧虚拟世界可以转换，也许"狐狸精"始终是一个古典文学和历史研究的领域。据我所知，这个话题一开始进入社会科学家的视野，是在有关历史心理学中展开的（杨国枢、余安邦，1992）。而从社会学或者历史社会学的角度来看待这个问题的，未曾发现过。我的这篇论文作为一次创造性尝试，想回答的问题是,传统精神世界中的"狐狸精"如何转换成现代虚拟社会中的"美眉",以及身处其中的人们是如何认知和应对这样的世界的。

一、中国人虚拟世界的构成

一提到中国人的观念史或思想史,我们最容易想到的是儒家、道家和佛家等如何论述人生,认知世界。大量的研究也都集中于天人合一及生命哲学等方面。虽然文化、历史(考古)、民俗与文学研究也涉及民间观念,但它们基本不受思想家重视,除非是专题研究,一般不构成对中国人思想观念的主导性认识,更不容易进入社会学家的视野。可是,学术界的忽略不意味着民间与民俗对中国社会现实不重要。只要我们阅读一下孔飞力(1999)的《叫魂》,便可以感受一些民间稀奇古怪的观念是如何左右着中国人的心理,而且可能引发官方大规模清剿的。魂魄、梦幻、仙境、妖魔、鬼怪的观念自古以来就存在于中国的乡村、民间及百姓的日常生活中,并对人们的心理与行为具有控制力,其原因在于它们体现了中国人对世间万物的想象与假定。虽说这方面的观念在儒家思想中属于"子不语"的范畴,但它们在日常生活中的浩大声势足以说明,儒家思想作为官吏文化在民间生活中没有我们想象得那么强大。

关于中国人对万物所做的想象与假设系统,为了同比较正统的"天人之际"相对应,我这里统称之为"物我之际",即泛指人类对一切其赖以生存的物像的想象系统,其中既有天然的,又有生长的,比如山川河流、植物动物等。物是什么,发生了什么,这本身是客观世界的问题。但站在人的角度来看待这些现象时,中国人在主观上把地上的一切都假想成同人一样,有自己的灵魂。由于它们物性各异,因此人们自然也要做个大概的划分。比如孔子所谓的怪、力、乱、神就是一种分类；牛、鬼、蛇、神则是中国当代政治话语中的另一种划分；更常见的说法是古灵精怪、妖魔鬼怪，以及精怪、古怪、鬼怪、妖怪、妖精、精灵、妖魔等，也可以被统称为"志怪"。虽然不同的称谓有不同的含义、不同的观念或不同的信仰源头，其间不但夹杂着先民对世界万物的理解，也有道家与佛家思想的推波助澜，但大体看来，无论我们如何区分它们的种类，基本上都表示大地万物有自己的心灵归属（弗雷泽，1987）。比如，山川河流都有自己的灵，花草树木都有自己的精，而动物不但有自己的怪，而且在一定意义上还会以"投胎""投生""托生""附体""出窍"等方式来展现。那么，中国先民为什么要对万物做这样的假想呢？我以为，这里面存在一个人类与其周围环境的可能性遭遇以及如何相处的问题。不同的假设，便有不同的遭遇、对待及解释的方式。美国电影《阿凡达》非常形象生动地展示了现代工业社会同文化信仰社会的遭遇及冲突。只是这两个世界被西方人看成了二元对立，于是最终需要在冲突中来决一胜负。既然中国传统倾向于按照自己的生活方式来构想虚幻的世界，那么这些古灵精怪或妖魔鬼怪总体上会与人类社会和平共处，求同存异的。它们一方面同人类差不多，也有喜怒哀乐，另一方面也有被想象成人类自身达不到的能耐，以示自然事物毕竟有异于人类。这些能耐是本文着力想讨论的。关于这个虚幻世界的描述，中国古代有大量的文献可供我们阅读，著名的典籍有《山海经》《离骚》《太平经》《玄中记》《抱朴子》《搜神记》《太平广记》《剪灯新话》《阅微草堂笔记》《子不语》等，而流传甚广、影响更大的则是明清小说，比如《封神演义》《聊斋志异》《西游记》等。

在中国人的观念发展方面，人们最早对世界的想象主要是沿着三个方向展开的。第一个是梦幻。梦与现实含混不清，往往造成人对梦中世界信以为真，所谓灵魂不灭的问题则是被从中提炼出来的（张劲松，1991：11），继而就有了魂与体的关系问题。第二个是对天象的认识,尤其是电闪雷鸣代表了人们对天神的想象。中国的神话里面有很多内容涉及这个世界是谁造的,怎么来的,始祖是谁,有什么英雄事迹等,即所谓的"开天辟地""逐日填海""三皇五帝"之类的故事。由于故事中的帝王与神都活在天上,因此同西方宗教预设很相似的是,活着的人也会关心自己去世后会在哪儿。对于后者的思考其实是一个人与神的转换问题。这个问题从《山海经》的论述中来看,是有特权与等级的。帝王与达官贵人假想自己有机会长生不老乃至升至天上,而平民百姓则没有这个机会(袁珂,1982:33)。

在中国历史上,一个人或物一旦成了神,人们通常会以某种形式来供奉,如设立祠、庙,用作祈祷。自古以来,人变神的事例非常多,关公、岳飞、八仙、和合、钟馗等都有其人,后来都成了民间的神。在神的系统中,除了人可以变神以外,但凡对应人类日常生活的各种现象,也都有神像被人们供奉,比如婚姻神、生育神、福禄寿星、文曲星、行业神、财神、门神、土地神、城隍神、灶神、厕所神等。第三是仙境。人变神的问题,同普通人关系不大,更多的是初民在对自然现象与自己祖先的情况不明了之际所做的英雄式的解释。而仙话往往与鬼话相近,体现了普通人对生命的永恒追求,进而其大量的内容涉及修道成仙的过程和方法。由于仙也曾是人,只是多了修道的方法,因此流传最广的是人修行至上天,或仙下凡以及在天上的故事,诸如牛郎织女、嫦娥奔月、东方朔偷桃、八仙过海等。有了这三个方向,基于万物有灵论的观点,灵魂和修炼不仅存在于人类世界,同样属于一切事物,比如动植物及山川河流的精怪也有修炼的问题。

中国人对人与精怪的关系及其活动特点的构想,大体同人鬼关系的构想差不多。我们可以将其同中国人认为的魂魄或鬼魂做一比较。一般而言,中国人传统上认为,一个人活着时是魂魄一体的,一旦这个人去世,其魂就会脱离其躯体(魄),进入另外一个世界(阴间)。阴间和阳间没有那么泾渭分明,活着的亲人往往要送他(或她)"上路",并为他（或她）象征性地备好在"那边"使用的物品，主要有食物、纸扎的物品和纸钱（冥币）。一个灵魂能否在阴间安定，也视活着的亲人对他（或她）的安顿、祭拜或缅怀而定。一个得不到现世活人照顾的魂叫"孤魂野鬼"，他（或她）在阴间不得安宁，常常会骚扰阳间活人的生活。反过来说，他（或她）的骚扰（"闹鬼"）一旦影响了某个人家的生活，那么就有可能得到此人家的关照或者因闹鬼而放弃其宅院。如果有些鬼魂是非正常死亡或冤死的，那么他（或她）很有可能回到人间做出复仇的举动，或"托生""托梦"。中国人每逢操办喜庆之类的事情，都希望顺顺利利，不希望它们出来捣乱或从中作梗，这时就会通过燃放鞭炮来驱魔辟邪。在中国民间信仰里，女神的事迹非常有限，但女鬼的故事特别多（万献初，1991），这多少反映出女性生活的艰难、多灾多难及更可能遭遇不幸。既然女鬼的故事很多，那么其中许多话题便同男女情欲有关（我在后面还会讨论）。比较而言，精灵妖怪的许多行为方式与鬼极为相似，它们也生活于另一个世界，有自己的地盘或活动范围，唯一的不同就是这些精灵妖怪来自自然。既然它们也有灵魂，就会有七情六欲，进而免不了会同人类有各种形式的来往。

总之，从儒家思想来看，它只讨论"天下"问题，具有入世的精神。而神仙、精、鬼分别代表着虚拟世界的不同侧面，即所谓的"三界"：天上、地上和地下（相应地，也可以分别看作天界、妖界与冥界）。所谓"界"不过是一种划分，它不意味着神仙、精、鬼等彼此之间不能转换，比如人可以成为神、仙，又可以成为鬼，鬼同妖也常混在一起，有时人即使与其交往，也不容易分辨。为了厘清人与虚幻世界的大体特征，我特整理出"物我"之虚拟世界具有的共同假定：

（1）世间万物都有灵魂。

（2）有灵的事物会有自己的替身或化身，通常以实际的或想象的人、动物或人兽同体形式出现。

（3）变化多端，有超常的能力，比如隐形的能力、来无踪去无影的能力等。

（4）变化的是形，而其本质不变，可以被某种高超的方式识破、降服或还原。

（5）夜晚的环境更利于它们活动，也更易于其显现它们的影像。

（6）它们的生命周期与人不同，出于对自然力的想象，通常比人的生命更长久。

（7）不受人间规范的约束。

本文关注的重点是人同这个虚拟世界的遭遇，尤其是人与自然界妖精的遭遇，而人与其间的种种物像的遭遇又以两性关系为大宗。其中最突出、最抢眼的是狐狸。虽然狐同狸分属不同的动物类别，但中国人将其统称在一起，发展成"狐狸精"。前者指雄雌都可以，后者通常指雌性。"狐狸精"在中国文化中的成因有复杂的历史过程。[1] 它们最终被描绘成经常扮成人，喜欢出入房屋、庙宇。它们有的道行很深，修炼后也能成仙（"狐仙"）。她们所做的许多事情也如同女鬼，进而给中国人的观念世界带来了极大的影响。

二、"狐狸精"的基本要素

狐作为一种被人想象出来的动物形象，一开始并无妖冶的特征。《吕氏春秋》中提及大禹治水时就曾得到过涂山狐女的辅佐。而《诗经·有狐》写道：

---

[1] 此方面的最重要研究成果是：康笑菲，2009，《狐仙》，姚政志译，台北：博雅书屋；韩瑞亚，2019，《异类：狐狸与中华帝国晚期的叙事》，籍萌萌译，上海：中西书局。

> 有狐绥绥，在彼淇梁。心之忧矣，之子无裳。
> 有狐绥绥，在彼淇厉。心之忧矣，之子无带。
> 有狐绥绥，在彼淇侧。心之忧矣，之子无服。

关于这首诗的含义，学术界有争议，但意思基本倾向于是描写一个女子在思念她的丈夫。我自己的看法是，狐在这里是指借题发挥的普通的动物，该诗表达了一女子看到狐而联想到她远方的丈夫。狐成为妖精，大约是在先秦时期，发展到汉代，"狐精"就已基本成型了（刘仲宇，1997：72—75、142—143）。汉代之际，虚拟世界非常发达，我们仅从马王堆出土的织锦图中就可以略见一斑，更多的证据还在汉代的铜镜、漆器及其他日用品上。镜子本来为人们梳妆打扮时使用的家用物品，但汉代人在镜的背面浮雕许多神仙和瑞兽图案，反映了人们对另一个世界的想象和向往。而成书于这一时期的《说文解字》有："狐，妖兽也。鬼所乘之。"可见，那时候的人们已把狐看作妖，并且似乎已经鬼怪不分了。所谓妖，意为显人形，其危害在于可致人病。虽然在当时的精怪世界中，狐的地位及影响尚没有后来那么强，但其能量可以从司马迁的《史记·陈涉世家》中看出端倪。比如，陈胜为了让将士们敬畏他，就让吴广夜晚模仿狐狸叫"陈胜王"，让士兵大感陈胜为王不但是众望所归，而且有神秘世界的辅佐。

狐狸在虚幻世界的崛起，主要是在魏晋南北朝时期。《玄中记》里说：

> 狐五十岁，能变化为妇人。百岁为美女，为神巫，或为丈夫与女人交接，能知千里外事，善蛊魅，使人迷惑失智。千岁即与天通，为天狐。

这段话是后来许多对"狐狸精"特点的描述的源头，《太平广记》卷

447 中也有记载。小结一下这段话的意思，我们可以看到，狐狸的寿命要比人类长许多。反过来说，狐狸本来在一定年龄段里只是一只普通动物，可它越活越年轻，而且本领也越来越高；它不安分，能知道很远地方的事情，即人们的所作所为难以逃过它的控制。"狐狸精"的最大特点在于它的媚术，一旦施展开来，人就会被其吸引，然后丧失理智，成了它的俘虏。所谓"与天通"表明，人的本领远不及它，不是人能降伏它，而是它能降伏人。当然这个本领要它活得更长才能具备。晋代的干宝在《搜神记》中讲述了 17 则关于"狐狸精"的故事，卷 18 是最重要的一则：

> 后汉建安中，沛国陈羡，为西海都尉。其部曲士灵孝，无故逃去，羡欲杀之。居无何，孝复逃走。羡久不见，囚其妇，其妇实对。羡曰："是必魅将去，当求之。"因将步骑数十，领猎犬，周旋于城外求索，果见孝于空冢中。闻人犬声，怪避。羡使人扶以归，其形颇象狐矣。略不复与人相应，但啼呼索"阿紫。"阿紫，雌狐字也。后十余日，乃稍稍了悟，云："狐始来时，于屋曲角鸡楼间，作好妇形，自称'阿紫'，招我。如此非一。忽然便随去，即为妻，暮辄与共还其家。遇狗不觉。"云乐无比也。道士云："此山魅。"
>
> 《名山记》曰："狐者，先古之淫妇也，其名曰'阿紫'，化而为狐，故其怪多自称'阿紫'也。"

这一则故事又把狐的特征增加了一些。其一，"狐狸精"是由以前的淫妇变来的，它可以化作美女来勾引已婚男人，并令男人神魂颠倒，跟着它走。其二，狗会赶走"狐狸精"，其他故事中也多次出现这类记载。而道士是能降狐之人，他们通常用法术降妖。最后狐的名字叫"阿紫"，所以"狐狸精"也叫"紫狐"。当然"狐狸精"也不尽然都扮

关系、权力与"报"的运作

美女,雄狐会扮美少年,引诱良家妇女。

唐朝以降,"狐狸精"及其他精怪故事大盛,也渗透于当时人们的日常思维之中。我们仅从《太平广记》的记载中便可以看到50来则女性与精怪的故事,而有关"狐狸精"的描写有18则。狐狸被看作"狐神",也是在唐朝时候出现的。唐朝张鷟在《朝野佥载》中说:

> 唐初以来,百姓多事狐神,房中祭祀以乞恩,食饮与人同之,事者非一主。当时有谚曰:"无狐魅,不成村。"

"狐狸精"现象盛传于唐代不是偶然的。隋唐时期,西域一些民族的人物形象与文化大规模地进入中原,对中国主体文化,尤其是唐朝文化有重要的影响。西域人传统上叫"胡人"。他们在从事经商活动的同时,也让中原人见识了有异于自己的容貌、服饰、舞乐、绘画、饮食等是什么样子的。而中国秦汉以来所谓的狐狸特征到了唐朝,也就开始同西域文化相结合(曹刚华,2006)。陈寅恪(2001)在分析六朝志怪、唐朝传奇中的狐怪形象成因时,写有《狐臭与胡臭》一文。他推测,所谓狐臭,最早之名应为"胡臭",专指西域人之体气,"由西胡种人而得名,迨西胡人种与华夏民族血统混淆既久之后,即在华人之中亦间有此臭者,傥仍以胡为名,自宜有疑为不合。因其复似野狐之气,遂改'胡'为'狐'矣"。他还说:

> 考唐崔令钦《教坊记》云:"范汉女大娘子亦是竿木家,开元二十一年出内,有姿媚,而微愠羝。"文下原注云:"谓腋气也。"
> 寅恪案,范汉女大娘子其先代之男女血统无从得知,但竿木伎本附属唐代立部伎之杂戏及柘枝舞者,而此种伎舞乃中亚细亚输入我国艺术之一,其伎舞之人初本西胡族类,又多世擅其业者也。详……(举《旧唐书》等及近人王国维、向达考证略)。据

此，则范汉女大娘子之血统殊有西胡人种混杂之可能，其"微愠羕"者，或亦先世西胡血统遗传所致耶？

这点可以使我们进一步推测，狐媚虽然在汉文化中是对美女的形容，但到了唐朝，"狐狸精"的形象、身姿、做派等可能也越来越西化，它几乎可以参照西域民族女子的风姿、舞态来描述，然后又转化成对那些有姿色、会施展媚术的或风骚的女人的指称。越到晚近，"狐狸精"的言外之意越倾向于指代不正经的、没羞耻的或以此迷惑、勾引男人的那一类女人。明清之际，"狐狸精"的故事发展到了极致，《聊斋志异》收录的"狐狸精"的故事有近80个，《阅微草堂笔记》中也有大量相关的描写和议论。

"狐狸精"在中国人精神世界中的凸显地位，源于中国人的连续统思维。纪晓岚在《阅微草堂笔记》卷十中说："人物异类，狐在人物之间；幽明异路，狐则在幽明之间；仙妖殊途，狐则在仙妖之间。"而其虽然具有各种"暧昧"和"游移"之处（康笑菲，2009：22），但主要特征在于它的"媚"，进而让凡夫俗子或红尘女子对它欲罢不能。"媚"也作"魅"，前者偏重妩媚动人，后者偏重迷惑、吸引。两者通用即媚惑，表示妖冶得让人失去理智。众所周知，在中国传统社会，最有机会选拔、霸占或娱乐美女的人是帝王将相，进而就会出现是爱江山还是爱美人的议论。由此出发也很容易形成以红颜祸水看中国朝代兴亡的视角。比如，元代的《武王伐纣书》和明代长篇章回小说《封神演义》中描写商纣王将绝世美女妲己立为妃，宠爱有加，不但为她建立了仙宫，供其饮酒作乐，而且还受她蛊惑，废除姜后，残害忠良，最终落得众叛亲离、被周武王灭掉的下场。这个妲己能有如此大的魅力迷倒商纣王，就是因为在被其父护送进王宫的路上遇到了一只九尾狐狸，狐狸吸干了她的精血，借了她的躯体。当然，这些人物事件虽发生在远古，但其叙述的历史视角和模式却是中古以后的风格，也说明唐朝以后,"狐狸精"构成了后来人对古代历史的重新诠释角度。如唐朝诗人骆宾王在《讨武檄文》中写道:"昔充太宗下陈,曾以更衣入侍。洎乎晚节,秽乱春宫。潜隐先帝之私,阴图后房之嬖。入门见嫉,蛾眉不肯让人;掩袖工谗,狐媚偏能惑主。"这里的"狐媚偏能惑主"是指骆宾王把武则天的篡位之举当作"狐狸精"之为来看的。另外,武则天被称为"武媚娘",据考也出自清代小说《浓情快史》。该书中对媚娘的出身有个交代:唐代建德年间有一男子叫武行之,因为无后代,娶一偏房王氏;王氏有一次在梦中遇见狐狸,交配后果然怀孕,生下一女婴,三岁时长得眉清目秀,王氏给她取名为"媚娘"。我估计这一情节是根据明代小说《如意君传》加工的。可见,唐朝以降,"狐狸精"不但作为一种妖怪现象被反复叙述,而且构成了解读社会历史与芸芸众生的模式。关于这一点的集大成者是纪晓岚,他在《阅微草堂笔记》一书中有很多对于人间万象的点评,都是借助狐狸之口说出来的。这些点评或微言大义,或振聋发聩,或发人深省,远胜于道学家的说教。由这一历史视角演变而来的"狐狸精"的含义越来越丰富,它与美女之间的关系也越来越复杂,诸如狐狸可以变美女,美女可以变"狐狸精",这种翻转是很有社会学意义的。

在进入"狐狸精"的个案世界之前,让我们先来读一首白居易的《古冢狐——戒艳色也》:

> 古冢狐,妖且老,化为妇人颜色好。
> 头变云鬟面变妆,大尾曳作长红裳。
> 徐徐行傍荒村路,日欲暮时人静处。
> 或歌或舞或悲啼,翠眉不举花颜低。
> 忽然一笑千万态,见者十人八九迷。
> 假色迷人犹若是,真色迷人应过此。
> 彼真此假俱迷人,人心恶假贵重真。

狐假女妖害犹浅，一朝一夕迷人眼。

女为狐媚害即深，日长月增溺人心。

何况褒妲之色善蛊惑，能丧人家覆人国。

君看为害浅深间，岂将假色同真色？（《全唐诗》卷427第25首）

在此，我把"狐狸精"的特征概括为以下七个：

（1）以美女、美男的形态出现，但还是藏不住尾巴。在中国人的日常话语中，当一方识破了另一方的诡计或另一方自己暴露了自己的真实意图时，人们就会说"狐狸尾巴露出来了"。

（2）娇艳妖娆。口中含有"媚珠"是个别"狐狸精"故事对其为何有媚态做的一种解释，大多数故事中没有这样的说明。但几乎所有的故事都强调了"狐狸精"的媚，这是"狐狸精"的最基本特征。按照纪晓岚的说法，一心修炼的"狐狸精"不靠媚来勾人心魂，而只有（放弃修炼）吸人精气的"狐狸精"才会施展媚术（《阅微草堂笔记》卷四）。前者最终会成仙，能助人于危难之中，后者则是妖精。但这种区分在许多故事中并不明显，比如《聊斋志异》中的《莲香》一篇，虽然叫莲香的"狐狸精"勾引了桑生，但并没害他。

（3）行为方式同当下的社会规范相反。"狐狸精"迷人不单是说"狐狸精"所变化的女子美丽无比，还意味着普通人见了会放弃自己的道德情操、主动投怀送抱，大有一种明知有愧而为之的倾向。这同弗洛伊德所谓"潜意识与意识的关系"的观点极为相似。

（4）狡猾，对人有预测和控制力。许多故事都表明，人们一旦见到"狐狸精"就会魂不守舍，很难自制，直到生病、虚弱甚至死亡。

（5）有道行、法术及特殊的技能，如未卜先知、隐身、善于操持家务等。"狐狸精"非一般的动物是因为它有比人类寿命长得多的修炼时间，所以既能与人类交往，又有超越人类的本领。很多人做不到或者很难做到的事情，对它们来说都是驾轻就熟的。

（6）德行无定，或阴险狠毒，或坚贞善良，或比人类明白事理。在古代，随着"狐狸精"形象的逐步完善，它逐渐变成了一种媚惑人类的异类。但这种形象特征在清代以降，包括在近来的影视剧中，或被改变成对爱情的渴望及坚贞，或被现代意识形态解读成对封建礼教的反叛与控诉。撇开这些政治修辞，性本身就含有人们对它的向往与持久需要。是沉溺于此，乐此不疲，还是升华为人性光辉或对永恒爱情的渴望，都不过是包装而已。

（7）怕猎犬，也怕道僧施法，间或也出现了其他整治手法。当"狐狸精"想迷惑某人的时候，如果此人身边有猎犬，它便不敢上前，或者逃之夭夭。这说明，要整治这种媚术，人类自身缺少定力，也需要外在于人的事物来征服。而就人类本身而言，可以制服它的人是修炼的道士或和尚，他们往往会画咒符，念咒语。有的时候普通人也有非常手段，诸如点香、放火烧等。

比较前述虚拟世界的七个假定与这七个特征的关系，应该说"狐狸精"是中国人建构的虚拟世界中最为丰富的一种具体化的物像。

三、故事与典型之一

有关描写"狐狸精"的书，我想举世公认的作品当属清初作家蒲松龄的《聊斋志异》。"狐狸精"同"聊斋"一书关系那么密切，不是因为它是一本写"狐狸精"的书。其实，从总量上看，"狐狸精"的故事在聊斋故事中的比例只为六分之一左右。读者之所以有这样的印象，是因为蒲松龄不但对"狐狸精"的好淫形象有所改写，更重要的是他对这类故事浓墨重彩，善于将情节铺设得曲折生动，以至于这些"狐狸精"形象影响深远，重新建构了后人对它的认识和理解。

《聊斋志异》中关于"狐狸精"的特性有多重描写，而非遵循单一的模式。归纳起来看，大致有四类。第一类描写最为普通，主要是写"狐狸精"同人的遭遇，比如"狐狸精"会住在人家里，家里的成员也知道家里会闹"狐狸精"，因为家里的东西经常被搞得乱七八糟，但因为彼此都能理解，所以相安无事。直到家主人自己或后搬来的人受不了，就会找有法术的人来降妖。这类故事讲的是人类与异类的交互可能，一般都比较短，没有复杂的情节。

第二类故事写男狐狸精，诸如《侠女》《酒友》《黄九郎》《泥书生》《贾儿》等。

第三类写的是人狐鬼混居的故事，比如《莲香》《巧娘》《辛十四娘》等。这些故事充分说明了我前文提出的中国人思维上的一个特征，即人狐鬼是一个连续体，有的时候分得并不清楚。在此类故事中，当家里出现了异常现象，故事的主人公分不清是狐还是鬼在作怪。可见狐与鬼、魂变与妖变并没有多大区别。所以《聊斋志异》中关于女鬼的故事也同"狐狸精"的故事很相似。

第四类就是众人熟知的女"狐狸精"勾引男人的故事。也就是说，人与狐的关系除了"人与狐狸遭遇""男狐勾女人""人鬼狐混居"以外，给人印象最深的就是"女狐勾男人"。《聊斋志异》中大约50篇文章都讲这类故事，诸如《娇娜》《封三娘》《武孝廉》《荷花娘子》《小翠》《青凤》《画皮》《婴宁》《萧七》《鸦头》《胡四姐》《红玉》《阿秀》《凤仙》《狐梦》《狐谐》《狐妾》等。而这类故事的典范或许是《董生》。为何如此认为呢？我们需要先将《董生》的个案用白话文完整地描述一下，然后来讨论一下社会心理学中的"类属性思维"（stereotyping，常见译法叫"刻板印象"）：

> 董生是一个书生，字遐思，青州人。冬天的一个夜晚，他把床上被子铺好，添好碳，正要点灯，朋友王九思邀请他去喝酒。

到了朋友家，在座的有一位医生对他俩说："我看过许多人，脉象这么奇怪的却很少见过。你们看上去是富贵命，但有低贱的预兆；是长寿脉，但有短命的迹象。这个中缘由，我说不好。董先生更厉害一点。"两人听了很害怕，但却再也问不出什么了。

董遐思醉醺醺地回到家，看到书房门虚掩着，以为刚才出门时忘了关。走进去，先想试试被窝热不热，没想到一下子摸到一个光滑的身子，顿时吓了一跳。点上灯一看，竟然是一个年轻美丽的女子。董遐思不禁欣喜若狂，再往下摸，却摸到一条毛茸茸的尾巴，吓得他掉头就想跑。这时美女醒过来，拉住董遐思的膀子说："你干什么去啊？"董浑身发抖，求她放过自己。美女说："你有什么好怕的？"董回答："我不怕你的头，但怕你的尾。"美女笑着说："我哪有什么尾？"董这个时候再摸，的确什么也没有，以为自己真的醉了。

此时，董遐思被美女迷惑住了，问起她的来历。美女说："我是你家邻居家的那个黄毛丫头，那时你也是个小孩子呢。"董似乎想起来了。然后问她来这里干什么。美女说自己嫁过人，现在是个寡妇，想起咱们做过邻居，天这么冷，就跑过来借你的被窝取取暖。董得意起来，与她同床共眠了。

过了一个多月，董渐渐消瘦起来，家里人都感到很奇怪，问他原因，他说自己也不知道。就这么一天天拖下来，他憔悴得已经十分厉害了，又去找那个医生看病。医生说："这是妖脉，已经病入膏肓了。"董遐思一听大哭起来，医生只好给他扎针，然后嘱咐道："你不能再做男欢女爱的事了。"回到家里，美女又嬉笑着挑逗他。他愤愤地说："我都要死了，你还来纠缠我。"美女觉得理亏，说道："你还想活命不成？"到了夜晚，董服药躺下，可一闭眼就梦到他在同美女做爱。他只好搬到内房，让妻子点灯守护着他，只是梦还是一样。过了几天，董遐思吐了很多血，死了。

王九思的书房里也来了一个美女，王看到她十分美丽，就同她发生了关系。他问这个女子的来历，女子说："我原本是董遐思的邻居。以前他同我好过，没想到他被'狐狸精'迷惑致死。'狐狸精'有妖气，读书人应该提防着点。"王九思连声说是，与她好上了。

过了几天，王精神恍惚，身体开始瘦弱。一天他梦到董遐思对他说："跟你好的是个'狐狸精'，他害死了我，现在又来害你。我已经告到地府中去了，到七日那个晚上，你在屋子外面点上香，不要忘了。"王九思醒来后对美女说："我现在病很重，不能再同你有房事了。"美女说："命长的人，有房事命一样长；命短的人，没有房事命也短。"然后还是缠着他，王没有办法，还是同意了。虽然心里明白，但割舍不了。到了七日那个晚上，王在门上插了香，美女把它摘下来扔了。王嘱咐家里人又把香插上去，美女在床上吃惊地说："怎么还有香？"她起身出去又掐灭了，但随后又被点上了。美女急了，问王九思怎么回事。王说："也许是家人信了巫婆的话在祛灾降妖吧。"美女这下没辙了，叹口气说："你的福气真大。我误害了遐思，跑到你这里来，是我的错。我将要与他在阴曹地府里对质了。如果你还念我们的旧情，请不要弄坏我的皮囊。"说完，她下床倒地便死了。王用灯一照，是一只狐狸，怕她再活，就让家人剥了它的皮，挂了起来。

王九思的病还在加重，昏沉中看到"狐狸精"走来对他说："我已向法曹申诉了，法曹认为董遐思见女色而妄为，死是罪有应得的。当然也责备我不该迷惑人，把我修炼的金丹收了去，但同意我活着回来，我的皮囊呢？"王说："给家里人剥了。"狐狸精道："我害人太多了，死有余辜。"狐狸精恨恨地走了。王病了好一阵子才好起来。

在社会学中，如果不是做抽样、统计的话，是否能成为典范主要取决于个案中是否具备比较饱和的分析元素。我认为《董生》一篇完整地具备我们研究"女狐勾引男人"的种种元素。故事中一开始出现的医生诊脉，似乎从命理的角度铺垫了两个男人后面将要发生的事情。一个人的命在天人合一的模式中叫作天命、命理、命运等，这是中国古人相信自己一生不能完全由自己把握的理由。或者说西方个人主义心理学对人格或个人的认知、行为模式探讨得再深入、完整，放入中国人的思维模式来对照，也不过是局部而已，因为在中国人看来，个人的行动路线好比风中飘浮的叶子，是由许多因素（甚至是未知因素）促成的。连"子不语"的孔子也说"生死有命，富贵在天"。可见，董遐思和王九思两人命中注定要遇到怪事，它不是他们主观上可以避开的。但就运气，也就是"谋"的方面而言，王九思的运气还是好的，因为他有董生在梦中教他降妖的方法，又有家人鼎力相助。董遐思与王九思都是书生，为了功名，书生的读书之苦与寂寞，乃至想入非非都是很正常的。在这样一种背景下，一个书生想象着自己一边苦读，一边有美女陪伴，或在梦中与美女邂逅，互相吸引，行床笫之欢，那是多么惬意的事情。当然，回到现实中，如果他已有了"糟糠之妻""河东狮吼"（蒲松龄本人的家庭大体如此）每天伴随身边，这种想象就更加强烈。在这个时候，"狐狸精"出现了，成为男人的期待，她的魅力让男人难以抵挡。虽说故事交代当时狐狸的尾巴已经露了出来，但似醉非醉的董遐思顾不得这么多，与她日夜交欢，直至日益消瘦，最后死亡。狐狸精从董生那里离开，继续勾引王九思。也正是在梦里，王九思经董遐思提醒，虽已久病卧床，但用门上插香的办法，保住了自己的命。该故事中有命运、狐媚、书生、阴曹地府、梦境、降妖之法等，几乎将中国读书人的心理与幻想比较完整地展现出来，也符合我对"狐狸精"特点的总结。

当然，"狐狸精"中有害人的，也有不害人的。《凤仙》一文给我们讲了一个很有趣的好"狐狸精"的故事：

狐媚与美眉

刘赤水，广西人，本聪慧好学，后因父母早亡，荒废了学业。一天晚上刘被人邀去喝酒，自家忘了熄灯，酒过几巡想起来了，急忙回家，看到屋里有人小声说话，近前一看，有一个年轻人抱着一个美女躺在他的床上。刘赤水家常"闹鬼"，他知道他们是狐狸，于是呵斥道："我的床怎能让你们睡在上面！"狐狸听了慌慌张张地跑了，留下了一条紫色的裤子。不一会儿，有一个丫环来要裤子，刘借机索要好处，丫环没办法，就告诉他，刚才在他床上的是她家大姑娘"八仙"同她男人胡郎，她家还有二姑娘"水仙"已经嫁给了一位丁官人，现在还有三姑娘"凤仙"等着嫁人，她比她大姐、二姐漂亮多了。刘一听，动了心。有一天他从外面回来，看到有两个人抬着一个姑娘走到他家，说是送新娘子来了，把人放下后就走了。刘近前一看这个姑娘正酣睡，身上有酒气，就抱着她替她脱衣服，与她亲热。姑娘无力挣脱，就责怪是八仙为了换回她的裤子，把她抵押给他的。可自此以后，他们相爱了。

有一天凤仙对刘说她要随父母远去了，刘没有办法留住她。这一分别就是两年多。有一天他在路上看见一个仆人牵着一匹马，马上坐着一位女子掀起面纱朝他笑，刘看呆了。这时有一个男人过来问他这个女子美不美，他说美。男子说，这个女子是他妻子，刘不好意思地请他原谅自己的冒昧。男人说："没关系，你不记得借你床睡过觉的人了吗？"刘赤水一听，知道此人正是胡郎，就同他一起去探望他们的岳父了。来到一座宅子里，刘见了他的岳父母，这时又看见一个衣饰华丽的男人。岳父介绍说，这就是丁官人。不一会儿，三姐妹也都到了，一家人团聚在一起，说说笑笑，话间流露出他们一家人都嫌刘穷酸。凤仙发了脾气。刘感到很没面子，便告辞出来，看到凤仙坐在路边等他。凤仙见他过来，对他说："你是一个男子汉，要为我争口气。如果你真的爱我，我送你一样东西。"说完拿出一面镜子，然后说了句"书中自有黄金屋,你想见我,就到书卷里找吧",随后便消失了。刘这时一看镜子,凤仙正在镜中背对着他。从此以后,刘赤水闭门谢客,在家用功读书,这时凤仙就在镜中转过身来。如果他外出玩得很晚回家,凤仙就在镜子里背对着他。于是,他终于明白过来,挂好镜子,如同面对着教书先生,刻苦学习了两年,终于考中了。此时凤仙在镜中显得美丽而动人,说道:"影里的情郎,画中的爱宠,就是今天这样吧。"说完已经站到了刘赤水的身边,刘上前拉她要去问候岳父母,凤仙说自己其实没有回家,一直在山洞中等他。

本来凤仙作为狐狸,只有刘可以看见。现在凤仙作为刘的妻子显身对外招待四方来宾,客人们惊讶于凤仙的美丽,而不知道她是狐狸。刘后来也知道了丁官人的情况。他原本是大商人的儿子,娶水仙是源于她的美貌,但同居后看她每次都从窗户进来,便知道她是"狐狸精",但丁非常爱她,也没有再娶。当丁把消息传到家里后,凤仙的父母和姐妹也来祝贺,恭喜他功成名就。第二年春天,刘又中了进士,纳了一个妾,生了两个儿子。

关于"狐狸精"究竟对人有利还是有害,纪晓岚有这样的说法:"凡狐之媚人有两途,一曰蛊惑,一曰夙因。蛊惑者,阳为阴蚀则病,蚀尽则死。夙因则人本有缘,气自相感,阴阳翕合,故可久而相安。然蛊惑者十之九,夙因者十之一。其蛊惑者,亦必自称夙因。但以伤人不伤人,知其真伪耳。"(《阅微草堂笔记·滦阳消夏录之五》)纪昀的这个好坏比例只是随口估的。如果我们将各式各样的"狐狸精"故事一个个地读下来,就会得到对"狐狸精"的一种社会心理学的所谓"类属性思维"。所谓类属性思维是指人们在认知过程中将个别性归结为某类事物共有特征的过程,其作用在于简化我们对某一事物的信息(阿伦森,2001:303),比如我们会认为"狐狸精"是妖媚的,但其实"狐狸精"也有丑的，但无论如何我们不容易改变对"狐狸精"的认识。所以通过对狐狸精的归类与要素分析，我们大致可以得到一个类似于德国社会学家马克斯·韦伯所谓的"理想型"（ideal type），这个理想型就是爱伯哈德（Eberhard）在《中国文化象征词典》中做的归纳：

> 直到本世纪初，有的书上还说狐狸是一种有魔法的动物，它背上载有妖精。但它又被说成是好色的预兆。它最主要的特点是作为色情的象征。两千多年来，数百个故事讲到，有个书生在夜晚读书时，一个迷人的美丽少女来到他房间，与他相爱。她每日朝逝夕来，书生便越来越虚弱。直到后来，一个道士告诉书生，这美女是个狐狸精，她要吸干他的精气，以变成狐仙。（爱伯哈德，1990：122—123）

从象征词典中，我们获得了关于"狐狸精"的理想型，即"狐狸精"是一种以色相勾引男人，能使男人（尤其是书生）身体衰竭的妖精。但其相反相成的意思似乎是，男人要想上进，或源于对爱情的执着，其动力也可来自对"狐狸精"的痴迷，即对媚惑的偏执。如果没有狐女以美媚来要挟读书人，男人也很难孤注一掷地成就一番事业并抱得美人归。的确，这样的理想型尤其符合科举制社会在灯下苦读的男子形象。晚清一部作者署名为"醉月山人"的长篇小说《狐狸缘全传》更细致地描述了这类情节。该书写一只修炼了九千年的"玉面狐狸"，因为贪恋红尘，化成美女来到人间。聪明儒雅且风流飘逸的书生周信，恰于清明节去青石山祭扫父坟时与她在古洞中相遇。在荒郊僻野遇上美女自然让周信心摇神荡，而玉狐也对之一见倾心，遂将九千年的修炼付诸东流。半年后，周公子终被情欲纠缠得一病不起，阳气殆尽。此时，周公子的奴仆只好请来了天兵天将压阵驱邪，而玉狐则请仙姑仙子来相助。激战后，玉狐被擒，然而周信却始终爱着玉狐。终于他俩的爱情感化了天神，有了一个大团圆的结局。我想，中国的"狐狸精"故事里面一个最不可思议的地方是，男人在很多情况下都知道自己面对的是"狐狸精"，是人的异类，或者说面对的不是人，但还是不管不顾地迷恋她，进而暴露出人类的脆弱本性或弗洛伊德所谓的潜意识。

"狐狸精"看起来喜欢介入人类的生活，乐此不疲，流连忘返，其实却因有超然于人类的见识而世事洞明。她们以美惑人，却以理服人，并对万事了如指掌。这或许是人们对其心悦诚服的原因。比如，纪晓岚在《阅微草堂笔记》的《滦阳消夏录五》中对交友有这样的议论："长山聂松岩，以篆刻游京师。尝馆余家，言其乡有与狐友者，每宾朋宴集，招之同坐，饮食笑语，无异于人。惟闻声而不睹其形耳。或强使相见，曰：对面不睹，何以为相交。狐曰：相交者交以心，非交以貌也。夫人心叵测，险于山川，机阱万端，由斯隐伏。诸君不见其心，以貌相交，反以为密；于不见貌端，反以为疏，不亦悖乎？田白岩曰：此狐之阅世深矣。""狐狸精"往往用这种超然的见识，在介入人的生活后改变了人的价值观。下面这个故事算是为现代虚拟社会埋下了伏笔：

> 宁波吴生，好作北里游。后昵一狐女，时相幽会，然仍出入青楼间。一日狐女请曰："吾能幻化，凡君所眷，吾一见即可肖其貌。君一存想，应念而至，不逾于黄金买笑乎？"试之，果顷刻换形，与真无二，遂不复外出。尝语狐女曰："眠花藉柳，实惬人心，惜是幻化，意中终隔一膜耳。"狐女曰："不然，声色之娱，本电光石火。岂特吾肖某某为幻化，即彼某某亦幻化也。岂特某某为幻化，即妾亦幻化也。即千百年来，名姬艳女，皆幻化也。白杨绿草，黄土青山，何一非古来歌舞之场？握雨携云，与埋香

葬玉、别鹤离鸾，一曲伸臂顷耳。中间两美相合，或以时刻计，或以日计，或以月计，或以年计，终有诀别之期。及其诀别，则数十年而散，与片刻暂遇而散者，同一悬崖撒手，转瞬成空。倚翠偎红，不皆恍如春梦乎？即凤契原深，终身聚首，而朱颜不驻，白发已侵，一人之身，非复旧态。则当时黛眉粉颊，亦谓之幻化可矣，何独以妾肖某某为幻化也？"吴洒然有悟。后数年，狐女辞去。吴竟绝迹于狎游。（《阅微草堂笔记·滦阳消夏录一》）

清代有一笔记小说《镜中姬》，描写俞逊妻家有一宝镜，对它说话，里面有应答，乃为一姬。她会在镜里唱歌，跳裸舞，令俞逊夫妇情不自禁，终于一病不起，幸被岳丈发现，及时制止，才逐渐好转（《萤窗异草》二编卷二）。如果将幻化狐女加上这镜中之姬，不就是今日网络或手机里的"美眉"吗？

四、现代虚拟社会的来临

自晚清以来，整个中国社会（包括世界格局）发生了巨大的、革命性的变迁。特别是在最近几十年，中国社会的意识形态被确立为马克思主义。马克思主义为唯物主义，它是在与唯心主义的斗争中产生的思想体系。中国当代世界观受其指导，中国人的思想观念乃至整个传统体系需要依此架构进行重新切割与分类。于是，中国人的观念史被分割成有神论与无神论。受此意识形态指导的学者认为：

中国无神论在围绕上述各个方面、展开对有神论的批判过程中，逐渐形成与神学的对立的、反映自身基本内容的若干范畴与命题……反映无神论内容本质的范畴有：天人关系、人与神、天

> 道与人道；形神关系、生死与鬼神、现世与来世；命、富贵与贫贱、凶吉与祸福等等。与此联系的基本命题有：天道自然无为、天道与人道无干、天人相分、天人不相干预、天人交相胜，事在人为、人定胜天；生死自然、无无体独知之精、形神相资、形谢神灭、无鬼神、妖由人兴；非命、幸偶、立命与造命、吉凶由人、祸福在己等等。（王友三，1982：10）

一旦连续统的思想在这里被进行了这样的划分，那么清除中国社会中的有神论就成为革命年代的重要任务之一。因此，我在前一部分中讨论的观念及其传统在这样的年代遭到了彻底的清算。

其实，对于一种思想，在任何社会、任何文明、任何传统内部都存在着反对者或反对的声音，只是在二元对立的社会很容易形成对立的两个阵营，而在连续统的社会则往往会发生综合与转化，乃至改造。或者说，无论中国思想界内部在"怪力乱神"方面发生了多么严重的争执，中国社会与思想文化在革命架构建立之前，始终保持着天人关系、人与神、天道与人道，形神关系、生死与鬼神、现世与来世，命、富贵与贫贱、凶吉与祸福等之间的连续性。这是中国文化的主流，不会因为内部的不同观点与争执而发生改变，而中国当代的文化运动也同样会形成中国社会的新的传统。

当然，我们也应当承认，无神论在现代社会被逐步确立，也不单纯是因为革命，它还来自世界的物质性越来越被西方的科学研究所证明。也就是说，科学研究的许多结论，让我们一再认识到这个世界的物质特性。天文、物理、化学等领域的成果不停地告诉我们，事物的本质及运动规律同神、仙、鬼及妖等没有关系，进而也就根本不存在虚拟世界。这意味着，今天，我们活在一个没有想象力的物质世界里，只有靠文学与电影来想象。可是，三十年河东，三十年河西，许多事情往往是峰回路转。20世纪下半叶，信息革命悄然兴起，再一次给人类的想象力插上了翅膀。

信息革命是建立在通信技术发展之基础上的。我们知道，如果没有印刷术的出现，有关人类的知识只能通过口传相授。单此一点论，"狐狸精"被普及成为中华文化中的一种历史现象，似乎是不可能的。我们也知道，因为印刷术以及后来科学技术的发展，我们的生活开始同三大传媒有了紧密的联系，它们是报纸、广播和电视。虽说这三大传媒的传播方式各有不同，但它们的共同特点都是单向传播且具有中心化的倾向。前者的含义是，作为读者、听众和观众，人们面对这些媒体时只能被动地接收信息。这很容易造成一个传播的基本特征，就是"知道了"。而传播的机构的组织、采编和播报工作，也有一个基本特征，就是任何信息都要经过严格的审查、处理和编辑。而所谓中心化是指社会本身具有价值导向和意识形态，传媒只不过是其进一步延伸和强化。在传统社会，信息的发布和传递一向依赖政府或权力机构，至少受到这些机构的控制，而来自非中心的信息则成了流言或谣言。换句话说，信息，尤其是正式的信息从哪里发出，哪里就是权力中心，进而许多社会事件和社会运动的重大环节之一就是争夺这个权力中心。可见，要说传统大众传媒较之于传统社会的沟通方式有什么新颖之处，那就是信息传播的速度和广泛性。至于传统大众传媒为什么不能催生虚拟社会，乃是因为社会本质上需要交往或互动。由于这些传媒的单向性，人们不会对着报纸、对着收音机或对着电视机说话或者发表书面见解，即使对其中的信息或节目有所反应，人们也要么独自被感染、受感动或被激怒，要么回到自己熟悉的群体中来热议，最多也就是寻求特定的反馈渠道来表达自己的看法。很多情况下，这种形式的表达也要被权力中心编辑或删改等，因而这些活动只能成为社会的一个面相，而不可能形成一种新的社会形态。但互联网技术的出现与普及改变了这两大特点。根据美国联邦网络委员会（FNC）在1995年通过的一项关于互联网定义的决议：

关系、权力与"报"的运作

"互联网"指的是全球性的信息系统——(1)通过全球性的唯一的地址逻辑地连接在一起,这个地址是建立在"网络间协议"(IP)或今后其他协议的基础之上的。(2)可以通过"传输控制协议"和"网络间协议"(TCP/IP),或者今后其他接替的协议或与"网络间协议"(IP)兼容的协议来进行通信。(3)可以让公共用户或者私人用户使用高水平的服务。这种服务是建立在上述通信及相关的基础设施之上的。(郭良,1998:160)

这样一段比较专业的定义要表达什么意思呢?重点就是信息控制中心的消失,以及伴随而来的权力和权威意识的消失。从理论上讲,网络用户只要遵循网络协议就可以将自己的电脑与世界上其他任何一台电脑连接到一起,并将自己的信息在不受第三方控制与编辑的情况下传播出去。网络的"去中心化"为每个上网的人提供了表演的机会。网上充斥疯传、作秀、热议与曝光,社会也随之扁平化。当然,互联网也保留了传统媒体的特点,即沟通中的各种信息依然是流布于大众间的,而非点对点的,除非应特殊的需要,如设置密码或收费等形式。

可见,互联网构筑了一种新的社会形态,它不但维持着传统媒体在传播信息上的便捷性,但改变的是它允许社会互动发生,从而也就提供了想象的交往平台。交往平台其实是一种时空观的体现,但互联网中的时空与真实社会中的时空存在本质的差异。或者说,以真实社会的时空观来理解,网络中是不存在时空的,因为网络中没有个体可占居的物理和地理空间,也不分白天和黑夜,它的所谓"时空性"只存在于人们彼此之间的互动本身,人们可以主观感受自己的相对时间和空间。这或许就是网络社会研究者提到的"网络社区"与"身份认同"的问题。这样一种社会就是所谓的"虚拟社会"。我在其他地方曾经指出,社会互动必须具备三个要素:面对面;特定情境;时间的同步性(翟学伟,2005:140)。由于传统大众传播不具备这三个要素,所以它称不上社会。那么互联网能吗?这比较难以回答。看起来它给人们的面对面交往提供了平台,有了平台就具备了这三个要素。可这个平台是影像式的,即所谓视频。至于特定情境和时间的同步性,只要两个人(在世界上任何地方)同时上网,就可以满足这两个要素。于是,互联网的"社会",相较我们通常所理解的、有几千年历史的人类社会,有一个关键的不同点,即身体的缺席。我所定义的"面对面",原本是指身体在场的面对面,而虚拟社会的"面对面"是身体不在场的面对面。所以,我的看法是身体在不在场可以成为社会之真实与虚拟的分水岭。一个再明显不过的例子是,你可以同一个人交流一辈子,显得很亲密,但如果你们没有握过手,没有一起吃过饭,更不要说拥抱之类的行为,这便是虚拟的,反之便是真实的。当然,如果因为交流上的熟识而希望见面或聚会,那便实现了虚拟与真实之间的转换。当不见面或不认识就能使交流成为可能之时,人的想象力或幻觉力会再一次被激发。因为你在面对一个现实中的人时,彼此的性别、年龄、身份、职业等在无形中限定了交流或互动的方式;而你在网上面对一个符号或一串数字就可以互动时,你能做的也就是关注自己想恣意地表达什么。可见,虚拟社会中的交流,好比"灵魂出窍"。传统中国观念认为魂魄一体,只有魄灭了,魂才可以自由自在地游走于阴阳两界。可现在,虚拟社会的出现让人在其肉身还没有消失之际,就实现了身体与思想的分离。既然人还活蹦乱跳时魂魄就可分离,可以再把这两者合为一体吗?于是如今社会交往的真实与虚拟开始重叠,人们穿梭于这两个世界之间。在这样的社会,小说和电影也退居其后,微电影(视频短片)、博客、游戏、图片等以极大的诱惑力吸引了无数的年轻人。人们坐在家里就能"体验"仙境、魔幻、鬼怪、精灵,还有色情、暴力,当然也有社会服务与关爱,或者网络姻缘。科技发展到这个时候,我们似乎可以"上天入地",我们可以吟诵"书中自有黄金屋,书中自有颜如玉"。只是这时候,"书"变成了一台电脑或手机,我们将在屏幕上遭遇各种各样的妖怪。正如一位西方学者所言:"电脑化空间不仅仅是一个虚拟的数据库,而且是一个宇宙,如同但丁的《神曲》。"(戴维斯,2000:123)相较而言,这种虚拟社会中的"生命"("妖魔鬼怪")具有以下几个特点:

(1)它们之生命是由电脑程序赋予的,或者说,程序设计可以让所有的物具有生命。

(2)它们有各种各样的类型,通常以实际的或想象的人、动物、人兽及怪物等形式出现。

(3)变化多端,有超常的能力。

(4)变化的是形,而其本质不变,只是这里的本质是指电脑或手机的硬件和软件,或者只是0与1。

(5)不受人间传统规范的约束。

(6)电脑或手机屏幕是其展示的平台。

(7)进入该社会的方式及其运行来自手指之间的键盘、鼠标或操纵柄。一个人只要接通电源和网络,就可持久地待在该社会里,直至身心交瘁。

网络中的虚拟社会,同中国传统虚幻社会的根本不同就在于它的客体性和可视性,进而人们在其中也就可以获得角色体验。而在互联网的世界里,"狐狸精"依然是大宗,只是换了名称,叫作"美眉",而且来势更加凶猛。

五、虚实之间:网络"美眉"

关于"美眉"的含义,网络上有不同的解释。一种看法认为,"美眉"是美丽的眉毛,中国古籍中有相关表达。但眉毛美丽不一定是女子的专利,男性的眉毛或胡须一样可以美丽。所以按照这个说法,"美眉"可以是女子,也可以是男子。另一种看法认为,"美眉"特指美丽的女子,至少也是年轻女子,因为女子最美丽的部分是眉毛,或者说,大部分女子为了美,首先就是要修饰眉毛,以至于说一个女子的眉毛美几乎等同于说此人的脸蛋美。还有一种看法认为,"美眉"来自中国台湾地区"妹妹"的发音。的确,台湾本来也就更早地使用"美眉",所以就把"妹妹"与"美眉"结合到了一起,合起来表示年轻美丽的女子。许多网民为了省事,直接用"MM",让人看不出是"妹妹",还是"美眉"。又有一种看法认为,"美眉"是日本人对少女的说法。日本人尤其注重搜寻"美眉",制作美女写真集和美女动漫、动画,这随后影响了亚洲许多国家和地区。但无论哪种看法,都能看出"美眉"的流行同互联网有密切的关系,如果没有互联网上那些关于"美眉"的图片、信息和视频以及"美眉"梦工厂(梦工场)、"美眉"社区、"美眉"吧、"美眉"游戏、"美眉"扑克、"美眉"麻将等,这个说法可能没有如此大的影响。总之,"美眉"首先是指网络"美眉",现实中的"美眉"一说也是源于现实中的女孩及其特征、打扮同网络上的相类似。至少在日本社会,很多年轻女子是按照网络游戏和漫画化妆、打扮的。在我看来,"美眉"能够被广泛接受并得到传播,关键还是因为一个"媚"字。媚,本意就是美眉的意思,这个字的构造也在表示"女子之眉",是有媚态的,而这个媚态会引发"魅",也就是诱惑力。一本书中这样写道:

  MM,妹妹?美美?美眉?美媚?都不是或者都是。一个让人浮想联翩的称呼。

  MM是互联网时代出现的新鲜名词,究竟是谁最先发明的,无从考证。这个名词率先由男性网民发明并传播,应该是不争的。仅从字面上,你就可以看到男性网民对于女性网民的强烈呼唤及美好的向往。

　　这是一个多么香艳的名字，而且恰巧与MM（妹妹）两个汉语拼音天衣无缝地结合，"美眉"充满了暗香浮动的意味，充分体现了男人对女人无以复加的爱慕，展现男人甜美情话艺术的天才。

　　由于对计算机兴趣爱好程度的不同，国内互联网流行之初，男性网民占了绝大多数，直到现在，情况也只算是稍有改观。在网上，一个MM出现，尤其是名字漂亮的美媚，所受到的热烈欢迎程度，是在现实生活中无法感受到的。

　　在互联网世界里，女性网民无疑有更多的荣耀感和幸福感。你或是娇俏可人，或是妩媚妖艳，或是大方成熟，完全展现在你的字里行间。一串串0和1组成的字符，给无数男性网民以夜空中礼花放射般的想象，恍惚间屏幕已出现了女孩美妙的形象。一想到那花花绿绿的名字后有一个鲜活的生命，每一个男性网友都会不由自主春心荡漾，浮想联翩。（水晶之恋，2001：73）

这段文字出现在二十多年前，放到今天来看，首先，中国男女网民数量已经几乎持平了，另外，网络不但给男人带来了美好的想象，也同样给女子带来了美好的想象。顺带需要交代的是，狐狸其实同互联网也有结盟，中国最大的门户网站之一"搜狐"两字就表明这样的结盟关系。它不但表明了该网站负责人对狐狸的偏爱，而且表示如果你想进入亦真亦幻的世界，"搜狐"是一个很好的窗口，即"狐狸"可以引你进去看一看那个世界是什么样子的。

　　关于虚拟社会中的"美眉"给人们带来的诱惑，同样有一些有影响的作品。比如，曾连续两年位居内地畅销书排行榜前列的蔡智恒的小说《第一次亲密接触》，描写一个对上网交友没有自信的读书人在网上遇到了一个美眉，最后两人在线下经历了一场生死恋的经过。其他还有

《网络情缘》《我一定要找到你》《一线情缘》《绝对在乎你》《E网情深》《恐龙手记》等。这类小说许多都是描写年轻男女如何在网上结识,聊些什么,线上线下的心态以及结识后的线下发展,其数量可能超过了中国古代描写"狐狸精"作品的总和。面对无数网络小说的描写,坐在电脑前的或手拿手机的读书人(通常没有读过书的人不会操作电脑和上网软件,但手机的普及使操作变得更便捷了)是怎么想的呢?

>所谓"Q",指ICQ(网络寻呼机),寻找在线朋友。许多看过《聊斋志异》的人都十分向往书中的一种境界:功名未成的书生挑灯夜读,夜深人静之时,飘然而来一柔情万种的绝色女子,一番温存之后绝尘而去。用过ICQ的人大概也有这样的感受,同样是在夜深人静之际,传来一阵阵ICQ的嘤嘤鸣叫,或许就有一个女孩跟你打招呼,幽幽地说,我是小倩啊。(水晶之恋,2001:44)

这就是说,现在处于电子化的互联网中的"书生",同古代书生是心思相通的。比较而言,有关网络"美眉"的分类既同"狐狸精"有相似之处,又有不少差异。大致划分为以下几类:一是图片类。也就是说互联网很像一个巨大的相册,网民可以在网上看到数不尽的"美眉"照片。其实这些照片也有很多类型:有的只传达"美眉"的美;有的尽显各种媚态,用西语的翻译叫"性感";有的极富挑逗意味。二是聊天类。网民在网络平台可以找到很多聊天社区,其中最有人气的要数交友平台和娱乐聊天室,许多"美眉"把自己的(或许未必是自己的)照片"秀"出来,供点击进入。三是前两类的混合,许多男男女女在这个平台通过视频聊天认识,然后线下约会,也就是从虚拟社会回到现实社会。现在又开发了许多这方面的软件。

那么,网络"美眉"有什么特点呢?同"狐狸精"的要素比较下来,其特点是:

(1) 以美女、帅哥的形象出现，其最大的特点就是貌美，为此，有人还专门研制了各种可以"美颜"的App。因为个人信息基本上消失了，所以一个人很容易只剩下一张脸及一个有想象力的网名。还有些美女、帅哥不是坐在电脑前的真人，而是程序设计出来的。很多游戏中的主角都是俊男、美女，供网民操作。

(2) "美眉"的第一要义是性感，离不开互相说情话等角色互动之类的形式。

(3) 行为方式有悖于当下的社会道德和规范。

(4) 其道行、法术来无踪去无影，吸引网民进入界面并长时间停留，主要方法是面对屏幕作性感状、进行表演和文字交流。最典型的案例是"杀猪盘"。

(5) 德行无定。

(6) 支撑这些特征的物质基础是电脑、智能手机及互联网。

现在，我们需要讨论一下"美眉"的吸引方式。"狐狸精"在中国引发"无狐媚，不成村"。"美眉"在中国几乎可以达到"无美眉，不成家"的程度，其原因在于计算机和手机的普及率之高，让人很难抵挡网络"美眉"的攻势。或许这样的说法在很多人看来不容易接受，因为他们认为只有那些居心不良的人才会上网找"美眉"。

我们这里需要注意的一个细节是，在互联网时代，只要我们把电脑打开，启动结束后，电脑中安装的播放插件在连接网络的情况下就开始弹出一些窗口：有的是魔幻游戏，"美眉"已经出现；有的是综合性窗口，包括新闻、娱乐、购物、交友、影视等。如果我们选娱乐，那么就会出现更多的有关明星的婚变以及"美眉"露骨的视频；如果我们选购物，那么就会出现成人用品广告；如果我们选交友，那么就会涌现美女、帅哥的照片；如果我们选影视，那么排在前面的有不少是限制级的电影。我们也可以什么都不点击，或者我们的电脑中没有安装播放插件，那么我们可能会登录一些知名的门户网站，因为我们或者想看看新闻，或者想进入自己的电子信箱收发邮件。这个时候，我们一点击相关的门户网站，铺天盖地的还是上面列举的这些内容，当然由于信息范围和分类更加广泛，因此情况会好一点。这个时候，一些有性感"美眉"出现其中的广告，或者娱乐新闻、明星图片不停地在屏幕上闪烁或游走。我们本想在看一看这些新闻和图片后再来做自己的事，但是我们在看完新闻或图片后，又会出现一些相同类型的新闻或图片，我们又被吸引，再打开它们，又有这类文字和图片……我们就这样一步步地被带入了一个被美女包围的空间。但这时，如果我们想抽身回头做自己的事，又想到还有一些新闻和图片没来得及看又怎么办呢？我们就会收藏地址。好了，下一次，我们通过这个地址，一步就进去了。或者，我们一开始时在主页上什么都不点击，直接进入自己的电子信箱，那么网络界面设计的后手就是把新闻和图片植入你的信箱首页，再给你最后一次选择的机会，剩下的就看你自己的意志力了，现在更先进的是后台"算法"。总之，从理论上讲，无论你从哪里开始你的上网，你都有机会被带入一个情色的空间。即使并非一定如此，网络上的大多数广告、游戏、商品等也几乎清一色地会用"美眉"图像。如果这个理论表述可以成立，那么购得一台电脑或智能手机、连接上网络，就相当于自引一匹大"狐狸精"入室。这"狐狸精"的道行虽然没有前面讲的"狐狸精"年份长（因为现代科技发展主要是在19世纪以后，第一台电脑诞生于1946年，互联网技术产生于20世纪60年代后期），但它的更新换代速度之快，软件版本升级速度之快，其威力之大，早已超过了中国人幻想出来的"狐狸精"。你决定购买它之前，你要准备好它将没完没了地带进来无数小"狐狸精"，直至你自己心力交瘁。以上这一吸引过程当然不是叫"勾引"，而是叫"链接"；心力交瘁则叫"成瘾"。看起来，链接是电子时代才可以实现的信息传播方式，却同中国古代的"关联性思维"如出一辙；网络成瘾也不是什么新鲜玩意，早有狐媚的示范了。

六、故事与典型之二

虚拟社会中的男女情爱来源大致有四种类型。第一种最为普遍，即交友网站，男女可在网站贴出自己的照片、个人信息和爱好，由此可以派生以婚介、婚恋为主旨的网站。第二种是聊天室，在其中，男性可能以各种方式吸引女性（良家妇女）。这类男性要么拥有相关方面的知识，要么通情达理，可以海阔天空地同女子聊天，或表示关怀，让女子从敬佩到迷恋，不能自拔。而女性也可能吸引男性。这里面的女性情况比较复杂：有的就是在网上寻找知己或情人；有的通过出卖自己的色相骗吃骗喝；有的因生活的单调、无聊、失望等而幻想着自己能在虚拟社会中建立一个温馨而浪漫的家庭，至少有一个"白马王子"陪伴左右，即获得精神上的满足。第三种是角色反串，也就是男人扮演女人在网上吸引男人，看看对方如何坠入情网不能自拔；女人也可能扮作男人，在网上吸引女人。

其实，分类有时是出于研究的需要。在鲜活的生活实例中，男女之间究竟谁引诱谁不是很确定。男人守在虚拟社区里面等待"美眉"出现，女人出于某种原因（打发时间、生活无聊、喜欢刺激、同丈夫不和等）也会跑到聊天社区里面来寻开心，于是故事就开始了。由于这一类故事特别多，为了节省篇幅，我只好做一次嫁接，也就是把大同小异的故事用相同的网名串在一起，所有情节均来自一本关于网络婚外情的调查采访录（纪康保，2004），以尽可能包容这个虚拟社会的运作特点：

那是2002年8月的一天，我正在公司上班，由于一份资料需要打印，我推门进资料室找方娜。方娜与我同年，也是30岁，但她与老公关系不好，经常吵架，最近刚刚离婚。她最羡慕的就是我，说我找了个好老公，每当她这样说时，我都向她投去一个无可奈何的苦笑。每家都有一本难念的经，这本经不好对别人说。方娜最近总躲在资料室里不知在干什么，我一进去吓她一大跳。我觉得好奇，走过去一看，原来她在上网。方娜平时与我无话不谈，她告诉我她在发一封电子邮件。我问："你的情郎吗？"方娜点点头："我们在网上认识了三个月了，明天他就要飞到北京来见我呢！""天哪，网上都是些虚拟的东西，你还相信？"我不大相信已经30岁的方娜竟然还会像小姑娘那样天真。

"你不懂。"看样子已经坠入情网的方娜立即反驳我："要说虚拟的世界，现实就是一个更大的虚拟世界，难道在这个世界里就没有一点儿真实的东西？再说，当你的心灵真实地感受和体验到一些东西时，你还在乎它的外面世界是真实还是虚拟吗？"

望着方娜那副很满足得意的样子，我瞬间突然相信方娜是幸福的，甚至比我幸福。我算什么呢？我自己就活在最真实的婚姻家庭里，可它究竟给我带来了什么？

方娜那番话给我带来不小的影响，直到第二天上班时，我还在想这件事。出于好奇，我开始上网浏览了。新浪网聊天室里面有个"城市联盟"，其中有"北京紫金之巅""东北黑土地""风情苏皖"等。我按区域选了个"北京紫金之巅"进入。这里面聊天的人很多，那些名字也取得怪怪的，什么"令狐冲288""浮花若水""红粉菲菲"，看得人眼花缭乱。他们的对话更是热烈，一句句地跳上屏幕，使你感觉到这里的生活正在流动跳跃，如火如荼，对人很有感染力。

一天晚上，我在知春路的悠游网吧里进入了"北京紫金之巅"聊天室，将自己化名为"只爱陌生人"。这里天南海北什么人都有，相互既不照面，也听不到声音，你完全可以避免不必要的尴尬。几分钟后，我突然看见屏幕上跳出一句："只爱陌生人，你愿意和我聊吗？"

我的心扑通一下，仔细再看，原来是一位叫"麦田守护者"的人在呼我。第一次被人呼，我感到非常新奇，一边笑一边立即键入："当然愿意！"

　　"我猜你是个比较文静的、有点成熟的女人。"

　　我的心又扑通一跳，问道："为什么？"

　　"你在一旁呆了五分钟，一直没说话。我还觉得你是个新手。"

　　这个人的感觉十分厉害。我说："那么你是个'老手'吧？"

　　"什么老手呀，闲着没事，喜欢来这里虚度光阴罢。对了，你真是女的？"

　　"你呢？"我故意不回答。

　　"我当然是个成熟男子。而且，从你刚才回答的方式，我敢肯定你就是女的。"

　　我没有说话。

　　"你是哪儿的人？"屏幕上又跳出他的话。

　　这次，我不再有何顾虑，回答道："北京。你呢？"

　　"哈，我们真是有缘！我也是北京的！"我吓了一跳，问："真的？"

　　"当然！"

　　"我不问你的年龄，因为问女人年龄是不礼貌的。但凭直觉我觉得你有30岁左右。"

　　"真的，你那么自信吗？"他没理会我的话，径直说道："我36岁，师大毕业，邮箱是：×××@163.net。"

　　我犹豫片刻也把自己的邮址留给了他，同时心里在问：这个叫"麦田守护者"的家伙想干什么呢？第二天，我迫不及待地又上了网，同时心里在好笑自己为什么会这样？

　　我的电子邮件里果然有一张"麦田守望者"寄来的卡片。这是一张从"卡秀"网站上下载的精美动画卡片，既漂亮又露骨：

一个漂亮女人站在二楼的阳台上，一个男人路经那里看见了阳台上的女人，连忙趋回去，又从什么地方搬来一副梯子，将它搭在阳台上，又沿着梯子攀上阳台，然后从背后拿出一束玫瑰献给了漂亮女人……

看了这张卡片，我心里怦怦跳着，因为从画面上看，这有点儿像偷情的场面，既刺激又引诱人。突然，我看见卡片下方还有一行小字：敢给我打电话吗？ 139……

这一夜，我失眠了。（221—223）

我们在网上熟悉后，有一天深夜，"麦田守望者"约我去了一家名叫"网上有情人"的聊天室。刚进去，我就看到有许多烫耳的言语。开始我很不习惯，就尽量回避别人的问话，看其他人都聊什么。渐渐地，我也开始与他聊了起来。……

接下来，我们开始用网络语言拥抱和接吻，我甚至感觉自己在屏幕面前的身体在一点点变热，心里开始膨胀起无限的激情，那晚下线后，我满脑袋都是"麦田守望者"的影子。（20—21）

就这样一连十几天我夜夜都去虚拟的房间里等他，等那个不知真实姓名、叫"麦田守望者"的男人带着我在欲望的夜空里不倦地飞升。我们恪守着网络里不成文的游戏规则，不问对方的真实姓名和家庭住址。我们就像两个戴着面具参加城市假面舞会的男女那样毫无顾忌地放纵。而某一天晚上当我们身体和心灵都安静下来的时候，那个不知名的男人突然敲上来几个字：我能知道你的名字吗，还有联系电话？我不假思索地回应他："为什么啊，给个理由好吗？"过了好长时间，对方都没有一点儿反应，只有一闪一闪的光标像人的一只眼睛在盯着我看。我开始有些后悔起来，想想有些事本身就是没有理由的，等明白了的时候就没有道理了。

又等了一会儿。对话框里蹦出几行字击中了我:"我在想,你一定是个温柔乖巧的女子;三百年前,你一定是那个等爱的狐狸,而我就是立于九曲回廊西窗下那个文弱的书生。我想我是找到了我的爱,我前生今世的新娘!让我拥着你在你耳边轻轻地说:'想你,新娘!'"那一刻我彻底崩溃了,我想我真是被感动了,就这么短短的几行字就将我的女人的矜持和小小的傲气击得粉碎。我没有任何顾忌,我抛开了所有所谓的理性,将我的真实姓名、联系电话和我的详细地址一股脑儿敲给了那个我不知身在何处的男人。又是一阵让我等得心焦的沉默,然后系统提示那个男人在我惴惴的等待中突然下线了,没有给我只字片语的留言,一下子消失得无影无踪,让我渴念和期待的心里塞满了失落和哀怨。

这个谜一样的男人,让我有些着迷,我期盼着接到他的电话,期盼着他的邀约。我的心底开始有些东西在萌动。在平淡的生活里,在那无人知晓的内心深处,那份陡升的思念像丝一样缠绕着我,诱惑着我,对他的思念竟然那么轻易地将我的心堤冲垮了。(36—37)

我们的交往开始不分白天和黑夜了。我们一次次沉浸在我们的天地里:文字聊天,语音聊天,当然还有从不疲倦的电话!我们开始慢慢习惯并享受着常人难以理解的网恋,而且我们自得其乐,只是我们无法逃避折磨人的现实——我们都有稳定的家庭,不能轻易放弃。

这之后很多网站都留下了我们相爱的"足迹"。所到之处,我们给彼此带来了非同一般的感受和经历:我们建立了自己的网上"房间",在我们认为的"自我空间"里享受着我们的一分一秒!

直到有一天,我突然明白了,一切只能这样了,我已经从他身上,从这段网爱中,得到了一切。曾经拥有过温暖的关怀,拥有过刻骨铭心的爱，我还有什么不满足的呢？还有什么可遗憾的呢？

从另一方面来说，苦苦追寻爱的结果，对两个人来说可能都是悲剧。如果再往前走，就会陷入某种我们都不能控制的局面，对我对他都没有一点儿好的结果。我的灵魂在经受考验后逐渐走向宁静，得到了升华和解脱，我感到无比地轻松和释然。

于是，我注销了QQ，焚烧了他的电话号码，彻底地与电脑说了拜拜，切断了一切关于他的联系和信息。（11—12）

以上是四个故事的拼凑，我有意选择了一个女子最终戒掉网恋的故事作为结局，其实有太多的故事是网恋的男女从网上走到了网下，有的仅仅会面，有的导致真实家庭破裂，或者发生许多暴力事件，后者很像中国谚语所谓的"披着狼皮的羊"，我想不妨把它改成"戴着诱人网名的狐狸"。

关于虚拟社会的情爱典范，还可以看一首有关网恋的rap歌曲《网络情缘》，歌词是这样的：

> Hi Girl
> 自从在 网上见到你的那一天起
> 就知道 注定要和你结识到底
> 虽然你 故意装着小姐脾气
> I Know
> 其实你 是想吸引我的注意
> 既然你 想要把我占据
> 我明白
> 其实自私
> 才是人最实在的内心秘密
> 所以你 给我听清楚

你 只属于我自己

面对美丽天性

使我不能抗拒

虽然我 有过很多红颜知己

虽然网络 只是一种游戏

都是为了弥补彼此内心的空虚

可是躲在屏幕背后的我和你

也都交出了 彼此内心的秘密

不管是真是假

不管是否真心实意

既然这是上天的旨意

安排我和你相聚

免得就会珍惜这段回忆

每天 我们都在享受这份虚拟的甜蜜

可是网络 毕竟不是长久之计

如果今后真的不想将这段感情放弃

那么现在我们分隔两地距离

就是我们之间 最现实的问题

也许你没有为今后考虑

可是我 不能选择逃避

有时真的想 和你说声对不起

因为未来没有幻想得那么美丽

好多话 不知从何说起

幻想总是美丽

幻想总是美丽

没有你我就失去一切

Hi Girl

如果真的有一天我们分离

希望你 不要恨我

因为各方面的压力

我真的无能为力

你也不要伤心

把它当作一段美好的回忆

可能是我想的太多

可能你也只是玩玩而已

算了

还是不要想那些头疼的问题

否则这段经历

我永远不会忘记

就算被你骗 我也愿意

这首歌唱的是一个年轻男子面对网络中的"美眉"时的焦虑、被诱惑状以及身陷其中的感受。什么"面对美丽天性，使我不能抗拒"，什么"可能是我想的太多，可能你也只是玩玩而已"，什么"虽然网络，只是一种游戏，都是为了弥补彼此内心的空虚"等，其实都在吟唱着，这就是一个"狐狸精"的世界。尤其是最后一句"就算被你骗，我也愿意"实在很像古代读书人对"狐狸精"说的话。显然无论男女，他们明知这里面是一个巨大的陷阱，但还是都想往里跳。

关于虚拟社会及其中发生的情爱，在学术界有些争议。比如基恩（Keen）在讨论完《神经》杂志同一个13岁女孩的对话后，接着说：

> 当然，这还不是网络性文化最肮脏、最令人担忧的部分。事实上，此类网站吸引了现实社会中的性掠夺者。由于孩子们将大量的个人信息发布到网上——包括家庭住址、学校、最喜欢去的

地方，当然还有照片——恋童癖者比任何时候都能更方便地获取未成年人的照片，也更容易诱骗现实生活中潜在的儿童受害者。（基恩，2010：155）

而欧德萨（Odzer）在《数字化性爱》一书中写给中国读者的序言中提到，许多人为数字化中的情事而感到困扰和罪恶，但读了她的这本书后，感到释怀，从心底里被解放了。也就是说，人们对于爱情与肉欲的种种感觉、幻想是正常的，绝非怪诞不正经（欧德萨，1998）。她的理由是：

> 这是种解放！数字化性爱给予人们探索情欲与性倾向的自由，古老规范所不允许的，网上提供。性病的传染与怀孕的焦虑不再是问题，害怕损及个人颜面更不再是限制，我们可以实践我们在现实生活中从未想要追求的各种奇想：我们可以转换我们的性别与性偏好；透过各种感官上的试练，我们能摆脱掉现实中曾所加诸我们身上的限制束缚……男男女女都因为网络所提供的自由而使得他们的情欲开花结果。（欧德萨，1998：2）

看起来，该学者振振有词地说出了她的道理。只可惜，该作者所持的是二元对立的立场，即网络和现实可以分开，但如果按照连续统立场来看的话，那么网络行为一样会被带入或影响这个真实的社会。于是，这样发展下去的社会终将处于崩溃的边缘。

七、结尾

经过上文的描述、归纳和分析,我们现在终于可以来看一下从虚幻社会到虚拟社会,究竟是如何转换的。我们不妨做一个表格来对比一下,见表1:

表 1

虚幻社会(假想)	虚拟社会(真实)
1. 通过大脑来构想	通过电脑来构想
2. 万物有灵论	通过电脑程序实现一切物质具有生命
3. 人与妖魔鬼怪共生	人与互联网共生
4. 妖精的本领超过人类,来无踪去无影	互联网技术实现了示爱的来无踪去无影
5. 不受人间制度约束	不受人间制度约束
6. 人类被其诱惑	人类被其诱惑
7. 有智慧、有控制力	有智慧、有控制力
狐狸精(虚幻)	网络美眉(虚实之间)
1. 现身为美女、俊男,还是藏不住尾巴	现身为美女、帅哥,但线下见面未必如此
2. 娇艳妖娆,有的好淫	美丽或性感,有的好淫
3. 行为方式同当下的社会规范相反	行为方式同当下的社会规范相反
4. 狡猾,对人有预测和控制力	狡猾,对人有诱惑力和控制力
5. 有道行、法术及特殊的技能,佛道中人可以降服	善于伪装;需要电脑、手机设备和网络支持,降服的有效方法是网络过滤、删除网址或下线
6. 德行无定	德行无定
7. 受到西域的影响	受到西方的影响
8. 受惑者明知故犯,难以抗拒	受惑者明知故犯,难以抗拒

通过对比可以看出，这两个世界，除了科技变化外，没有太多的不同。虚拟社会的发展是一个连续体，而由"美"到"媚"，再到"性感"，最后是"性爱"，也是一个连续体。

古时候人类曾亲近妖魔鬼怪；中国现代经历过的"革命"是打倒"牛鬼蛇神"；科学发展证明没有神仙魔怪；网络技术则让人不但可以走进魔幻、仙境、幻想及游戏的空间，而且还可以恣意欣赏网络"美眉"，并能网络恋爱。如今，能说会道的智能机器人已在走入千家万户的路上。可见，人类什么时候都要为自己构建一个虚拟的世界。爱它、恨它、去除它，还是恢复它，只是不同时代的价值体现，却表明人类任何时候都少不了它。中国人的精神史是一部构造虚拟世界、让人亦真亦幻与建构虚实一体之最长久且最疯狂的历史。但愿我这篇论文可以发展出这样一个历史脉络来。

参考文献

阿伦森，2001，《社会性动物》，郑日昌等译，北京：新华出版社。

爱伯哈德，1990，《中国文化象征词典》，陈建宪译，长沙：湖南文艺出版社。

曹刚华，2006，《美女与野兽：唐代女性"精变"论考——以〈太平广记〉为中心》，《传统中国研究集刊》，第1辑。

陈寅恪，2001，《狐臭与胡臭》，《寒柳堂集》，北京：生活·读书·新知三联书店。

戴维斯，艾瑞克，2000，《技术真知、魔法、记忆和信息天使》，载王逢振（主编）：《网络幽灵》，天津：天津社会科学院出版社。

弗雷泽，詹·乔，1987，《金枝》，徐育新、汪培基、张泽石译，北京：中国民间文艺出版社。

郭良，1998，《网络创世纪：从阿帕网到互联网》，北京：中国人民大学出版社。

基恩，安德鲁，2010，《网民的狂欢——关于互联网弊端的反思》，丁德良译，海口：南海出版公司。

纪康保，2004，《再见了，我的网络情人》，北京：中国盲文出版社。

康笑菲，2009，《狐仙》，姚政志译，台北：博雅书屋。

孔飞力，1999，《叫魂——1768年中国妖术大恐慌》，陈兼、刘昶译，上海：上海三联书店。

刘仲宇，1997，《中国精怪文化》，上海：上海人民出版社。

欧德萨，克丽欧，1998，《数字化性爱》，哈尔滨：黑龙江科学技术出版社。

水晶之恋，2001，《网上无美女——青蛙和恐龙的爱情》，北京：中国档案出版社。

万献初，1991，《中国女鬼》，桂林：漓江出版社。

王友三，1982，《中国无神论史纲》，上海：上海人民出版社。

杨国枢、余安邦，1992，《从历史心理学观点探讨清季狐狸精故事中的人狐关系》，台北："中央研究院"民族学研究所。

袁珂，1982，《神话论文集》，上海：上海古籍出版社。

翟学伟，2005，《一场游戏，一场梦——在网络社会交往的虚实之间》，《社会学家茶座》，第12期。

张劲松，1991，《中国鬼信仰》，北京：中国华侨出版公司。

中国母子关系：母职的功效研究
——以《叶珍》家庭回忆录为例[*]

【导读】社会学虽然关注性别、婚姻和家庭问题，但并未关注家庭中的母亲，或者说建立于性别基础上的母亲研究更多是将重心落在儿童社会化议题或者家庭分工及母职方面。尤其是受西方个人主义和性别研究框架影响的母亲含义也不同于中国母亲的含义。本文立足于跨文化的家庭比较，借助夫妻轴、父子轴和母子轴的进路，对中国父子轴中的母亲功效进行了定位和讨论，也意在摆脱功能主义理论或角色理论的羁绊。本文结合《叶珍》一书的描述，对中国平凡母亲的日常行为进行了重新解读，以让读者看到扩大化的家庭中的母亲在男女分工、家务操持、自我奉献及子女抚育方面的重要特点，也为我们重新认识中国文化脉络中的母亲行为方式提供新的视角和可能。

---

[*] 本文的缘起是原南京军区司令员朱文泉将军希望发动全家人写一写有关他母亲生平的回忆录，受其邀约，我参与了他的回忆录编辑讨论并结合我自己的课题作了此项社会学研究。

一、引子

无论是在中文还是在西文中,"母亲"一词通常可以用来形容大地或者祖国,以表示其伟大。可这样的伟大之处又不在于她做出了什么惊天伟业,而仅仅在于默默地承载与守护。虽说以母亲来形容大地或祖国只是象征性表达,但这样的比喻依然体现了母亲所具备的作用。

可遗憾的是,人们对此的认识往往是感性的并伴有文化差异。比如,中文的"母亲"隐含了亲切温暖的、历经磨难的、含辛茹苦的、胸怀宽广的、任劳任怨的、忍辱负重的、充满爱意的等意思。有一首催人泪下的歌曲《母亲》的歌词是这样的:

> 你入学的新书包有人给你拿
> 你雨中的花折伞有人给你打
> 你爱吃的那三鲜馅有人给你包
> 你委屈的泪花有人给你擦
> 啊,这个人就是娘
> 啊,这个人就是妈
> 这个人给了我生命
> 给我一个家
> 啊,不管你走多远
> 无论你在干啥
> 到什么时候也离不开咱的妈
> 你身在那他乡住有人在牵挂
> 你回到那家里边有人沏热茶
> 你躺在那病床上有人她掉眼泪
> 你露出那笑容时有人乐开花
> 啊,这个人就是娘

> 啊，这个人就是妈
> 这个人给了我生命
> 给我一个家
> 啊，不管你多富有
> 无论你官多大
> 到什么时候也不能忘
> 咱的妈

还有一段网络视频，旁白是这样形容华人母亲的：

> 在这个世界上，有一份职业叫母亲，我们与她朝夕相伴，却忘记了她照顾我们不分昼夜，比谁都辛苦，然而却是没有工资的人。她被要求24小时待命，时刻保持工作不停歇，大部分时间都站着，还要具备出色的谈判和人际交往的技巧，要懂得医学、金融、烹饪和艺术，且身兼数职。她有时还要熬夜甚至彻夜不眠，一年365天没有休假时间，要做好放弃自己生活的准备。这样的一份职业似乎没有人会应聘，但在全世界却有数十亿人在做。

这类具有文化意义的感性认识恰恰说明，母亲的作用在很大程度上并没有进入研究者的视野，而更多来自生活与文学。这样的生活体验大致有两个方面：一是在一个人的成长过程中，没有父亲，他尚可存活，但没有母亲，存活就很艰难。即使一个人失去了亲生母亲，也还是需要类似母亲般的照顾。而从人类社会发展史来看，没有父亲的时代是可能的，但没有母亲的时代是不可能的。所以每个来到人世的生命会先体验到母爱，或者说人类最早先有母系社会（尽管学术界对此还有争议），而后才进入父系社会。二是因为各人生活条件的差异，当有人对自己母爱的认知受限时，他还可以靠对周围人的观察或对文学作品的阅读（观看）来获得对母亲的感知。文学作品是指故事、小说、戏曲、诗歌、散文等，现在的主要形式是电影和电视剧等。虽然这些作品可以虚构和渲染，但其真实性也可以来自个人自述，后者往往是学术意义上的口述史。

即使社会学研究母亲，但由于社会学是舶来品，因此该学科极易受到一些根深蒂固的理论、概念、方法和内容等影响。也就是说，西方不研究的，即社会学不需要研究的；西方教材说什么，即社会学内容是什么；西方用的方法，即社会学确定用的方法。所以，对母亲的研究也大体离不开西方的视角和理论。那么，西方社会学是如何讨论母亲的呢？这同西方社会文化有关。在西方的文化和社会中，母亲的话题连接着个体。由于个体性被假定为社会学研究的出发点，因此西方人对母亲的认识大致分为两种视角：一是从性别角色角度探讨母亲认同的过程。这一过程是女性个体因怀孕而发生的向母亲身份的转化，这样的转化需要一个人从认知、情感与意向上成长为一个母亲，其核心问题是独立女性和好母亲之间形成的张力乃至抗争。其西方代表作有西蒙娜·德·波伏娃（Simone de Beauvoir）的《第二性》和以色列社会学家奥娜·多纳特（Orna Donath）的《后悔当妈妈》。

二是在个人社会化框架下的亲子关系研究。其重点即什么样的家庭互动模式会产生什么性格的儿童并影响他的未来（双亲的管教模式）（佟新，2017：43—54）。关于这点，社会学和心理学中都有一些重要的理论，其中以精神分析理论影响为最大；而人类学的研究则一度认为，在特定文化中，如果一种教养方式具有了普遍性，那么就会形成国民性（人格与文化学派）。总而言之，这些研究让我们看到角色认同或者亲子关系是西方社会学的重点，其要义均在于独立女性和母亲角色之间的紧张，或者母亲在抚养孩子和重回女性之间的紧张。在后者的研究中，母亲通常被当成影响儿童发展的一个自变量，即母亲如何促成儿童的自我意识、独立性乃至于青春期反叛,而她自身也许要从母亲身份重返女性的自我等(肖索未,2014:148—171)。另一个从中延伸出来的话题同样是受个人主义的影响,即个人自我意识和青春期的作用会引发青少年的自我认同和性别选择的意向性。这是一种性别的导向研究。在这样的思考框架中,许多社会学研究非常重视对性别对立性的研究。虽然母亲是女性角色之一,但性别讨论更侧重男女关系、男女平等、性取向与女权主义方面(俞彦娟,2019)。也就是说,在他们讨论男女关系的理论中,母亲对应父亲,从而关注母权与父权之争,因此社会学研究总是围绕男性和女性的社会地位展开,比如家庭中妻子的地位,社会上的男女平等和同工同酬,尤其是现代社会的妇女权益保障和女性独立等问题(金一虹,2013)。但是,有关母亲自身的研究鲜见(卜娜娜、卫小将,2020:56—67)。如今,家庭社会学中兴起了一小股对"母职"的研究(林晓珊,2011;陶艳兰,2015:75—85;杨可,2018:79—90),但主要讨论全职或半职母亲的生活方式、怀孕、生育及抚育方式,这显然与我要说的母亲功效研究,完全不是一回事。

二、研究视角与方法的形成

若要追问为什么现有的社会学(包括家庭社会学)缺乏对母亲功效之研究,我们将逐渐意识到那些看似被社会学所框定的内容其实受制于文化力量(Ennis,2014),而被个人主义文化所忽略的部分也许正是中国文化脉络中应该被关注的重要议题。比如,有不少海外中国学研究者(以史学家为主)及人类学家就发现,中国妇女在概念表达、社会与家庭地位及公共领域中的作用,不能被放在西方性别研究框架中去考察(伊沛霞,2004;朱爱岚,2004;高彦颐,2005;曼素

恩，2005；季家珍，2011；罗莎莉，2015）。正如曼素恩（Susan Mann）所言，西方学者

> 会对中国人在家庭生活和公共生活之间构建出的关系感到相当吃惊，而这个关系是儒家的核心思想之一，也是平时争论的框架。在盛清时代，"内""外"——女性的内部空间和男性的外部空间——之别，颇不同于西方用来划分"家庭的"和"公众的"两个领域的界线。相反，盛清时代关于"别"的原则倾向于强调，道德的自主性与权威集中体现在家内妻子和母亲的身上，它们又是丈夫和儿子在外取得成功所必须依赖的。所有这一切都是一个家族制度的组成部分，这个制度构成了一种无间的、一元的社会秩序，以家庭为中心，以王治为疆域。（曼素恩，2005：16）

古代中国的女性地位也得以延续到现代社会。相关讨论方式也在向社会学转移。比如，作为人类学家的费孝通在民国时期完成《生育制度》一书，就希望在讨论人类一般生育方式的同时，也加入对中国文化的见解。可真正给我们这一议题提供了研究框架的，当属美国华裔人类学家许烺光。虽然许烺光没有把女性当作专门主题研究过，但他所建立的研究视角和方法却富有启发性。许烺光认为，许多关于人类具体现象的研究可以是泛文化的研究。"泛文化"的意思不是随随便便谈论文化，而是关注文化的整体性，也就是说，看起来一个社会中展现出不同的文化特征，但这些分散的文化特征都有一种整体性的预设。那么，如何找到这样的预设呢？有两条途径值得重视：一是两人关系组合，也叫"轴"（dyad）；一是亲属制度。有了这两条路径，我们便能对被西方文化淡化的母亲形象产生新的认识。以美国为例，其文化看似凌乱，但其基本假定是：

> 一个人所最关心的是他自己的利益——自我实现、自我发展、自我满足和独立。这些利益较任何团体的利益均为重要。(许烺光，1990a：112)

从这一假定出发，便可以理解西方人认为的每个人都有自己发展的需要，而不是为他人发展考虑。相应的，亲属关系也就成为"夫妻轴"。夫妻关系是一种契约关系，每个人都在这样的关系中构建自己的家庭，同时也意味着双方彼此平等性和自主性的建立。但中国人不生活在这样的假定中。中国文化的基本假定是：

> 一个人最重要的义务和责任是对父母的义务和责任，它比其他任何的利益（包括利己）更重要，充分表达于外显的行为便是孝，孝是一个人报答父母生育和养育之恩的方式。(许烺光，1990a：96)

从这一假定出发，中国人生活中的两人组合是"父子轴"，它是血缘组合，并且是等级的和互相依赖的关系。虽然从以上两种基本假定出发，都会产生家庭，但其形成的社会结构和文化内容却出现了分叉。比如，中国家庭受父子关系的主导开始系谱化，出现了扩大的家庭或者几代同堂的现象（翟学伟，2019：154—155），而西方则偏向维持核心家庭，然后从中不断分裂出各自的核心家庭。当然，在许烺光的这一研究框架中，一种便于理解母亲功效的思路呼之欲出，或者隐含为何母亲角色会成为中国文化的主题，而西方文化则很难关注到。可毕竟许氏这一框架没直接讨论母亲本身，或者将母亲连同父亲放在一起讨论。这是本文需要进一步挖掘的。或许，在许氏的文化比较研究中，"父子轴"中的母亲地位是次要的，其重要性等到他研究日本文化时才凸显出来。也就是说，日本文化看起来受中国古代文化影响，似乎采用了父子轴，但在该社会，家庭中更为现实的两人组合是"母子轴"。这是因为在日本文化中，母亲在孩子的成长中发挥着主导作用（许烺光，1990b：87）——日本具有非常明显的男主外女主内的家庭分工。虽然这一说法未必那么确定，但我这里需要为许烺光的理论辩解的是，他所给出的研究整体文化的路径并不是说中国家庭中有了父子关系就没有母亲的作用，也不是说西方家庭中有了夫妻关系就没有母亲的作用，更不是说日本家庭中有了母子关系就没有父亲的作用，而是说任何文化中的一系列原则中都是有优先顺序的。

从以上讨论中可以寻求到的研究方向是，对于母亲的研究不容易发生于个人主义文化的社会，即使发生，也非重点，它相较于性、爱情和婚姻，是一个很小众的话题。可对于相互依赖背景的社会而言，讨论母亲的作用是非常重要的。相互依赖的社会在结构上往往是纵向性的，这造成了一种家庭成员等级上的责任和义务关系，从而在生活方面，亲子关系的紧密性增强，感情提升，并且家庭关系会按亲疏远近延展开来。如果说中日都处在相互依赖的文化范围内，那么相较于日本家庭，我们还有进一步的问题需要解决，也就是基于中国家庭偏重父子结构的特点，母亲究竟扮演什么角色？应该说这种角色的表现和日本文化中的母子关系会有所不同，只是有何不同尚没有被社会学者关注，尤其在中国社会学研究惯常套用西方性别研究和个人社会化理论的前提下，不可能产生这样的问题意识。

要实现对中国母亲家庭作用的研究，我们最为缺乏的就是经验材料，至于那些看似汗牛充栋的关于母亲的描写，虽有一定的启发意义，可社会科学的研究并不能依赖这些以抒发感情为主的描写。如果让中国老百姓谈一谈母亲在自己成长中的作用，大家都有话说，甚至会瞬间哽咽，但是如果没有好的研究计划，这样的漫议价值不大。由此，要想引出这类研究问题，即在尚没有开展广泛的社会调查前，我们首先需要在质性研究意义上找到一份描写母亲角色的完整材料。就是在这样的背景下，我发现原南京军区司令员朱文泉将军组织家人编写的母亲回忆录《叶珍》是一个非常有研究价值的个案，可以作为我讨论这一主题的起步，并开启一种中国文化意义上的母亲研究。

在此，我先交代一下，为什么一份个人的家庭材料可以具有社会学研究的意义。有关个案研究如何体现社会基本特征的讨论，在社会学中一直存在争论，即个案研究是否具有代表性。或许对许多读者而言，代表性和阅读中的共鸣是有关的，但社会学不能这么认为，因为研究者没有办法知道分散于不同读者内心的共鸣究竟有没有，难道一个社会学家可能通过一本书的销售量或者轰动性来证明共鸣的存在吗？而在有的时候，引发轰动也不是共鸣的意思，也可能出于其他原因。因此，个案研究在社会学家看来，更多是在做尚未开展或无法采取问卷调查、无法量化研究的那些社会、文化及相应的心理与行为等的前期研究。它的作用类似人类学的田野调查，也有点像通过一部文学作品来了解一种社会生活。所以个案研究不解决代表性问题，研究者只关注一个具体的事件及其过程是如何发生的，其基本方式和内在机制是什么，而并不想回答在社会上有多少这样的个案。通常，个案数量是否需要增加由其饱和度来决定，如果一个个案可以完整地展现社会的某一方面，那么一个也行，否则就增加到可以展现为止。可见个案有没有代表性并不重要，或者说那些能够解决代表性问题的研究方法，比如定量研究，即使具备了代表性要求，也可能提供不了一种社会生活的完整活动机制。所以个案研究通常用于展现一种社会生活的现实全貌，并为下一步的相关研究，包括定量研究提供假设，以便检验。

另外一个需要讨论的问题是个案研究与普遍性的问题，其实这同研究者自身的研究目的和研究层次有关，当然也涉及研究的抽象能力。比如，我们如何可能确定研究者用的家庭个案究竟只是该家庭的生活样态，还是一种文化的基本样态？看起来这是定量研究要回答的，其实并非如此，这是一个理论的或者模式化的问题。以往，我们并不关心这个问题，因为我们在分析中国个案时会用西方理论来解释，无形中是在肯定西方理论的普遍性。但更大的可能是西方理论并非具有普遍性，而是被当成了普遍的。比如，西方女权主义或者性别研究理论泛滥于中国女性研究领域，中国学者并未从根本上质疑这样的研究视角。如果我们只是学会从这样的视角来研究中国女性与中国家庭关系，那么我们就会以为其理论理所当然是普遍的，而一旦我们看到了另一种视角，且这样的视角更适合理解该社会的女性心理和行为，那么那些所谓的普遍性也就不攻自破了（高彦颐，2005；罗莎莉，2015）。

对于个案研究本身是否具有普遍性，一种检验普遍性的方式方法也来自许烺光的提示，即看一看我们在个案中所抽象的结论与该整体文化的预设之间是否保持一致。通常情况是，如果个案中提取出来的基本内容能够和整体文化保持一致，则该个案具有理论上的普遍性意义；如果不一致，则意味着一种偏离情况或者亚文化的出现，可能构成小传统与大传统之间的关系，也值得研究者关注，比如我对苏南江村"倒插门"现象的研究（翟学伟，2017：156—173）。

三、个案中的几个重点

朱文泉提供的这份母亲回忆录为何有社会学研究的价值呢？我认为有两点值得注意。第一，如果朱文泉不能从这样的家庭中走出来，一步步成为共和国将军，那么即使该书中的所有故事本身都真实，也没有机会被家庭成员编写出版。这点看起来很特殊，无意中促成了这份普通的母亲资料的诞生。换句话说，该书中的事例很可能发生在千家万户，但发生就发生了，谁还会有心去记录并将其编写成册呢？因此由于朱文泉的身份，最终形成了这样相对完整的家庭和母亲资料。第二，朱文泉的这份回忆录重点不是谈他的成长史，如果是这样，那么此种记述只会成为研究将军童年的社会化研究资料，而不可能成为一份研究母亲的资料。朱文泉在这里发动家人所写的内容是对母亲的回忆，包括他自己也参与了几篇。由于母亲是该口述史的重点，因此虽然朱文泉从这样的家庭中走出来很了不起，但这是另一个话题，更重要的是聚焦于家庭成员所描述的母亲是什么样子的。这意味着，母亲在家庭中和对孩子们的功效未必一定是培养出杰出的人才。我也不假定如果其他母亲这样做，就可以培养出杰出的儿子，而只是关心中国平凡的母亲为何日复一日地在做她们认为要做的事情。从这一点上讲，我依然将其作为一个普通家庭，而非特殊家庭来进行研究。

为了确保该研究的客观性，我在研究前不设置意向性框架，因为任何先入为主的框架都会影响我们在资料中只保留我们想要的内容，而放弃我们不想要的内容。由于该书的呈现方式就是朱文泉让其家庭成员按照自己的生活感受来进行记述，因此回忆录中有许多地方免不了重复，读者可能会希望删减和调整，但对于研究者来说，这点却说明了其母亲特点的稳定性。这些特点在朱文泉本人那里被归纳成如下方面：

相夫教子
操家理务
崇耕尚读
传孝承德
爱国爱家
自强向上

从这几项中，我首先看到的不是叶珍的特点，而是中国平凡母亲的大部分特点。显然，可以确认，叶珍的个案同中国平凡母亲的普通认知保持了基本的一致性。

朱文泉的母亲叶珍，生于20世纪初，文盲，裹过小脚，生育过八个孩子。她和过去的大多数妇女一样本没有名字，先随父姓，结婚后再随丈夫姓，以"氏"字结尾，故叫朱叶氏，"叶珍"是新中国成立后她自己取的。这一点足以表明中国传统女性的地位（我本人的奶奶的名字来历也如此）。20世纪初，朱氏一家从外地要饭来到江苏响水县昌盛村。在一个安土重迁的乡土社会，一个外来户想就地生根是需要些才华的，或者说要能够满足当地人的一些基本需要。虽然朱文泉的父亲做过小生意，但按照中国传统惯例，这不足以生根，因为生意人本身是流动的。从他的经历看，估计还是因为他能识些字并略通医术，这两个特征在任何村庄，尤其是在缺医少药且文盲较多的地区都是稀缺的，所以其父算是一个能人。在传统社会，通常婚姻不是恋爱的结果，而是"父母之命，媒妁之言"。叶珍走进朱家是媒人介绍的结果。从这些资料中，我们看到了一个中国传统家庭的构成方式，也可以看到女性的位置。这个位置依照传统设计，使叶珍在三个层面上展开其家庭生活：对上是照顾两个父辈男性，即公公（妻子去世）和大伯（妻子离家）。这隐含了一个家庭中没有女人不行，如果都是男人的话在生活料理方面会陷入危机。中间是她丈夫，如何和他过好日子。其间的深意是在一个没有恋爱即可步入婚姻的时代，夫妻如何可能在情感培养、生活习惯、家务合作、养儿育女等方面达成默契？对下则是生育、养育的问题，这是每一个中国家庭的重中之重。可以说，一个中国妇女，如果在这三个方面都能做好，那么整个家庭就会和睦兴旺；如果在任何一个方面做不好，那么家庭内部就会纷争不断，乃至于家道中落。从这一点上看，我们固然可以说中国家庭是父子结构，但这是从家长权威、父系传宗接代和维系家谱的意义上说的，或者说一个家庭的主心骨或顶梁柱是父，但在家庭的操持，也就是很多执行和操作方面，则要靠母。我们浏览一下该回忆录中对这三方面的描写。

其中，着墨最少的部分是对上（两个父辈）。也许是作为晚辈的母亲无意间谈起一些过去的事情，而非谁刻意采访过她，因此我们只能从叶珍女儿的《爸妈的爱》中得知零星情况，但这足以说明女性的重要地位：

> 二十世纪三十年代，我们家共有五口人，爷爷、奶奶、伯父、伯母，还有爸爸。伯父娶了个灌河北的姑娘，结婚不久，因生活琐事夫妻吵嘴，伯父还动手打了伯母，伯母一气之下回了娘家，再也没有回来。爷爷常年身体不好，田里的农活不能干，生活不能完全自理，奶奶一边干农活一边忙家务，还要精心照顾爷爷，时间久了积劳成疾，于三十年代末去世了。此时的朱家三个大男人，生活多有不便，急需有个女人来撑起这个家。那时的爸爸年方二十，虽然个子不高，但长得帅气，精明强干，样样农活拿得起放得下，同村姑娘与爸爸同龄的妈妈对爸爸早有爱慕之心，经媒人一撮合，二人很快结了婚。妈妈勤劳善良，对爷爷照顾有加，对伯父视同亲哥，与爸爸夫妻恩爱，原本的三个男人之家，有了妈妈的到来，这个家又充满欢乐，日子重新恢复温馨。（朱文泉等，2022：46—47）

还是这一篇文章提及，夫妻之间的感情是联系着长辈来谈的，甚至提及了下一辈的降临：

> 1941年，妈妈初次怀孕，即将为人父母的爸爸妈妈心里特别高兴，心中憧憬着第三代人的出生将给这个家庭带来怎样的欢

乐。但出于腼腆，只能把如此特大喜讯藏于心底，不敢跟爷爷和伯父透露。那个年代，年轻夫妇的爱情表达是很含蓄的，无论是言语还是行为，只能在心里在私下才能流露，否则会被别人取笑。从那以后，爸爸对妈妈的爱又更深一层。没有别人在场的时候，爸爸会主动帮助妈妈做事，重活累活不让妈妈去干。吃饭的时候，会悄悄地对妈妈说：你现在不是一个人而是两个人，要多吃点。那个年代，爸爸能有这份关爱之心，妈妈已经很满足了。有一次，爸爸同姑父等人从陈港推盐到滨海去卖，回家时，饥肠辘辘的他舍不得买一丁点儿食品充饥，却到烧饼摊上买了一块烧饼，又去买了一只苹果揣在怀里，带回家留给妈妈吃。当时爷爷和伯父都在家，爸爸一直不好意思拿出来，直到晚上休息时，才从怀里掏出烧饼和苹果，小声地跟妈妈说："给你买个烧饼和苹果。"这在今天看来，实在是微不足道，但在那个年代，爸爸的这份心意，让妈妈感动得落泪。据妈妈说当时吃着带有爸爸体温的烧饼觉得是世界上最好吃的东西，尤其是那只苹果更是让妈妈铭记在心。那时的苏北农村，没有苹果树，也就从未见过苹果，刚刚怀孕的人，特别想吃酸的，那苹果甜甜的酸酸的，着实让妈妈解了嘴馋。妈妈八十高龄的时候，给我讲述这段故事仍然表情激动。（朱文泉等，2022：47—48）

另一篇文章提及伯父时是对其去世的内疚感（《黑色1963》）。而关于夫妻之间的感情培养和磨合，则有很多描写。比如，叶珍的女婿在《望》中对岳父岳母夫妻感情的描写：

1948年冬天，淮海战役期间，为了支援人民解放军打胜仗，她不顾十月怀胎的艰辛和即将分娩的特殊情况，毅然支持岳父参加民工队伍支前，她深知岳父要去的地方是炮火连天的战场，每一个参战军民都将接受生与死的考验。所以送走了岳父,她每天朝着队伍远去的方向遥望。那望中带着忐忑,饱含牵挂和企盼,那望有平安和胜利的祈愿。直至岳父完成任务平安归来。

在响水农村生活的几十年中,岳母是出了名的家庭养猪能手,为了能卖个好价钱她常叫岳父到灌河北边的集镇去卖猪。每次出发时她总是左叮咛右嘱咐:"上船下船要小心,卖完早回家。"晌午时分早早烧好中饭在路边等候。等呀望呀!有时等到中过西(俚语,下午两三点钟),直到望见岳父回来的身影才赶紧回家盛饭上菜。(朱文泉等,2022:397—398)

夫妻之间的感情还体现在他们遇到难事的时候不是互相埋怨,而是相互支持和鼓励。有时丈夫犯了错,妻子也表现出宽容。

据文中记录,在20世纪80年代,有一次叶珍丈夫在去盐城的公交车上被小偷偷了钱,他心里十分懊恼、自责,回到家后,茶不思,觉不睡。《陷阱》中这样描写道:

为此,到了盐城,茶饭不思,整天睡觉。问他为何?说没事儿。我们执意带他去看医生,他才说出路上丢钱的事儿。鉴于他如此情绪,我们不敢留他久住。文俊赶紧备好布头送他回家。回到小尖家中,他的情绪仍跟在盐城一样。还叮嘱文芳,要节约用钱,把伙食费用降下来。叫岳母买菜时少买荤菜,吃素为主。文芳心中纳闷,一个电话打到盐城,询问原因。岳母得知丢了这么多的钱,也心疼。因为那年头,120元相当于现在十多万元呢。但岳母见岳父如此自责,没有抱怨,没有责怪。而是用平和的语气劝慰说:"人非圣贤,哪能事事料到。这事不能怪你,只能怪那没良心的小偷。现在再懊悔,钱也回不来。不就是百十块钱吗?钱是人苦的,别跟自己过不去。"岳母的包容和劝慰,让岳父的心情宽解了许多。但他心想：这笔钱不是手中余钱，是计划派上用场的钱。盖房时，老家三间堂屋，连同厨房、猪圈、树木等总共才卖人家1500元。这回一下丢了这么多钱，这心里哪能说放下就放下呢。

岳母见他没回应，继续开导说："别再生气了，过去的事儿就让它过去吧。财去人安乐，开心健康最重要。如果把身体气坏了，岂不是让孩子们担心，影响他们工作？"在岳母和文芳的一再劝解下，岳父才慢慢地从自责中走了出来。（朱文泉等，2022：60—61）

关于母亲对下一代的养育和教育则是整个材料的主要内容。读者从字里行间，都能感受到叶珍对子女的关爱和教导。我这里只通过《最后一次谈话》提一下叶珍临终时的一番话：

那次妈妈讲得很多，细细想来大约有这么几个方面：一是我们家出了哥哥这么个大官不容易，他工作太忙，没有特殊事不要干扰他。二是让我把林凤当闺女待。她说："我最不放心的是林凤，你就当她是你亲生的闺女，好好照顾她。"三是不放心文兵一家子。说："文兵俩人都下岗，两个孩子读书花钱多，你是做姐姐的，懂的事情多，凡事替他多把关。"四是妈妈讲得最多、语气最深沉的就是父亲的养老问题。她说："你们几个都很孝顺，但各人有各人的工作，各家有各家的困难，照顾老人哪能面面俱到，你孩子少，又不在身边，你要多抽点时间照应你爸，让他过到100岁。"同时，她还说："有你们，有这个家，我知足了。"听着妈妈的叮嘱，我越听越不像平时的母女交心，越听越觉得像是给我交代遗嘱，我的眼泪夺眶而出，忙说："妈妈，您别说这些，您会没事的，现在医疗条件这么好，哥哥会想办法把你治好的。"妈

妈说："生死祸福命注定，哪能事事如人愿。"（朱文泉等，2022：382—383）

四、平凡母亲的功效

阅读完《叶珍》中的各种生活故事后，给人印象最深的就是叶珍是一位要强、能干且会持家的母亲。虽说这样的总结并不一定触及中国平凡母亲的功效，因为我们也可以从另一个侧面，比如贤惠、温顺、未必要强等方面来概括，但这表明社会学的研究并不期待在母亲的性格方面寻求答案，尽管性格的确是一个重要因素。

回到社会学的研究框架中，我认为中国人的家庭内部显然是存在分工的，只是不很严格。这点或许和农耕社会有关，也就是说在劳力不足的情况下，妇女一样下地干活，并有担负其他家务和赡养老人、抚养孩子的义务。日本学者在讨论母子关系时，指出明确的家庭分工大多出现在都市的下层、中层阶级，诸如商人、小商店主或工厂主、计程车司机或劳工、工匠等（许烺光，1990b：88）。这就表明当男性的工作具有明显职业化倾向时，男主外也随之明显。所以，如果以中国夫妻的家庭分工和日本相比较，我的看法是日本更加制度化或者结构化，而中国方面则偏向观念化。具体而言，在中国文化观念中，男女工作是需要划分的。一种非制度化的男女分工是靠理念，包括伦理、惯习和舆论等维持的。比如，费孝通就说他的家乡有一句谚语是"男做女工，一世无功"（费孝通，2006：291）。可见男女分工受观念影响。可即使在家庭生活方面，男人也既在家内又在家外劳作，而妇女即使主持家内事务，也可以通过在家庭内部沟通而影响丈夫外部的社会参与（这点在中国政治上也有传统）。制度性的家庭分工相对刚性，十分明确，即男人在外挣钱养家，妻子料理一切家内事务，从而造成不但日本女性婚后要回归家庭，而且父亲的形象在孩子那里也是冷漠、疏远，甚至缺失的，如果再加上父亲权威，就很容易出现专横、暴力等行为。而在这样的环境下，母亲不得不和孩子抱团，相互依存。这是日本文化意义上的母子关系。但在中国这边，夫妻在任何时候都须共同承担家里和家外事务，只是为了维护传统要求，形式上妻子一般不抛头露面（高彦颐，2005：12），所以很多事看起来是男人在主导，但有不少主意是妻子拿的。由于变革和新中国的成立，妇女的社会和政治地位进一步提高，家庭分工也更加模糊。加拿大人类学家朱爱岚（Ellen R. Judd）在中国北方农村的田野工作中一再强调她所发现的"母亲中心家庭策略"（朱爱岚，2004：150）。她指出：

> 在家庭层面上存在着一个相应的模式，妇女一般在家庭中拥有实质性的权威，而且至少被默认为如此，正如"男主外，女主内"这一众所周知的表述所反映的。这一想象还再一次表现为妇女会普遍而自发地谈到她自己管理家庭并做出主要决策的事实……

> 不管妇女在户内行使的真正权威是什么，这种权威通常具有实质性的内容，但公开地表述出来则是不能为人们所接受的……（朱爱岚，2004：176）

其实从这份回忆录材料的描绘中，我们也能看到叶珍日常生活中做的很多事情原本在中国家庭中应由男人承担，但丈夫是村干部，有很多公务在身，因此她都一一承担下来。而要想说清楚这一点，必须触及母亲在家庭中的自我及爱的话题，这点似乎未引起海外中国研究者的注意，我下面还会讨论。需要留意的是，虽然观念上的男女分工柔性很强，但这不意味着男女分工的淡化，因为在大多数情况下，女性会自觉地在家庭中承担更多事务。比如,女方负责做饭、洗衣、抚育孩子等家务;男方除了挣钱外,还负责做决策、盖房、修缮房屋及劳动工具、家庭训导、带孩子玩耍等事务。这种观念上的分工带来的结果便是母亲成为家庭的操盘手,她需要在许多方面有所作为。为了说明这一点,我们先来看一些事例。

朱文泉在《三次挨打》中回忆,他小时候去别人家地里偷吃东西,回到家后发生了这样的事情:

> 两天后,厄运来了。薛家气呼呼来告状,爸爸听完后问我有没有这回事,我说"有",但只去过一次。爸爸连连向人家赔礼,表示一定严加管教,所受损失照赔不误。薛家人走了,爸爸喝令我"跪下",我知道做错,立即跪下甘愿挨打。爸爸举起柳条就来打我,我架起胳膊、缩着脖子,做好皮开肉绽的准备。
>
> 此时,妈妈过来了,说"吓吓就行了"。
>
> 爸:你不要管。
>
> 妈:我怎么能不管。
>
> 爸:你管我就打你。
>
> 妈:你打看看!
>
> 柳条呼呼两下子落到妈的背上,妈说,"你这个死老头子,怎么不讲理?儿子跪也跪了,打也打了,吃他的豌豆荚赔他就是了,还想怎么着"?妈妈一边说,一边拉起我的手,"走!到西屋去!"爸爸也未往下接。
>
> 夜深。妈妈不放心,过来摸着我的手。我把前后经过一说,觉得委屈,还连累了妈妈。
>
> 妈:"妈没事。乖儿,你爸打那是为你好。咱们种田人不容易,你把人家豌豆荚吃了、麦子踩了就会减产,灾荒年好比要人家的命,人家能不告状吗!"

> 妈欲止又说:"至于去一次、去多次没啥区别,只要去就是个错;别人找你去的,这也说不过去,做坏事别人叫你去你就去啊;你要想吃,告诉妈妈到自家地里摘一点不也行吗,人家以为偷吃他的、省自个的,损人利己影响多不好!"
>
> 妈又举例:从小偷根针,长大偷头牛。东太庄魏小七从小就好偷东西,长大了抢银行逃到潮河北……枪毙了,嘴馋、手馋都是诱惑,是万恶的根,你可要记住。
>
> "懂了,我一定听妈妈的话。"
>
> 离开时,妈妈又强调:"做坏事绝不能有第一次。"(朱文泉等,2022:18—19)

还有一次,朱文泉因大雨去同学家下棋而一上午没有上学。这件事也显示出了母亲在缓解家庭冲突中的重要性:

> 下午放学到家,妈妈望着我说,上午你大姑来啦,我不解其意"噢"了一声。爸爸有了上次经验,先把门闩紧,再从墙上取下鞭子,把另一头折过来抓在手中,绷着脸吆喝:"你过来!"我不知所措,只好挪过去,突然鞭子从上空打下来,我把身子一歪没有打着,又是一鞭,我已躲到妈的后面,此时妈妈挡住不让再打,爸就把气撒到妈妈身上,"叭叭叭"抽了三鞭,我记得妈妈只穿一件单衣,而鞭子打得很重,嘴里还嘟囔着"我叫你护""我叫你护",我见妈妈挨打,心疼死了,就从妈妈身边挣脱跑到西屋大哭,爸爸见状也没进来。隔了好大一会,我舍不得妈妈就出来看看,只见妈妈独自坐在小凳上流泪,我扑通跪在面前,抱着妈妈痛哭,当晚怎么熬过去的我也记不清了。
>
> 隔日晚上,爸爸去开会。我试图看看妈妈的背,妈妈不让看,但我已发现衣服上有一条血迹。我又一次跪到妈妈面前,满

脸泪水。

我问妈妈：爸爸为什么喜欢打人？

妈：不是你爸喜欢打人，你刚考上高小，怕你不专心，耽误自个前程，打也是为你好。"养不教，父之过。"他是尽父亲的责任。

妈停了一会说：他相信"棍棒底下出孝子，黄荆条下出好人"！

我不解："黄荆条"是啥样子？

妈：就是树条子、柳条子。

我好奇，又问：黄荆条下真能出好人吗？

妈：真不真，你爸相信。不过我不赞成动手就打，讲清楚就行了。古人说"一等人自成人，二等人说说教教就成人，三等人打死骂死不成人"，这一等人恐怕不用打，三等人打也没有用，妈看孝子、好人不是打出来的，还在于孩子个人努力。

道理似乎懂了，但我还是恨爸打妈妈太狠……怀疑"是不是大姑来说什么了"。

妈：你大姑没说什么，只提到前几天下雨在她家打了一会象棋。你爸一听火冒三丈，我跟你爸说小孩打打象棋、换换脑子也没什么，何必生那么大气，你爸更不高兴了，斗了几句嘴。

我把打象棋的经过给妈妈说了一遍，对妈妈说"都是我的错，以后再不会了"。

妈：你爸常说"一打一护到老不上路"，他认为我护着你，孩子就不好管了。只要你以后改了，妈挨这两下子也值了。

"值了！"妈妈以皮肉之苦，唤起孩儿心灵的觉悟：儿，"值"吗？（朱文泉等，2022：21—23）

朱文泉的妹妹这样回忆读书时的经历：

文泉大哥是长子，成绩一直非常好，自然是培养重点。到我们上学时，父母明显犯难了。赶上那个时代，谁也没办法。

我能够上学，还得感谢我当时的启蒙老师解学武。那时，全国都在搞扫盲运动，我在父母的同意下也走进了夜校课堂。解学武老师看我接受能力强，头脑好使，觉得是块料。一天解学武老师专程来到我们家，跟爸妈讲：文俊很机灵，应该上学，否则太可惜了。听了解老师的介绍，父亲没说什么，只是慢慢地从口袋里掏出旱烟袋，坐在一旁抽闷烟。他是在犯愁啊！父亲也有父亲的"小九九"：孩子能念书，接受能力强是好事，可家里的农活谁做？自己是生产队长，队里的事要忙，整个家务就落在她妈一个人身上，她妈一个人哪能吃得消？不管怎么说，小二在家还能帮她妈做点事。文芳又小，一岁多，还能带带文芳。小大文泉在响中读书，文泉的学费就够全家忙乎的，更何况文俊是个女孩子。父亲心里很矛盾。据后来父亲回忆，当时是真不想让我读书的。在当时生活都困难的情况下，谈读书确实是件比较奢侈的事情，我能理解父亲的心思。

母亲权衡再三，对解老师说："解老师，旧社会，我们祖上都不识字，一辈子连扁担长'一'字都不认识，外出就像睁眼瞎子。我不识字，我知道不识字的苦楚。不识字，到外面连厕所都找不到。你说能念就让她念吧。"又反过来劝父亲："让她去吧，孩子都十岁了，再不上就晚了，家里的事我手脚快些就补上了，你放心做你的干部。儿子要读书、闺女也要读书。"得到父亲的认可，妈又抓住我的手说："乖乖，你去，妈就忙一点。白天忙不了，就夜里忙。只要你有本事念，读到大学也让你念。"就这样，我带着父母的厚爱和期望顺利地跨进了学校的大门。

我上学了，妈妈自然更忙了。在我的记忆中，妈妈是起早贪黑不停地干活，实在忙不过来时，有时也会冲着我发火。为了能读书，同时能减轻妈妈的负担，我白天背着妹妹去上学，早晚使劲地帮妈妈干活，菜篮子从不离身。每天放学哪怕摸黑也要挖一篮猪菜回家，因为猪是我和哥学费的来源，是全家人过年一双新鞋的指望。就这样，我带着父母的期望，背负着学习和家务的双重压力……艰难地读完了小学。读完完小，我又准备考初中了。我考的是离家十多里地的南河中学。在家念书，有时还能帮家里做点家务，放学回来还能挑点菜什么的。这一上初中必须住校，家务没人帮着做了，还要交住宿费，真是难上加难。这书还能不能念？父亲认为：读了完小，一般的字也能认识了，信也能写了，就行了。可我不甘心，我恳求道：让我去考吧，通过考试可以检验我五年书（一年级未读）究竟念得怎样，考上不念也行。母亲担心：如果不让她考，小二会恨我们一辈子的。父亲母亲最后取了个折中的意见："让她考，考不上不会怨我们的。""考上呢？"父亲追问。母亲说："考上就让她念，我们一辈子吃不识字的苦，我就是再累也不能再苦孩子了。"母亲很干脆。"你一个人能吃得消？"父亲担心母亲。母亲笑笑："这么多年，不都这样过来的。"（朱文泉等，2022：168—171）

从这几个生活片段中，我们看到中国母亲的家庭功效在于以下方面。

父亲的家长地位是明确的。父子关系"轴"是家庭生活的最核心内容，望子成龙也是家庭教育中夫妻观点一致的潜在动力。但在父子互动的框架中，由于父亲需要维持权威性，父子关系经常处于紧张状态，于是母亲的作用是调解与沟通。也就是说，母亲在家庭中具有枢纽作用，她要了解丈夫和儿女的双方意愿，在她那里把导致冲突的因素消除掉，让双方把一致的或者可调和的地方作为彼此沟通的主要内容，从而让双方都满意。

在中国历史上，儒家意识形态及官方话语中是缺乏有关母亲的话题的。比如，尚书的"五教"之中还有"母慈"一教[1]，而到了孔子的《论语》中，孝的对象主要是"父"或者"父母"，而没有单独用"母"。以至于以后儒家强调的"五伦"（君臣、父子、夫妇、兄弟、朋友）中，连接孝道伦理的也是君臣和父子（忠和孝），而没有母亲，五伦中涉及女性的关系就只剩下了夫妇，其重心是讨论男女有别。所以自汉朝以降，国家在政治和文化理念上始终贯彻"三纲"（君为臣纲、父为子纲、夫为妻纲）及"三从四德"（未嫁从父、既嫁从夫、夫死从子，妇德、妇言、妇容、妇功），进而延展的成果就是《列女传》。可是，如果将儒家原则具体到《列女传》的事迹里谈，那么女性，尤其是母亲在家庭中的地位便得以彰显。而另一个具有影响力的本子是《二十四孝》。虽然孝在官方意识形态中也是一个由父权主导的父子关系相关话题，可实际上在《二十四孝》中，母亲的地位急剧上升。据统计，24个孝顺故事中涉及母亲的有13例，涉及父母两者的有5例。二者加起来共有18例，占了故事总数的一大半。真正谈到父亲的故事，只有5例，其他的1例。又比如，中国古人关于"家训""家范"的论述中，女性的话题越来越重要。尤其是中国人表达的对母亲的情感远胜于对父亲。中国绝大多数人都熟知唐朝诗人孟郊的《游子吟》：

> 慈母手中线，游子身上衣。
> 临行密密缝，意恐迟迟归。
> 谁言寸草心，报得三春晖。

所以我们有理由认为，虽然中国文化中的父子结构得以强调，但一旦失去了母亲的作用，该结构不但会大打折扣，而且可能会停摆。或者

---

[1] "五教"是指父义、母慈、兄友、弟恭、子孝，最早出现在《书·舜典》和《左传·文公十八年》中。

说，真正贯彻和维持该父子结构的角色是母亲。或者说，父子结构作为认识中国传统社会的基本框架是出自一种社会科学的研究视角，想凸显的是中国社会对血缘和等级关系的重视，并伴随着权威的形成等。但从本土文化所提供的思考框架来看，将母亲加入该结构的必然性在于阴阳思维。汉代班昭在《女诫》中写道：

> 夫妇之道，参配阴阳，通达神明，信天地之弘义，人伦之大节也。是以《礼》贵男女之际，《诗》著《关雎》之义。由斯言之，不可不重也。夫不贤，则无以御妇；妇不贤，则无以事夫。夫不御妇，则威仪废缺；妇不事夫，则义理堕阙。方斯二事，其用一也。

美国汉学家罗莎莉（Rosenlee Li-Hsiang Lisa）就此提出，中国传统社会中的夫妻关系是不能被放入二元对立的框架去解读的，即它们不属于西方女权主义意义上的男性与女性之对立。"女性"一词在中国出现，是五四新文化运动的产物，具有现代化启蒙的含义，而回到真实的中国社会中：

> "要使一位中国女性向你描述'正常'女性应有的特质几乎是不可能的，她会立刻将你询问的目标转换为妻子、母亲或儿媳等角色。如果你提示她理解错了，她又会告诉你一个好女儿所应有的特质"。由此可见，西方作为中性关系术语的性别概念与中国作为普遍家庭、亲属关系术语的性别概念之间存在着明显的文化鸿沟。由于中国本土的被调查者不断地将询问目标转换为具体的家庭、亲属角色，西方研究者期望获得对"女性"特质的规范描述屡屡失败。然而在中国，女性之所以被称为"女性"只是因为她所担当的女儿、妻子或母亲等角色，而这些角色与"女性"特质之间并不存在着明显的区分。因而，对女性特质的描述必然与对

女儿、妻子或母亲等家庭、亲属角色的描述掺杂在一起。（罗莎莉，2015：54—55）

所以回到阴阳关系中看，夫妻是互补，并体现性别层级的（罗莎莉，2015：63—64）。这就表明，中国母亲角色的重要作用之一，就是避免父子陷入无法沟通和调和的境地，在父子之间剑拔弩张之际，她将成为冲突的缓冲地带。我们从这一层面来思考：儒家为何要建立孝道？其本意就在于服从与尊重。但一个人并不是一生下来就会服从与尊重的，而是被教化出来的。中国民间有一句话，叫"棍棒之下出孝子"，意思是要培养孝子就要以"打"为主，"打"到孩子听话为止。的确，"打孩子"是传统上中国父亲最常用的教育方式。但在极端意义上，"打"的危险性极大，气头上的父亲会真打，心疼儿子的父亲会假打，只是不得不打。所以母亲如何在丈夫发怒时保护孩子，有意识或有技巧地维护丈夫在孩子面前的权威性，是十分微妙的。从这里我们可以推导出中国人采用的最为普遍的家教形式是一个唱"红脸"、一个唱"白脸"（杨中芳，1991：116），尽管叶珍的丈夫掌握的民间谚语是"一打一护到老不上路"[1]。但相较于父母同心一起打，或者父母同心一起溺爱，我们可以发现中国传统的家教方式具有中庸调和的意味，而这点对家庭和睦至关重要。《颜氏家训》在"教子"篇中强调了这一点，而从现实意义上讲，这也维护了父亲的尊严和母亲的慈爱。

我们这里不妨将母亲的这些作用回归到中国文化的常用词上去，也就是何为"贤妻良母"，何为"贤内助"？可以说，母亲除了操持全部家务外，还能够"摆平"家庭中上下左右各种矛盾，维护父亲（父权）形象，保护孩子，让他们身心健康，以配得上这个称号。而子女的做人方式也是在父母的言传身教中习得的，也就是说，父母的日常

---

[1] "不上路"是苏北方言，意思是没出息、不走正道。

生活以及对于已发生事件的处理方式，潜移默化地影响了孩子的为人处事，而不像今天出现了那么多育儿培训班和母职培训班，甚至所谓专家的指导。

我现在需要回答的问题是：为何中国的平凡母亲一定要走到这样一条道路上去？我的答案是：所有这一切都有赖母亲的"大爱"。大爱既非"兼爱"，又不可被狭隘地等同于夫妻之爱，而是一种含有亲情并可延伸到人情意义上的爱。通常，母亲的大爱是她在平衡家庭成员关系、缓解家庭矛盾时，无论发生何事都会有意无意地以牺牲"自我"来保全家人为前提。"自我"其实也是一个西方概念，表示一个人在意识上能够区分自己和他人，并因此建立起独立和完整的自我意识。所以，在西方社会科学的框架中，要讨论人，先要将其还原为个体，然后讨论自我与他人的关系，大量的西方哲学研究则是对自我本身问题的研究。这些依然表现为一种二元对立的分析框架。但在中国这边，无论是阴阳思维还是儒家思想中都没有出现过对自我的强调。儒家思想的核心之一是"修己以安人"，看起来这一思想也重视自我问题，但儒家所讨论的自我是一个道德化的自我，这样的自我只能被放在关系的框架中去理解。我在其他地方指出：

> 关系取向中的自我不能放在西方个体取向自我中的完整性上来理解。也就是说，无论是精神分析理论中的本我与超我，还是符号互动论中的主观我与客观我，都是在自我的完整性内部来建立自我结构的，可是关系取向的自我不具备个体完整性。中国人的自我本身与他人之间放出了较大的一块分享的余地。儒学的重要方法便是"忠恕"，而推己及人的含义就是因为关系自我之间具有重叠、交流甚至替代的可能，才会出现将心比心的识人途径。（翟学伟，2018：133）

从这里我们发现，在中国人的家庭生活中，如果人人都让渡出一部分自我，为他人着想，那么家庭就会和谐，这也是孝的核心含义，即一个孝子本身就是一个不为自己着想，而为父母着想之人。同理，父母的"慈"，也意味着含辛茹苦地为着孩子。当然我们知道，现实中家庭成员没有私心杂念是不可能的，那么这时所有的无私诉求就都指向了家庭的操盘手，也就是说，如果母亲在一些事情上也怀有私心，那么这个家庭就失去了"公心"，取而代之的是"偏心"，进而家庭生活就会频频遭遇危机。可以说，许多中国母亲做得不够格，就是在这一点上出了问题，从而导致家庭关系恶化。而叶珍在这一点上堪称典范，她把所有的爱都给了家庭中其他每一个人，唯独不考虑自己。她女儿回忆道：

> 您一生当中考虑子女多，考虑丈夫多，考虑乡邻多，考虑队里的事情多，唯独没有为自己考虑一丁点。即便是农闲时节，人家妇女晒晒太阳、玩玩纸牌、拉拉家常，您总是丢下耙子摸扫帚地忙个不停。您不一定精通"优选法"，但您家里家外的事安排得特别周密，井井有条。白天干白天的活，晚上做晚上的事，从不让自己闲着，总是把自己的精力、体力发挥到极致。生活中您总是勤俭、克己，收获时节，孩子、丈夫吃白面，您自己吃黑面或是窝窝头，青黄不接时，锅底厚粥捞给孩子、丈夫吃，自己喝稀的，粮食紧缺时，孩子、丈夫喝稀粥，您是野菜充饥度荒年。（朱文泉等，2022：114—115）

可见，中国人的自我观不是指自己和他人的关系问题，而是指小我和大我的关系以及孰轻孰重的问题。通常在中国语境中，小我是指自己，有私的含义，大我是指和自己有关的他人，有公的含义，如"自家人"或者"自己人"。那么，自家人或自己人所涉及的范围有多大呢？这是不能确定的，也和一个人的道德境界有关，这个范围可以是一个家庭，一个家族，一个家乡，一个国家，甚至整个天下。在社会学框架中，自己和他人，无论被如何讨论，都是两个独立的个体单位，属于异质性的关系讨论；而小我与大我则是嵌套的关系，属于同质性的关系讨论。在自己与他人关系的讨论中，自我无论如何都是一个人自己的事情，体现一个人的自由、自主和独立的程度。以这样的自我与他人交往时，契约型关系将成为主导，这也因应了夫妻轴的含义；而在小我与大我的关系中，大我是包含小我的，或者在中国父母的心中，每一个孩子的自我都是他们自我的一部分。因而和谐被理解成一个个小我合成一个大我，一个个小我也要成全大我，为大我贡献力量。可是现实的残酷性在于，当同质性的小我占据上风时，会牵动其他小我出现，这也是家庭成员纷争的开始；而当大我占据上风时，会牵动其他大我出现，从而产生谦让和互敬互爱。所以母亲这个角色在中国家庭中是一个无私的角色，她往往成为大我的代表，每时每刻都要用大爱来对待每一个家庭成员，甚至是家外成员。

五、结论

最后，我想回到比较宏观的层面来讨论什么样的家庭结构可以使母亲走到这样的生活位置，以及这样的母亲功效在中国社会中可持续吗？从常识来讲，我们固然有理由说，一个家庭过成什么样子和家教或家风有关，但从社会学角度看，母亲在家庭中扮演的角色和家庭类型是紧密相关的。通常意义上，社会学对家庭的分类有三种：核心家庭、主干家庭与扩大家庭。

核心家庭是指由一对夫妇及未婚子女（无论有无血缘关系）所组成的家庭，通常也叫作"小家庭"。这里的"未婚子女"是说核心家庭只维持一对夫妻关系，他们抚养的孩子长大（通常是到 18 岁）后，就会从家庭中分离出来，过自己的生活。因此，母亲的主要作用就是生育子女并将其抚养到成年。主干家庭也叫作"直系家庭"，是指以父母为主干的一种家庭形式。具体形式包括：由父母（或父母一方）和一对已婚子女组成家庭；由父母（或父母一方）和一对已婚子女及其子女组成家庭；由父母（或父母一方）和一对已婚子女以及其他家属（主要是子女的未婚兄弟姐妹）组成家庭。这种家庭形式的最主要特征是其中至少有两对夫妻，并且有婆媳关系。通常，主干家庭最容易和扩大家庭相混淆，区分的重点是家庭继承方式。如果一个家庭仅有一个继承人，其余的另立门户（翟学伟，2017：228—262），那么就具备了主干特征，也就是说一个家庭中无论有多少孩子，都只将家产留给一个孩子。

所以，比较核心家庭和主干家庭，我们能看出母亲角色的不同。在核心家庭中，母亲无论给孩子多少关爱，孩子最终都要离开家庭，并不存在赡养和报答老人的含义。用费孝通的观点来讲，其构成是"接力模式"而非"反馈模式"（费孝通，1983：6—15）。而在主干家庭中，既然有两代以上的夫妻生活在一起，那么纵向意义上的母亲地位开始凸显，但由于其家庭结构采取单子继承制，因此母亲所要维持的家庭关系在理想上是相夫教子，并伴随婆媳关系的紧张和对家庭权力的争夺。这个时候我们再来看扩大家庭，它是指由有血缘关系的父母和已婚子女，或已婚兄弟姐妹的多个核心家庭组成的家庭。扩大家庭中的核心家庭可能同居共财，也可能不同居共财，分居而聚于一处。但即使分家，每个孩子也都能分得家庭财产的一部分，即所谓诸子均分制。扩大家庭的基本特征是累世同堂，人丁兴旺，重视辈分等级。因此，这种大家庭的经济、家务、财产乃至青年男女的婚姻都由家长安排或控制；其居住规则通常是从夫居或父族同居，在强调传宗接代的前提下形成了家谱化的家族。

比较而言，核心家庭是西方社会最常见的家庭形式，主干家庭和扩大家庭是儒家文化圈的常见形式，但从典型意义上讲，日本社会多主干家庭，中国社会则常见扩大家庭。看起来，无论采用何种形式，母亲的作用在这两类家庭中都有连续性的影响力，但其功效其实是不同的。在主干家庭中，母亲最需要依赖的是继承权威和财产的那个儿子，这点至少在逻辑上让那些非继承人做好了离开家庭的准备，或者说，母亲也可以不必顾忌他们的感受。可是，中国人的家庭方式接近扩大家庭（因为"扩大家庭"只是一个概念，不是说与中国人的生活完全符合），因此相依为命、同甘共苦与家庭和谐贯穿家族的整个生命历程。看起来建立父子关系的家庭结构是家庭延续的基本保障，但作为一种生活运行方式，母亲的操劳程度可想而知，她的基本任务不但是生子，将其养大，而且需要确保她所有的孩子都能得到照顾，并共享她的爱。虽然，现代社会（包括传统社会）也采用分家的形式，而且每个已婚的孩子均拥有自己的生活，出现了形式上类似西方社会的家庭，但母亲不会因此而放弃自己的关心。也就是说，当她的哪个孩子生活上有困难时，通常的调解方式依然还是由母亲出面让生活较好的孩子资助生活较不好的孩子，而她并不需要在意儿媳妇的意见。当然，既然母亲是有大爱的，她如果平日里也对各个儿媳爱护有加，就会使得这样的再分配机制成为可能。可见，扩大家庭在制度上可以消失，但依然在观念和行动上被中国人所接受。当然随着城市化和独生子女的出现，母亲的这一功效将逐渐失去。

总之，我发现，虽然关于母亲的研究最先可以从生物学意义上来讨论，如母性在遗传、本能或者哺育方面的作用，但母亲的功效却是一个关于文化的话题，而非简单的社会话题。看起来社会话题中的母亲功能大体相似，都是生育、哺育及抚养，但家庭结构和文化观念的差异，导致母亲之功效各有不同。比如，西蒙娜·德·波伏娃的《第二性》中有一章也讨论母亲，但她眼中所看到的母亲的重点就是堕胎、节育、分娩，以及在孩子出生后面临的自我和孩子的冲突及其爱恨交加，并最终重回自我。相比较而言，中国文化中的母亲则是和善、慈祥的。由此，本文最后回到中国文化的普遍性上，以抽象出平凡母亲的理想型：

(1) 在大家庭的概念上，每一个人最重要的义务和责任是对父母的义务和责任，它比其他任何的利益（包括利己）更重要。充分表达于外显的行为便是孝，孝是一个人报答父母生育和养育之恩的方式，其中也已包含了传宗接代的基本生育要求。

(2) 基于将子女培养成人，尤其本着妻以夫荣、母以子贵的动机，母亲甘为丈夫和子女充当人梯，也就是尽全力照顾家人的生活，尽可能包揽日常家务劳动。

(3) 母亲的日常行为在于维持家庭中成员的平衡关系，她的满足感不是自我的，而是融化其中的，也就是从家人的幸福中感受到幸福，即"大我"幸福是"小我"幸福的先决条件（杨中芳，1991：100）。为此，她需要艺术性地处理家中大大小小的事务，尤其需要成为父子、孩子之间各种矛盾的缓冲地带，虽自己常受委屈，却总是用自己的大爱去安抚他们。

(4) 中国人的社会教化来自父母的言传身教和身体力行，母亲和父亲的性别差异构成了慈母严父的管教方式。这导致母亲的形象偏重慈爱。

(5) 传统上，绝大多数母亲文化程度不高，其持家和做人的道理主要来自上辈的教诲或广为流传的民间古训、熟语和谚语及自己的生活实践，她会将其再传给下一代。可以说，她们没有受过正式教育，但这不代表她们没有过人的生活智慧。

(6) 从理论上讲，如果扩大家庭中每个人都尽量让渡自我，便可以使家庭和睦，而当这一点在现实利益面前很难做到时，母亲将成为大公无私的最后防线，她使家庭成员相信，从她那里是能讨回公道并感受到温暖的。

（7）孝道导致母亲对子女的影响力是终身的，不会因子女分家而有所减弱，她在大家庭观念的意义上始终是一家之主。

（8）母亲在家庭中的付出建立于中国孝道文化内在的感恩机制。如果这一机制出了问题，那么从形式上看，就会出现单向的家庭传递；从内容上看，操劳一生的母亲晚年时也将无法获得子女的照顾。所以报恩是母亲一代又一代无私付出的前提。

随着中国社会现代化步伐的加快，人们从农村走向城市，从大家庭走向小家庭，从多子多福走向少生和不生，从从夫居走向小夫妻单独生活，从生活道理走向书本知识，母亲之功效也一样发生了重大改变，诸如：家庭孝道式微；大我无处安放，夫妻为家务事争吵；人人以自我为中心，不愿迁就他人；在教育上严母、"辣妈"或"虎妈"频频出现（沈奕斐，2014）。而教育的普及性导致人们更相信书本知识和专家建议，母亲也不再干涉小家庭的生活，乃至于成为小家庭的保姆甚至晚年时无人理睬，而处于变迁中的家庭结构始终存在自我实现与忠于母职的矛盾等。这些都是中国社会转型中社会学需要研究的新课题。

参考文献

卜娜娜、卫小将，2020，《劳累、拉扯与孤单："老漂"母亲的母职实践及回应》，《妇女研究论丛》，第6期。

费孝通，1983，《家庭结构变动中的老年赡养问题——再论中国家庭结构的变动》，《北京大学学报（哲学社会科学版）》，第3期。

费孝通，2006，《生育制度》，载费孝通：《乡土中国》，上海：上海人民出版社。

高彦颐，2005，《闺塾师：明末清初江南的才女文化》，李志生译，南京：江苏人民出版社。

季家珍，2011，《历史宝筏：过去、西方与中国妇女问题》，杨可译，南京：江苏人民出版社。

金一虹,2013,《社会转型中的中国工作母亲》,《学海》,第2期。

林晓珊,2011,《母职的想象:城市女性的产前检查、身体经验与主体性》,《社会》,第5期。

罗莎莉,2015,《儒学与女性》,丁佳伟、曹秀娟译,南京:江苏人民出版社。

曼素恩,2005,《缀珍录——十八世纪及其前后的中国妇女》,定宜庄、颜宜葳译,南京:江苏人民出版社。

沈奕斐,2014,《辣妈:个体化进程中母职与女权》,《南京社会科学》,第2期。

陶艳兰,2015,《流行育儿杂志中的母职再现》,《妇女研究论丛》,第3期。

陶艳兰,2018,《养育快乐的孩子——流行育儿杂志中亲职话语的爱与迷思》,《妇女研究论丛》,第2期。

佟新,2017,《照料劳动与性别化的劳动政体》,《江苏社会科学》,第3期。

肖索未,2014,《"严母慈祖":儿童抚育中的代际合作与权力关系》,《社会学研究》,第6期。

许烺光,1990a,《文化人类学新论》,张瑞德译,台北:南天书局。

许烺光,1990b,《家元:日本的真髓》,于嘉云译,台北:南天书局。

杨可,2018,《母职的经济人化——教育市场化背景下的母职变迁》,《妇女研究论丛》,第2期。

杨中芳,1991,《中国人·中国心》,台北:远流出版公司。

伊沛霞,2004,《内闱:宋代的婚姻和妇女生活》,胡志宏译,南京:江苏人民出版社。

俞彦娟,2019,《女性主义对母亲角色研究的影响——以美国妇女史为例》,载王金玲、黄长玲,《性别视角:婚姻与家庭》,北京:社会科学文献出版社。

翟学伟,2017,《家族主义与工具理性:苏南农村的社会调查》,载翟学伟:《中国人行动的逻辑》,北京:生活·读书·新知三联书店。

翟学伟,2018,《儒家式的自我及其实践:本土心理学的研究》,《南开学报(哲学社会科学版)》,第5期。

翟学伟,2019,《"孝"之道的社会学探索》,《社会》,第5期。

朱爱岚,2004,《中国北方村落的社会性别与权力》,胡玉坤译,南京:江苏人民出版社。

朱文泉等，2022，《叶珍——一个平凡而又伟大的母亲》，南京：江苏凤凰文艺出版社。

Ennis, L. R., 2014, *Intensive Mothering: The Cultural Contradictions of Modern Motherland*, Demeter Press.

（原载朱文泉等，2022，《叶珍——一个平凡而又伟大的母亲》，南京：江苏凤凰文艺出版社。）

日常意义的建构及其变迁

【导读】对于日常意义的建构,可以用社会学中的"社会实在的建构"加以分析。这一框架较好地合并了韦伯建立的理想型研究和涂尔干建立的社会事实研究,其重点在于主观意义如何客观化、制度化与合法化的过程。在此基础上,本文进一步阐释了意义在横向与纵向上所体现出的差异性与普遍性,并以中国人传统婚礼为例,借助理想型与现实场景的比较,展示了该种礼仪的制度化、合法化及流变机制,以理解中国传统文化的意义特征是如何得以贯彻、落实又遭到削弱的。本文认为,社会学中的"意义"和"意义感"讨论其实是一种把个体行动和共时代与历时代人相连接的研究路径,其重要性在于回答社会本身的构成。

一、社会学中的"意义"与"意义感"

意义讨论首先指向人，同时也要指向社会与文化。这显然不是在说废话，而是表明在有关人的讨论中，有的学科未必总是以人为界的。或许是出于研究伦理的考虑，或许是因为人与动物之间有时会界限不清，比如像心理学家那样，时常会有意把动物和人混为一谈。仅从这一点来看，"意义"未必成为心理学研究的焦点，但必然成为社会学的焦点。两者的区别就如同"行为主义"与"社会行为主义"的区别：前者研究刺激—反应或条件反射，而后者研究符号互动及人的主体间性。

对"行为"和"行动"的差异的讨论自韦伯开始，特别是舒茨（Schütz）在著作中，经常拿它们进行比较和分辨。他们的结论是：很多情况下，行为是无意识的，行动是有意识的；行为未必是一个含有意义的概念，而行动一定是一个含有意义的概念；行为是自发的，行动是意向的（舒茨，2012：48）。行为可以是一个单纯的举动，而行动则具有了以与他人交往为前提的意识倾向（舒茨，2012：19）。如果一个人在行动中所表达的意义无法被对方理解，那么彼此就不可能实现社会互动。可见，社会实在的建构（the social construction of reality）正是由以他人为前提的行动所产生的意义交流而一步步搭建起来的。此种观点经由韦伯所关注的社会行动、米德所创建的符号互动论与舒茨所探讨的现象学社会学等，最后由 P. L. 伯格（T. L. Berger）和 T. 卢克曼（T. Luckmann）从知识社会学角度进行了综合阐述，只是知识论方面的讨论并没有回答"社会实在"（social reality）的本体论问题。为此，J. R. 塞尔（J. R. Searle）进一步划分出世界中哪些事物是不以人的意志为转移的，哪些事物建立于人类交流的基础上，后者其实是由人类语言构成的制度性事实。

意义在于人们彼此间的相互理解。所以韦伯认为："有意义的行动,即主观上可以理解的行动。"(韦伯,2009:93)而所谓意义感则是增加了对意义的心理感受,更多情况下是对有意义生活的回顾、确认与反思。比如,人与动物都会吃,但动物只靠寻觅或捕食解决,且吃饱了一顿就等着下一顿。其意义只限于吃饱,让自己活着。而人对吃的讲究却不限于此,他们赋予了吃以极大的文化价值。他们追求美食、讲究口味并为此不遗余力地探究烹饪技术,这些用意义建构起来的宴席则体现了"品味",它们共同建构起一系列重要的社交活动。据此,一种原本为孟子所谓"食色性也"(《孟子·告子上》)的生理性需要,因被意义所重构,也就成为人类常见的社会生活,特别是大凡重要仪式都离不开食品、宴席。从这些讨论来看,意义感包括行为中所含有的动机和目标以及自我如何评价的全过程。从社会学角度看,意义建构中的那种无意义感往往来自那些无限接近动物般生活的个体或群体,他们往往处于社会底层或挣扎在死亡线上,抑或因某种不如意而产生了生无可恋、厌世的情绪,那么其生活意义也在逐渐消退,其共性都是在生活中看不到希望或失去了目标。可见,伴随某种意义而存在的意义感在很大程度上成了一个人定义快乐、幸福或悲伤乃至绝望的理由。

那么,社会学如何讨论这一系列问题呢?对于一种由行动者的自我、认知以及符号理解所构成的社会实在,研究者面对的最大问题是研究路径的问题。韦伯、舒茨、伯格等都意识到了从主观性出发来讨论社会实在会阻碍社会学研究。比如,有两个人今天相约要在一茶社里见面聊天,那么其社会行动包含哪些内容呢?个人的动机、意识、表情、言语、动作等都在其中。或许,他们之间发生了争论,有欢笑,也有愤怒,直至最终和解。但所有这些,在他们离席之后也就烟消云散了。这次相聚是他俩之间的事,此事本身虽属于社会事实,却很难进入社会学研究范围。其原因在于社会学走不进互动者的主观性。所以社会学者面对的首要问题就是如何实现对此聚会的理解,比如如何阐释从他们选择的相聚地点，到喝茶习俗、谈话方式、思想与价值观等这些方面的资料。这些则取决于我们能否直接观察这样的聚会或者得到参与者对事件的描述，也就是说，原本那种面对面的聚会是声音流，对表情和动作的理解，也只限于两人之间，而一旦被转述，被写成文本，社会学的理解才可以开始。所以社会学对主观意义的理解是间接经验，它所侧重的主要是将某次特定交往汇入先于其所处的社会文化脉络去（舒茨，2012：241）。至此，原本的主观意义变成了客观意义，个人的直接经验转换成间接经验。由此一来，社会学通过研究客观意义，便能获得对主观意义的解读。但此种意义解读与两个当事者互相理解而产生的意义之不同在于，从客观意义上回溯对主观意义的解读，已经不是针对一个具体个人的行动事实或事件的解释，而是要对做出此种行动的同时代人进行带有推论性的解释。我们把这种偏向平均意味的解释叫作"理想型"的解释，而基于这样的研究，再来看具体个人的主观意义时，那么他的行动只能是理想型研究的一个例证。

二、从意义之纵横看社会实在的建构

舒茨认为：

> 在日常生活中直接被掌握的人类行为，因为有意义所以可以被理解，尽管这些行为的意义还是模糊不清的。每一次对于社会世界不清楚但却有意义的体验所进行的解说，都将导致意义结构的重组，它是籍由体验根基的重新解释来进行的，而此体验的根基则是透过每一次进行解说时所获得的清楚领域而建立起来的。基本上，厘清过程的每一个阶段都是如此。单纯的生活中暧昧不明的"意义拥有"，和籍由一个复杂的，如同理解社会学所谈的理

念型意义系统所完成的意义解释，可以说只是两个任意产生的掌握意义的明确阶段而已。（舒茨，2012：12）

如果社会学只满足于一个特定个人的自我经验，或互动双方的意义，那其所看到的只是孤立的意义，至多是交流者之间的意义。而当意义具有了客观的分享性后，理解将发生于更多人试图对此做出的可以达成共识的解释中。其所产生的意义分类也开始从微观层面的社会互动，逐级上升为宏观上的意义系统，在这一系统中，有的意义停留于某一方面，有的不断汇入主流。为了厘清其中的界限、维系、传承与流变，我们可以在横向（共时的）和纵向（历时的）两个维度上加以考察。所谓横向是说意义具有多重形式的结构性特征；所谓纵向是说意义不只在个人或互动中不断流动或消失，而且具有被广泛使用、重复发生与代际传递等特征。

从横向来看，意义既发生于个体、双方及多方主体之间，也出现于分层、分群或分圈等社会结构之中。这点表明，一个人自我追寻的意义无须他人理解，他一样可以自得其乐，或可以在两个及以上的主体之间进行亲密无间的秘密分享。而扩大地说，意义也是初级群体、俱乐部、社团、政党赖以维持和活动的价值所在。可一旦意义发生圈层跨越，那么这种意义在其他人群中可能毫无意义。比如，不是所有的人都热爱美食，对于那些希望保持身材或者减肥的人群来说，严格控制食欲和食量显然更加重要，即使会造成厌食症也在所不惜。再比如，在不热衷收藏的人看来，收藏者花不少钱从地摊上买一些破烂玩意儿是不可思议的，如果他们发现其中还有人愿意花上几千元或几万元去购买出自工地或窑口的破瓷片，并如获至宝，会认为这明显是在糟蹋钱财。而当2023年美国纽约佳士得拍卖会上，两块汝窑瓷片以约65万元人民币成交时，对于那些不知道汝窑为何物的人来说，他们会认为这些竞拍者一定是疯了。的确，同样的价格对不同圈层的人来说，可以去满足他们各自想做的事情。这点足以表明,意义不总是对实用性(或功能性)的考量,而可以是对感受和快乐与否的考量;同时也表明,意义虽五花八门,但无论如何,它们都在给予个人生活以驱动力。它们使人类不只为基本需要而活着,也为其所拥有的生活或事业目标而乐此不疲,并时常发出"此生没白活"的感叹。反之,如果一个人没有找到他的真爱,或者没有生活乐趣,那么即使他吃得好,穿得好,有豪宅,开名车,他也会认为活着没有意思。由此,意义感是人们体验自己生活品质的源流:改变意义感就是改变人的生活方式;减轻意义感也等于增加生活的无聊感,直至他们重新找到下一个人生目标。

意义的普遍性或传递性问题似乎更加适合在纵向方面进行考察。这点涉及孤立的、相对封闭的或不断流动的意义是如何普遍化或者稳定下来的。关于这一点,舒茨给出的答案是这样的意义最终会汇入意义脉络,成为更多人所拥有的共同经验。这里所发生的一个客观化的转换是,如果意义总是由个人不断创造或赋予,那么意义也总存在于个人或某人群的乐趣及追求中。但一种更加真实的社会构成是,个人并不总在创造意义,一个人所追寻的大多数意义,基本上是先在于个人而存在的,个人往往不过是意义的继承者或更新者。所以伯格和卢克曼认为:

> 我所理解的日常生活,是一个井然有序的现实。因为他在我能理解之前便已安排有序,并且将自身强置在我面前,所以,日常生活的现实是已然客观化的;这也就是说,他是由一套在我能理解前即已判定为客观的对象所组成。像生活中的语言是很好的例子。因为语言为我提供了必要的客观化过程,并在生活中安排了我有意义的秩序。举凡生活的空间、使用的工具,乃至人群的网络、各种事物、组织均已在词汇中安排有序。值是,语言成为我生活中的坐标,并使生活中充沛着具有意义的事物。(伯格、卢克曼,1993:36)

这样的意义建构其实就是在表明，一个看似为个人所拥有的意义此时此刻已经被符号化、制度化和合法化了。与此同时，我们如果要问日常知识、文化传统是从哪里来的，这些由意义编织的制度设置与惯习代代相传，便成为人们赖以生活的文化基础。而同样值得思考的是，如果要问有些传统文化为何在今日消失不见了，我们首先要想到的是民众对前辈们拥有的那些意义感已经无感了。比如，工业文明社会的人对农耕文化社会的人所讲的"天人之际"就没了兴趣，虽然后者曾是中国传统思想之源。

三、意义的结构性表达：以中国传统婚礼为例

关于意义的结构性表达，中国日常社会中有极为丰富多彩的生活样态。中国的历史、文化与思想乃至民俗图录都为研究者提供了极为丰富的资料。但可惜的是，对于它们的研究，基本上不在社会学方面，尤其不在"社会实在的建构"方面，而被"宗教及其仪式研究""术数与择吉研究""民俗研究""信仰或迷信研究""吉祥图案及中国文物纹饰研究"以及含混的"传统文化研究"等分割、分类乃至稀释。一种最为接近的研究，主要集中于人类学田野或历史个案研究。虽说后者对我们建立社会学的意义讨论有所启示，但还存在如何确立一种这样的研究框架，以及从何处着手等诸多问题。比如，中国人的人情与面子研究、中国人的报恩与复仇研究、中国人的婚丧嫁娶研究、中国人的人生礼俗或风水与择吉研究等，这些内容构建起我们的日常生活，但对这些话题的研究仍停留于对文史、民俗资料的梳理与描述水平。由于这样的工作从整体上讲尚未展开，因此笔者只能结合上述有关社会实在建构的讨论，初步探讨一下中国人日常生活中的意义感问题。

美国社会学家欧文·戈夫曼（Erving Goffman）曾说："说真的，这个世界就是一场婚礼。"（戈夫曼，2022：35）这句话本意在于将微观社会学研究隐喻化，但对我们中国人生活意义上的真实婚姻研究来说也恰如其分，或者说，中国人的婚礼就是一代又一代中国人生活意义的浓缩版。在有关此方面的讨论中，本文这里采用韦伯所谓"理想型"的方法，即指一种概念意义上的观念与特定时代观念之间所建立的联系，它的建立是对某种具体观念的提取。而舒茨也看到，理想型中包含了意义脉络（舒茨，1991：213）。这点意味着理想型中包含了从主观意义到客观意义的转化。但我这里可做的工作则是提供一种婚礼场景，以体现"理想型"与"真实社会"之间的张力，同时也显现普遍意义、圈层意义与个体主观意义之间的交织。这里的"理想型"是指中国传统婚礼的基本流程。大体资料来源于对《仪礼·士昏礼》、朱熹的《家礼》及《大清通礼》等的整合；真实场景则选自人类学家林耀华的人类学自传小说《金翼》。为减少引用，我已做了大量的删减和文字调整：

理想型	现实社会行动
在古代，无媒不婚，婚姻也须有"媒妁之言"。家有接近婚龄的子弟，男家的主人，通常即是主婚人，便会留意本地和附近州县有无年龄合适门户相当的淑女，并会请媒妁去向中意的人家提亲。当然，有女儿的家庭也会请媒妁去物色佳婿。媒人本身的身份高低悬殊。 经媒妁斡旋，女家主人同意议亲后，男家主人便要书写给女	茂恒扮演媒人的角色，因为他同男方和女方两家都沾亲带故。他带给他叔叔芬洲一个红色信封，里面是一张写有字的帖子。上面写着立阳、立阳的父亲、祖父以及女儿惠兰的名字，最后还有惠兰的"八字"，即她的出生年月日和时辰。这种帖子是缔结婚姻的第一步。 芬洲收了红帖，将它放在堂屋大桌上祖先神龛前的香炉下。

方主人的信函。北宋时，这一信函叫作"草帖子"。帖子上要写明男家三代名字、官职等情况。随后，男家主人便要亲诣祠堂，将这一准备缔结婚姻之事禀告列祖列宗在天之灵。告祠后，女家主人便要复函男家主人。在宋代，这封复函便是女家的"草帖子"，其中要开具女家三代的名字和官职，所能提供的奁田、奁具等嫁妆，并要说明女儿的出生时辰。出生的年、月、日、时可用四组干支八个字来表示，所以也叫"年庚八字"。

卜婚的方式甚多。到后世，根据男女双方生辰八字来卜婚的方式越来越多，其中"十二属相相和"及"十二属相相犯"说流传得最为广泛。如果属相相合，双方便可缔结姻缘，如果"犯相"，便不能结婚。

通过卜婚这一关卡后，婚礼便进入纳征，也称纳币阶段。在纳币时，男家要送上双方讲定的

这么做是为了征求祖先对提亲的女孩和自己的三子茂德之间亲事的看法。幸运的是，三天过去了，没有出现任何不祥之兆，家里没有打碎一盘一碗，亲属之间也没有分歧和争执。所有的迹象都使得芬洲相信祖先对于这门婚事是赞成的。

接下来，芬洲把女孩惠兰和儿子茂德的生辰八字拿给一个算命先生，以再次验证两人是否合适。茂德是猪年生的，惠兰是虎年生的，猪虎从不争吵。这一征兆被认为是好的。这样，芬洲就回了一张帖，上面写着茂德的名字和生辰八字以及他最近的三位直系先祖的名字。让立阳家也考察一下未来的亲家。其次还要考察的就是门当户对了。

在订婚之前，作为媒人的茂恒必须多次来往于两家。彩礼的多少和订婚礼物的种类最需要细致安排。这一步完成之后，他们就开始挑选订婚的日子。

一年过去了，芬洲再次请茂恒去新娘家，这一次是去请求确定婚礼的日期并再次为新娘家送

聘礼,当时也叫下聘礼、下财礼等。

　　在现实中,彩礼的数量往往较大。男方通常会分两次来支付。第一次先送簪环、戒指等少许财物,叫作放小定、放小茶;第二次系在结婚前夕,要送上议定的彩礼,叫作下大茶、过大礼。

　　结婚的前一天,新娘家要派人到女婿家铺设新房。新娘家还要用帷帐在自家大门口搭建一个供新郎临时休息的场所。这在当时叫作"次",如果新娘的父亲尚有尊亲在堂,父母亲应于此日带着新娘到祖父或祖母的室内去辞别。

　　在结婚当天,新郎的家人要从大清早就忙碌起来。男家主人于清晨举行告祠仪式后,要举行"醮子"仪式。随后新郎来到父亲座前跪听教训,父亲的训词是:"往迎尔相,承我宗事,勉率以敬,若则有常。"新郎可答曰:"诺。唯恐不堪,不敢忘命。"在两拜后,

上礼物和彩礼。这一份彩礼被称为二次聘礼,以区别于订婚时所支付的一次聘礼。礼物主要包括丝绸和布匹,是给新娘做嫁衣用的。

　　随着婚期临近,村里的准备工作也越来越多。婚礼前一周,亲戚们从四面八方来到张家住下。他们为自己找活儿干,有迎送喜帖的,有登记礼单的,有雇用乐师和轿子的,还有装饰屋子的。

　　婚礼前夕,张家派了一队人抬着轿子前往王村接新娘。轿子由四位轿夫抬着,同行的还有吹打的乐队。族人举着鲜红的旗子、五颜六色的长柄灯笼和装满食物的篮子,这些食物是为新娘家举行的喜宴准备的。其中一个篮子里装着一只公鸡和一只母鸡,这是一种仪式,新娘家应该只收下公鸡而把母鸡还回去,这是他们未来希望的象征。迎亲队的最后,有十个人举着火把,这是为万一队伍到达目的地之前就天黑的情况准备的。队伍每到一个村庄,就放三响鞭炮,紧跟着鼓乐齐鸣,以吸引所有围观的人群。领队的

新郎便是奉了父亲之命，为了家族的延续而去"亲迎"新娘。

来到新娘家后，新郎应在大门外下马，暂俟于新娘家搭建的帷帐之中。此时，女家主人先要告祠，随后举"醮女"仪式，以四拜来辞别父母，又以四拜来辞别众亲属。接着新娘就席。最后，新娘聆听"父命"之辞为："戒之敬之，夙夜毋违尔舅姑之命"；聆听的"母命"之辞为："勉之敬之，夙夜毋违尔闺门之礼"。姑母、姊妹等人送至中门外，再叮嘱道："谨听尔父母之言。"

"醮女"后，女家主人出门迎接新郎。新郎自西阶入室，北向跪，三拜。礼毕，乳母等人拥新娘出。新郎揖请新娘启程，随后掀起轿帘或车帘，请新娘上轿或登车。

新娘上轿或登车后，新郎骑马前行，花轿随后，到家后新郎是媒人茂恒。队伍在深夜抵达王家，宾客们在这里受到了款待并留下过夜。婚礼在第二天。新娘惠兰起得很早，要做一次仪式性的沐浴。她的浴盆中放了三样东西：早稻的稻秸、大麦和大蒜。稻秸象征着早生贵子；大麦，寓意改掉新娘的坏脾气；大蒜，则预示着发达和好运。沐浴之后，伴娘帮着新娘穿上嫁衣。和所有的嫁妆一样，每一件衣服和饰品都要从仪式性的火盆上过一遍。

惠兰穿戴停当，她父亲立阳进来领她到堂屋，那里已经挤满了本家和亲戚，还有等着护送新娘到她的新家的队伍。父亲让女儿迈进放在地上的一个竹米筛中。依据惯例，他必须将她背到同她的夫家亲属交接的地方，这一仪式的寓意是她双脚不能直接沾地，以免将娘家的"风水"带去。现在，惠兰跪地拜谢父母并含泪告别。父亲给新娘戴上头冠，母亲把一朵漂亮的四季花插在她的头上。然后，惠兰转身向祖先神龛磕头。

惠兰上轿之前，还有几项仪式要进行。首先，一位伴娘点着侯请新娘下轿或下车,再揖请新娘入洞房。在盥洗之后,新郎便揖请新娘就席,然后夫妻对拜。新娘先四拜,再由新郎两拜,新郎揖请新娘就座。新娘坐东,新郎坐西,中间的桌子上已存放或于此时存放菜肴。"合卺"是婚礼的重要环节,侍从者以两个卺杯斟酒。"卺"就是瓢,把一个匏瓜剖成两个瓢,后来"合卺"便成了洞房花烛的代名词。合卺后,新娘获得了新郎之妻的身份。

自然,在婚礼中最为隆重的是拜堂,拜堂,又称拜天地。

最简括的办法是新郎新娘在红毡毯上,在赞礼官的赞祝下一拜天地,二拜父母,然后夫妇交拜,送入洞房。(刘仲宇,2016:101)

了一块"麻衣袋",这是避免死亡的法术,因为麻布是治丧时用的。随后,一个小男孩被抱到轿上坐一坐,寓意新娘会生儿子。最后,有人点燃火把并绕着轿子转圈,这是要驱散各路鬼怪。

现在,婚礼最隆重的仪式开始了。新娘是众人瞩目的焦点。所有人将轿子团团围住。作为女傧相的黄太太荣幸地"开轿门",还带了她的小儿子六哥来给新娘行礼,六哥捧送给新娘一面镜子,表明正式"请下轿"。新娘则递给请她下轿的六哥一个"五福袋"作为回礼。袋中有五样果子:花生、红枣、榛子、西瓜子和干龙眼,象征着婚姻幸福。在当地话中,它们有独特的含义:花生是"生子",红枣是"早子",榛子是"增子",西瓜子是"多子",而龙眼叫"龙子"。

惠兰戴着头冠,盖头一直垂到肩上,什么也看不见,所以伴娘扶着她出了轿子,又引领她走过地上的红毡,边走边唱诵押韵的歌谣:"新娘新人一入堂,福喜寿禄人人享!"

日常意义的建构及其变迁

黄太太领着新娘点燃一对龙凤烛,继而进了洞房。身着蓝色长衫和黑色上衣的新郎茂德已经坐在床的左边。虽然他在城里受过教育,学会了许多新的做派,但是并不反对父亲为他安排婚姻。他感觉像一个冒险者,急切地想要看看新娘是美是丑。新娘被带到床的右边坐下,依然蒙着盖头,看不到脸。此刻坐在他身边的是他一无所知的人生伴侣。据说在这个持续一刻钟的并肩坐仪式中,如果新娘坐在新郎长衫的一角上,新郎就会成为惧内的丈夫。有时,胆大的新郎会偷偷将新娘礼服的边压在自己的衣服之下,期待能因此对她占据主导。但是茂德自然不相信这种鬼话,他只是坐在那儿沉思。

第二天清晨,新妇盛服拜见公婆,公婆坐庭堂之中,东、西相向,前面各置桌子,新妇站在两阶间,向公婆四拜,在明、清时期,新郎往往与新妇一起行此四拜之礼。接着,新妇分别向公婆四拜,并献上赞礼。新妇所献之赞,为盛放于笲中

接下来,女傧相将新郎新娘领出了洞房,让他们站在一张朝外的供桌之后,新郎在左,新娘在右。司仪姚云生出来对他们说了一个字:"跪!"新郎新娘便应声跪下。"叩头!"于是新郎新娘额头叩地三次。"起立!"他们起身拜了天地,又转身以同样

的枣、栗和腶脩，即一种干肉。最后新妇再向公婆四拜。随后，开始公婆"礼妇"的仪式。这些仪式完成后，新妇作为公婆之媳的身份得到了确认。

的方式拜了张家的祖先神龛。之后，他们夫妻对拜。

最终，新娘和新郎回到洞房。茂德立即过来掀她的盖头。他心跳加速、双手颤抖地掀开盖头，第一眼他就为新娘的美貌所震撼。他这时全然忘了接下来要做什么，直到伴娘提醒他应该取下新娘的头冠。

然后他们坐在桌边喝了交杯酒，意为"永结同心"。接下来还有一个简短的祭灶仪式要进行，夫妻拜灶神。因为厨房对新娘而言是一个重要的地方，不久她就要为夫家的所有人做饭。

这时，新郎的双亲张芬洲和张太太一身华服出场。他们分坐在两把扶手椅上，芬洲在左对着儿子，张太太在右对着新娘。他们一落座，司仪姚云生就发出一个字的指令："跪！"新郎和新娘就在双亲面前跪下。司仪又指令"叩头"，于是年轻夫妇叩头三次。新郎的父母坐着一动不动，只是微笑着，感到无比自豪。三跪九叩之后，双亲起身离开，留给新婚夫妇一个用红纸包着的礼物。

大约从汉代起，有些地方就出现了"闹新房"的习俗。在汉书中，便有燕地"嫁娶之夕，男女无别，反以为荣"的记载。由于"闹新房"往往演化为侮辱新娘的恶剧，也常常发展成新郎、新娘怒打狂徒的闹剧，甚至引发一场官司，因此，在明、清时期不少名门望族的家法族规就明确地规定，不得依袭地方恶俗，在结婚时闹新房。（费成康，2003：64—94）

接下来要拜的人坐在了扶手椅上，他们是茂魁和他的太太。再接下来是茂衡和他的太太。茂魁和茂衡是新郎茂德的两位兄长。拜完了所有张家的成员，不属于张家但与张家有关系的长辈也要挨个拜过。这项仪式很费时，一直持续到深夜。

这一切结束之后，才是喜宴。席间，酒过三巡，鞭炮响了。这是给新郎的信号，让他在堂屋正中跪拜众宾客，感谢他们的出席。新婚夫妇全程穿梭于各个餐桌，向宾客敬酒祝愿他们安康。

多数宾客在喜宴之后就离开了，但有些年轻人冲到新房按照习俗"闹洞房"，他们的目标是用各种笑话让新娘发笑，并让新郎新娘处于各种甜蜜的窘迫之中。过了好久，直到拿到新娘的手帕作为礼物，他们才肯离去。

新郎和新娘终于能在自己的房间里独处了，欣喜而又疲惫。茂德问新娘："你感觉怎么样？"惠兰羞涩地没有回应而是把脸藏在帐后。（林耀华，2015：39—48）

通过两边的对比，我们看到中国传统婚礼所给出的是客观上的礼仪规范。它要求殷实人家基本上应遵循古人定下的"六礼"，即纳采、问命、纳吉、纳征、请期、亲迎六个步骤。当然，不同时代不同地域的婚俗还是有很大差异。比如，小说中现实迎亲的时候新郎没有前往，而是媒人去的。需要特别指出的是，婚礼中的重头大戏"拜天地"在理想型中虽然家喻户晓，但文献记载中竟然有所缺失。笔者已略去引文部分原有的一段司马光《书仪》中的拜堂论述（刘仲宇，2016：101），这个被原作者本想用来证明中国人应有的拜天地仪式过程其实语焉不详。

这说明，尽管"拜天地"作为理想型中的一个重要观念是清晰的，但这是许许多多类似场景的集合，其实并没有相关制度规定。因此我们需要进一步讨论婚礼的意义是如何展现的，而这样的活动又是如何可能使民众理解其文化意义的。

四、意义系统如何运转？

为了便于下文讨论婚礼意义系统，我这里先回顾一下对意义的划分。从社会行动的方向看，意义大致有三种形态：一是全然由个人的动机或者兴趣出发的意义，由此动机或兴趣也可以引发两个以上的人形成符号互动，产生主体间性。唯此，个人的意义表达进入了"理解"阶段。二是这样的理解具广泛性并有所界定时，其实就意味着一种有边界的共享文化的出现，于是也就出现了阶级、阶层、群体、圈子等内部的文化追求及认同。而跨越这些边界（乃至时代）后，意义往往会衰亡。三是符号意义的客观化、制度化或者合理化，进而演变为一套意义系统。其中，因社会变迁、战争以及文化融入等，有的意义消失了，有的非但没有消失，反而成为重要的传统文化，成为人们赖以维系日常生活的基础，也成为人们日常生活的文化生态。

比较第二种和第三种形态的情况，我们发现大凡具有传播影响力且具有代表性意义的文化都是由统治阶级体现的文化。他们有制定、控制与发布的权力，因此其符号最有可能成为社会竞相效仿的对象。比如，普通话原本也是一种方言，但其他方言只维持了方言的区域性，而普通话则可以成为官话，然后被定为全国通用语。再比如，宫廷文化及器物原本限于宫廷使用，但其审美具有文化的代表性。环顾世界文明，凡具有代表性审美的艺术品基本上都是官造品或宗教品，而非民造或民用器。精神层面也是一样，有的思想流派只被一些阶层或群体所信奉，而意识形态则被整个社会所奉行。

我们根据这样的划分考察中国人的婚礼，其意义脉络可以追溯到周朝的礼制，然后被历朝历代所沿袭与修改。这种仪式连接着中国人在天人合一的背景下建立的一套命和运的思想观念。诸如，婚姻双方需要一套由文字、数字及其运算结果建立的法则来做匹配，其一系列内容包括双方的生辰八字、十二生肖属相及其相生相克的关系，由选择吉日及其间不能出现任何不吉利引发的有违祥瑞以及择吉的意愿，由咨询祖先重大事情体现出的祖先庇佑及光宗耀祖观念，由婚礼上离不开的各种礼品体现的中国人的生活向往，由此可引申出更加复杂的生育民俗符号与对未来福禄寿喜的期盼。而在参与性方面，我们还看到了一种乡民的协作关系，如迎亲的队伍、帮衬布置的亲朋好友、各路驻足围观的人群、接受请帖的父老乡亲等，以实现"喜"的欢腾。此时，作为婚礼主角的新娘的每一个动作都被赋予了象征性，其中既有一切以幸福吉祥为最高原则的行为规范，又有从其幼年所熟悉的自家环境走入一个新环境的每一步骤。具体而言，这种退出与进入的仪式是用"跪拜"的方式完成的。她以此向自己的祖先、父母和亲属告别，再以此进入新郎的家庭，这反映了中国社会的祖先崇拜、大家庭的等级制或亲属网络结构对个人生活的终身影响，也透露出这些行动的核心是基于孝道文化所展开的各种意义。

但这里我们似乎发现了一个前文讨论社会实在建构时忽略的"仪式习得"问题,那就是虽然意义脉络的客观化与制度化先于个体而存在,并在传递中一再重复,但个体如何学习操作其意义呢?难道仅靠语言的指导和交流就能完成吗?比如,在一个不主张一个人(尤其是女子)可以经历多次婚姻的文化中,一对新婚夫妇如何可能熟悉婚礼中的各个环节和路数?或者这样的提问还可以扩展为,一切参与其中的人是如何默会各个环节和路数的呢?

这点表明,要让社会成员都熟知并能顺利遵循一种复杂的意义系统,应有一个反复"排练"的过程。就如同一个乐团要演奏一部交响曲,需要一个指挥指导并反复排练。但问题是,婚礼在一个人身上大致而言只有一次,也不能排练,更不存在一个迎亲时跨越时长与跨地盘的总指挥。虽然常识告诉我们,这里的"指导"是指制度的设置,也包括过来人的口授、知情者的提示,但这些常识都是局部而零碎的,它们构不成一套完整的流程,尤其不能保证当事人不会手忙脚乱,或者说错话、做错事。更加严峻的问题还在于,在这套具有祥瑞意义的系统中,出错与违规所隐含的意义在于此种行动是不吉利或不祥之兆。可为了防止出现这些错误,难道需要反复排练婚礼?一个人一生只有一次的婚礼与反复排练才能实现的顺利构成了矛盾。考察此中实践,可以发现所谓个体的程序、规矩及对意义的学习,其实源于他(或她)在自己的成长中一次又一次观看或参加他人的婚礼。他(或她)从看热闹到帮工,从被邀请到替人抬轿,从布置场景到入席,都曾一遍又一遍地身临其境,直至有一天轮到他(或她)自己成了主角,切身体会到每一个环节与符号的深意,直至其本人进入耄耋之年,他(或她)也不遗余力地以长辈身份来安顿与享受其晚辈的婚礼,使这一制度化的意义系统得以一代又一代地传递下去。这点表明,意义系统不但是一个阅读和理解的系统,而且是一个参与实践的系统。而婚礼的当事人的重要性不仅在于延续香火，还在于将此文化最大限度地反复向世人集中展现的功效。而对于一个普通人来说，传统社会是没有其他方式可以让他系统地学习那些每日环绕于其周围的各种文化符号的，他的认识只能来自一次又一次的耳濡目染。当然，一套意义体系之所以能被反复使用，是因为其背后应该有一个"信"或灵验作心理支撑。当这套意义体系不再生效时，首当其冲的是"信"的失灵，进而原本的意义成为没有灵魂的躯壳，最后连躯壳也遭抛弃。

意义的边界性很多时候体现为它的地方性，但其观念与主流文化还是保持着一致性。比如，理想型里的迎亲是由新郎亲自去新娘家接人，而实例中的当地文化则是由媒人带着族人去迎亲的。另一个奇特现象是，他们带的礼品中有一只公鸡和一只母鸡，并要求新娘家只收下公鸡而把母鸡带回去。关于这点，当年在该地的传教士卢公明（J. Doolittle）的书中也有所记载：

> 婚期的前几天，新郎家再次给新娘家送去一批礼品，包括一只公鸡和一只母鸡，一个猪腿和一个羊腿，八个大面饼和八个火把，三对大红烛，一大包挂面以及若干挂鞭炮。还有新娘穿戴的一条腰带，一副头饰，一条红绸盖头帕。还有几套现成的服装，这些服装通常是借来的或租用的。这些衣物都是准备在婚礼当天早晨新娘上轿时穿戴的。那些食物的一部分，特别是那只公鸡，是给她在那天做早餐用的。鞭炮用来跟着花轿一路上燃放。大面饼上都有"福禄寿喜"、"龙凤呈祥"、"鸳鸯成双"等红色篆体字样。挂面和面饼都有吉祥的寓意，面条每一根都很长，象征着长寿。根据当地严格的惯例，母鸡和四个面饼要返还男家。留下的四个面饼在新娘上轿的那天早晨还有特别的用途。（卢公明，2009：33—34）

另一个我们需要特别留意的环节是，对于中国婚俗文化中最为广泛的"拜天地"仪式，中国的婚姻典章中缺失甚多。一种观点认为：

> 由于受到舞台戏剧的影响，人们通常认为结婚就要拜堂，"一拜天地，二拜高堂，夫妻对拜"，然后"送入洞房"，乃是婚礼经典的仪式。然而，从先秦时的经典到成书于十八世纪的《大清通礼》，都明明白白地指出，符合礼仪的中国传统婚礼并不"拜堂"……（费成康，2003：94—95）

> 大约自宋代起，民间的婚礼有进一步简化的趋向，即是在有些地方于结婚的当天便完成了本应在三天甚至三个月中才完成的合卺、新妇见公婆和庙见的全过程。此后，有些地区的婚俗演变为新娘进门后先拜堂，即是像近现代戏剧中表演的那样，如此"拜堂成亲"只是某些地区的民俗，显然有违于古代先哲设计的中国传统婚礼的要旨。因为在此时，新郎、新娘尚未通过合卺礼来确立他们的夫妻关系，新娘身份未明，而他们已经在一起拜天地、拜高堂，有点像两个不相干的男女在一起乱磕头。（费成康，2003：95—96）

从这里，我们可以看出"拜天地"这种理想型是通过舞台戏剧建立的。舞台戏剧这样表演，原本是想把三天到三个月的婚礼压缩成一个简化的场景。此点正合试图简化此流程者之意，只是，简化一旦发生，意义流失便已开始。时至今日，"拜天地"本身也被简化掉了，加上西方婚礼仪式的融入，从而中国传统婚礼的各项意义已被严重地肢解，其合法性只在于领一张结婚证即可。

个体主观意义的建构在于主体间性。这涉及两个人的小日子如何过的问题。比如，当新娘进入洞房时，夫妻之间虽然完成了仪式上所要求的各种规定动作，但他们之间如何相处也许是彼此最为关切的问题。所以新郎很急切地想要看看新娘，这意味着他会不会喜欢她。而作为彼此依然一无所知的人生伴侣，他们的较量也已开始。比如，人们认为，如果新娘坐在新郎长衫的一角上，新郎就会成为惧内的丈夫。有时，胆大的新郎会偷偷将新娘的礼服边压在自己的衣服之下，期待能在未来对她占据上风。有的新娘这时会在坐下之前理一理衣服，让新郎的企图落空，或者在坐下时故意把新郎的长袍部分压在自己身下（卢公明，2009：40）。这样几个动作，便部分决定了他们在未来的日子里谁是一家之主。

我们从这里可以看到，个人主观意义的建构并不一定总会上升到制度及合法性的层面。夫妻之间较量的结果完全取决于他们的性格或能力强弱。虽然中国传统文化在宏观上可以力主"男尊女卑"，但这一点无法直接对具体的夫妻产生什么影响。在一种真实的社会互动中，即使出现女子家庭地位占强势的情况，也不意味着宏观社会运行的失控，传统社会的社会实在建构及其意义脉络主要在于男主外、女主内，只要社会规范可阻止女子参与社会竞争，家庭内部的主次问题便是可以由个人解决的。由此可见，意义可以在不同层面有同质性，比如家庭和睦，或有异质性，比如后来的夫妻自己决定生育，这点可能背离祖训，而上升到国家层面也未必总会受到制度性的鼓励，因为国家考虑的是人口总体规模，究竟是鼓励多生，还是少生也有政策上的限制和调整。

研究中国人的传统婚礼及其他日常仪式中的各种意义脉络，我们可以看到中国人编织它们的方式是，借助极为发达的关联思维及内在的信仰来合成一个庞大的隐喻世界。比如，中国人喜欢用那些产籽较多的动物和瓜果来比喻多子多福；用香火来比喻家族的延续；用鸳鸯来比喻爱情；用牡丹来比喻富贵；用仙鹤来比喻长寿；用葫芦来比喻福禄；等等。因此中国人周围摆放的每一样东西似乎都要关联吉祥的寓意，中国的所有传统画都要内藏深意，而这考验着此中参与者的基本常识。很多时候，这样的关联依据不是内容或形式上的相似，而是仅凭汉字发音上的相似。比如，单以不起眼的花瓶而论，"瓶"与"平"谐音，即表示"平安"；插上四季花卉，那就"四季平安"；瓶身上画一只鹭鸶，那就"一路平安"；将瓶子与戟、磬相组合，那就"平安吉庆"。同样，中国人的婚礼上频繁出现花生、枣子、榛子等果实，其含义自然不是在食品或者营养方面的，也不是在字面上理解的，而只是因它们从发声上可以让人联想到"早生贵子"。如果今日的中国人在婚礼上不再使用这样的寓意，那么这些果实也就回归其原本的自然属性，而不再参与中国日常社会的意义建构了。

五、意义、实在与建构

在以上讨论中，我们反复谈到的概念是"意义""实在"与"建构"。这或许会造成理解上的困惑，我们需要回到知识社会学中再做一些讨论。

毫无疑问，有关"意义"的论述是由韦伯在讨论"行动"概念时提出的。在韦伯看来，"行动"是有主观意义的并指向他人，因此要分析社会，关键在于探讨行动，而要探讨行动，就得探讨行动的意义。通常"意义"是可理解的，因此"社会学是一门解释性地理解社会行动并对其进程和结果进行因果说明的科学"（韦伯，2009：92）。社会进程之所以可以发生，是因为每一个有意义的行动都促成了社会关系的建立。那么，此时，意义便产生于由社会行动引发的合作、友谊、冲突或者交易中。这种思考的路径所带来的现实问题是，由主观意义所建立的社会如何被客观地研究。韦伯虽然讨论了观察、理解与推论，但更详细的讨论还是由舒茨和伯格等完成的。后者认为其中有一种转换机制。比如,在当下年轻人的婚姻关系中,一男一女可以按照自己的意愿或者仪式来宣布他们结婚了吗?答案应该是可以的,因为对于他俩自己立下的海誓山盟,他们前后的关系意义就发生了变化(如果他俩彼此守约的话)。但这种社会行为并不能形成社会学所讨论的社会,因为这种行动只属于他们彼此之间的互动,也只有他们自己知道。舒茨(2012:246)认为,个人所发生的直接经验需要与同时代人的客观经验相联系,以构成同一个世界。比如,社会学可以通过间接经验研究这个婚姻,以理解今日年轻人的婚姻想法及其与过去的不同,当然也可以研究其中的传承。而伯格与卢克曼(1993:64—70)则认为,主体间性的活动是可以通过人的行为外在化、习惯化和重复化来研究的。总而言之,一种能够被社会学所研究的意义,应该是能被理解的客观化的和普遍化的意义。意义一旦被客观化与普遍化,也就同涂尔干所主张的社会学观点相衔接,因为涂尔干更强调研究"社会事实"的重要性。

所以,所谓"社会实在的建构"其实是综合了韦伯和涂尔干两条线索而形成的一种研究路径,其中伯格与卢克曼要整合的是主观意义与客观事实的关系问题,结合起来就是社会实在建构的问题。"reality"比较难翻译成中文,可以译为"现实""事实""实体""实在"等,但其大意是设定世界上的现象是客观存在的,还是人为建构的。其实关于这点,西方思想界内部也有激烈的争论。比较而言,我更倾向塞尔的看法,因为其他相关讨论容易将自然物与社会物混在一起,而塞尔看出了两者的根本差异:前者作为事实与语言无关,而后者作为事实必须由语言陈述来完成,而语言陈述又体现着人类的思想,于是观念通过语言构造了人的客观世界。

社会实在建构中的另一个问题是"集体意向性"的发生。所谓集体意向性,大意是指当社会中的成员共同认可一种社会事实必须要做的时候,他们都会贡献出自己的集体意向的一部分。这样一来,社会成员一方面会认可这种行为的必要性，另一方面会去做自己能做的那一部分的事情。比较动物的围捕行为和人类的分工协作的差异，可以看出动物围捕虽然具有集体意向性，但只是靠饥饿本能驱动，而社会共同体所要做的事情则建立于大家共有的某种态度和信念，由此产生彼此的分工协作和严密的组织纪律。这一切之所以能够实现，是因为原本的本能驱动上升到了由人类的语言交流构成的事实（塞尔，2008：29—44）。比如，对于我们将人类的婚姻定为一种制度这一事实，只能用语言文字来宣告与陈述，其合法性也得由一张证书来予以证明。去掉这一宣告或者证书，那么社会意义上的夫妻行为便回到了动物的交配行为，而后者不需要社会去建构，所以卡西尔（Cassirer）也说：

> 人不再生活在一个单纯的物理宇宙之中，而是生活在一个符号宇宙之中。语言、神话、艺术和宗教则是这个符号宇宙的各部分。它们是织成符号之网的不同丝线，是人类经验的交织之网。人类在思想和经验之中取得的一切进步都使这符号之网更为精巧和牢固。人不再能直接地面对实在，他们不可能仿佛是面对面地直观实在了。人的符号活动能力（Symbolical activity）进展多少，物理实在似乎也就相应地退却多少。（卡西尔，2003：41）

此时因为符号意义的传递和理解，人能感知到彼此共在于同一个世界，并能够以此创造或规范社会的、文化的、政治的及日常仪式性的活动，相互的理解也随之成为可能。当然，不同的意义也让一些人偏离主流社会，甚至在一定程度上成为无意义感的生活方式。

意义的客观化、制度化与合法化是常识、知识乃至信仰的重要组成，为人们的社会生活提供了时空上的秩序，并可以同化、融合乃至固执地有别于其他常识、知识、信仰。这些途径和方式一旦被以规范的形式保留下来，便成为传统，可供一代又一代人反复使用。人类的下一代之所以可以继续使用上一代的意义系统，其根本原因在于它的合法化。所谓"合法化不只是一些'价值'的事物，也意涵是一种'知识'"（伯格、卢克曼，1993：109—110）。以此来看中国人的婚礼，我们所能找到的合法性便是中国人在天人之际所建立的对"孝道"的遵从，即在天经地义与敬天崇祖的知识架构中维护一种"孝道"的婚姻。瞿同祖说：

> 《昏义》说："婚姻者合二姓之好，上以事宗庙，下以继后世。"从这两句最古的，同时也是最典型的关于婚姻的定义里，我们看得很清楚婚姻的目的只在于宗族的延续及祖先的祭祀。完全是以家族为中心的，不是个人的，也不是社会的。家族的延续与祖先的祭祀，二者的关系自异常密切，有时是不可分的。但就重要性而论，二者之中后者的目的似更重于前者，我们或可说为了使祖先能永享血食，故必使家族永久延续不辍，祖先崇拜可说是第一目的，或最终的目的。在这种情形之下，我们自不难想象结婚之具有宗教性，成为子孙对祖先之神圣义务，我们更不难明了为什么独身及无嗣被认为一种愧对祖先不孝的行为。（瞿同祖，2003：97）

有了这样的观念，中国人自然会以此为中心、以各种象征符号维护婚姻，而孝道的消失也预示中国人传统婚姻的合法性走到了尽头。这时，为了保证后续婚姻之正当性，取而代之的自然是多元化的婚姻形式，诸如两人世界、生男生女都一样、核心家庭、单亲家庭、领养、过继等。

意义与意义感是社会学研究的核心问题，也是社会学的门径。只要人不是物理或化学的简单合成，也不是生物般地活着，或只停留于刺激—反应的模式层面，人之生活就都需要意义建构。可以说，社会实在的建构是指在个体行动与社会存在之间所建立的意义连接。而意义与价值的关系则在于，我们说一个人活得有价值时，首先是指此人活得有意义，而当此种意义获得了社会的认可与评价时，社会也就赋予此种意义以某种价值。反之，如果一个社会学家不能够读懂他所研究的社会、组织、社区、群体及有关互动与个人的意义和价值所在，那么即使得到再多的数据、做再多的统计分析，也是白搭，因为他并不知道日常生活的意义是如何展现的。

参考文献

伯格，P. L.、T. 卢克曼，1993，《社会实体的建构：知识社会学》，邹理民译，台北：巨流图书公司。

费成康，2003，《中国家族传统礼仪》，上海：上海社会科学院出版社。

戈夫曼，欧文，2022，《日常生活中的自我呈现》，冯钢译，北京：北京大学出版社。

卡西尔，恩斯特，2003，《人论》，甘阳译，上海：上海译文出版社。

林耀华，2015，《金翼——一个中国家族的史记》，庄孔韶、方静文译，北京：生活·读书·新知三联书店。

刘仲宇，2016，《儒释道与中国民俗》，南宁：广西师范大学出版社。

卢公明，2009，《中国人的社会生活》，陈泽平译，福州：福建人民出版社。

塞尔，约翰·R.，2008，《社会实在的建构》，李步楼译，上海：上海世纪出版集团。

舒茨，1991，《社会世界的现象学》，卢岚兰译，台北：桂冠图书公司。

舒茨，阿尔弗雷德，2012，《社会世界的意义构成》，游淙祺译，北京：商务印书馆。

韦伯，马克斯，2009，《经济与社会（第1卷）》，阎克文译，上海：上海人民出版社。

瞿同祖，2003，《中国法律与中国社会》，北京：中华书局。

（原载《探索与争鸣》，2023，第 6 期。）